国家社科基金
GUOJIA SHEKE JIJIN HOUQI ZIZHU XIANGMU
后期资助项目

博弈中的生存：
晚清民国大学董事会制度
变迁研究

Surviving the Game:
the Institutional Change of University Boards
in the Late Qing Dynasty and the Republic of China

任小燕　著

南京大学出版社

图书在版编目(CIP)数据

博弈中的生存：晚清民国大学董事会制度变迁研究/
任小燕著. —南京：南京大学出版社,2021.11
ISBN 978-7-305-25049-1

Ⅰ.①博… Ⅱ.①任… Ⅲ.①高等学校－董事会－研
究－中国－清后期－民国 Ⅳ.①G647.1

中国版本图书馆 CIP 数据核字(2021)第 202759 号

出版发行 南京大学出版社
社　　址 南京市汉口路 22 号　　　邮编　210093
出 版 人 金鑫荣

书　　名 博弈中的生存：晚清民国大学董事会制度变迁研究
著　　者 任小燕
责任编辑 束　悦

照　　排 南京开卷文化传媒有限公司
印　　刷 江苏凤凰数码印务有限公司
开　　本 718×1000　1/16　印张 19.75　字数 352 千
版　　次 2021 年 11 月第 1 版　2021 年 11 月第 1 次印刷
ISBN　978-7-305-25049-1
定　　价 88.00 元

网　　址 http://www.njupco.com
官方微博 http://weibo.com/njupco
微信服务 njupress
销售热线 025-83594756

国家社科基金后期资助项目
出版说明

后期资助项目是国家社科基金设立的一类重要项目,旨在鼓励广大社科研究者潜心治学,支持基础研究多出优秀成果。它是经过严格评审,从接近完成的科研成果中遴选立项的。为扩大后期资助项目的影响,更好地推动学术发展,促进成果转化,全国哲学社会科学工作办公室按照"统一设计、统一标识、统一版式、形成系列"的总体要求,组织出版国家社科基金后期资助项目成果。

全国哲学社会科学工作办公室

序　言

近代董事会制度,最早应该是与近代公司的发展有着密切的关系,即有公司必有董事会,它是为了确保组织独立性而出现的。董事会在规范意义上作为公司最高权力行使者,集体决策、合议和共管是其采取的行为模式。可见,相对于个人独断决策,董事会制度具有明显的集体决策的民主管理色彩。

将公司企业的董事会制度引入高等学校管理之中,最早起源于美国,它也是美国所独有的高等教育治理制度。美国高校董事会成员一般为校外人士,主要来自企业界、政府部门或所在社区,而非教师、学生等内部群体,这也是美国高校董事会制度的重要特征。相对于欧洲大学盛行的教授治校的传统管理模式,美国高等学校实行的是董事会领导下的校长实权制度,即董事会是学校的最高权力机构和法人代表,校长就是由校董事会任命的(也包括解聘校长)。在大学治理结构中,董事会、校长(行政管理层)和教授形成三权共治的格局,董事会更像是立法机构或决策机构。不过,学校董事会这种权力并不能分解到每一个董事身上,也不是每位董事权力的总和,它体现的应该是董事会集体的意志,没有董事会的授权,任何董事个人的决策都对大学没有约束力。此外,校董会最重要的工作之一便是捐钱、募款,因为董事们要通过游说商业机构、政府以及维护校友关系,为大学争取经济资源。

我国近代高等学校中的董事会制度,是否完全移植于国外尤其是美国大学的董事会制度,目前学术界仍存在着不同见解。本书作者任小燕认为“晚清民国大学董事会制度存在着本土和外部的双重制度之源”。即从本土之源看,认为是滥觞于清乾隆时期的清代传统书院董事(会)制度。那时的书院的董事制度,虽然在制度形态上较为稚拙,然而在董事、结构、功能、运作等方面已现董事会制度雏形，具有官府掌控和民主萌芽的双重特征。从外部之源看，则主要是来自对晚清民国公司董事会制度和美国大学董事会制度的学习和模仿，尤其是美国的世俗校董会制度对我国私立大学和国立大学的董事会制度存在着一定程度的理念影响。不过，虽然作者引用翔实的史料为自己的观点作了详细论证，但需要特别指出的是，我国无论是公司还是高校，对于"董事会"制度的理解与美国董事会的实际内涵仍存在着较大差异。以高等学校董事会制度为例，无论是私立还是公立大学，成立董事会制度的一个非常重要的目的，乃是为学校发展筹集到更多财力援助，或为学校争取到更多权力支持，这些无疑是重要的，但对于董事会制度在加强学校管理民主化制度的建设、强化学校发展方向与社会发展之间协调的直接或间接的目标，则常常被忽略。

学校董事会进入晚清民国时期我国的学校管理体制，并从粗疏走向规范化和制度化，有个逐渐变迁的过程，即经历了所谓初创、形成、调整三个变迁阶段。其中初创阶段为清末新教育创立时期，形成阶段则是在民初北京政府时期，而南京国民政府时期则是我国大学董事会制度的调整阶段。同时，不同性质的大学其校董会的特征、权力定位等均呈现不同特质。对于该问题，本书特别进行了具体阐明：教会大学双层董事会定位于筹资与宏观决策机构，且止步于校内学术与教学权力，与评议会等机构形成制度平衡；私立大学董事会的权力定位往往越过筹资与宏观决策权，干预或掌控学术与教学权力，与评议会形成权力冲突，校内治理问题频发；国立大学董事会制度因受制于国立性质和教育经费，并非一个"自治"制度，或可认为是具有一定治理权但"自治"程度较低、在特殊境遇下甚至具有明显"他治"性质的一种大学治理制度，但不失为社会多元化、民主化参与大学治理的一种艰涩的教育尝试。

关于高校董事会制度在我国变迁过程中出现的诸多问题，本书以"利益争夺""权力博弈"进行解读，并且认为权力博弈所凸显的是政府、社会、学校等多元群体对教育、学术的争夺，其背后所彰显的是对学术自由、教育独立、民主治理的孜孜不倦的追求。对照史实，这种阐释确有一定解释力，例如20世纪20年代北京政府教育部欲将东南大学试行的董事会制度推向全国各国立大学时，便遭到了以北京大学为代表的诸多国立高校的强烈抵制，虽然其中存在着诸多不为人知的原因,但担心外部董事会将会借机有理由公开干涉大学内部治理,动摇教授治校模式的根基,则确是大学知识分子们普遍存有的疑虑,也是反对者们公开抵制的充分理由,因为近代以来的教育史实表明,这种担忧并非没有道理。不过,需要进一步探究的问题是,为何在美国高校较为成功的董事会制度,引入我国高校后便会存在"董事会过度干涉校内具体管理事务"或"董事会只是可有可无的招牌"这种零和游戏,其深层次原因何在? 虽然本书进行了一定阐释,但仍有进一步探究的空间。

　　任小燕的《博弈中的生存:晚清民国大学董事会制度变迁研究》一书,是在其博士论文基础上作了较多修改而成,并得到了国家社会科学基金的后期资助。作为她读博期间的学术导师,对其著作的出版感到由衷的高兴,且期望她今后能在高校董事会制度的历史演变与现实治理、中美高校董事会制度比较研究等方面有更多新成果的问世。是为序。

胡金平

2021 年 10 月于南京仙林

目　录

绪　论

一、关于选题

博士课堂的一次关于西方教育制度"中国化"转型的研究话题,引起了笔者对近代国立东南大学董事会制度的关注。国立东南大学是中国近代大学史上最早效仿美国设立大学董事会制度的国立大学。此后,大学董事会制度进入中国教育立法,成为与大学评议会制度并存的两种大学治理模式之一。激烈的制度论争和校内冲突亦伴随着该制度从出现到消亡的全过程。学界一般认为,学校董事会制度产生于美国,民国时期的公立大学董事会制度直接取法于美国模式。笔者在考察民国大学历史的相关研究中,试图了解民国董事会制度的概况,探索董事会制度从经济领域进入教育领域、从美国进入中国学校的路径;试图探寻该制度的"中国化"历程,即该制度在中国为何本土化、如何本土化,以及在本土化过程中发生了怎样的演变。然而笔者在查阅资料的过程中发现,目前并没有关于学校董事会制度的概貌性、系统性、全面性、专门性的研究。想要获取关于学校董事会制度的全面、系统的信息,几乎是不可能的。

民国时期的董事会制度并非一个新生的事物,而是广泛存在于经济、文化等领域。清中期以降,一些传统书院已经开始设有董事或董事会。民国时期,公司、银行、文化馆、体育馆、剧院、出版社、保育院、学会、医院、寺庙(如佛寺、清真寺),甚至地方教育局、大中小学,都普遍设有董事会。教会大学、私立大学也早已设有董事会,公立大学的董事会设立时间较迟。作为一个当时在经济管理领域广泛普及化的管理制度,如何在教育领域生存,教育领域有着不同于经济领域的特殊的生存环境,董事会制度在其中可能经历着怎样的变迁?

随着资料阅读的深入,问题也源源不断:民国时期学校董事会制度的源头在哪里,是否取法于当时经济领域的董事会制度,抑或受到清代书院董事会制度影响,或者直接取法于美国学校董事会制度? 三者之间是否存在差异？公立大学、私立大学、教会大学的董事会制度在制度形成、生存环境、治理效果、历史演变上有何异同,原因何在？大学董事会制度在大学治理中究竟发挥着怎样的功能,为何在国人办理的国立、私立大学中饱受争议,甚至酿成冲突？西方教会作为教会大学的创办者,又是如何通过董事会制度实现跨洋治理,其制度设计有着怎样的特殊性？教会大学董事会制度为何成为国民政府整顿的重点,又经历着怎样的"阳奉阴违"与权力分裂？以董事会为斗争中心的学潮在多所大学频频发生,董事会与学潮之间是否存在某种关联？是什么因素引起了大学董事会制度的形成、变迁与消亡？问题的不断积累,促成了笔者对该问题的探究兴趣。

晚清民国大学董事会制度经历了"自发形成—自主调适—政府干预—式微取缔"的变迁史。在这一复杂多变的历程中,政府、政党、教会、社会、教育团体等校外力量,校长、教授、学生、学派等校内力量,以及校内不同机构之间,交织着斗争、博弈、妥协、合作等多重复杂而微妙的关系。晚清民国大学董事会制度变迁史充斥着复杂的权力博弈,而权力博弈所凸显的是政府、社会、学校等多元群体对教育、学术的资源争夺,其背后所彰显的是对学术自由、教育独立、民主治理孜孜不倦的追求。

大学治理问题一直是学界讨论的热点话题。外界对教育过度介入,大学行政化现象日益加剧,使得大学在学术自由、成果产出方面备受束缚和拷问。大学该如何应对政府、社会和市场对教育的过度干预,如何使大学"去行政化",如何追求学术自由？校长在大学治理和决策中的地位和作用如何？学界对这类话题的讨论不仅从未间断,并且随着当代大学治理问题的日益凸显而愈论愈烈。以史为鉴,可知兴替。当代中国承接民国历史而来,当代教育与晚清民国教育存在着历史传承关系,晚清民国大学董事会制度曾在中国学校管理史上起到不可忽视的作用。研究晚清民国具有普遍性和影响力的大学董事会制度,无疑对当下的大学治理具有重要的借鉴意义。之所以将学校董事会制度研究的对象聚焦于大学而非中小学,是源于大学自身对于学术自由的内在吁求,远远高于中小学,大学董事会由此成为政府、社会与学校等多元角色进行教育权力纷争的角逐场,大学董事会制度的变迁史较为集中地折射出或展现了当时教育权力博弈的历程。

随着1985年《关于教育体制改革的决定》的出台,民办大学董事会普遍设立,此外,部分公立大学也开始重新引入董事会制度。然而,校董会制度缺少立法支持,1998年颁布的《高等教育法》并未对校董会做出相关规定。21世纪初因高校扩招所引发的高校办学经费短缺,成为许多高校成立校董会的动因。校董会制度在取消了半个世纪之后,重回大学治理视野,却产生了诸多新情况,如民办大学董事会的"市场化""家族化"倾向,公办大学董事会的性质变异、功能转化、法律地位缺失,演变为一种荣誉象征和投资工具。更为重要的是,近年来大学治理中凸显出更多难以解决却不得不直面的矛盾和问题,以及对大学治理"去行政化"、法治化的强烈呼吁,让学界不得不重新回顾与审视民国大学董事会制度,并试图从历史研究中寻找经验。

二、研究综述

(一)关于民国大学董事会制度的研究

当代关于校董会制度的研究发轫于 20 世纪 90 年代前后,兴盛于本世纪初,并延续至今。研究聚焦于公立大学董事会的性质探讨、决策地位、生存条件、制度环境,以及董事会与政府、校长、教授之间的权力关系等重要话题。

1. 民国大学董事会制度结构研究

对民国学校董事会进行制度结构解读和历史变迁研究,是民国大学董事会制度研究的重要组成部分,也是最为基础性的研究领域,此类研究话题在民国学校董事会制度研究中占有半壁江山。

民国教会大学董事会的制度结构研究主要分析了在 20 世纪 20 年代"非基督教运动""收回教育权运动"影响下,政府作为重要的外部力量介入教会高校治理,教会大学董事会的校董人选、董事构成、职能权限在立案前后发生的变化。在立案前,民国教会大学董事会在西方设立,中国内地通常只设有管理委员会,董事以西方人为主。西方董事会掌握着教会大学的大部分行政权力和重要政策的决定权,负责任命校长和外籍教员,控制学校财产处理权。卢茨认为,中国管理委员会与西方董事会、宣教会的中西差异、权限差异,在一定程度上影响了教会大学的办学。[①] 潘懋元等学者认为,西方董事会掌握教会大学的行政权力,并决定教会大学的一切重要事务,而中国管理委员会只负责具体事务,实际上是西方董事会的代言人。[②] 王凤玉将大学托事部列为外部管理体制,将校董会和校长作为内部管理体制的核心要素。[③] 熊月之等研究发现,圣约翰大学早期行政与教会系统即校董会

---

① 〔美〕杰西·格·卢茨:《中国教会大学史(1850—1950)》,浙江教育出版社,1987,第 46—49 页。

② 潘懋元主编:《中国高等教育百年》,广东高等教育出版社,2003,第 246—247 页。

③ 王凤玉:《借鉴与创新:中国近现代高等教育的成长历程》,黑龙江人民出版社,2002,第 99—102 页。

与其上属教会组织美国圣公会布道部的组织结构与成员基本重叠,校董会没有独立的行政权力,而是接受美国布道部的全权指导。[①]

教会大学在"立案"后,被规定中国董事名额占多数,不得以外国人为董事长,校长由中国人担任。但程斯辉认为,即便在20世纪20年代后期,教会大学董事会增加了中国籍人选,西籍校长退居幕后,但教会依然会以顾问会、校务长等名义把持大权,学校受到外国教会掌控的实质并未改变。[②] 个案研究更为细致地展现了教会大学董事会在"立案"前后的董事人选、职权划分的变化,即西方托事部权力的被动萎缩与中国董事会权力的扩大。这一变化集中体现了中西对抗之间,中国对教育主权的争取与维护。比如立案后,金陵大学校董会成员由过去的外国人为主改为中国人为主,校董会被赋予了包括任命校长和库司、掌握校产等更多的职权。[③] 圣约翰大学董事会拥有独立的行政管理权,同时成为财务管理主体,拥有独立的财务管理权,美国教会和江苏主教对校务管理权日益缩减,社会名流加入校董会并逐渐占据主导。[④] 之江大学董事会的治理模式从立案前"教会管制模式"向立案后政府参与的"共同治理模式"转变。[⑤]

民国公立大学董事会制度出现于20世纪20年代初的北洋政府时期,晚于私立大学和教会大学,南以东南大学为始,北有北京师范大学相继。一般而言,私立大学和教会大学董事会是一种民间自发形成的具有一定民主自治能力的非官方组织,而民国公立大学董事会则不同,通过制度移植并依靠官方之力推广和普及,其移植、推广、废除皆具有鲜明的官方性色彩,制度架构与校董成员的调整并未使校董会的这一情形发生明显变化。

清华大学董事会早期成员几乎由外交部官僚和美国驻华大使等多人组成,并出于加强管理的需要,最终缩减为由两名外交部官员和一名美国驻华大使组成的三人小组[⑥]。随着20世纪20年代教育独立运动的发展,清华发生争取教育自主权的斗争和呼吁改组董事会的风潮,外交部不得不再次改组清华校董会,将原有的三人小组扩至五人。[⑦] 国立东南大学董事会成员

① 熊月之、周武主编:《圣约翰大学史》,上海人民出版社,2007,第31—32页。
② 程斯辉编:《中国近代教育管理史》,武汉工业大学出版社,1989,第170—171页。
③ 张宪文主编:《金陵大学史》,南京大学出版社,2002,第57—62页。
④ 熊月之、周武主编:《圣约翰大学史》,上海人民出版社,2007,第31—39页。
⑤ 徐雪英:《治理模式变迁与教会大学发展——以之江大学为例》,《社会科学战线》,2011年第9期。
⑥ 苏云峰:《从清华学堂到清华大学:1911—1929》,生活·读书·新知三联书店,2001,第28—30页。
⑦ 清华大学校史编写组编:《清华大学校史稿》,中华书局,1981,第13—16页。

由政要、军阀、商业巨子等组成,其结构特征具有鲜明的政治、军事和商业色彩。① 交通大学的董事会构成、职权具有浓厚的政治色彩。② 北师大董事会成员结构有一定的派系色彩,同时作为最高权力机构,与东南大学校董会性质不同,东南大学校董会人数太多,只可称为顾问会,无法协助校长决断校务。③

民国私立大学董事会制度出现较早,但相关研究很少,主要就民国私立大学董事会的人员结构、职权划分、运作规则等方面进行了介绍。民国私立大学出于办学经费的原因,主要采取董事会主导下的校长管理制度,创办者为当然校董,校长由董事会聘任并代理董事会处理事务。④ 我国近代校董会章程是私立学校管理大法,规定了董事会的设立目的是维持学校事业之发展,规定了董事会的组织和董事资格、董事会的人员结构与董事权限、董事会会议制度,具有民主管理、机制保障、管理监督等特征。⑤ 也有学者认为董事会管理机制是在效仿西方现代教育制度和中国教会学校管理体制的基础上设立的,体现了私学组织管理浓厚的民主色彩。⑥

2. 民国大学董事会治理实践研究

该类研究主要集中于民国公立大学董事会的治理实践,研究视角主要分为"内部史"研究和"外部史"研究两类。⑦ 第一类为"内部史"研究,关注公立大学内部权力关系即校内学术权力与行政权力的博弈与消长对董事会大学治理实践的影响。第二类为"外部史"研究,关注民国公立大学外部权力关系即所处的生态环境对董事会形成与治校的影响。外部史研究成果较为突出。

---

① 张雪蓉:《1920 年代东南大学的董事会制度研究》,《东南大学学报(哲社版)》,2005 年第 6 期;张雪蓉:《美国影响与中国大学变革(1915—1927):以国立东南大学为研究中心》,华龄出版社,2006,第 69—82 页。
② 盛懿、孙萍、欧七斤编:《三个世纪的跨越——从南洋公学到上海交通大学》,上海交通大学出版社,2006,第 97—107 页。
③ 姜文:《范源廉与北京师范大学》,《教育学报》,2012 年第 3 期。
④ 潘懋元主编:《中国高等教育百年》,广东高等教育出版社,2003,第 246—247 页。
⑤ 熊贤君:《1949 年前中国私立学校的董事会组织管理体制》,《教育研究与实验》,1998 年第 3 期。
⑥ 周楠、李永芳:《民国时期私立高等学校述论》,《安徽大学学报(哲社版)》,2008 年第 3 期;施扣柱:《近年中国大陆的近代私立学校研究述评》,《史林》,2013 年第 4 期。
⑦ 杜成宪:《中国教育史学科体系试构》,《华东师范大学学报(教育科学版)》,1997 年第 1 期。杜成宪在该文中指出,教育史研究存在"内部史"与"外部史"的区别。教育的"内部史"是将教育作为人类的一种专门的实践活动而进行的历史研究,教育的"外部史"是着眼于教育活动与教育思想产生及其作用的社会背景而进行的历史研究。由"内部史"走向"外部史"符合人类认知的规律,"内部史"研究的充分发展是"外部史"研究产生的必然条件。

"内部史"研究视角,以民国公立大学内部权力关系为切入点,研究校内行政权力与学术权力的博弈关系,及其对校内各项决策的影响或掣肘。韩水法以政治学的研究视角分析了中国大学权力结构的特殊性,认为与美国大学体系相比,中国大学教授地位相对较低,学校行政权力较强;而美国大学董事会管理方式,大学行政权力来源明确,大学行政官员责任明确,受到章程和董事会的明确有效的监督,教授在教学和学术方面有决定权力,这些优点为中国大学体系所极度缺乏。① 清华大学董事会是学校的"太上机关",校长权力遭受牵制,一切校务均受董事会掌控,②虽校董会经多次改组,但美国对清华的控制权并未因此而改变。③ 东南大学的校董会从成立、初见成效,到权力扩张,进而取代评议会成为最高权力机构,使得教授会、评议会的权力形同虚设,违背学者治校的原则,以致董事会面临重重矛盾、被迫取消。④ 北师大董事会的建立,是对于师大内部权力机构的重大改造,董事会实际成为北师大的最高权力机构,而作为原有权力中心的评议会,向董事会进行了顺利的权力让渡。⑤

"外部史"研究视角,将民国公立大学董事会置于时代政治背景之下、政治与社会结构之中,研究民国公立大学外部学术权力与政治权力、经济权力等多元权力关系对校董会的产生、运作、决策等的多重影响、制约或破坏。该类研究尤其关注了来自政府的政治权力对大学学术权力的侵蚀和剥夺,将视野置于更为广泛的制度生态环境之中,认为制度的外部生态环境对校董会制度的发展起到了至关重要的影响,甚至在一定意义上决定了校董会制度的命运。

苏云峰通过探讨外交部在清华学堂设立董事会以便美国领事馆对清华实施管辖的成因、设立到1926年取消的过程,阐述清华董事会复杂的中美人事网络,及其与圣约翰、外交部的三角关系,以及由此导致的清华董事会权力关系和行政组织之间的变化。⑥ 交通大学董事会成员构成具有浓厚的政治色彩,在治校过程中背离了大学自治精神。因政潮而引发的交大董事

① 韩水法:《世上已无蔡元培》,《读书》,2005年第4期。
② 苏云峰:《从清华学堂到清华大学:1911—1929》,生活·读书·新知三联书店,2001,第30—32页。
③ 清华大学校史编写组编:《清华大学校史稿》,中华书局,1981,第13—16页。
④ 张雪蓉:《1920年代东南大学的董事会制度研究》,《东南大学学报(哲社版)》,2005年第6期;《美国影响与中国大学变革(1915—1927):以国立东南大学为研究中心》,北京:华龄出版社,2006,第69—82页。
⑤ 姜文:《范源廉与北京师范大学》,《教育学报》,2012年第3期。
⑥ 苏云峰:《从清华学堂到清华大学:1911—1929》,生活·读书·新知三联书店,2001,第25—54页。

会风波和"驱卢学潮",造成校长频繁更迭,师生所追求的独立于政治之外的超然董事会终无可能。① 东南大学校董会作为国立大学首个董事会,其治理结构和权力博弈尤其受到学界关注。国立东南大学董事会治校是依托地方社会的一种管理模式,以江苏教育会为核心的东大董事会掌握了治校权,在决策管理中与教授会、评议会发生深刻矛盾,而校内外党政纷争,则是国民党对地方教育自治力量的侵蚀,由此揭示政治与大学自治、学术自由的关系。② 东南大学董事会体现了大学在地方构建一个沟通政、商、学界权势网络的努力,也成为东大汲取社会资源的重要渠道,而董事会职权的扩展不仅加剧了校内群体的分裂,也强化了大学对于地方军政势力的依赖,从而带来潜在的政治风险。③ 东南大学董事会制度设计包含了校内与校外、中央与地方的矛盾,校内外矛盾激化时,董事会被迫终止运作。④ 与蔡元培长校时期的北京大学相比,在内部职权与政治、学术、市场多重互动的复杂关系方面,东南大学受市场权力影响更大。⑤ ……以上均是"外部史"研究的重要话题。

　　公立大学董事会制度在治理实践上的权力冲突,日益暴露出其从顶层设计到教育立法的制度尴尬。公立大学董事会制度受制于政治权威,有悖于教育独立,带来了董事会与政府、校长、教授在治校问题上的矛盾,董事会制度既无法摆脱政府的直接干涉,也无法保障教授管理大学的权力,在国立大学建立董事会只能是学者的一厢情愿,最终无法超脱于政潮之外。⑥ 教育部大学条例的规定,使得董事会制度成为政府行政权力对大学的干预,极易使得教育卷入政治漩涡,与教育独立思想相悖。⑦

　　3. 民国大学董事会制度研究的主要特征

　　积极回应教育实践中的焦点问题。董事会研究关注的对象有明显的

---

① 盛懿、孙萍、欧七斤编:《三个世纪的跨越——从南洋公学到上海交通大学》,上海交通大学出版社,2006,第97—107页。

② 许小青:《论东南大学的国立化进程及其困境(1919—1927)》,《高等教育研究》,2006年第2期;《政局与学府——从东南大学到中央大学(1919—1937)》,中国社会科学出版社,2009,第21—100页。

③ 牛力:《分裂的校园:1920—1927年东南大学治理结构的演变》,《中山大学学报》(社会科学版),2017年第1期。

④ 何鑫:《国立东南大学的董事会治理实践研究》,《教育学报》,2019年第4期。

⑤ 李海萍、上官剑:《教授治校制与董事会制:民国初期大学内部职权体系之比较》,《自然辩证法研究》,2011年第1期。

⑥ 张正峰:《中国近代公立大学董事会制度:一次失败的美国大学制度借鉴》,《清华大学教育研究》,2009年第6期。

⑦ 吴民祥:《蔡元培的"悖论"——中国近代大学学术诉求及其困境》,《清华大学教育研究》,2010年第3期。

"亲疏",主要体现在:公立大学、教会大学董事会关注度极高,而私立大学董事会关注度较低。民国私立大学董事会研究较少,遭遇"疏远",是由于本土的民间性质,相对平稳的制度发展,以及私立大学史料相对匮乏而关注度较低。民国公立大学董事会因政府掌控的公立性质的特殊性,董事会制度的植入,以及实践争议过大备受"煎熬",由此成为政府、社会与学校进行教育权力纷争的角逐场,民国大学董事会制度的变迁史在学校管理制度视角上较为集中地折射出或展现了民国时期教育权力斗争的历程。民国教会大学董事会因本土教育受外国势力和宗教力量插足和掌控,国内激烈的"收回教育权运动",以及民国政府相关教育政策的限定,其制度结构、权力关系、制度演变亦成为研究关注的焦点。

研究视角从"内部史"向"外部史"拓展。研究视角随着我国大学董事会制度的时代背景变迁、实践状况而发生着变化。最早关注的焦点是以不同历史阶段的制度变迁、制度结构和功能分析为主;随着中国教育"外部史"研究的登场,民国大学董事会研究逐步转向结合当下大学治理的教育热点问题,研究的学术视角不再局限于大学董事会这一教育制度结构本身,而是由制度内部逐步向制度外部迁移,更加关注制度生存的外部生态环境,包括时代环境、政治环境、经济环境、文化环境和制度环境,将更多关注点投射在权力关系、生存困境、制度反思等制度的"外部史"研究上,进而使得民国大学董事会制度研究呈现出一种开放的外向型视野。

学术视野呈现出多元化、交叉融合的特征。前期的研究中,教育学、历史学为主要的学科视野。随着研究的深入,学科范围逐步拓展,随后的学科研究视野突破了教育史研究的较为单一的学术视野,在既有的教育学、历史学学科研究基础上,诸如管理学、经济学、法学、政治学、制度经济学、社会学等更多的学科逐步融入,呈现出新的学术研究视野和多元化的研究视角。研究内容更加细腻和深入,同时也呈现出一种研究互补的态势。当然,多元学科视野关照下的民国大学董事会制度研究,也存在着学科之间的研究殊异,历史学、教育学依然是民国校董会研究的主要学科,研究者也多为历史学和教育学出身,其他学科的研究数量较少,但为该主题研究提供了更多的学科、理论、方法的研究视角。

研究的存在形式由依附趋向独立。从既有研究的分布看,对民国大学董事会制度的研究,分布较为零散。既有研究基本散落在民国大学史的整体研究、个案研究、校史研究的部分章节,以及以大学制度、大学治理、学术自由为研究中心的专论性著作中,同时也散见于与民国高校相关的研究性文章中。两次研究高峰均出现数量较为可观的教育管理学、教育史、大学史等著述,但论及大学董事会的著述屈指可数,此间代表即为民国名校的大学史研究著作。这其中对大学董事会笔墨较疏,基本以简单介绍来龙去脉的形式出现,也并非研究的关注点。

随着研究的深入,一些独立性的学术研究开始出现并形成气候。在一些教育学、历史学研究的著作里,有关校董会的研究更加细腻生动,对校董会的研析更加丰富深入,作为权力中心的大学校长成为校董会研究的关键线索,围绕校长权力与政局跌宕展开的校董会研究十分出彩,比如苏云峰的《从清华学堂到清华大学:1911—1929》、许小青的《政局与学府:从东南大学到中央大学(1919—1937)》。以大学董事会为主题的专门章节开始出现,比如张雪蓉的《美国影响与中国大学变革(1915—1927)——以国立东南大学为研究中心》、张正峰的《权力的表达:中国近代大学教授权力制度研究》。与此同时,一些以民国大学董事会制度为研究主题或关键词的专论性论文开始出现。

(二)关于美国高校董事会制度的研究

在中国近代史上,大量由美国教会创办的教会大学长期存在,并在中国近代高等教育史中影响深远,其董事会也在晚清民国教会大学史中产生了十分重要的影响力。作为美国高校的独特治理模式,董事会制度自美国殖民地时期创设以来,一直在美国高等教育史上产生着重要的影响。此处将从国外研究和国内研究两方面分别叙述。

1. 国外关于美国高校董事会制度的研究

国外关于美国校董会制度的研究较为成熟,主要来自三部分:一是来自高等教育史、管理史方面的论著,二是关于大学治理、学术权力、学术自由等方面的论著,三是校董会的专论性论著。研究的视角集中于美国高校董事会制度的历史变迁、董事身份、权力博弈、管理机制及效率等方面。

关于美国高校董事会制度的历史变迁研究。亚瑟·科恩系统地研究了美国高等教育校董会在殖民地时期、建国初期、工业化时期、霸权时期、多元化时期五个发展阶段的特点,包括校董构成、董事权力、校长权力的形成和演化,以及董事会与大学评议会、教授会之间的关系变化。校董会从最初的非实质性管理机构逐渐演变为全校最高权力机构,校董成员由以牧师为主,进而转以政治家和商人为主,校长的地位和权力日益重要。[1]

关于董事与校长的角色与影响研究。亚伯拉罕·弗莱克斯纳指出,美

---

[1] [美]亚瑟·科恩:《美国高等教育通史》,北京大学出版社,2010。

国高校董事会制度是高校庞大的行政管理机器的运转核心,拥有基金和财产,选择校长,对大学实施监督。绝大多数董事在校长选定后便很少对大学产生直接影响。与19世纪下半叶相比,现在的董事对教授的尊敬程度大为减少,而他们在社会和经济领域的行事犹豫、缺乏自信影响着董事会的人员任命,由董事会任命的校长,逐渐脱离教师群体,成为"长者"而非"同辈"。作者认为,校长不应独揽大权,不应孤立地处在教师与董事之间。①

关于董事会内外权力博弈研究。约翰·范德格拉夫对比研究了不同国家的高等教育管理体制,认为美国大学组织结构呈现出分散控制和市场体制的整体特征。美国大学组织分为系、学院、大学三级,在大学这一级则表现出董事、行政人员、教授之间的权力复杂交织的特点。② 沃特·梅兹格认为,科学文化、商业文化等文化冲突,以及战争和政治是影响学术自由的因素,20世纪初限制董事会权力、扩大教师权力的呼声成为美国大学教授协会(AAUP)成立的助推剂。③

关于董事会运作环境与效率研究。④ 詹姆斯·O.弗里德曼以公立大学和私立大学董事会对比研究的方式,就校长与董事的关系,认为公立和私立大学董事会之间在董事会成员、董事会会议的公开程度、董事会得以运作的学校环境和政治环境等方面存在明显差异,而在董事会规模、董事成员的责任心、在学术事务上支持校长并定期评估业绩、董事会主席的领导作用、事前沟通等方面极为相似。本杰明·E.赫马林则将高校董事会与公司董事会进行对比研究,发现两者有着同样的法律传统,两种类型的董事会实质相同,在运作上存在程度差异。他还从治理理论的视角分析了美国大学董事会的治理权薄弱的原因:外行董事会缺乏专业知识,不得不依赖校长和其他管理者;工作时间的缺乏,团队难以全力合作;董事会内部分歧导致高层权力真空等。⑤

2. 国内关于美国高校董事会制度的研究

国内关于美国高校董事会制度的现有研究可以分为两大类:第一,美国

---

① [美]亚伯拉罕·弗莱克斯纳:《现代大学论——英美德大学研究》,浙江教育出版社,2001。

② [加]约翰·范德格拉夫等编:《学术权力——七国高等教育管理体制比较》,浙江大学出版社,2001。

③ [美]沃特·梅兹格:《美国大学时代的学术自由》,北京大学出版社,2010。

④ 关于美国高校董事会的专论性研究有:纳森的《董事身份的实质:学院和大学董事会的作用和责任》,杜尔益的《学术法人:学院和大学董事会的历史》,克尔·盖格的《监护人:美国学院和大学董事会》,科尔森的《学院和大学的治理》,罗纳德·G.埃伦伯格的《美国的大学治理》,等等。

⑤ [美]罗纳德·G.埃伦伯格主编:《美国的大学治理》,北京大学出版社,2010。

高校董事会的制度形成与历史变迁研究。从历史研究的视角,梳理、对比和探讨美国历史上董事会的制度形成、权力结构、地位变迁等。第二,美国当代高校董事会制度的实践运作研究。这类研究较为热门,数量较多,从当代大学治理的视角,探讨美国高校董事会的制度结构、运行机制、功能效率等。

关于美国高校董事会制度历史的专门研究较少,相关研究零散分布于美国高等教育史类的著作研究中。这方面的专门研究主要从大学自治与学术自由的视角展开,探讨美国历史上高校董事会的制度形成、结构特征、制度不断演进和变迁的历程等。

美国校董会具有大学自治功能。和震将"法人—董事会制度结构"的形成和演变看作美国大学自治制度历史演进的基本线索,以及美国大学自治制度的核心结构,具有外行管理、学术自主的基本特征。该制度形成于殖民地学院初期,发展于建国到 19 世纪中后期,至二战结束,以"法人—董事会制度结构"为基础的、外部多元资助与干预并存、行业自律和行业自治相结合的大学自治制度逐步成熟。"法人—董事会制度"移植了英国的学术法人制度,在法律上维护了大学的整体性和独立性,沟通了学术法人与外界的关系,弥补了学术法人制度使得大学封闭、忽视社会需求的弊端。外行董事会既为外界的影响和控制提供了通道,又避免了外部对法人内部事务的直接干预,而它本身会干预应属于教授控制的学术事务。学术法人与外行董事会的结合有利于克服各自的不足,大学与社会之间既要保持独立又相互需要,"法人—董事会制度结构"实质上为这种微妙而复杂的关系提供了一种行之有效的制度安排。[①] 崔高鹏从密歇根大学董事会权力运作角度,着重探讨了 1852—1892 年间密歇根大学从传统学院向现代大学转型的各阶段,董事会权力行使的连续性与侧重点,以及作为权力行使基础的各类资源的运用。[②] 柯文进考察了美国大学章程的起源与演进,认为大学章程所确立的包括董事会在内的治理结构,以大学组织制度化、维护大学自治和学术本位为基点。[③]

美国大学外行董事会制度也引发了关于学术自由问题的讨论,大学董事会的权力极易成为学术自由的约束和牵绊。19 世纪末以来,美国大学外行董事会作为学校的最高管理机构,掌握着教师的雇佣大权,凌驾于大学教师权力之上。美国大学董事会结构发生变化,资本家开始取代牧师成为董

---

① 和震:《美国大学自治制度的形成与发展》,北京师范大学出版社,2008。
② 崔高鹏:《董事会权力变迁与密歇根大学转型研究》,北京师范大学博士论文,2011。
③ 柯文进:《大学章程起源与演进的考察》,《清华大学教育研究》,2012 年第 10 期。

事会成员,资本家的商业价值观与大学教师的知识价值观的冲突,以及美国大学开始出现的官僚化趋势,导致大学教师沦为董事会雇员。[1] 王国均认为,美国高校的外行董事会制度形成之初,美国校董会与学者之间出现了一种紧张关系,教师由于各种原因丧失了学者自治的风范,这增加了教师追求学术自由的风险,遏制了教师的学术热情,同时也改变了学者保护学术自由的方式。[2] 1915 年成立的美国大学教授协会(AAUP)明确了董事会的权限:董事会与大学教师之间不存在雇佣关系,大学教师的晋升和研究不受董事控制,董事也没有为教授思想和言论承担责任的义务。教授终身聘任制度为核心的教师聘任制度的建立,也是针对董事会随意解聘教师行为的一种回应。[3]

国内关于美国当代高校董事会制度实践的专门研究,相对校董会制度的历史变迁研究而言,较为丰富。这类研究关注当代美国董事会制度的结构、功能和效率,董事会内部的权力结构、校长与董事会的关系也成为该类研究新的关注点。以制度解析和大学治理为研究鹄的,通过个案研究、国别比较研究等方式,试图为我国的高校治理提供历史镜鉴。

对美国高校董事会制度的结构分析是该类研究的主要部分。吴宛稚通过解读耶鲁大学董事会的成员构成、下设委员会分工、成员任期等,认为其具有社会知名人士为主、分工协调、法规完备等特点。[4] 刘宝存指出美国私立高校董事会制度面临着自主权遭遇政府侵蚀、政府减少拨款等时代挑战,预测美国校董会的发展趋势,即董事会人员构成日益多样化、教师的作用越来越大、筹资功能日益增强,同时指出校外人士影响决策的科学性等制度局限。[5] 黄建伟通过分析当代美国 15 个州的 15 所著名公立大学和 15 所著名私立大学董事会人事事务的相关资料和数据,发现美国公立大学和私立大学人事事务的差异主要表现在董事会的成员规模、产生方式、任期制度及校长和学生入董等方面,反映了公私立大学在最高人事决策方面存在不同的内在逻辑。[6] 王绽蕊通过对美国高校董事会的法律地位、成员特点、治理责

---

① 李子江:《学术自由在美国大学的演变》,张斌贤主编:《大学:自由、自治与控制》,北京师范大学出版社,2005。

② 王国均:《美国高等教育学术自由传统的演进》,学林出版社,2008。

③ 李子江:《学术自由在美国大学的演变》,张斌贤主编:《大学:自由、自治与控制》,北京师范大学出版社,2005。

④ 吴宛稚:《从耶鲁大学看美国私立大学董事会》,《复旦教育论坛》,2007 年第 4 期。

⑤ 刘宝存:《美国私立高等学校的董事会制度评析》,《比较教育研究》,2000 年第 5 期。

⑥ 黄建伟:《美国大学董事会人事事务的"公私差异"研究》,《国家教育行政学院学报》,2013 年第 8 期。

任和功能等方面的分析,对该制度进行了界定和分类。从系统化治理结构的视角,运用新制度经济学中的委托代理理论、交易成本理论等方法分析美国高校董事会制度的内涵、结构、功能和效率,认为治理机制设计是实现董事会制度功能和效率的核心,显性治理机制和隐性治理机制(如传统文化)对董事会制度均产生重要影响。① 在国际比较研究方面,董泽宇分析了当代美国大学董事会与日本大学理事会的概况、规模及类型、成员及职责、成员构成、组织结构与运行等方面的异同,认为董事会制度是发达国家大学治理结构的中心环节,在筹集办学经费、选拔校长、监督裁决和沟通外界社会等方面扮演着关键角色,美日两国大学董事会在职责、成员构成、组织结构和运行机制等方面存在较大差异。②

关于美国高校董事会的内部权力关系研究。欧阳光华围绕美国大学治理结构中的董事、校长、教授三个核心要素,运用法人治理理论和利益相关者理论分析董事责任、校长权力和教授权威等大学治理结构中的制度安排,从学术自由与公共利益、民主参与与多元精英、决策质量与执行效率等视角探寻了美国大学治理结构的价值。③ 刘宝存认为董事会与大学校长存在灵活性与模糊性的关系。④ 李巧针认为美国大学内部的权力体系主要由董事会、校长和评议会等构成,校长是大学的权力中心并受董事会和评议会制约,董事会主要决定学校的大政方针、对外关系以及学校的财政与资产,对学术事务甚少介入。⑤ 王佳佳从伦理学的角度解读了当代美国校董会成员的行为规范,认为详尽具体的伦理规范要求是美国校董会整体作用发挥和成员权利正常使用的保证,伦理规范由相关专业组织秉持全面性、针对性、明确性原则来制定,决策过程应坚守职业伦理规范,董事个人不具备董事会的权威。⑥

(三) 关于我国当代高校董事会制度的研究

中国当下高校董事会制度的研究热点,在一定程度上反映出高校管

---

① 王绽蕊:《美国高校董事会制度:结构、功能与效率研究》,高等教育出版社,2010;王绽蕊:《美国公立高校董事会的法律地位述评》,《比较教育研究》,2006 年第 10 期;《美国高校董事会的身份分析——基于委托代理理论》,《比较教育研究》,2007 年第 9 期;《系统性:美国高校董事会制度的基本特征》,《比较教育研究》,2010 年第 8 期。
② 董泽宇:《美、日大学董事会的特点及对我国的启示》,《外国教育研究》,2011 年第 9 期。
③ 欧阳光华:《董事、校长与教授:美国大学治理结构研究》,高等教育出版社,2011。
④ 刘宝存:《美国私立高等学校的董事会制度评析》,《比较教育研究》,2000 年第 5 期。
⑤ 李巧针:《美国大学董事会、校长、评议会权力关系解析及启示》,《国家教育行政学院学报》,2007 年第 11 期。
⑥ 王佳佳:《美国学校董事会成员伦理规范述评》,《比较教育研究》,2009 年第 8 期。

理的诸多问题。这方面的研究不多，主要集中于公立和私立高校的董事会运作问题分析，即当代公立高校董事会的性质探讨、功能异化、存在意义，以及当代民办高校董事会的运作机制、实施效果、存在问题、法律地位等方面。

当代民办高校董事会制度研究。此类研究主要聚焦于民办高校董事会的内部治理机制的问题研究，具体包括董事会成员结构、权力设置、运作规则、制度变迁等几个方面。董事会组成上存在着投资者、政府等成分介入管理并左右决策的问题，董事会成员构成依然是一种荣誉职务安排，并未体现社会参与管理的要求。[①] 此外，校董会由投资所有权人组成，内部构成过于单一，缺少多元化。[②] 民办学校作为法人组织没有从举办者法人中独立出来，以致董事会形同虚设。[③] 同时，民办学校董事会单一的构成方式，无视了师生的教育权力。我国民办高校董事会普遍缺少规范的运作法规和程序，存在管理权力过于集中、管理和财务缺少监督和约束机制等问题。[④] 此外，董事会领导下的校长负责制作为民办高校通行的内部法人治理模式，存在着法人财产权虚置、日常监督缺失、决策信息不对称、决策水平有待提升等现实问题。[⑤] 因此，有学者通过对相关法律与制度文本的解读，认为民办高校董事会存在许多制度性缺陷，依然缺少监督与制衡机制。[⑥] 教育权力经历了从中央政府向地方政府的下放，地方政府在民办学校内部治理中扮演重要角色；政府对民办学校内部治理政策的摇摆和之后导致各学校根据自身发展轨迹形成了内在的管理制度安排，当政府重新规范其内部治理时，这种外在制度更多的是以强制性的方式作用于校内，从而更多地表现为形式上而非实质上的制度内化。[⑦]

当代公立高校董事会制度研究。公立高校董事会制度在新中国成立前后发生了性质和功能定位的变化，引发了关于公立高校董事会变迁、性质及价值的探讨。我国公立高校董事会制度研究的兴起有其特定的社会背景和现实要求。当前的校董会制度研究主要以产权、高校自治、组织管理、治理理论为视角，对校董会的类型、定位、运行机制、存在问题和对策等主题进行

① 胡卫、徐冬青：《校本管理：现代民办学校管理制度探索》，《教育发展研究》，1999年第7期。
② 谷力：《我国民办学校董事会存在的问题及重构思考》，《教育发展研究》，2006年第9期。
③ 胡卫、徐冬青：《校本管理：现代民办学校管理制度探索》，《教育发展研究》，1999年第7期。
④ 谷力：《我国民办学校董事会存在的问题及重构思考》，《教育发展研究》，2006年第9期。
⑤ 董圣足：《民办高校法人治理结构构建与思考——基于上海建桥学院的个案分析》，《教育发展研究》，2006年第11期。
⑥ 巩丽霞：《民办高校内部管理机制的法律思考》，《教育发展研究》，2008年第5—6期。
⑦ 屈潇潇：《我国民办学校内部治理的政策与制度分析》，《高等教育研究》，2011年第9期。

分析和考察。① 董事会实为筹资机构,而非决策机构。我国公立大学董事会没有明确的法律地位,在职能定位上是"大学建立社会联系、实现产学研合作、寻求外部资助的一种方式,是基金会、校友会、政府和企业关系联络部的一种组合体",董事单位对大学具有明确的利益诉求。② 大学董事会的功能主要是协调各方价值判断和提供外部资源支持,但对于中国的大学而言,这两个功能的发挥受到权力平衡、治理结构和制度技术等方面的影响,引入大学董事会制度时需要保持谨慎而有选择的态度。③

(四)研究现状的主要特征及问题

目前我国关于高校董事会制度的研究,在美国高校董事会制度研究方面较为系统和丰富,而对于我国的学校董事会制度的研究,在 20 世纪末零星出现,在本世纪初开始才有较多集中的研究。目前研究的主要特征有:第一,研究的关注点发生了变化,从早期以对不同历史阶段的制度变迁、制度结构和功能分析为主,转向结合当下大学治理的教育热点问题,将更多关注点投射在权力关系、生存困境、制度反思等方面。第二,研究的学术视角逐渐迁移,不再局限于对教育制度本身的研究,而是更加关注制度生存的外部环境,包括时代环境、政治环境、经济环境、文化环境和制度环境。第三,研究的学科范围逐步拓展,不再局限于教育学、历史学的学科视角,更多的学科视角如管理学、经济学、法学、政治学、制度经济学、社会学等逐步融入,成为新的学术研究视角。第四,研究的对象逐步聚焦和专题化,高校董事会制度研究从最初的教育史中管理制度研究的一个既不独立亦非重要的地位,逐渐凸显出来,研究的内容从宽泛变得具体而深入,专题化和专门化成为研究趋势。

基于如上主要特征,现有研究还存在如下一些问题:首先,既有研究往往关注当时的校董会制度的情况,而从不关注晚清民国大学董事会制度源自何处,是本土生发,抑或外部嫁接。因此,对于晚清民国大学董事会制度的溯源研究有待发掘。其次,既有研究往往以个案研究为主,围绕某个历史阶段或者某个历史事件,而缺少对整个民国大学董事会制度的概貌呈现和变迁研究。再次,既有研究往往分别对民国私立大学、公立大学、教会大学三类大学进行各自的董事会研究。然而,三类大学的董事会制度之间存在

① 陈景元、龚怡祖:《我国公立高校董事会制度研究的回顾与展望》,《高校教育管理》,2007 年第 3 期。
② 王绽蕊:《中国公立大学董事会:似"董"非"董"的迷局》,《董事会》,2007 年第 33 期。
③ 湛中乐:《对中国大学引入董事会制度的反思》,《陕西师范大学学报(社科版)》,2011 年第 5 期。

着相似点,更存在着诸多不同点,既有研究缺少对三类大学董事会制度的比较研究。最后,在同一类型大学的董事会研究方面,既有研究往往是宏观笼统地分析,缺少对不同大学的董事会制度所处的校内组织结构进行差异性分析。这种组织结构差异可能来自地域差异、文化区隔,可能来自复杂的学校历史,可能来自不同的部属关系。

本研究试图对当下学术研究进行一定的纠偏和补充。首先,对学术研究的纠偏。学界对校董会制度之源持"西制模仿说"。本研究对此设疑:晚清民国校董会制度来处何在? 是源自本土抑或外部? 是源自教育制度还是公司制度? 是一个来源还是多个来源? 本研究并不认同单一的"西制模仿说",试图结合典型制度个案、创办者的经历及其思想资源,通过对经济、教育、宗教等跨领域比较研究等视角,探讨该制度来源及其形成路径的多种可能。其次,对既有学术研究的补充。既有研究以个案和分类研究为主,缺少总体研究;以分时段研究为主,缺少长时段变迁研究;以共性研究为主,缺少因地域差异、文化区隔、学校历史、隶属关系等所造成的差异研究;以民国研究为主,存在研究的历史断层,缺少对清末书院改制前后书院董事会制度的连续研究;以依附性研究为主,依附于教育管理史、高等教育史、大学史、大学治理等研究,缺少专论性研究。本研究尝试对以上不足进行学术补充,在总体性、变迁性、差异性、连续性、专论性研究方面有所发现。

三、研究思路、理论、方法

本研究将围绕教会大学、私立大学、国立大学三类大学的董事会制度展开。需要说明的是,北洋时期出现了国立大学董事会制度,北洋政府也曾专门颁布《国立大学校条例令》,试图在国立大学而非所有公立大学推行董事会制度。因此,本研究将范围锁定在国立大学,而并非范畴更广的公立大学。

晚清民国时期,在中国创办的教会大学,主办方是多元化的,基本上可以分为三类教会大学。第一类,由外国基督教差会在华办理的教会大学,其中以美国差会办理的教会大学在办学数量与制度影响上占据绝对主导。因此,美国差会办理的教会大学个案是本研究重点考察对象。第二类,由外国天主教会在华办理的教会大学,数量很少,本研究以辅仁大学为个案代表,略作分析。第三类,由传教士个人办理、不隶属于任何西方教会的教会大学,这类大学数量稀少,制度影响等方面不具典型意义,本研究并未将其列为研究范畴,仅在教会大学各类统计表中略作提及,以展现相对完整的面貌。此外,虽然教会大学由教会书院整合与升格而来,但在还未升格之前的教会书院中,就已经出现了大学课程和大学部,开始具备了大学的一些基本特征。因此,为了研究完整性与叙述需要,本研究将设有大学课程和大学部的教会书院也纳入研究对象。

晚清时期,官方对于私立学校与公立学校的界定与今日并不一致。根据清廷的官方界定,由官府设立的学堂谓之"官立学堂",由地方绅富捐集款项或集自公款设立的学堂谓之"公立学堂",由一人出资设立的学堂谓之"私立学堂"。学堂类型的划分并非完全依据经费来源的性质。据此,绅富捐款等多人捐款的学堂亦被列为公立,与经费仅来源于一个人的私立学堂相区别。因此,清廷界定的公立学堂是介于官立和私立之间的一种类型。其实,公立学堂的捐款也往往来自私人捐款,只不过捐款人数超过一人而已。根据清廷的界定,私立学堂还包括教会学校。此外,当代学界在大学性质上多有辨析,认为私立大学在投资关系上多由政府投资,因此很难认定为是真正的私立大学。本研究既无意区分投资人之多寡,也不囿于以上性质之辨,而是以国人办理的、以民间资本向中国政府进行注册的大学,统称为私立大学,以此区别于外国人办理的教会大学。

本研究所指的国立大学,是以中央政府及其所属部门作为法定代表的官办大学。在"民国大学热"时期,学校起名较为混乱,许多含有"国立"二字的大学,其实并非国家立法意义上所界定之国立大学,故而并不在本研究的范畴之内。同时需要说明的是,有的国立大学如清华大学,在早期阶段(清华学校时期)并未被官方称作国立大学,而仅认作为公立大学,由于研究的连贯性需要,本研究将其公立时期也纳入研究范畴。同时,由于清华学校隶属于外交部,也符合本研究所界定的国立大学之范畴。此外,当代学者对于国立大学性质之形式与实质作了分析,认为一些国立大学如东南大学只是形式上的国立,而在经费投入的实质上仅可称为省立。本研究并不囿于这种性质的实质与否的讨论,而是以立法意义上的隶属关系为评判依据。

本研究选择具有典型性、地域性、区别性的大学董事会制度作为研究个案,以政府各阶段教育政策、学校制度文本、实践活动为考察对象,确定董事会的制度分期和阶段特征,以重要历史事件、校长等关键角色为切入点,考察近代校董会的制度来源、实践效果、治理冲突、功能变迁,对董事会内外(政府、学校、社会)的治理冲突、外部生态(政治、经济、文化、制度环境)等规约因素,以及所展现的制度变迁和实践影响进行理论探讨。

追溯晚清民国大学董事会制度的历史渊源。晚清时期,传统书院董事会制度已经出现,在近代公司中也出现了董事会制度。在晚清民国私立学校、公立学校、教会学校三类学校中,董事会制度是否存在区别性特征?这些不同类型学校的董事会制度，是受到何种来源的董事会制度启发和影响而产生的？具体来说，这三类学校的董事会制度，是从晚清公司董事会制度直接借鉴而来，抑或是从传统书院董事会制度演变而来，还是从美国大学董事会制度直接借鉴而来？此外，在晚清民国大学董事会制度的变迁历程中，传统书院董事会制度是否在观念史上对民国大学董事会制度的变迁特质产生影响？

探究晚清民国大学董事会制度的变迁脉络。本研究试图以大学董事会的改组或变迁的"关键节点"为研究的切入点，对晚清至民国时期教会大学、私立大学、国立大学的董事会制度的变迁分别进行较为系统的历史梳理，爬梳校董会制度在我国发展的历史脉络、阶段分期、制度结构、职权定位、阶段特征，探究该制度的变迁史分期与整体图景。

比较晚清民国大学董事会制度的内外生态。大学董事会的制度生态，包括制度外部生态与内部生态。本研究试图通过对晚清民国三类大学的董事会制度进行比较研究，探究其在校内组织结构权力体系中的位置，以及内部制度生态。与此同时，本研究试图考察大学董事会制度的外部生态，通过对政治制度、经济制度、文化观念等方面的比较研究，探究其对晚清民国大学董事会制度是否以及如何产生规约和影响。

本研究试图运用利益相关者理论、权力博弈理论、大学治理理论以及历史制度主义理论对大学董事会制度进行理论解读。（一）利益相关者理论。"利益相关者"一词最早在 1984 年由美国学者 R.爱德华·弗里曼提出。弗里曼认为，"利益相关者是能够影响一个组织目标的实现，或者受到一个组织实现其目标过程影响的所有个体和群体"[①]。利益相关者由于所拥有的资源不同，对企业产生不同影响。本研究引入该理论，分析与学校密切相关的利益群体，如政府、教会、社团、董事等外部因素，以及校长、教师、学生等内部因素，各自对教育资源的掌握程度的不同，可能产生对董事会决策、学校发展的不同影响。（二）权力博弈理论。关于权力类型的划分方式不尽相同。迈克尔·曼通过对权力的来源及组织形式的分析，将权力分为经济权力、意识形态权力、军事权力、政治权力四种主要的社会权力。伯顿·克拉克将控制大学学术的权力划分为个人统治、集团统治、行会权力、专业权力、董事权力、官僚权力、官方权力（政府权力）、政治权力、学术寡头权力等十种。博弈理论认为，参与者是博弈的决策主体，博弈方式主要可分为"零和博弈""非零和博弈"两类。"零和博弈"的结果是多个博弈参与者非此即

---

① ［美］R.爱德华·弗里曼：《战略管理：利益相关者方法》，上海译文出版社，2006，第 29 页。

彼的权力让渡,"非零和博弈"的结果则是博弈参与者在博弈过程中最终达成某种权力均衡或者权力共赢。本研究旨在通过解读大学董事会权力结构及其变迁,重点考察围绕大学董事会而发生的政府、教会、学校、社会等多方利益相关者之间的治校权力关系及其博弈,以及由此导致的大学董事会制度的历史走向。(三)大学治理理论。大学治理是在大学利益相关者多元化的背景下,在大学所有权与管理权相分离的情境下,协调与大学相关的各个利益相关者之间的相互关系,以提高大学办学效益的一系列制度安排。[1] 大学董事会关于权力博弈的焦点是大学治理权,其内涵主要体现为大学与社会的校外治理,以及大学内部的校内治理。其中,政府对于自身权力边界的限定,是影响大学治理是"自治"还是"他治"的关键因素。而大学董事会在校内组织架构中的所处位置,则决定了其校内治理功能的展现程度。(四)历史制度主义理论。制度变迁大体可分为制度生成和制度转变,具有"路径依赖"(path dependency)和"断裂平衡"(punctuated equilibrium)的特征。路径依赖,是指制度的生成并非突然出现,而是基于历史传统的延续或继承。作为历史制度主义最为重要的理论范式,路径依赖强调历史进程中的某种制度、结构、社会力量、重大事件等因素对制度型构的影响。[2] 断裂平衡,是"激进式制度变迁"的典型模型,指制度变迁的过程呈现出短暂而失序的制度危机,形成多种不同于旧制度的变异性制度试验,并在制度进化与调整中渐趋稳定与平衡。[3] 同时,权力的变化导致制度变迁。不同制度精英所代表的权力主体,由于对正义和适当性的追求而在制度变迁的权力博弈中发挥着关键作用,并促使了制度的合法性建构。[4] 而权力主体的理念则在相当程度上影响着制度选择的方向、模式和结果。[5] 任何理念的社会力量只有被有力的政治组织采用并扩散到社会机体时才能得到产生和增强。[6] 事实上,制度变迁是复杂的社会经济、政治背景、理念文化共同作用的结果。

　　本研究运用的主要研究方法有文献研究法、历史研究法、个案分析法、比较研究法、理论分析法。(一)文献研究法。收集整理相关历史档案和文

---

[1] 李福华:《大学治理的理论基础与组织架构》,教育科学出版社,2008,第24页。
[2] 刘圣中:《历史制度主义——制度变迁的比较历史研究》,上海人民出版社,2010,第126页。
[3] 刘圣中:《历史制度主义——制度变迁的比较历史研究》,上海人民出版社,2010,第130—131页。
[4] 刘圣中:《历史制度主义——制度变迁的比较历史研究》,上海人民出版社,2010,第128—129页。
[5] 刘圣中:《历史制度主义——制度变迁的比较历史研究》,上海人民出版社,2010,第169页。
[6] 刘圣中:《历史制度主义——制度变迁的比较历史研究》,上海人民出版社,2010,第170页。

献资料,包括晚清民国教育部文件档案(包括相关文件、申请及批复、信函等)、大学档案(包括组织大纲、董事会章程和会议纪要、名单等)、杂志、校刊、报纸、人物传记、人物日记、回忆录、书信集等。(二)历史研究法。分析校董会制度结构、历史事件、发展过程等,将其与教育管理思想、文化背景、关键事件、校长及关键人物等进行综合研究,梳理内在关系,揭示历史发展脉络。(三)个案分析法。作为比较研究的基础,本研究将通过考察具有典型性、代表性、地域性的大学作为研究个案,个案选择上综合考虑地域与文化差异、办学主体差异、办学影响力等因素,对其董事会的成员、结构、权力、运作、论争等方面进行探讨,从而勾勒出制度变迁的整体图景。(四)比较研究法。通过中美比较、领域比较、类型比较,探讨制度架构、职权功能、制度定位等方面的差异,重点分析制度生长阶段、外部制度环境、内部结构差异、观念史影响等方面的原因。(五)理论分析法。本研究重点考察围绕高校董事会而发生的政府、学校、社会之间就办学理念和大学治理展开的权力博弈,尝试运用利益相关者理论、权力博弈理论、大学治理理论、历史制度主义理论进行分析。

第一章 滥觞之问:晚清民国大学董事会制度的多重来源

一般认为,我国校董会①制度出现于清末民初,是对美国校董会制度的移植和复制,尤其是清末教会学校多由美国人创办,直接复制了美国的校董会制度。国人创办的私立学校和少数公立学校也多由有留美背景的学者倡建校董会。应该说,美国校董会制度对民国的校董会制度产生了重要的影响。中国近代史上,有两个历史阶段可能促成"美制东移"的出现,一是晚清教会书院的出现及教会书院董事会制度的建立,二是民国初年留美学生群的归国与向西方学习风潮的兴起。问题随之而来,如果我国近代校董会制度之源仅有美国校董会制度之一端,那么近代校董会必然出现于教会书院董事会制度建立或者民国初年向西方学习风潮之后。

鸦片战争之前,由于清政府一直实施禁教政策,并将禁令写入《大清律例》,教会书院是在第一次鸦片战争之后,随着清政府禁教政策的取消才出现的。早期的教会书院规模小、结构简单,西方差会通过委派传教士对教会书院实施隔空管理,并未在中国本土设立董事会。

第二次鸦片战争期间,晚清新式书院已经设有董事制度,如上海广方言馆、上海格致书院先后于1863年、1875年设立董事制度。历史还可以继续追溯,清中叶以降,传统书院中已经出现董事制度。清乾隆三十年(1765)浙江平阳的《龙湖书院章程》中,就出现了"董事""院董"。道光八年(1828),江苏高淳县的《学山书院规条》已经对董事任期、换届等事项作出了规定。关于董事的专项规定也开始出现,甚至出现了专门的"董事章程",道光年间出现于安徽桐城的《桐乡书院章程·董事九则》,更是对书院董事作了制度化规定。

教会书院的规模扩张、多校整合与大学转型,催生了教会大学董事会制度的形成。1890年前后,教会书院董事会制度开始出现,并形成了独特的

---

① 校董会,即学校董事会的简称。晚清民国时期,官方立法和各学校章程对此称呼不尽一致,有"校董会""董事会"等不同表述。因行文需要,本书两种表述均存在。

"西方托事部—在华校董会"的双层董事会治理模式。① 早期创设的双层董事会,"西方托事部"作为受西方差会委托之代表,是教会学校的最高权力机关和名副其实的权力中心,掌握着教会书院的治理权和决策权。"在华校董会"仅仅是其在华"经理班子",负责具体事务管理。继此之后,随着在华情形的变化,教会大学双层董事会发生了数次改组和权力转移。

因此,至少从制度史发生的先后来看,早在美国校董会制度影响中国之前,我国本土就已经于 18 世纪出现了董事和董事制度。即便是最早设立董事会制度的教会书院——广州岭南学校,其董事会设立时间为 1886 年,也远远晚于我国传统书院董事制度的出现时间。由此看来,美国校董会制度是我国近代校董会制度之源的说法,难以令人信服。因此,有必要对清代以降校董会制度的来源进行一番历史考察,从中找寻其与我国近代校董会制度的内在关联。

第一节　清代传统书院董事制度之滥觞

清中期以降的传统书院中就已出现董事,以及董事会的雏形。清代乾隆三十年(1765)浙江平阳的《龙湖书院章程》中,就出现了"董事""院董",并且已有正董、副董之分,是有案可考的较早设有董事的传统书院。道光以降,尤其是光绪年间,"董事"一词在传统书院章程中频繁出现。道光八年(1828),江苏高淳县的《学山书院规条》中已经对董事任期等事项作出了规定:"董事须秉公持正、小心谨慎之人经理,三年更换一次,由绅士人等预先遴选报县,届期交替接充。其已满三年而办事秉公为众悦服者,准其据实禀留。倘不惬众情,即未届三年,亦准禀请饬退,另行选补。"②关于董事的规制也逐步明晰,且开始出现专门的"董事章程",道光年间出现于安徽桐城的《桐乡书院章程·董事九则》,更是对书院"董事"作了制度化规定,可谓我国传统书院董事制度文本的一个重要代表,③成为我国传统书院董事制度滥觞的重要标志。

---

① 详见本书第二章第二节"清末民初教会大学双层董事会的初创"。
② 《学山书院规条(清道光八年)》,邓洪波主编:《中国书院学规集成》,中西书局,2011,第 208 页。
③ 邓洪波:《古代书院的董事会制度》,《大学教育科学》,2011 年第 4 期。

一、回应实践:清代传统书院董事制度出现的背景

书院董事会制度滥觞于乾隆、道光以降,与当时的社会背景有着密切的关联。自乾隆中期开始,传统书院的发展出现了较为严重的腐败和衰落之态,主要表现为师资水平严重下降,规章制度遭遇破坏,书院经费入不敷出,这些问题都严重制约着传统书院的发展。

院长(山长)聘任弊病丛生。许多书院并未以贤良饱学之士为院长选聘之标准,而多是官官相托,徇以情面,任命上级和朝廷所荐之人。据王昶《天下书院总志序》之记载,许多书院"为郡县者据为己有,且各请院长以主之。而所谓院长,或为中朝所荐,或为上司属意,不问其人学行,贸贸然奉以为师,多有庸恶陋劣,素无学问,窜处其中。往往家居而遥领之,利其廪给,以供糊口,甚至诸生有终年而不得见,见而未尝奉教一言,经史子集,诗赋古文之旨,茫无所解"[1]。如此一来,不仅院长人选的学问水准无法保证,更有甚者,如此聘任之院长,往往无心书院教学,草草了之,甚至鲜至书院,徒领薪俸,院长之职竟成虚设。院长人选的水平直接影响甚至决定了书院的办学水平。院长聘任出现的人情腐败现象,直接导致了院长人选的质量无法保证,乃至书院整体办学水平的下降。虽然历经嘉庆、道光等多朝重申,院长聘任必须"精择品学兼优之士,不得徇情滥荐"[2],同时御赐书院匾额以示重视,然成效甚微,积重难返。

书院经费管理乱象不断。清中叶以降,政府内外交困,出现严重的财政危机,以及如白莲教起义、太平天国运动等一些民间起义运动的破坏,书院院产遭遇严重损害,书院因经费缺乏而无法维持正常教学。此外,清代官吏侵吞书院院产、学田情况较为严重,许多书院房产被官吏及其亲属长期占用,对书院学田的侵蚀现象十分普遍,这无异于为书院本就经费不足的窘境雪上加霜。道光六年(1826)订定的《文瑞书院重订条规》,专设"谨出纳"条规,明确了书院经费管理独立于官府之外的原则:"所有地租制钱一千一百八十六千五百六十四文,钱息制钱一千二百文,概交董事管理收支,一切出入支销,永不由州署经手。"[3]同时在"期久远"条规中针砭时弊地指出了过去书院经费管理之弊病:"向来书院之易于废弛者,皆由州署经管,辗转交卸,有名无实所致。兹经董事人等议定,一切出纳会计,悉由董事秉公办理。

---

[1]　王昶:《天下书院总志序》,《春融堂集》卷六八。
[2]　光绪《大清会典事例》卷三九六。
[3]　《文瑞书院重订条规(清道光六年)》,邓洪波主编:《中国书院学规集成》,中西书局,2011,第69页。

所立章程,联名具呈转详在案。"①无独有偶,广东《应元书院章程》也规定,"膏火、奖银、工食等项,俱发银票、洋银,足数按月照给,不分大小建名目,均由监院绅董经理,不假胥吏之手"②。这些条规直指当时书院经费由官府执管,因官府人员变动频繁造成书院经费管理缺少持续性和专业性,从而给书院管理与发展带来诸多不利。

书院民间资本的增加,是书院董事出现的又一个重要背景。许多书院依靠官绅以及民间人士捐款资助得以维系。随着清代商业经济的发展,以及商人社会地位的逐步改变,商人在通过捐纳方式博得官衔和功名的同时,出于尊重传统文化的愿望,以及支持商人子弟读书的需要,开始通过捐资助学的方式支持书院建设。在民间资本捐建下,一些传统书院得以维系和发展。随着民办书院逐渐兴起,一些官办书院也逐渐转为民办。民间资本的加入,对传统书院的经费管理提出了新的要求。书院在日常经费管理、财务程序、管理者资质等方面,都需要作出符合实践的回应,清代书院董事制度应运而生。

二、清代传统书院董事制度的形成

自书院出现以来,书院管理权经历了"民间—官府—民间"的变迁路径。宋代以前,书院经费多取自民间,书院管理权亦在民间。宋元之际,官府掌握着书院经费管理权,通过设置司计、直学等官职专门负责书院的钱粮供应,并建立了书院经费管理制度,包括人员、仓储、薄书、收支等内容,但却并无明确的制度条文可考。明清之际,开始出现书院山长与学官的职权区分,形成了地方行政长官、学官、山长相互约束的管理机制,书院经费管理权由官府下移至地方士绅。③ 在清代以前的一些古代书院业已零星出现"学董"之谓,也有类似于清代书院董事的职权,然而,由于官府占据书院管理权的主导地位,以及并未出现系统的制度体系和制度文本,因此,直至清中叶以降,随着书院规条和章程的大量出现,尤其是专论书院经费管理的规条,董事制度作为一种形态固定、体系初具的书院管理制度才真正形成。

古代书院董事的称呼甚多,并不统一,或称作绅董、院董、董理,或称作

---

① 《文瑞书院重订条规(清道光六年)》,邓洪波主编:《中国书院学规集成》,中西书局,2011,第70页。

② 《应元书院章程(清同治年间)》,邓洪波主编:《中国书院学规集成》,中西书局,2011,第1307页。

③ 陈谷嘉、邓洪波主编:《中国书院制度研究》,浙江教育出版社,1997,第380—381、387—392页。

首事、首士，或称作司事、司总、监理等。① 传统书院在条规和章程中对董事的资质、产生、任期、构成、职权等都分别作出了较为详细的规定。

董事资质的要求体现在两个方面，一是品行端正，二是办事得力。其中，品行端正成为书院选择董事的首要标准。比如，福建同安舫山书院规定，董事"俱以正途端方绅衿充当"②。福建南安诗山书院规定，"董事最重品望"，"每阄公举坦白无私者为值董"，再从其中"公举品望功名最上者为总董"③。海州敦善书院规定，"选派董事，均能实力妥办"④。广州应元书院规定，"派绅董一人，或甲班或举班，择品望素著者充之"⑤。直隶昌平州燕平书院规定，董事应由"老成殷实者"担任。义宁州梯云书院规定，总理事、首事应为"公正殷实者……公慎者再留，不公慎者随时另举"⑥。同时，秉公持正、办事得力也成为董事连任的重要标准，行为不端者，将难以留任。比如，江苏高淳县学山书院规定，"董事须秉公持正、小心谨慎之人经理……已满三年而办事秉公为众悦服者，准其据实禀留。倘不惬众情，即未届三年，亦准禀请饬退，另行选补"⑦。浦江县广学书院规定，董事"内有不清者，旧手自行赔偿，以便下手承受，不遵者逐出"⑧。湖南桂阳州龙潭书院规定，董事"如有侵蚀等弊，随时辞退，并令弥补，以重公款。若果廉正无私，仍得接充，藉资熟手"⑨。

许多书院的董事由民主公举产生。比如，江苏高淳县学山书院的董事"由绅士人等预先遴选报县，届期交替接充"。湖南桂阳州龙潭书院规定董事"由正绅举充"。海州敦善书院规定，"书院一切经理，无不责成董事，必须选派得人。……本年公同经管，以后分年轮管。将来如有更换，应由商、灶

① 邓洪波：《古代书院董事会制度》，《大学教育科学》，2011年第4期。

② 《舫山书院条规（清同治年间）》，邓洪波主编：《中国书院学规集成》，中西书局，2011，第577页。

③ 《诗山书院章程（清光绪十八年）》，邓洪波主编：《中国书院学规集成》，中西书局，2011，第598页。

④ 《敦善书院条规（清道光十七年）》，邓洪波主编：《中国书院学规集成》，中西书局，2011，第215页。

⑤ 《应元书院章程（清同治年间）》，邓洪波主编：《中国书院学规集成》，中西书局，2011，第1307页。

⑥ 《梯云书院院规（清光绪十八年）》，邓洪波主编：《中国书院学规集成》，中西书局，2011，第681页。

⑦ 《学山书院规条（清道光八年）》，邓洪波主编：《中国书院学规集成》，中西书局，2011，第208页。

⑧ 《广学书院条规》，邓洪波主编：《中国书院学规集成》，中西书局，2011，第423页。

⑨ 《龙潭书院章程（清光绪十年）》，邓洪波主编：《中国书院学规集成》，中西书局，2011，第1213页。

两籍公举"①。安徽祁门县东山书院规定，"每年司事之人，先由本乡文约公举，再由各乡允议，不得滥厕，以致办理不善"②。义宁州梯云书院规定，"院内公签总理事首事二名……其人务由各乡生童公举公正殷实者，标名悬单"③。

书院董事的任期因各书院具体情况而并不一致，短则一个季度，长则五年，董事任期较为常见的是三年。董事任期为一个季度的比如浙江鄞县鄮山书院，书院规定"董事分立春、夏、秋、冬四柱，每柱三人，按逢四立后一日应交应接者，六人到院（每期备午膳一席，约用钱二千文），交代经管"。安徽泾县泾川书院规定董事"两季一轮，每年以六、腊朔为期，上交下接，不得推诿"。董事任期为一年的书院如直隶昌平州燕平书院，董事任期为三年的书院如湖南桂阳州龙潭书院、江苏高淳县学山书院，董事任期为五年的书院如湖南浏阳石山书院。

书院还对董事轮换或连任规则作出详细规定。湖北云梦县梦泽书院经管"三十人，每年以三人经管，逐年更替"④。湖南临湘县莼湖书院首事四人，"至二月初一日交代清楚，更二人留二人"⑤。江西余干东山书院首事十人，"三人一轮，轮年分管，余一人归于末轮补空缺"⑥。浙江平阳县龙湖书院"公举殷实乡绅七人，报明立案，每年二人董理院事，每人轮值二年，计七乡，以城、万、小、江、南、北、蒲为序，连环交□，每年一换一留，如甲年城隅与万全二人董理，则乙年万全与小南绅董继之，丙年又系小南与江南之绅董接办。如是递更，七年一回，复行举报"⑦。

虽然有些书院规定董事资质符合条件即可连任，但也有书院明文限制，董事不得连任。浙江台州府正学、广文、东湖等书院共同规定，"董事不得连管两年，必须更换，以昭公慎。每年于十二月，由府谕派接管董事二人，至次

① 《敦善书院条规（清道光十七年）》，邓洪波主编：《中国书院学规集成》，中西书局，2011，第215页。
② 《东山书院新立条规（清咸丰二年）》，邓洪波主编：《中国书院学规集成》，中西书局，2011，第487页。
③ 《梯云书院院规（清光绪十八年）》，邓洪波主编：《中国书院学规集成》，中西书局，2011，第681页。
④ 《计开续议（梦泽）书院条规（清同治元年）》，邓洪波主编：《中国书院学规集成》，中西书局，2011，第1017页。
⑤ 《莼湖书院条规（清同治十一年）》，邓洪波主编：《中国书院学规集成》，中西书局，2011，第1201页。
⑥ 《捐置东山书院膏火经费善后规条（清道光二十九年）》，邓洪波主编：《中国书院学规集成》，中西书局，2011，第723页。
⑦ 《龙湖书院章程（清同治二年）》，邓洪波主编：《中国书院学规集成》，中西书局，2011，第362页。

年正月二十日齐集署土地祠,核算本年存储钱谷,并所有底册簿据交替经管。其接管董事于三日后,取具接管切结,送府存案。取结之后,如上手有隐匿侵渔情事,惟接管之董是问,以杜扶同容隐之弊"①。

传统书院董事会规模大小不一,少则二人,多达三十人。具体有数可考者有二人、四人、七人、八人、十人、十二人、十四人、二十人、二十四人、三十人等。② 传统书院董事会内部角色各不相同,经常出现的称呼有总董、董事(董正)、副董(董副)、常董、值董等等。安徽桐城县桐乡书院董事分为值年董事、副董、常董,福建南安诗山书院董事分为总董、值董。福建南安诗山书院规定"每年总董一人,值董依次轮当一人"③。有的书院对副董升为正董订立了规则。比如,陕西泾阳县味经书院"酌举董事三十人,排定名次,分为二十班,每班正副二人,正董一年更换,即以副董改充正董,蝉联而下"④。

清代设立董事职位的传统书院虽然数量可观,但并非全部。而且,许多设立董事职位的书院,也仅限于初步明确了董事的职责,却未必意味着设立了相应的董事会,更遑论对董事及董事会有详细而明确的制度规范。即便如此,一些书院的章程文本仍体现出关于书院董事的早期制度特征。在部分书院的制度文本上,开始出现独立的"董事"制度文本。较早出现的"董事"制度文本,如《桐乡书院章程·董事九则》(清道光年间,约1840年),以及随后出现的《定武书院新议经理章程》(清咸丰七年,1857年)、《石山书院首事经理章程》(清光绪十年,1884年)。其中,尤以前两者较有代表性。

安徽《桐乡书院章程·董事九则》(以下简称《董事九则》)出现于鸦片战争之前,该章程对董事的规则作了详尽且系统的制度规定。第一,将董事分为常董和一般董事。第二,规定董事规模和轮值方式。董事人数规模为十六人,每年由四人轮值。第三,常董"毋庸逐岁更换,非有弊端,不必轻易"。第四,明确董事会期、内容、规则,董事聚议时间为每年正月十五,聚议内容为交账,且所有交接账目需要公开公示,"所有上年出入一切账目,务要逐项录明出榜"。第五,规定董事职权及其奖惩。董事职权主要包括大课、小课、乡试的办理,以及书院账目管理。同时,对于有推诿、

---

① 《宾兴、书院公收租谷条规(清同治七年)》,邓洪波主编:《中国书院学规集成》,中西书局,2011,第450页。

② 邓洪波:《中国书院的董事会制度》,《大学教育科学》,2011年第4期。

③ 《诗山书院章程(清光绪十六年)》,邓洪波主编:《中国书院学规集成》,中西书局,2011,第598页。

④ 《味经书院刊书处办法章程十一条(清光绪年间)》,邓洪波主编:《中国书院学规集成》,中西书局,2011,第1668页。

卸责现象的董事，进行罚银或改选，对于"私用暂移公项"之董事，在责其归还公项之外，还将通过"门首张贴，使众闻之，俾其自愧"的惩戒方式，对于有"侵渔"状况之董事甚至"即行革退"。第六，限定董事的交通及饮食额度。比如，规定董事"因公聚议书院，饮食毋得过四簋"，"每年各董事办事，往来舆费路用，书院议贴八折银二两"。①《董事九则》中，桐乡书院的董事主要负责的是书院内部的教学、经费事务，并且从章程对董事的各种奖惩措施可以看出，董事显然被定位为书院内部事务管理者。另外，此时的董事，还未被赋予山长公举权。

河北《定武书院新议经理章程》（以下简称《定武章程》）出现于两次鸦片战争之间，该章程对董事的职权定位出现了不同于《董事九则》的变化。第一，董事分工分为监院、营造、催收、支发四类，进一步明确了董事的职权，分别专管书院的供应、岁修、催收租项、支发钱银。年终，由监院召集会议，公议院务，清查账目。第二，董事有山长延聘权。每年十月，由监院召集董事公议山长人选，并延聘之，并"公同力辞"官员推荐的山长人选。第三，董事由公举产生，禀官酌定。《定武章程》将董事职权定位在经费与资产管理、聘任山长，同时明确了董事由公举产生的民主方式。这一改变，已经使得书院董事开始游离于内部事务管理者的角色，而初步呈现出现代治理意义上的董事内涵。

传统书院关于董事的条文规范分布于书院章程、书院规条、办事规约等文字之间，多数情况下，并未形成体系化的制度结构，但已经对董事这一职位的相关内涵进行初步表述，包括董事人选、入职条件、职务职责、办事程序、薪金奖惩、换届选举等细节。此外，许多设有董事一职的书院制度文本，也仅限于初步规定了董事的职权，却并未明文设立相应的董事会，更遑论对董事及董事会有详细而明确的运作程序和制度规范。传统书院章程中仅仅是笼统地涉及董事"公同会议""聚议"②的表述，却并未对此在召集周期、议定程序、议事规则等方面作出明确或详细的规定。此外，书院虽设总董或正董（相当于董事长）统领董事会事务，但并未对总董的职权作出具体界定。同时，关于山长是不是书院董事或总董，尚未作出制度规范。董事会议规范的缺失，实际上造成了董事会议制度难以运作。因而在严格意义上，仅可称之为书院"董事制度"。

---

① 《桐乡书院章程·董事九则（清道光年间）》，邓洪波主编：《中国书院学规集成》，中西书局，2011，第467页。

② 《桐乡书院章程（清道光年间）》，邓洪波编：《中国书院章程》，湖南大学出版社，2000，第85页。

道光年间《桐乡书院章程·董事九则》①

一、书院董事议定多人，内以数人为常董，十六人值年，每年四人，轮流更换。以正月十五日聚议交账，账有分毫不清，接管者不得接受。既经接受，倘有欠缺，接管者照数偿赔。每年交账之日，所有上年出入一切账目，务要逐项录明出榜，使众共知。

二、常董二人四人皆可，毋庸逐岁更换，非有弊端，不必轻易，其或经病故、衰老、远出，则缺一人必更举一人，即会同各董事议之。

三、开课之时，各细事委曲繁多，议于常董及值年董事外，更议副董二人，经营勤办，与常董俱不逐年更换。

四、每年春秋大课，禀请邑尊即用常董姓名并值年四人名帖。开课之期，常董与值年董事必须前五日齐集办事，副董尤须半月即行进书院筹办一切。

五、每小课及乡试年决科之期，常董及值年董事与副董俱照大课先期至书院办理一切。

六、值年年应派董事不得推诿，倘有遇事不到，罚银二两。其实有他故，不愿经理者，董事等公同会议转举一人为之补缺，抑或择举族友代办，但必素有名望且素有相信托心之人，倘有弊端，仍惟应派值年董事是问。

七、董事因公聚议书院，饮食毋得过四簋。一人只许携带仆从一人，且必能为书院任事，方准在内食宿。其舆夫只给便饭一顿，即行外出。每年各董事办事，往来舆费路用，书院议贴八折银二两，每交账时支取，不得零星开销。至于下乡作稞拂租等类，仍在书院支取使费。其情愿自行贴费，不支公款者，准作加捐八折银二两，积久勒碑。常董副董因书院公事，舆费路用由值年董事开发，不另议贴。

八、董事倘有侵渔，察出即行革退。其有私用暂移公项者，虽非侵渔，亦开侵渔之弊，值年同事即写明某人移用公项钱若干，在书院门首张贴，使众闻之，俾其自愧，如遂不复缴出，即行议革，其钱着落值年三人代缴，以免相互蒙蔽。

九、书院出入账簿，议立三本，一本存置书院账房，一本交常董二人收执，一本交值年董事收执。会课及聚议交账之时，各携账本至书院，誊清核对。每年结总账目，必须一手批明。

---

① 《桐乡书院章程（清道光年间）》，邓洪波主编：《中国书院学规集成》，中西书局，2011，第467页。

表1-1 部分设有董事的清代传统书院名单

书院章程	订立时间	公历	地点	董事称谓	董事职权
龙湖书院章程（何子祥订）	乾隆三十一年	1766	浙江平阳	董事。分为经管董事、值年董事	聘请山长；备办试卷费（阅卷笔墨费，闱卷笔墨费等）；其他经费开支；账目管理
昆阳社学规条（何子祥订）	乾隆三十二年	1767		董事	选择生源
龙湖书院章程（余丽元订）	同治二年	1863		董事；院董；绅董	赴县请示；议聘山长；董理院务
龙湖书院续订章程（祝登云订）	同治二年	1863		院董。分为正董、副董	请出开考告示；请命题；分课卷；账簿增；禀官催租
桐乡书院章程	道光年间		安徽桐城	董事。分为正董、副董，常董，稽查董事	监管院务；禀请邑尊；筹办课务；布置课桌点；收发资；出贴公告；酌定奖赏；发给奖资；保管账簿；作租收禀；稽查器物
浯江书院规条	道光年间		台湾金门	董事。分为值年董事，稽查董事	议聘山长；官课安排；集议院务；建议修理；造究抗租；集议经费使用
敬教书院章程	道光年间		山西永济	董事（择绅士担任）	掌经费；催当商息；给发薪火，笔资等
钟吾书院议立规条详请奏定原册	道光三年	1823	江苏宿迁	董理；董事	延聘山长；综核经费出入；稽查生童学规
文蔚书院重订条规	道光六年	1826	河北深县	董事	延聘山长；租息账目管理
学山书院规条	道光八年	1828	江苏高淳	董事	礼请山长；薪火发放；收租；其他经费支出
泾川书院规条	道光十三年	1833	安徽泾县	董事	器物管理；账目管理
敦善书院条规	道光十七年	1837	江苏海州	董事	书院修葺；书籍管理与保护；器物管理

续 表

书院章程	订立时间	公历	地点	董事称谓	董事职权
燕平书院章程	道光二十四年	1844	北京昌平	董事	收租;财务收支;物品监管
霍山书院新立章程	咸丰元年	1851	山西霍州	董事	账目管理;物品登记
定武书院新议经理章程;课士条规	咸丰七年	1857	河北定州	董事。分监院,管造、催收、支发	物品供应;书院岁修;收租;财物支取;账目管理
龙门书院章程六则	同治九年	1870	上海	董事;绅董	议聘山长;财务收支;物品购置与保管
蚧山书院条规;蚧山书院每年费用条目	同治年间 光绪年间		福建同安	绅董。董事。司出纳、斋长、稽查三类	议聘山长;财务收支与稽查
云山书院章程;云山书院续订章程	同治年间		湖南宁乡	首事	备舆迎接院长;发放膏火;备办课卷;更换读职的房屋看守;清点物品;修缮房屋;酌定修膳费;收量租谷;经管钱谷;登记数目;稽核账簿
筑湖书院条规	同治十一年	1872	湖南临湘	首事	租项的征收与保管
凤巘书院章程;凤巘书院附录章程	光绪元年	1875	江西义宁	首士	商定账务经理人选;账务管理
敬义书院简明章程	光绪五年	1879	河北枣强	绅董	收租;延访山长;岁修支出;保管账目
石山书院首事经理章程	光绪十年	1884	湖南浏阳	首事	田产购置与管理;收租;钱粮管理;祭祀预备;生员奖励

续表

书院章程	订立时间	公历	地点	董事称谓	董事职权
龙潭书院学约;龙潭书院章程	光绪十年	1884	湖南桂阳	董事	课务管理;禀请州尊命题;发放膏火;生员考勤南知商院长人选;监管杂役;书籍管理与维护
燕山书院条规	光绪十一年	1885	河北遵化	绅董	聘订山长;经费管理;管理田粮钱项;奖励科考生员
鄞山书院条规	光绪十三年	1887	浙江鄞县	董事	公举山长;经费管理;稽查、酌定田产;斋舍管理;器物管理;花木管理;书院祭祀
尊经书院章程	光绪十五年	1889	江苏高淳	董事(由学山书院董事兼任)	账目及支出;书籍管理;捐资置产
诗山书院章程	光绪十八年	1892	福建南安	绅董;董事。分总董、值董	公举院长;购置田产;商举院事;筹款;管理账目;教务(推书手抄贴,检点书籍)
圣泉书院条规	光绪十八年	1892	河北无极		延请院长;财务收支
梯云书院院规	光绪十八年	1892	江西义宁	首事。分总理首事、副理首事	书院巨细事务;进出账目;参与置买田产
华阳书院章程	光绪二十三年	1897	江苏句容	院董	财务支出;收租;备卷
南菁书院改办学堂章程·办事规约二十四条	光绪二十七年	1901	江苏江阴	经董	开学礼祭;文告;财务筹划与开支

资料来源:邓洪波主编:《中国书院学规集成》,中西书局,2011。

书院董事制度虽往往出现于民办书院①，但绝非民办书院的专利，在有些官办书院甚至省城书院中，也出现了董事制度，比如浙江敷文书院、湖南岳麓书院。其中，浙江敷文书院设立董事的目的是从各县选拔和推荐生源，因而书院董事均由各县乡绅担任，数量达百人。湖南岳麓书院在清同治年间的一次规模巨大的修葺工程中，针对书院的田产、建筑等进行清理和重修工作专门制定了《经理书院章程》，规定由多名士绅担任首士，经管房屋修理、收佃租、看管工程、核查器物、分发工食等具体事宜②，并不涉及教学管理。

传统书院规模较小、管理简单的实际状况，是造成书院董事会制度概念模糊、机制粗疏的重要原因。显然，清代传统书院将书院管理制度等同于董事制度，将董事等同于书院管理者，将董事会等同于日常管理机构。进而言之，传统书院董事制度，并非近代意义上之校董会，或可理解为本土学校董事会制度之滥觞。虽然在我国近代史上，校董会制度在实践中不断演变和发展，并深受美国校董会制度之影响，然由于观念史的影响，生发于本土的清代传统书院的"董事"概念，在民国学校董事会制度中刻上了深刻的烙印，并形成了观念上的历史延续。

无论如何，传统书院零星的董事条文和独立的董事制度文本的出现，对董事的人选及其产生方式、规模、职权、会议、换届等方面的制度规定，尤其是规定了董事具有公举山长、书院筹款、财务管理等职权，初步呈现出校董会制度的基本要素。虽然清代传统书院对董事的称呼杂乱不一，存在董事、董理、经理、首士、首事等多种称呼，但可以肯定，清代传统书院业已开始在观念上对"董事"这一概念进行了符合自身发展逻辑的文化建构。

三、董事还是经理？——关于董事的文本定位

清代对传统书院加强了控制，书院山长基本由官府指派。为了避免官荐之弊，许多民办书院的山长逐渐改由董事负责选聘，"众董公举"成为许多书院选聘山长的原则。比如，无极县圣泉书院"延请院长，不由官荐，以杜请托之弊。不许董事一人擅主，不许请本邑人，必众董事访求外州县品学兼优者主讲"③。枣强县敬义书院的"山长由绅董延访外省、外府、州县进士、举

---

① 朱汉民、邓洪波、高峰煜：《长江流域的书院》，湖北教育出版社，2004，第335页。

② 《岳麓书院经理书院章程（清同治年间）》，邓洪波主编：《中国书院学规集成》，中西书局，2011，第1056页。

③ 《圣泉书院条规（清光绪十八年）》，邓洪波主编：《中国书院学规集成》，中西书局，2011，第19页。

县酌定,不由礼房经手。惟董事公局遣人到执贴房请题缴卷,方为便当"①。句容华阳书院规定,"师课则由院董备卷"②。

传统书院(不论是省级书院还是基层社学)的董事还负有选择生源之职。比如,浙江敷文书院作为省级书院,在监院负责院务③之外,还设有董事并由各郡县乡绅担任,主要目的是为敷文书院选拔和推荐优秀生源④。浙江《昆阳社学规条》规定,昆阳社学的董事专职负责挑选生源,"董事择十一二岁及十五岁能破讲半篇者,汇三十余名,送署候官示期面试,以定去取"⑤。

有些传统书院董事还负有管理学生事务的职责。比如,桂阳龙潭书院规定,董事负责学生请假注册事宜,"诸生有故归家,告明主讲后,必面商董事,董事即将往返时日分注册薄,一边年终稽查勤惰"⑥。宿迁钟吾书院也规定董事有"稽查生童学规"的职责,湖南龙潭书院规定董事负有"生源考勤"之责,河北燕山书院董事还负有奖励科考生员之责。这种参与学生管理的案例虽然不多,但至少说明了传统书院董事在聘请山长和经费管理等主要职权之外,还承担了书院更多的管理事务。

作为院务管理者,清代传统书院董事在从事日常管理之时,还由此获得相应的薪酬。在有些传统书院相关规章里,董事获取薪酬是一项明确的制度规定。如舫山书院规定,"书院司出纳、斋长、稽查三项董事,每人每年薪水钱俱各二十千文,不得增减"⑦。燕平书院规定,董事"每年送薪水大钱十二千,于旧存房地租息内动支"⑧。敦善书院规定,"董事五人,分年轮管,每年议给薪水银四十两"⑨。钟吾书院规定,"董事二人,每日住院各给薪水钱

① 《诗山书院章程(清光绪十八年)》,邓洪波编:《中国书院章程》,湖南大学出版社,2000,第109页。
② 《华阳书院章程(清光绪二十三年)》,邓洪波编:《中国书院章程》,湖南大学出版社,2000,第66页。
③ 《敷文书院增设孝廉月课章程(清道光十六年)》,邓洪波主编:《中国书院学规集成》,中西书局,2011,第308页。
④ 邵群:《万松书院》,湖南大学出版社,2014,第47页。
⑤ 《昆阳社学规条(清乾隆三十二年)》,邓洪波主编:《中国书院学规集成》,中西书局,2011,第361页。
⑥ 《龙潭书院学约(清光绪十年)》,邓洪波编:《中国书院章程》,湖南大学出版社,2000,第204页。
⑦ 《舫山书院每年费用条目(清光绪年间)》,邓洪波主编:《中国书院学规集成》,中西书局,2011,第578页。
⑧ 《燕平书院章程(清道光二十四年)》,邓洪波主编:《中国书院学规集成》,中西书局,2011,第5页。
⑨ 《敦善书院条规(清道光十七年)》,邓洪波主编:《中国书院学规集成》,中西书局,2011,第215页。

书院董事制度虽往往出现于民办书院①,但绝非民办书院的专利,在有些官办书院甚至省城书院中,也出现了董事制度,比如浙江敷文书院、湖南岳麓书院。其中,浙江敷文书院设立董事的目的是从各县选拔和推荐生源,因而书院董事均由各县乡绅担任,数量达百人。湖南岳麓书院在清同治年间的一次规模巨大的修葺工程中,针对书院的田产、建筑等进行清理和重修工作专门制定了《经理书院章程》,规定由多名士绅担任首士,经管房屋修理、收佃租、看管工程、核查器物、分发工食等具体事宜②,并不涉及教学管理。

传统书院规模较小、管理简单的实际状况,是造成书院董事会制度概念模糊、机制粗疏的重要原因。显然,清代传统书院将书院管理制度等同于董事制度,将董事等同于书院管理者,将董事会等同于日常管理机构。进而言之,传统书院董事制度,并非近代意义上之校董会,或可理解为本土学校董事会制度之滥觞。虽然在我国近代史上,校董会制度在实践中不断演变和发展,并深受美国校董会制度之影响,然由于观念史的影响,生发于本土的清代传统书院的"董事"概念,在民国学校董事会制度中刻上了深刻的烙印,并形成了观念上的历史延续。

无论如何,传统书院零星的董事条文和独立的董事制度文本的出现,对董事的人选及其产生方式、规模、职权、会议、换届等方面的制度规定,尤其是规定了董事具有公举山长、书院筹款、财务管理等职权,初步呈现出校董会制度的基本要素。虽然清代传统书院对董事的称呼杂乱不一,存在董事、董理、经理、首士、首事等多种称呼,但可以肯定,清代传统书院业已开始在观念上对"董事"这一概念进行了符合自身发展逻辑的文化建构。

三、董事还是经理?——关于董事的文本定位

清代对传统书院加强了控制,书院山长基本由官府指派。为了避免官荐之弊,许多民办书院的山长逐渐改由董事负责选聘,"众董公举"成为许多书院选聘山长的原则。比如,无极县圣泉书院"延请院长,不由官荐,以杜请托之弊。不许董事一人擅主,不许请本邑人,必众董事访求外州县品学兼优者主讲"③。枣强县敬义书院的"山长由绅董延访外省、外府、州县进士、举

---

① 朱汉民、邓洪波、高峰煜:《长江流域的书院》,湖北教育出版社,2004,第335页。
② 《岳麓书院经理书院章程(清同治年间)》,邓洪波主编:《中国书院学规集成》,中西书局,2011,第1056页。
③ 《圣泉书院条规(清光绪十八年)》,邓洪波主编:《中国书院学规集成》,中西书局,2011,第19页。

人主讲",而"不由官府,受上司之荐,至成应酬虚文"。① 金门浯江书院"延聘山长,由值年、稽查董事集众妥议,由值年董事送关"②。

清代传统书院董事的产生方式并不唯一,而是与其他产生方式杂糅并存,主要有官荐、公举和继承几类。不少书院虽然通过公举产生董事,然却并未对公举者的身份作出明确规定。故而,同样是公举,有的书院董事由士绅选出,有的书院董事却由学生选出。因此,何人具有董事公举权,公举者代表着何人之利益,由公举产生的董事又将代表何人之利益,书院章程皆未提及,这就使得初具民主意义的董事公举行为本身成了说不清道不明的历史疑问。有的书院董事产生方式首选传统色彩较强的家族继承方式,公举方式并非首选,仅作备用。比如浙江广学书院规定,董理后裔可代董理之位,在无人可代的情况下,方才"另行公举,不得擅自承管"③。另外,董事身份多元,除了士绅、书院管理者之外,有些书院开始指定部分学生充任董事。比如味经书院规定,书院副董"以内课诸生派充,不另给薪水"④。

许多书院开始确立经费独立于官府的原则。文瑞书院专设"谨出纳"条规,明确了书院经费管理独立于官府之外的原则:"所有地租制钱一千一百八十六千五百六十四文,钱息制钱一千二百文,概交董事管理收支,一切出入支销,永不由州署经手……兹经董事人等议定,一切出纳会计,悉由董事秉公办理。所立章程,联名具呈转详在案。"⑤无独有偶,广东应元书院也规定,"膏火、奖银、工食等项,俱发银票、洋银,足数按月照给,不分大小建名目,均由监院绅董经理,不假胥吏之手"⑥。

作为董事的重要职权,经费管理包括学院田产管理、学费征收、薪金发放、财务结算等,各类董事亦因职责不同而称呼不一。比如,定武书院的董事有监院、营造、催租、收存、支发等不同分工,各司其事。⑦福建同安舫山书院"经理财帛者名曰'司出纳',其接应事务者名曰'斋长',其查察是非得

① 《敬义书院简明章程(清光绪五年)》,邓洪波主编:《中国书院学规集成》,中西书局,2011,第66页。
② 《浯江书院规条(清道光年间)》,邓洪波主编:《中国书院学规集成》,中西书局,2011,第1760页。
③ 《广学书院条规》,邓洪波主编:《中国书院学规集成》,中西书局,2011,第423页。
④ 《味经书院办法章程十一条(清光绪年间)》,陈谷嘉、邓洪波主编:《中国书院史资料》下册,浙江教育出版社,1998,第2333页。
⑤ 《文瑞书院重订条规(清道光六年)》,邓洪波主编:《中国书院学规集成》,中西书局,2011,第69—70页。
⑥ 《应元书院章程(清同治年间)》,邓洪波主编:《中国书院学规集成》,中西书局,2011,第1307页。
⑦ 《定武书院新议经理章程》,邓洪波编:《中国书院章程》,湖南大学出版社,2000,第18—19页。

失者名曰'稽查'"①。

书院董事负有催租、收租、钱谷保存等职责,因此,增加和保管书院经费、防止侵吞院产,亦成为古代书院对董事考量的标准。比如,湖南浏阳石山书院规定,董事"每年将出入钱数若干,凭众核算,揭示讲堂。倘有侵渔,即行罚赔更换"②。江西余干东山书院首事"头年值管,于次年开印后支用足钱四千置酒二席,定期邀首事齐去学署,请两学师监察面算出入数目,以便上交下接。学官同接首事出具并无浮冒侵渔切结,送县稽核。如有徇隐,一经查出,或被指告,着接手首事照数认赔"③。句容华阳书院规定,书院经费"由董暂存各铺,按月取息","院田清查……每年院董收租",同时,"每年用数,院董造册报销,以昭核实"。④

传统书院董事在书籍维护、器物管理等方面均负有管理之责。安徽桐乡书院、安徽泾川书院、江苏敦善书院、北京燕平书院、河北定武书院、上海龙门书院等众多书院都规定董事负有"稽查器物"之责。比如在书籍维护方面,湖南龙潭书院规定,"院中藏书,诸生于到院时开条领取,由董事登注薄籍",请假外出的学生"须将领书交付董事销薄",此外,"每岁六月初旬,董事会同诸生曝晒,庶免侵损"。⑤ 此外,有些书院的董事职责还涉及杂役监管、花木管理等方面。

传统书院董事的职权还涉及日常教学管理,包括课务安排、书院礼祭、教学礼仪、试卷准备与发放等方面。比如,桐城桐乡书院的董事负责在开课之日进行分卷和收卷工作;负责考试期间防止生童作弊的稽查工作;负责在小课和决科之前一个月张贴题目;课后邀请县里的尊贤之人对试卷进行评定;负责士子会课之时监督学生衣着规范,对于"科头短服"、玷辱斯文者,"于卷上暗记,虽录取不给奖赏"⑥。福建诗山书院章程规定,"甄别官课,由

---

① 《舫山书院条规(清同治年间)》,邓洪波主编:《中国书院学规集成》,中西书局,2011,第577页。
② 《石山书院首事经理章程(清光绪十年)》,邓洪波主编:《中国书院学规集成》,中西书局,2011,第1150页。
③ 《捐置东山书院膏火经费善后规条(清道光二十九年)》,邓洪波主编:《中国书院学规集成》,中西书局,2011,第723页。
④ 《华阳书院章程(清光绪二十三年)》,邓洪波编:《中国书院章程》,湖南大学出版社,2000,第65页。
⑤ 《龙潭书院章程(清光绪十年)》,邓洪波编:《中国书院章程》,湖南大学出版社,2000,第206页。
⑥ 《桐乡书院章程(清道光年间)》,邓洪波编:《中国书院章程》,湖南大学出版社,2000,第84页。

县酌定,不由礼房经手。惟董事公局遣人到执贴房请题缴卷,方为便当"①。句容华阳书院规定,"师课则由院董备卷"②。

传统书院(不论是省级书院还是基层社学)的董事还负有选择生源之职。比如,浙江敷文书院作为省级书院,在监院负责院务③之外,还设有董事并由各郡县乡绅担任,主要目的是为敷文书院选拔和推荐优秀生源④。浙江《昆阳社学规条》规定,昆阳社学的董事专职负责挑选生源,"董事择十一二岁及十五岁能破讲半篇者,汇三十余名,送署候官示期面试,以定去取"⑤。

有些传统书院董事还负有管理学生事务的职责。比如,桂阳龙潭书院规定,董事负责学生请假注册事宜,"诸生有故归家,告明主讲后,必面商董事,董事即将往返时日分注册薄,一边年终稽查勤惰"⑥。宿迁钟吾书院也规定董事有"稽查生童学规"的职责,湖南龙潭书院规定董事负有"生源考勤"之责,河北燕山书院董事还负有奖励科考生员之责。这种参与学生管理的案例虽然不多,但至少说明了传统书院董事在聘请山长和经费管理等主要职权之外,还承担了书院更多的管理事务。

作为院务管理者,清代传统书院董事在从事日常管理之时,还由此获得相应的薪酬。在有些传统书院相关规章里,董事获取薪酬是一项明确的制度规定。如舫山书院规定,"书院司出纳、斋长、稽查三项董事,每人每年薪水钱俱各二十千文,不得增减"⑦。燕平书院规定,董事"每年送薪水大钱十二千,于旧存房地租息内动支"⑧。敦善书院规定,"董事五人,分年轮管,每年议给薪水银四十两"⑨。钟吾书院规定,"董事二人,每日住院各给薪水钱

① 《诗山书院章程(清光绪十八年)》,邓洪波编:《中国书院章程》,湖南大学出版社,2000,第109页。
② 《华阳书院章程(清光绪二十三年)》,邓洪波编:《中国书院章程》,湖南大学出版社,2000,第66页。
③ 《敷文书院增设孝廉月课章程(清道光十六年)》,邓洪波主编:《中国书院学规集成》,中西书局,2011,第308页。
④ 邵群:《万松书院》,湖南大学出版社,2014,第47页。
⑤ 《昆阳社学规条(清乾隆三十二年)》,邓洪波主编:《中国书院学规集成》,中西书局,2011,第361页。
⑥ 《龙潭书院学约(清光绪十年)》,邓洪波编:《中国书院章程》,湖南大学出版社,2000,第204页。
⑦ 《舫山书院每年费用条目(清光绪年间)》,邓洪波主编:《中国书院学规集成》,中西书局,2011,第578页。
⑧ 《燕平书院章程(清道光二十四年)》,邓洪波主编:《中国书院学规集成》,中西书局,2011,第5页。
⑨ 《敦善书院条规(清道光十七年)》,邓洪波主编:《中国书院学规集成》,中西书局,2011,第215页。

统计,清代建有书院 3 878 所,其中官办书院 2 200 所,民办书院 1 656 所,民办书院占清代书院总数的 42.7%,几乎占据清代书院的半壁江山(表 1-3)。①

表 1-2　清代书院创建与兴复改造人物统计表

统　　计	类　别							
	民　办	不　明	地方官	督　抚	京　官	敕　奏	其　他	合　计
书院数/所	182	210	1 088	186	6	101	27	1 800
	392		1 381					
百分比/%	10.11	11.67	60.44	10.33	0.33	5.61	1.5	100
	21.78		76.72					

资料来源:曹松叶:《宋元明清书院概况(四续)》,国立中山大学语言历史研究所周刊,1929 年第 9 卷第 114 期,第 3—24 页。

表 1-3　清代书院创建人物统计表

统　　计	类　别				
	民　办	不　明	官　办	其　他	合　计
书院数/所	935	721	2 200	22	3 878
	1 656				
百分比/%	24.11	18.59	56.67	0.63	100
	42.7				

资料来源:邓洪波:《中国书院史》,武汉大学出版社,2012,第 460 页。

　　两个数据虽不一致,但均说明清代书院以官方创办为主,并体现出受官方控制的官学化特征。这与清廷的书院政策有着密切的关系。雍正至光绪年间,清廷对书院普遍采取了积极控制和大力整顿的政策,通过向新建书院颁发御书匾额、嘉奖卓有成绩的山长、增加书院经费、寻访视察等措施,积极鼓励书院发展,同时也加强了对书院尤其是官办书院的控制。

　　山长人选的确定有两种途径,一是书院推举,二是官方指定。书院董事的山长推举权并非完全独立,而是有限度的,山长人选受到官府的控制或干涉。比如,平阳县龙湖书院规定,山长聘请由"书院董事慎选品行端方、学问优长者为西席,公呈开送,凭县决择"②。这与龙湖书院的官办性质有关,浙江平阳龙湖书院由知县何子祥于乾隆三十一年(1766)创办,何子祥亲订《龙

---

① 邓洪波:《中国书院史》,东方出版中心,2004,第 414 页。
② 《龙湖书院章程(清乾隆三十一年)》,邓洪波主编:《中国书院学规集成》,中西书局,2011,第 358 页。

湖书院章程》。此外,圣泉书院董事虽然可以选聘山长,但"每年议定后,禀官出盖印关书"①。浯江书院的山长人选虽然由董事众议选出,然而,"如有官荐,亦须公议妥洽,然后送关"②。学山书院也规定,书院董事"由绅士人等预先遴选报县"③。另外,在一些书院里,院长仍由官府选聘,而非由董事公举。比如,湖南云山书院规定,院长"由地方官关聘",董事仅负责"备舆迎接"。④ 龙潭书院的院长由官绅遴选,再与书院董事商知。然而,两者最终都需要经过官方的审查与任命。书院山长(院长)每年一聘,由地方官员授予聘书,并发给聘金。

传统书院内部事务要向官府汇报,受官府干预。比如福建南安诗山书院"院事由总董与值董商量举行,禀之官长"⑤。书院财务方面,亦须向官府呈报立案。比如,龙湖书院规定,"每届正月,由旧正董将去年收支各款清正账簿两本,一呈县立案,一存院备查"⑥。书院日常经费主要来源是田租,因而定期收租成为董事的重要职责。因此,书院当遇到"佃户有疲玩故习、欠租不交者",都有责成院董"禀官饬追"的类似条款⑦,向官府汇报和救助,几成所有书院的共识。而与此同时,官府也存在控制和干涉书院财务及田产的现象⑧,各级官吏经常出现侵占书院田产房舍以作他用,进而妨碍书院正常的教学活动。这一现象再次印证了传统书院的田产和内务受官府管理和干预的事实。

官府还向书院指派监院和董事。作为书院中仅次于山长的职位,监院处于实际上的书院行政长官的地位,书院中包括行政、财务、学生管理、图书管理在内的所有"庶务"均由监院主管。⑨ 监院的产生方式有二,一为地方

---

① 《圣泉书院条规(清光绪十八年)》,邓洪波主编:《中国书院学规集成》,中西书局,2011,第19页。
② 《浯江书院规条(清道光年间)》,邓洪波主编:《中国书院学规集成》,中西书局,2011,第1760页。
③ 《学山书院规条(清道光八年)》,邓洪波主编:《中国书院学规集成》,中西书局,2011,第208页。
④ 《云山书院章程(清同治年间)》,邓洪波编:《中国书院章程》,湖南大学出版社,2000,第207页。
⑤ 《诗山书院章程(清光绪十八年)》,邓洪波主编:《中国书院学规集成》,中西书局,2011,第598页。
⑥ 《龙湖书院续订章程(清同治二年)》,邓洪波主编:《中国书院学规集成》,中西书局,2011,第362页。
⑦ 《龙湖书院续订章程(清同治二年)》,邓洪波主编:《中国书院学规集成》,中西书局,2011,第363页。
⑧ 李国钧主编:《中国书院史》,湖南教育出版社,1998,第807—813页。
⑨ 陈谷嘉、邓洪波主编:《中国书院制度研究》,浙江教育出版社,1997,第113页。

官府委派或以学官兼任，二为地方公推产生，但一般以地方官府委任或学官兼任为主，并直接向主管衙门负责，有的监院还负责监视山长。① 广州应元书院规定，"省城各院均派监院官两员，今拟监院只派一员，再派绅董一人，或甲班或举班，择品望素著者充之，经理院中一切事宜，应行申报文件，均与监院联衔"②。另外，一些书院的董事，也并非由公举产生，而是由官方指派。浙江台州府所辖正学、东湖、广文三书院，"每年由府谕派董事二人经理其事，不给薪水"③。文瑞书院虽然明确了经费管理独立于官府的原则，但依然规定董事人选"由州署更易"④。这一规定明确了官府对书院董事人选的决定权，也就使得官府关于通过董事对书院进行管理有了制度章程上的认同。

由此可见，清代传统书院董事制度是一种在官府控制下、由地方士绅主导和经营的书院管理制度。地方士绅通过建构书院董事制度、选举或担任书院董事来实施对书院具体院务的管理，体现其作为书院实际管理者的"经理人"角色。同时，官府并不参与书院具体事务，而是通过制定政策、干预山长和董事人选、控制经费、指派监院等方式，规约和形塑着书院的教学与管理行为，从而体现其"宏观干预者"的角色。

五、关于制度成因的分析

书院董事制度的出现，源于清代传统书院的实际遭遇和发展困境。许多书院依靠士绅以及民间人士捐款资助得以维系，有些书院虽由官吏出资，却并非公款，而是以私人名义捐建。同时，随着清代商业的发展，以及商人社会地位的逐步改变，商人开始通过捐资助学的方式支持书院建设。民办书院董事制度对山长聘任、经费管理作出了新的要求。其中，对董事管理书院经费的规定很有针对性，比如亲属不得管理院产，书院董事不得私吞、挪用院产，书院各项经费必须按期报备，等等。为防止董事任久积弊，书院还对董事进行定期考核，规定书院董事必须定期更换，并对新旧董事的财务交接程序制定了详细规则。

清代书院官学化严重，统治者对书院的山长、院务、经费、生员等方面采

---

① 张世清：《西北书院制度略论》，《兰州大学学报（社会科学版）》，2003 年第 1 期。
② 《应元书院章程（清同治年间）》，邓洪波主编：《中国书院学规集成》，中西书局，2011，第 1307 页。
③ 《宾兴、书院公收租谷条规（清同治七年）》，邓洪波主编：《中国书院学规集成》，中西书局，2011，第450 页。
④ 《文瑞书院重订条规（清道光六年）》，邓洪波主编：《中国书院学规集成》，中西书局，2011，第70 页。

取了十分严格的控制措施。清政府控制书院山长的聘任权,要求督抚、学政等各级官员慎选山长,并制定了包括考核、奖励、晋升等在内的山长考核制度。由于官学化的影响,以及山长丰厚的待遇,山长人选往往成为滋生腐败的温床,造成山长聘任官官相托、徇以情面的状况,进而使得山长水准难以保证,山长无心教学、徒领薪俸,书院整体办学水平下降。山长选择上的滑坡及其腐败状态,也正是书院董事制度关于"山长经公举产生"这一规则出现的切实根源。

清政府通过制定各种限制政策,以达到控制书院的目的。其中,设立省会书院需要由督抚"商酌奉行","其余各府州县书院,或绅士捐资倡立,或地方官拨公款经理,俱申报该管官查核"。① 清政府不仅控制省会书院的经费,还安排政府官员定期审核各府州县书院和地方官绅捐建书院等其他书院的经费。此外,书院内部事务要向官府汇报,并受官府干预,官府还通过向书院指派监院的方式,加强对书院的监督和管理。因而,书院董事也必须定期向官府汇报书院院务,并在官府备案。

清代"向来书院之易于废弛者,皆由州署经管,辗转交卸,有名无实所致。兹经董事人等议定,一切出纳会计,悉由董事秉公办理。所立章程,联名具呈转详在案"②。这些条规直指因官府人员频繁变动而造成书院经费缺少持续、有效的管理,从而给书院发展带来诸多不利的现实。此外,传统书院出现官吏侵吞书院院产、学田等严重的腐败现象,加之政府财政危机,白莲教起义、太平天国运动等民间起义运动,对书院院产造成严重损害,使得原本弊病丛生的书院经费管理雪上加霜。这些都成为催生书院董事制度出现的现实原因。因此,许多书院通过设立董事制度以明确书院经费管理独立于官府的原则。

清政府控制着书院生源的选择和荐举,书院招生需要经过官府推荐或批准,书院生源由地方官绅"择乡里秀异、沉潜学问者,肄业其中。其恃才放诞、佻达不羁之士,不得滥入书院中",并对"诸生中材器尤异者,准令荐举一二,以示鼓励"。③ 在书院已沦为科举附庸的时代,金榜题名的学子数量成为评定书院教学质量的"终极标准",书院和山长也将因此得到嘉奖。因此,

---

① 《钦定大清会典事例·礼部》卷三三,陈谷嘉、邓洪波主编:《中国书院史资料》中册,浙江教育出版社,1998,第859页。

② 《文瑞书院重订条规(清道光六年)》,邓洪波主编:《中国书院学规集成》,中西书局,2011,第70页。

③ 清高宗(爱新觉罗·弘历):《训饬直省书院师生》(清乾隆元年),陈谷嘉、邓洪波主编:《中国书院史资料》中册,浙江教育出版社,1998,第857页。

传统书院董事往往被赋予选择和举荐生源的职责，以保证书院的金榜题名率。与此相伴而生的，还有董事对教学、教务、考试等院务的管理权。这些职权的形成，都是在以科举考试为中心的国家取士制度规约之下的必然，并关系着书院的地位和声望。因此，书院董事职权依科举考试而定，董事也无须在科举考试之外的事务上劳心劳力，这也是造成书院董事在实际上被定位为"经理人"的原因所在。

地方士绅作为官府与百姓之间的中间角色，既是官府权力的执行者，也是地方及自身利益的维护者，其权力延伸必然包含着作为科举人才之摇篮的传统书院。担任书院董事，首先是地方士绅的一种稳定的收入来源和谋生之道，①地方士绅借此为自身获取经济利益。更为重要的是，"学而优则仕"的儒家传统思想和中央政府的科举取士制度，无时无刻不在规约着清代书院的教育目标——培养士大夫阶层。身为书院董事的地方士绅，从科举制度中获得了政治与文化的双重权威，作为传统伦常的维护者和文化知识的传播者，是书院学子的前辈和榜样。同时，作为传统教育的"内行"，地方士绅通过捐建书院、担任董事进而参与书院管理的方式，实现了对自身文化权威的维护，对传统文化的传承，对官府权力的执行，以及对政治利益的获得。

政治形态决定董事制度的本土特征。中国长期形成的中央集权的政治制度，由官、绅主导的二元社会结构，以及作为第三方力量的民间社会组织的缺位，是造成传统书院董事制度具有官督绅办、"董事"与"经理"混同、院务管理的职权定位等制度特征的重要政治因素。自元代开始，中央政府对教育加强了控制，官学、私学和书院都未能幸免，由此开启了书院官学化的历史，并在明清时期中央政府的书院政策之下得以承袭和加强。明清中央政府通过设立省会书院、增加资金投入、控制书院人事权和山长晋升通道以及科举取士等多种方式，在书院官学化的道路上不停增加政治砝码。

同时，教育制度是对本国政治制度的某种复制，只有当教育制度与政治制度的权力结构相匹配、相适应，才能在中央集权的政治体制内，使学校与政府进行合法与有效的权力对接，进而达成一定程度上的共存、共治或共谋，并在既有政治体制内实现利益最大化。因此，即便是民办书院，也并非政治体制之外的逍遥之地，更何况官办书院。也正因如此，具有雄厚的官府背景的地方士绅，才有成为掌握书院实际管理权之可能。同样也由于此，缺

---

① 　弗朗兹·迈克尔：《序言》，张仲礼：《中国绅士的收入》，上海社会科学院出版社，2001，第5页。

少深厚的官府背景的民间投资者,自始至终都只能扮演着"投资非治理"的尴尬角色,成为制度之外、缺少话语权力的"边缘人"。书院董事制度的以上特征,也成为民初国人办理的校董会制度的本土基因。

六、清末民初的制度沿袭

学校与政府对于教育权力的博弈,一直贯穿于我国校董会制度从出现到消亡的始终。书院的官学化走向,从根本上改变了唐五代以降传统书院追求学术自由的风气,书院从独立的民间机构沦为官学之附庸。在这一教育体制中成长起来的士绅阶层,也由此发生了社会角色的转向,即由唐代以前与皇权之共存,转向五代至宋代与皇权之共治,再转向元明清三代对皇权的完全依附。[①] 在这一转向之下,由士绅阶层实施管理的传统书院及其创设的书院董事制度,最终亦落入官府控制之窠臼。虽然书院管理权从官府下移到地方士绅,但官府仅仅是从具体管理活动之中抽身而出,转而通过宏观政策的干预和规约,加强了对书院的整体监控。[②] 士绅在获得书院管理权之时,既臣服于自身的政治属性,亦无法改变书院的官学化性质,更难以决定或改变董事的权力结构。因此,由士绅主导的书院董事制度只能是政府强势掌控之下的院务管理制度。直至清末书院改制之际,这一特征依然顽存。

清代传统书院董事制度关于官督绅办、院务管理、对"董事"与"经理"不加区分等制度特征,在清末书院改制之后得以沿袭。改制之后的传统书院董事,依然作为领取薪俸的书院"经理人"。同时,一些官办及官督商办新式学校开始确立董事制度作为书院的基本管理制度。上海广方言馆的董事(含"总办董事",类似于北洋时期国立大学之"当然校董")由官方指派,董事职权为校务管理,与传统书院董事制度一样,董事均有固定薪水。通艺学堂董事会制度文本虽然明确了民主议事规则,且规定董事没有薪酬,但在董事职权范畴上依然定位于官绅主导之下的校务管理。

政府财政艰难,呼吁民资投入,也是民国初年校董会制度大量出现的原因。北洋政府为了吸纳民间资本投入办学,仅在 1912—1915 年,便陆续颁布《公立私立专门学校规程》《私立专门学校等报部办法布告》《私立大学规程》《私立大学立案办法布告》《整顿私立大学办法布告》《教育部整理教育方

---

① 吴晗:《论绅权》,费孝通、吴晗等:《皇权与绅权》,生活·读书·新知三联书店,2013,第64页。

② 陈谷嘉、邓洪波主编:《中国书院制度研究》,浙江教育出版社,1997,第398页。

案草案》《颁定教育要旨》等一揽子文件,鼓励"教育自治",而校董会作为法人代表,是私立大学向政府进行立案的基本前提。稍后出现的国立大学董事会,也源于筹集民间资本的初衷,北洋政府于 1924 年颁布《国立大学校条例》,对此作出了政策上的承认与推行。自此,本土校董会制度实现了从民间自发形成到官方政策认可的转变。

民国时期国人办理的私立、国立大学的董事会制度,依然保留着清代传统书院董事制度的"遗传基因"。在官方通过董事掌控和干预校政方面,民国政府指派官员加入国立大学校董会,担任当然校董,校董会掌控和干预校内学术和教学事务的现象屡见不鲜。东南大学董事会由政府官员和东南人士组成,政府官员历任东南大学之"当然校董",政府通过"当然校董"在一定程度上对东南大学形成决策干预。官员校董对校政干预程度最大的莫过于交通大学,交通大学董事会因交通部新旧派系争斗而频换校董,最终沦为政治权力角逐的牺牲品。[1]

在职权定位方面,私立、国立大学董事会除了经费筹划之外,往往被赋予校务决策权和管理权。厦门大学董事会、东南大学董事会作为全校最高权力机关,在实践中成为名副其实的权力中心,掌握着校务决策权。在学习西方的时代背景下,私立、国立大学董事会制度结构与教授会、评议会等内部机构产生了制度设计与权力安排上的冲突,因校董会制度而引发的校内权力冲突也就难以避免,董事会也由此发生多次治理冲突和权力调整。东南大学校董会由初步设立时的经费管理,逐步扩张至掌控全部校务,到政治博弈中的权力式微,终至取缔。[2] 厦门大学长期维持着名不副实的"三人校董会",校董会权力实际上系于校长林文庆一人,长期的权力过度集中与权力重叠,在数次学潮的冲击与倒逼之下,厦大董事会人数从 3 人最终扩大至16 人,同时校董会权力遭遇缩减,从权力中心转向筹资与咨询机构。

民国时期,随着民族商业的发展壮大,民族资本家因投资大学教育而成为校董的情形较为普遍,然而,这并未能让商人真正进入大学管理角色,参与大学内部决策。从政府到民间,从校内到校外,根深蒂固的"四民"传统观念使得中国社会并不认可商人作为大学管理者,更无法认同其作为一个教育"外行"来介入教育。甚至连商人担任挂名校董的行为,都频繁引发校内师生的抵触与抗议。即便是担任校董,商人也并不介入校务决策,与清代投

---

[1]　任小燕:《"自治"抑或"他治"? ——民国时期公立大学董事会制度性质的历史考察》,《南京师大学报(社会科学版)》,2015 年第 5 期。

[2]　任小燕:《"自治"抑或"他治"? ——民国时期公立大学董事会制度性质的历史考察》,《南京师大学报(社会科学版)》,2015 年第 5 期。

资书院建设的商人一样，具有明显的"投资非治理"的角色定位。

虽然在中国近代史上，尤其是民初以降，校董会制度在实践中不断演变和发展，并深受美国校董会制度之影响，然而，生发于清代传统书院的"董事"观念，在民国校董会制度中留下了深刻的本土烙印，并形成了观念上和制度上的历史延续。

在发生时间上，清代传统书院董事制度远早于教会学校董事会制度；在职权定位上，传统书院董事制度及其制度沿袭之下的我国近代校董会制度，董事的"经理人"定位，尤其是商董的"投资非治理"的行为特征，与美国校董会①的"社会沟通"职权相去甚远；在董事身份上，传统书院董事制度实行"内行管理"，与美国校董会的"外行治理"迥乎不同。可以说，我国近代校董会制度有着本土的制度之源——清代传统书院董事制度，同时，亦遵循着本土的变迁脉络。在学习西方的浪潮之下，民国初年的私立、国立大学的董事会试图模仿美国校董会制度，争取较大限度的大学治理权，最终或是囿于传统管理理念，在董事会权力安排上过于集权，并由此导致校内治理冲突；或是与政府对国立大学的所有权发生冲突而沦为一种制度摆设，难以发挥作用。

第二节　晚清民国公司董事会制度之影响

中国对"公司"的了解始于 19 世纪早期。晚清时期，"公司"的概念进入中国，并伴随着贸易、殖民、洋务运动、维新变法等逐步引入。② 中国仿照西方公司逐步建立了自己的近代公司，然而，由于受到本土政治传统的影响，晚清时期的中国公司形成了"官督商办"这一特殊的运作模式，未能形成西方公司治理意义上的公司治理机制。政府权力对公司治理实施强势干预，官场习气十分严重，各级官员并未将公司当作经济发展、商业竞争的职场，而是当成了博取头衔、安插亲信、捞取资本的利益场。因此，晚清时期的中国公司治理乏力，效率低下，发展缓慢，更缺少立法规范。

这一时期，作为西方公司治理模式的董事会制度，也随着"公司"概念的引入而进入晚清时期的中国。1867 年容闳起草的《联设新轮船公司章程》，

---

① 关于美国校董会制度的形成及其基本特征，详见本章第三节"美国大学董事会制度之影响"。
② 邓峰：《董事会制度的起源、演进与中国的学习》，《中国社会科学》，2011 年第 1 期。

被视为中国官方确认的第一个公司章程，但其中并没有对董事会作出规定，当时的公司治理采取的依然是中国传统的治理模式，直至李鸿章的洋务企业——轮船招商局的《招商局条规》出现。

由此，中国近代史上出现了中国近代公司发展的四个重要发展节点：第一，轮船招商局的《招商局条规》首次模仿西方公司制度制定了中国近代公司史上首个公司董事会制度文本；第二，晚清政府《公司律》与公司董事会制度的法律化；第三，北洋政府《公司条例》与公司董事法人地位的确立；第四，南京国民政府两部《公司法》与公司董事会制度的官僚化。①

一、晚清时期公司董事会制度的初现

"董事"的表述第一次出现在晚清时期的公司章程，是在 1873 年李鸿章设立的洋务企业——轮船招商局的《招商局条规》中。该条规在第 4 条提及"董事"："有能代本局招商至三百股者，准充局董，每月给薪水规银十五两。"②此处所谓的局董（董事），并没有明确应有的角色和职权，也没有制定董事选举规则。轮船招商局是由洋务派主办的典型的官督商办式的股份制公司，其治理模式实际上是传统的官督商办模式与西方股份制公司制度相结合的一种新的公司治理模式。半年后，该公司在《轮船招商局章程》中对董事的选举作出了明确规定，"各分局商董由选举产生，每一百股举一商董，于众董中推一总董"，并"以三年为一期，期满之日，公议或请留，或另举"，如遇更改章程、添置船只、兴建码头等紧要事件，则"由股东们进行集议"。③章程规定，股东对重大决策具有表决权，负责选举董事、总办。董事、总办负责具体经营活动，并向股东会负责。然而，轮船招商局的领导层成员几乎都出身买办，或有政府官职，公司在领导层人选任命和罢黜上，以及商业运营上，始终受到政府和官僚的操控。"商董若不称职，许商总禀请大宪裁撤，另行选举，商总倘不能胜任，应由各董联名禀请更换。"④由此可见，《轮船招商

---

①　关于中国近代公司发展的四个节点以及下文部分公司史，主要参考如下研究成果：邓峰：《董事会制度的起源、演进与中国的学习》，《中国社会科学》，2011 年第 1 期；杨勇：《近代中国公司治理：思想演变与制度变迁》，上海人民出版社，2007；李玉：《北洋政府时期企业制度结构史论》，社会科学文献出版社，2007；杨在军：《晚清公司与公司治理》，商务印书馆，2006。

②　《招商局条规》，"中央研究院"近代史研究所编：《中国近代史资料汇编·海防档·甲·购买船炮》下册，台湾艺文印书馆，1957，第 873—875 页。

③　《轮船招商局章程》，顾家熊、聂宝璋编：《中国近代航运史资料》第 1 辑（1840—1895）下册，上海人民出版社，1983，第 845 页。

④　《轮船招商局章程》，顾家熊、聂宝璋编：《中国近代航运史资料》第 1 辑（1840—1895）下册，上海人民出版社，1983，第 845 页。

局章程》仅仅在形式上明确了公司董事制度，在公司实际运作中，由于受到来自官方的行政权力的控制，公司股东会、董事会因无法真正进行公司决策和监督，几乎形同虚设，未能够发挥实际作用。无怪乎郑观应于光绪二十七年(1901)作《商务叹》感慨道：

> 轮船局权在直督，商欲注册官不许。总办商董举自官，不依商律由商举。律载大事应会议，三占从二有规矩；不闻会议集众商，股东何尝岁一叙？不闻岁举查账员，股息多少任所予。调剂私人会办多，职事名目不胜数……①

1885 年，盛宣怀拟定《用人章程十条》，规定两名"查账董事"作为监督之用，董事二字依然完全不同于西方公司治理中的意义。这一时期，包括许多实业家在内，对西方公司董事会的治理职能均不甚了了，对公司董事会功能的理解依然局限于融资和贸易这一经济层面。投资人对于公司董事会、股东法人团体管理责任等概念，并未深入了解。②

官督商办这一公司治理模式存在严重的制度缺陷，主要表现为官方指定、任人唯亲、人浮于事、讲究排场、业务不精、经营不善、腐败营私、效率低下。比如，盛宣怀招商筹办的中国通商银行，作为中国首家华资新式银行，实则为一种官商合办性质的银行，其董事会成员并非由股东会选举产生，而是均由盛宣怀一人指派，各分行的分董或经理也多由退职官员、候补道员、豪绅等担任，带有浓厚的封建衙门色彩。③ 1883 年，《申报》刊发《中西公司异同说》，这样评价：

> 凡遇议事，先期发帖，届时众至，相待如客，公事未说，先排筵席。迨至既醉既饱，然后以所议之事出以相示。其实则所议早已拟定，笔之于书，特合众人略一过目而已。原拟以为可者，无人焉否之。原拟以为否者，无人焉可之。此一会也，殊属可有可无，于公司之事绝无裨益。而如许排场何等热闹，以视西人之落落数言，议毕即散者，一边华贵，一边寒俭，似乎判若天渊矣。④

---

① 郑观应：《商务叹》，夏东元编：《郑观应集》下册，上海人民出版社，1988，第 1369—1370 页。
② 杨在军：《晚清公司与公司治理》，商务印书馆，2006，第 71 页。
③ 刘克祥、陈争平：《中国近代经济史简编》，浙江人民出版社，1999，第 356 页。
④ 佚名：《中西公司异同说》，《申报》，1883 年 12 月 25 日。

另外，公司股东对财务状况和运营状况不甚知晓，无法真正参与公司决策。股东权力有名无实，完全从属于政府行政权力，股权难以落实，企业便难以形成真正意义上的监督制衡机制，官督商办企业的弊病便无法革除。因此，晚清社会对西方公司治理模式的呼声愈加强烈。

郑观应反对官方对公司经营活动的直接干预。他认为，"董事由股东而举，总办由董事而举，非商务出身者不用"①，即董事、经理（总办）应由公举产生，而不应由官府指派不懂商务的官僚充任。关于公司内部运作，郑观应认为"有事则中董集议，有大事则集股商会议，无事则于结账时聚议……所有出入账目，准查账员随时核查"②，对公司内部治理机制，尤其是董事会的职能作出定位。钟天纬对西方公司的董事会制度进做了介绍：

> 各股东公举董事十二人，各董事公举总办、帮办各一人。必须其人有若干股分，始准保充董事。而总办与帮办亦必有股分若干为资，始为合例。凡会议之从违，以董事大半为断。每用银至若干，即须董事会议允许签名，总办一人不能自专。凡董事数人同心，即可邀请大众会议，或指驳账目，或查核银钱，均无人敢阻。即总办之去留，亦唯众论是听。是以总办受成于各董事，而各董事复受成于各股东，层层钳制，事事秉公，自然弊无由生。③

钟天纬尤其强调了公司董事会制度对于公司治理的重要意义，经理（总办）对董事会负责，董事会对股东会负责，应当加强董事会的职权，可以加强对经理（总办）的监督，避免经理（总办）的专断。严复还明确了公司具有法律意义上的特征，并进一步指出，"欧美商业公司，其制度之美备，殆无异一民主，此自以生于立宪民主国，取则不远之故。专制君主之民，本无平等观念，故公司之制，中国亘古无之"，明确了中国政治体制不同于西方，公司制度在中国专制的政治体制下必然更多地受制于政治环境和政治权力。

随着郑观应、钟天纬、严复等人在报刊媒体上对西方公司治理理念和董事会治理功能进行介绍和普及，中国社会开始逐步认识到，作为公司治理核

---

① 郑观应：《盛世危言·商务二》附录《论招商局及肇兴公司事略》，夏东元编：《郑观应集》上册，上海人民出版社，1982，第618—619页。

② 郑观应：《盛世危言·商务二》附录《论招商局及肇兴公司事略》，夏东元编：《郑观应集》上册，上海人民出版社，1982，第618—619页。

③ 钟天纬：《轮船电报二事应如何剔弊方能持久策》，陈忠倚辑：《皇朝经世文三编》，卷二六，户政三，1898，第5—6页。

心机构的董事会具有制衡、监督等重要功能。同时，洋务官员也意识到在公司建立股东会、董事会的重要性。但人们逐渐发现晚清民国公司与西方公司作风简朴、讲究效率、重视业务、任人唯贤的治理风格迥乎不同。

甲午战争后，民族资本空前活跃，掀起了一股兴办民办公司的热潮。新兴的民族资本既对清末的公司法制环境提出了新的挑战，也对清末公司立法提出了迫切要求。1904 年，清政府效仿了西方公司治理的法律规定，出台了《公司律》。《公司律》共 131 条，对公司的"分类及创办呈报法""股份""股东权利""董事""查账人""董事会议""股东大会""账目""公司章程及其更张""公司停闭""罚例"等方面做出了法律规定。《公司律》在法律形式上明确了公司董事会的功能及其运作规则，详细规定了公司董事会的中心地位、董事产生规则、职责权限、运作规则，规定"公司董事每年应召集众股东举行寻常会议至少以一次为度"，"公司遇有紧要事件，董事局可随时召集众股东举行特别会议"。《公司律》对董事资格也做了规定，"充董事者必须用本人姓名暨至少有该公司股分十股以上者"。关于董事局及董事职权，《公司律》规定，"公司初成，初次召集股东会议时，由众股东公举董事数人"，组成董事局，"各公司以董事局为纲领"，"公司总办或总经理人、司事人等均由董事局选派"，"公司"。总办应向董事局汇报公司应办应商之事宜，"公司寻常事件总办或总司理人、司事人等照章办理，其重大事件应由总办或总司理人请董事局会议定后列册施行"。"董事局每一星期须赴公司会议至少一次，总理或总司理人可将应办各事向董事局请示"，"董事局会议议定之事，该公司总办及各司事人等必须遵行"。董事会由股东会选举产生，是公司治理的核心机构。公司董事会三个以上董事出席的董事会议即为有效，设定并遵守董事会会议条例，董事一人一票，董事长在特定情况下可投两票。董事会会议必须有会议记录。公司总办或总司理人、司事人等，"如有不胜任及舞弊者，亦由董事局开除"，而"董事办事不妥或不孚众望，众股东可于会议时决议即行开除"。

《公司律》对晚清民国公司的治理模式作出了法律意义上的干预和改变，通过对董事、经理人选产生过程的法律干预，对董事会运作程序的法律规定，明确了晚清时期中国公司治理机制中关于股东会、董事局、经理人三方的权利制衡关系，董事会由股东会选出，对股东会负责，拥有公司决策权。董事局作为股东和经理人之间的关键环节，在近代公司治理机制中发挥着至关重要的作用。在董事会之外，公司监事会拥有监察权，经理人负责公司具体业务。同时，《公司律》在法律意义上就政府对公司运作的干涉行为作出了法律规范，确立了资本在公司治理中的权力，为晚清民国公司的治理机制清除了资本以外的权力干扰。

虽然清政府颁布的《公司律》对公司董事会制度作出了详细规定,然而对西方公司董事会治理模式的模仿仅仅流于法律文本,未能把握董事会治理模式的机理和内涵。欧洲的股份制公司的管理机构包括股东会、董事会、监事会,实行总经理负责制的领导管理体制。公司经营由董事会完全负责。公司总经理由董事会聘任,对董事会负责,总经理作为公司业务主管,负责公司日常经营业务,并服从和执行董事会所有决议。[1] 然而,晚清时期公司领导层的实际任免权均由官方控制,经官方指派,由官方任免。实际上,晚清社会对董事会制度的理解,依然局限于一种“筹资机制”,而并非一种“治理机制”,往往未能意识到董事会制度作为一种公司治理机制的重要意义。

故而,仅凭一纸百余条的法律文书,很难对抗甚至改变晚清时期公司治理中“官督商办”这一根深蒂固的传统治理理念,以及强大的传统制度惯性。这一法律文本对晚清政府毫无约束力,官方无视法律,无视股东权利,甚至直接插手干预公司内部事务的情况屡见不鲜。公司董事会在实际运作过程中,不可避免地出现了诸多职责不清晰、界限不分明的状况。董事的产生方式,往往是官方直接委派亲信担任董事,缺少真正近代公司治理意义上的合乎治理规则的公开推举。董事之间相互授权十分随意,缺少明确的和规范的条件约束。在董事会议事规则上,缺乏真正意义上的讨论使得董事会会议流于形式。董事会地位也并不明确,股东会和董事会往往出现责权不清的情况。更多的情况下,行政权力往往越过股东会和董事会,直接掌握着公司治理的话语权和决策权。

二、民国时期公司董事会制度的发展

1914 年,北洋政府出台了《公司条例》,对公司的董事会做出了详细的法律规定。首先,条例规定了董事的产生规则。公司首届董事由公司发起人或创立会选举产生,以后则由股东会选举产生;董事任期不超过 3 年,期满后经公举可以继续留任。其次,条例规定了董事的权利和义务。董事的主要职责是,通过董事会决策公司经营方针,选聘或解聘公司经理人,召集股东常会,造具提交股东会审议的各项簿册和议案。董事将当选的必要股票交由检查人存执。董事的报酬,按章程所订执行,若章程未订,则由股东会商定。公司开除董事必须有正当理由,且经过股东会决议。同时,董事若无正当理由辞职或者违背规定义务,且对公司产生不利,董事应负赔偿之

---

[1]　严亚明:《晚清企业制度思想与实践的历史考察》,人民出版社,2007,第 155 页。

责。经理人人选由公司董事会选聘。

《公司条例》规定了董事会是公司决策机构，与公司股东会、监察人地位相对。公司董事由股东会选举产生，对股东会负责，同时接受监察人的审查和质询。董事会虽可代表公司，但与公司并不同构，公司可以一定程序对董事提起诉讼。因此，公司董事会制度，彰显出董事会的决策地位和决策权力，同时，通过设置多方权力彼此制衡，保障了董事会的规范运作，有助于实现公司权力的合理配置。①

监察人制度作为公司组织机构的重要组成，是公司治理中权力制衡机制的重要环节。《公司条例》对监察人的产生、任期、报酬、职责、兼任、责罚等方面均有详细规定。监察人由股东会在股东中选出，任期不得超过一年，期满后经股东会公举可以续任。监察人之报酬，除由章程定明外，应由股东会议定。监察人的主要职责是审查稽核公司业务，"不论何时，得请求董事报告公司业务情形，调查公司簿册、信件及财产"；对股东会负责，每年召开股东会之前"复核董事造送股东会之各种簿册，并报告其意见与股东会"；监察人在认为必要之时，可召集股东会；监察人在两人以上时，可各自行使监察权。监察人不得兼任公司董事、经理人，如遇董事临时空缺不及选任，则由董事及监察人公议，派令某监察人执行董事之职；监察人执行董事职务期满后，其经手账目由股东会承认后，方可恢复监察人之职。《公司条例》对监察人亦做了相应的责罚规定：监察人若有失职或渎职，对于公司及第三者，应承担损害赔偿之责；公司因正当理由，不论何时，得以股东会决议开出监察人；若公司无正当理由开出监察人，监察人可向公司要求损害赔偿；监察人若无正当事由而辞职，造成公司损失，应负赔偿之责；等等。如上条例的规定，对公司监察人制度做出了全方位勾画，确立了向股东会负责、对公司财产和业务具有独立地位的监察主体，形成了与董事会权力相互制约、相互制衡的完整的公司权力体系，从而保障了公司权力的有效运作。

1904 年晚清政府颁布的《公司法》存在明显的法理缺陷，即未对公司的法人地位作出明文规定，忽视了公司作为法人的关键属性，进而使得晚清时期的中国公司在治理机制上缺乏合理的法理基础和法律保障。《公司条例》的颁布，弥补了这一缺失。《公司条例》规定，"凡公司均认为法人"。这一规定确立了公司的独立法人地位，促进了晚清民国公司法人治理机制的初步形成。公司法人地位的确立，划分了公司法人财产和个人财产的界限，使得

---

① 李玉：《北洋政府时期企业制度结构史论》，社会科学文献出版社，2007，第335—338 页。

公司作为独立法人可以通过公司的内部治理机制实现治理目标。①

除了法律上对公司董事会制度的规定条文之外，在实际运作过程中，各种公司其董事会的结构不尽一致。董事人数少则三人，多则十几人，一般在二十人以内。规模较大的公司，除一般董事之外，还另设总董、常务董事、名誉董事等职。公司董事会往往会制定本公司的《董事会章程》，对董事会会议召集、会议程序等方面做出专门规定。比如上海五洲药房公司的《董事会章程》规定，董事每月四日赴公司总发行所会议，如遇紧要事件，总、副经理可随时请董事至公司会议，有董事过半数同意，可举行特别会议；关于公司房屋地产买卖、章程制定修改、营业方针变更、重要契约拟定、股票转让等重大事件，必须经过董事会决议之后，由总经理施行。总董任董事会议主席，缺席董事可委托代表出席，倘总董缺席，则公推一人为主席；所议之事牵涉某董事之私利，则该董事自行回避；会议事件应记载于记事册并当众宣读，由董事签字作准。②

《公司条例》规定各公司可以在董事会章程中对董事当选的股份资格等方面也做出限制。事实上，北洋政府时期，公司通过章程对董事当选股份资格进行限定的现象十分普遍。董事的当选资格与公司股份单元大小、资本规模、募资范围等方面均有直接关系。这一规定总体上体现了"大股东当政"的原则，即谋求"股权"与"治权"的相对平衡。然而，随着个人投资领域的扩张，一人身兼多家甚至数十家公司董事或监察人的现象日益凸显，并屡见不鲜。身兼多董的普遍现象所导致的直接后果是，董事难以充分履行或直接履行公司"治权"，这也就造成了董事角色逐渐成为一种身份与地位的象征符号。③

监察人制度的实际运作中，主要职责依然是稽查公司财产与账目。然而，多数情况下，公司监察人由于并未具备专门的业务素养，加之往往身兼数职，又不敢得罪公司股东、董事和经理，甚至不少公司监察人是董事会直接指定且听命于董事会的人选，故而在履行职责时往往流于形式，对账目进行严格核查的情况极少，多数公司监察人仅仅是在提交股东会的簿册和文件上履行签字手续，并在股东会上声明账目无误，仅此而已。因此，公司检查人制度虽然具有法律意义上的地位，却因其在实践中不履其职，形同虚

---

① 豆建民：《中国公司制思想研究》，上海财经大学出版社，1999，第51页。

② 《（五洲药房公司）董事会章程（1913年）》，上海市档案馆编：《旧中国的股份制（1868—1949）》，中国档案出版社，1996，第180—181页。

③ 李玉：《北洋政府时期企业制度结构史论》，社会科学文献出版社，2007，第347、349、363页。

设,"实际上几无不成为一闲散无能之机关,对于公司账目,不过虚签一字,即为其尽职责之证据"①,故而被时人称为"董事之附庸"②。

南京国民政府成立以后,对经济政策做了重大调整,谋求对国民经济的统制,大力发展国家资本主义。得益于晚清和北洋政府时期较为宽松的社会环境,近代民族企业在这一时期得到了较大发展,到了 20 世纪 30 年代蓬勃壮大,但在南京国民政府时期,民族资本的发展开始受到政策阻碍,国家资本的力量逐渐成为主导。

1929 年《公司法》的颁布,转变了晚清和北洋政府时期公司"振兴实业"的目的,突出了公司的营利性质。南京国民政府开始通过官方资本入股公司,进而形成对公司尤其是金融业的垄断,公司内部资本力量逐步为行政力量所取代,政府权力成为公司治理机制的主导因素。因此,公司经理人的选择机制,乃至公司整个治理机制,都因政府力量的强势进入而发生治理转向。中央银行的经理人选择机制就是典型的凭借政府权力注入国家资本进而受行政权力完全控制的结果。1935 年,南京国民政府财政部强势入股中国银行,使得官股与商股平分秋色。财政部下令召开的中国银行董事会议,对中国银行条例进行了修改,将原本的总经理制改为董事长制,并任命宋子文为中国银行董事长③,时任中国银行总经理张嘉璈在无奈之下被迫辞职。至此,中国银行的董事会权力已完全被政府剥夺。④ 接着,财政部在中国银行继续增加官股至中国银行全部股份的五分之三,进而控制了中央银行。行政权力不仅对公司经理人的选择机制进行修改和控制,而且还对公司的内部治理机制进行全面掌控,民办公司也不例外。南京国民政府财政部往往通过财政部训令等行政手段对各公司的运营进行完全管制,比如规定银行利率、贷款范围、担保条件等等。

南京国民政府通过将公司国有化等途径将公司所有权收为政府部门所有,形成了行政控制的公司治理模式。正是通过对公司治理机制的全面掌控,南京国民政府完全以一种经济主导型角色强势出场。政府凭借政治权力形成了强制的管理性经济形态⑤,在此基础上,统制经济成为政府控制经济的行政手段,同时也成为政府利用行政权力干预公司运营的正当借口。

---

① 潘序伦:《修正公司条例草案(六)》,《银行周报》,1928 年第 12 卷第 22 号。
② 裕孙:《监察人制度之改善(上)》,《银行周报》,1922 年第 6 卷第 3 号。
③ 中国银行总行、中国第二历史档案馆编:《中国银行行史资料汇编》上编(一),档案出版社,1991,第 382—384 页。
④ 杜恂诚:《金融制度变迁史的中外比较》,上海社会科学院出版社,2004,第 229—230 页。
⑤ 虞宝棠:《国民政府与国民经济》,华东师范大学出版社,1998,第 242—252 页。

尤其是 1946 年我国第四部《公司法》的出台，更是从法律层面迎合了官僚资本的利益。《公司法》规定，"公司得依章程由董事互推一人为董事长，一人或数人为常务董事，代表公司"。国营公司董事长均由南京国民政府各部部长担任，而公司董事也多由政府官员担任。王亚南在《中国经济原论》中指出：

> 官人们一般是通过他们自己控制的银行，进而参与或控制一般经济事业。结局就使官僚金融活动变成整个官僚资本活动的中心。往往一个人兼为官、金融家、企业家。而政治巨头、银行董事、公司后台老板，事实上早为大家熟知的"三位一体"了。①

正是政府官员兼任国营公司董事长与董事这种官僚化特征，造成了公司董事会制度在实际运作中发生变化。公司治理中的官僚风气直接导致低效管理，这一点可以从兼职董事的政府高官的心态中可窥一斑。身为政府高官的董事们并未将公司董事的职务真正当成一回事，而是将此当作捞取利益、沽名钓誉、官场晋升的平台。奉此心态的一群官僚，难以真正从公司发展的立场参与公司决策，政府官员因机构人事调整也经常变动。因此，公司治理的实际权力并非由董事会掌握，而是在公司高层经理手中，公司董事会权力逐渐弱化，甚至虚化。

三、制度形效与政府掌控：晚清民国公司董事会制度的特征

公司董事会制度随着西方贸易在中国的发展而开始逐渐为国人所了解。李鸿章及其幕僚最早将公司董事会制度移植到洋务企业中，并仿照西方的模式拟定董事会规章。此后，公司董事会制度也开始在更多的洋务企业章程中出现。随着中国社会对公司及其董事会制度认识的深入，以及洋务企业的管理实践，尤其是甲午战争后实业救国思潮的出现以及民族企业的蓬勃发展，晚清民国政府开始出台一系列公司律法，从法制层面对公司董事会制度进行了规范和规定，也促进了公司董事会制度的普及。一系列公司法的出台，逐步明确了公司董事会在公司决策中的中心地位，以及董事的产生规则、董事的职责和权利、董事的薪酬、相应的惩罚措施等等，形成了较为完备的法律规范。

1904 年，清政府颁布《公司律》，作为中国有史以来第一部公司律，其中

---

① 王亚南：《中国经济原论》，生活书店，1947，第 254—256 页。

并未规定公司的法人地位,这造成了中国公司在治理机制上法理基础和法律保障的缺失。1914年的北洋政府颁布《公司条例》,明文规定"凡公司均认为法人"①,从而在法律上明确了公司的独立法人地位,促进了晚清民国公司法人治理机制的初步形成。随后,南京国民政府于1929年、1946年两度颁布《公司法》。纵观晚清民国年间颁布的系列公司律法,中国公司至少在形式上采取了法人准则成立主义,这一时期也被称作公司法人准则成立时期。② 公司作为独立法人的地位之确立,对股东个人财产和公司法人财产做了法律区分,为公司法人财产作出了法律保护。也就是说,个人私有财产一旦入股公司,将转变为公司法人财产,也在法律意义上使公司财产避免了遭遇股东个人支配的可能。然而,独立法人制度也仅仅停留在法律文本层面,而没有落实到实践层面。公司在法律意义上的"独立法人"地位,在实践中随时受到固有传统的侵犯和挑战,难以真正有效落实。

晚清民国的公司律法规定了公司治理机制包括股东会、董事会(董事局)、经理人(司理人)、监察人,对公司董事会制度作出了法律层面的权力制衡的设计。比如,1904年的晚清政府《公司律》,初步规定了股东会、董事局、监视会三方的权力制衡关系。股东会是公司权力机构,董事会是公司决策机构,监事会拥有监察权,经理人负责公司具体业务。1914年的北洋政府《公司条例》,规定了董事会是公司决策机构,与公司股东会、监察人地位相对。公司董事由股东会选举产生,对股东会负责,同时接受监察人的审查和质询。监察人负责监察公司账务,并有权在必要之时召集股东会。公司董事会制度的权力制衡设计,是对晚清民国公司治理机制的法律定义,在法律层面规范了公司治理的权力制衡机制。

近代西方公司董事会作为公司重要的治理机构,其主要功能是对公司运行作出重要的方针和决策,选举经理人具体负责公司业务等。而在晚清民国时期,由于传统观念和政权结构的影响,公司董事会的功能局限于狭义的融资功能,董事会的公司治理功能被弱化甚至忽略。

晚清民国公司治理机制中,政府权力的强势介入是一种强烈的本土特征。可以说,政府权力在晚清民国公司治理中一直占据重要乃至主导地位,直接影响着晚清民国公司的发展。晚清民国时期一系列公司律法仅仅是在法律层面设计了近代公司治理机制,然而,政府权力才是真正对公司治理发生关键作用,乃至左右公司性质和走向的关键因素。

---

① 北洋政府:《政府公报》,1914年第606号。
② 豆建民:《中国公司制思想研究》,上海财经大学出版社,1999,第31页。

政府权力在公司治理中呈逐步加强的趋势。晚清时期，董事会制度作为一种全新的公司治理模式进入中国，观望、尝试、杂糅成为一种较为普遍的状态，这也导致"官督商办"这一具有过渡性特征的治理模式出现之必然，政府向公司投资，在公司运作中直接委任董事、插手内务，公司享有行政性的商业垄断权。① 北洋政府时期，北洋军阀分裂、混战和权力争斗，客观上为这一时期资本权力在与政府权力博弈的过程中创造了较为宽松的生存空间。南京国民政府时期，国家资本主义崛起，官方资本强势介入，官方股份在公司中占绝对优势，公司董事长由官方任命的行政官员担任，公司运营完全通过强势的行政手段推进。在统制经济的主导下，民国公司治理机制完全受控于政治权力。南京国民政府通过行政手段实现对经济的全面统制，在抗战时期的表现尤为突出。抗战之后，国家资本逐渐向官僚资本转向，国营公司也出现了官僚化倾向。

四、近代公司管理制度之翻版：民国大学董事会制度之源的一种可能

自古以来，受四民传统之影响，我国的教育史上鲜有商人的身影。即便是明清以降，随着经济的发展，商人日益重视教育并投资兴学，但商人作为办学者尤其是学校管理者，还是在近代以来的事。我国近代史上，商人办学者不乏其人，其办学实践往往呈现出办理特色"学校群"的特征。比如，盛宣怀创办北洋大学和南洋公学，张謇创办南通学校群，陈嘉庚创办厦门大学和集美学村，经元善创办多个女学堂，周学熙以天津为中心创办系列工业实业学堂，严信厚创办系列家乡义学，周廷弼创办系列商业学堂等。

在近代中国，商人发生了从过去的教育"边缘人"向教育"主办者"的华丽转身。作为教育"主办者"的商人，不仅是投资人，还担任着学校掌控者或决策管理者的角色。商人的公司管理理念尤其是家族公司管理特征，也自然而然地在其办理的学校群的管理制度中得以体现。以近代商人办理大学群的教育实践为例，南洋公学有着盛宣怀公司"官督商办"的管理特征，厦门大学有着陈嘉庚公司的家族管理特征，南通学校群也有着张謇公司的家族化管理特征。

以陈嘉庚创办厦门大学为例。在酝酿筹建厦集两校之时，陈嘉庚曾派人考察过外省学校，但就考察内容来看，并未关注学校管理制度。陈嘉庚及其团队既没有赴美考察或学习学校管理的经历，也并未考察或学习国内的学校管理，可以合理推测，陈嘉庚并不认为或者并未明确意识到，学校和公

---

① 豆建民：《中国公司制思想研究》，上海财经大学出版社，1999，第23、25页。

司属于两个完全不同的领域,学校管理和公司管理存在本质的差别。因此,陈嘉庚个人的公司管理理念影响下形成的管理模式被直接复制到厦大,成为影响厦大董事会模式以及校长权力叠加的制度根源。

包括陈嘉庚公司在内的华侨家族公司管理模式,有着儒家文化的思想渊源。[1] 传统儒家思想强调忠、和、等级、集权,在陈嘉庚管理理念中得到充分展现。陈嘉庚崇尚儒家精英主义,并认为西方式民主管理浪费时间,缺乏效率,不足取法[2],在公司管理上尤其强调"家长制""人治"和"地缘效忠"。

陈嘉庚公司是典型的海外华人家族公司,这类公司组织管理上的一个重要特征即是"管理权"与"所有权"合一,家族公司往往由创办人担任董事会主席,掌握公司决策权,总经理由创办人亲属担任,掌握行政权。"管理权"与"所有权"合一的目的是保证家族对公司的控制。[3] 陈嘉庚公司的管理是典型的"家长管治"模式,权力高度集中于公司领导层,决策者往往秉持家长主义作风,对公司负有强烈的责任意识。陈嘉庚认为,一个强势且具有献身精神的领袖,是决定公司成败的关键,公司领导者必须拥有至高地位和决策权威。表现为在公司管理上事必躬亲,决策方式上高度集权,决策过程自上而下,即"向心权威"(Centripetal Authority)。[4] 陈嘉庚采用了"创办人兼经理"的传统管理模式,陈嘉庚公司的创办人与总经理之间不设"托管"型中间环节,以便创办人对公司的直接掌控。

陈嘉庚公司在大陆分公司设有管理层。《陈嘉庚公司分行章程》(民国十八年)(以下简称《分行章程》)规定,分行经理是分行的全权负责人,由总行指派,对总行负责,拥有包括人事权、财务权在内的分行最高管理权。"训练兵战在主将,训练商战在经理"[5],经理是分行的领导核心。经理作出分行各种事务决策,无须经过征求意见或者经过会议讨论,而是完全凭借分行经理的个人判断,"如认有不称职者,得随时辞退",事后仅需"呈报总行备案"即可。[6] 分行章程虽然也规定了财政员、书记员二职拥有对经理的"建议权"以及向总行的"直接报告权",形成职权安排上的某种监督与制衡,但这对于经理的最高决策权并无削弱,通常情况下并不影响分行经理作出最

---

① 林孝胜:《新加坡华社与华商》,新加坡亚洲研究学会,1995,第165页。
② 颜清湟:《从历史角度看海外华人社会变革》,新加坡青年书局,2007,第489页。
③ 颜清湟:《海外华人的社会变革与商业成长》,厦门大学出版社,2005,第41页。
④ 颜清湟:《海外华人的社会变革与商业成长》,厦门大学出版社,2005,第30页。
⑤ 《陈嘉庚公司分行章程(民国十八年)》,厦门市私立集美学校委员会,集美学校档案,A003—1929—A03—Y—0002。
⑥ 《陈嘉庚公司分行章程(民国十八年)》,厦门市私立集美学校委员会,集美学校档案,A003—1929—A03—Y—0002。

高决策。

陈嘉庚公司管理上存在重"人治"、轻"制度"的情况。[1]《分行章程》并未设计共同议事的制度及规则，陈嘉庚公司分行的管理权高度集中于经理一人，经理决策过程完全是"人治"方式，而非共议方式。既然经理拥有分行最高决策权，且一人独断，因此公司各项决策完全依赖于经理自身的能力、人品、责任，以及对公司的忠诚度，即使建立了制度也并不致力于推行。

受儒家"地缘效忠"观念影响，陈嘉庚在用人上有着明显的"地缘主义"倾向，主要表现为唯血缘、唯地缘、内外有别，公司领导层和管理层几乎都是陈嘉庚的亲友团，任命家族成员进入公司最高管理层，并形成职员关系上的"差序格局"。此外，大量任用同乡也是陈嘉庚的用人特点。陈嘉庚公司绝大部分职员是福建人，另有不少厦集两校的福建籍毕业生。

陈嘉庚公司的管理特征，在厦大董事会实践中均有明显体现。第一，人事上的"地缘主义"。私立厦大三董事均为闽籍，学校管理层也以闽籍人员为主导，如首任校长邓萃英、教务主任郑贞文、总务主任何公敢等。厦大的重要校董都与陈嘉庚家族有着密切的商业或亲情关联，有些校董甚至就是陈嘉庚的家族成员，如林文庆是陈嘉庚橡胶事业的前辈和领路人，陈敬贤是陈嘉庚的七弟，李光前是陈嘉庚的女婿，曾江水、叶玉堆是陈嘉庚的亲家。

第二，"所有权"与"治校权"合一。这从厦大董事会在四个文本中的权力变化可以看出。在前三个文本中，董事会职权范畴从资金的筹划、保管、审定与聘任校长，到财务监察、处理与聘任正、副校长，再到全校的财政、教学与学术事务。董事会权力呈逐步扩张之态，并未停留在资金筹划这一基本职能上，而是逐步将权力渗入厦大校政的各个领域，从财政"审议"到财政"监查"，从聘任正校长到聘任正副校长，从财政事务扩张到教育学术事务，从而保证了董事会对整个厦大校政的掌握。即便在困局之下，董事会的文本权力不得不回归原点，但在实践中依然维系着校政决策中心的地位。

第三，高度集权。林文庆在两次学潮中态度强势，是典型的"家长制"作风。身为"当然校董"之校长，实际上拥有无须会议讨论商议的最高校政决策权。长期以来，厦大并未设立"托管式"董事会，校长实际上扮演着学校"经理人"的角色，董事会与校长权力合二为一，"当然校董"由校长而非创办人担任，凸显了校长在治校权上的地位，与南京政府规定的私立学校董事会"不得参与校政""当然校董"由创办人担任等文本规定相去甚远。

---

[1] 颜清湟：《海外华人的社会变革与商业成长》，厦门大学出版社，2005，第39页。

无独有偶,轮船招商局是李鸿章主导下最早引进西方公司管理制度的近代企业。在创办之初,曾是官办企业,在公司内部的派系斗争中多次易主和调整,在盛宣怀的具体主持下形成了后来的"官督商办"的管理特征。轮船招商局由商人投资,官府掌控,官府负责任命管理层,进行管理决策。南洋公学以及后来的交通大学,在管理体制上翻版了"官督商办"这一模式。

翻版家族公司管理制度,依靠家族和同乡的力量进行办学和管理,是近代商人办学的共同特征。张謇所办学校多为张謇兄弟及关系密切的士绅把持,学校成为培植亲信势力和排斥异己的重要手段。① 盛宣怀办理南洋公学,学校管理层多为亲友同乡,且与其公司管理层多有交叉,这种热衷于任用同乡门徒等私人关系的倾向,与传统幕府具有一致性②,"幕府中人员不纳入国家正式行政机构之中,是在儒家思想指导下由幕主的私人关系网为纽带联结起来的,具有极强的私家性质和人情味"③。经元善的经正女学由沈和卿及经元善的夫人总管堂务。传统儒家思想、家族观念,以及由家族观念延伸而来的同乡观念④,深刻地影响着清末士绅,不仅成为他们安身立命的行动准则,也成为他们经营企业的核心理念,以及办学实践的重要文化因素。由此形成了管理上的同乡同宗、地缘、血缘的凝聚力,但同时也往往带来教育管理上的家族化、地缘化、人治等管理特征,这是近代中国商人在企业管理、办学管理上不同于西方国家的典型特征。⑤

韦伯将理性分为形式理性与实质理性两类。其中,形式理性是指客观的、不以人的好恶为转移的、体现在制度中的理性,包括具体的法律、法规、程序等,且可以预计后果。实质理性则是主观的、缺乏制度保障的,以传统伦理或利益平衡为依据的价值判断,且无法预计后果。根据韦伯的理论,以陈嘉庚公司为代表的传统伦理管理模式,是典型的实质理性,人治的管理方式体现了管理的主观性、缺乏制度保障的特征;信奉传统儒家思想则是典型的以传统伦理为依据的价值判断,而这一切取决于领导者的个人魅力,以及领导者的"无限责任",而非制度化设计。实质理性主导下的中国近代公司管理制度,深刻地影响着中国近代商人办理的大学管理模式。

---

① 陈本铭:《张謇》,沈灌群、毛礼锐主编:《中国教育家评传》第三卷,上海教育出版社,1989,第190页。
② 欧七斤:《盛宣怀与中国近代教育》,上海交通大学出版社,2016,第121页。
③ 黎仁凯:《晚清的幕府制度及其嬗变》,《河北学刊》,2004年第5期。
④ 杜恂诚:《中国传统伦理与近代资本主义》,上海社会科学院出版社,1993,第133页。
⑤ 杜恂诚:《中国传统伦理与近代资本主义》,上海社会科学院出版社,1993,第134—135页。

第三节　美国大学董事会制度之影响

北美殖民地学院一无所有的实际生存状况，是导致美国学院董事会制度形成的直接因素。殖民地时期的学院，师资力量单薄，不得不依靠校外力量参与办学。哈佛初创之时，校长邓斯特40岁，司库26岁，5位评议员平均年龄24岁，且在哈佛学院成立之后百年间，教师人数基本在5人以内，更为尴尬的是，学院的收入远不能维持教师足够的薪水。而更多的美国学院长期以来基本仅由1个校长和3个以内的助教维持。如此势单力薄的学院队伍，求助于校外力量支持学院并由外行进行学院治理，成为一种历史的必然选择。

哈佛学院董事会是美国最早的学院董事会，出现于1642年。但当时称为"监视会"（Board of Oversees），"董事会"的表述尚未出现。哈佛学院实行双会制，在校长为首的法人会（Corporation）之外设立监视会，并延续至今。监视会由总督、副总督、校长、议会助理和牧师等12人组成。监视会拥有学院章程起草权，通过多数成员投票方式作出各种决定，并担任学院财产托管人。1650年，马萨诸塞大会议同意了校长邓斯特的请求，允许哈佛设立法人会，由校长和司库、评议员等7位校内外人士共同组成。大议会通过的哈佛特许状规定了法人会拥有法律规定的法人应有的权力，包括学院印章、教职员聘任、财产权、规章创制权、起诉权等等，已具有明确的大学自治特征。然而，哈佛法人会的决策依然受到完全由校外人士组成的监视会的约束和监督。

"trustees"（董事会）一词首次出现于威廉—玛丽学院的英王室特许状中，不过当时仍称作监视会。威廉—玛丽学院也实行了双会制，法人会由校长和教师团体组成，在形式上享有对学院财务的控制，而监视会却可以通过控制法规进而干预学术，特许状规定的法人会和监视会的职责导致两会关系长期处于关系紧张之境。

单一董事会最早出现于18世纪早期的耶鲁学院。此时的新英格兰地区已经在教育领域广泛使用信托董事会制度对教育机构进行管理，虽然这一时期的信托董事会还不是法人，但董事会和学术法人的关系已经引起了耶鲁创建者们的关注。此外，哈佛的双会制对学院治理的约束和弊端，引发了哈佛校长英格里斯·马瑟的思考，也正是在他的建议下，耶鲁学院于1701年确立了单一董事会制度，董事会成为学院的最高管理机构。耶鲁的董事会成员全部为校外的牧师，没有政府官员。相对于哈佛的双会制，耶鲁的董事会具有明显的独立性。1746 年,新泽西的普林斯顿大学模仿了耶鲁学院的单一董事会制度,董事会具有管理学院的最高权力,董事由牧师和校外世俗人士担任。通过由牧师和外部世俗人士组成的外行董事会作为学院最高治理机构进行学院管理的单一董事会模式,随后也得到了英国王室的认可,并且为更多的北美殖民地学院所效仿,进而成为美国大学外行董事会制度的典型模式。

一、在博弈中走向自治

美国大学董事会制度经历了殖民地时期、建国初期、20 世纪初几个重要的历史阶段,这其中经历了多元势力之间的权力博弈和斗争,董事会中的校外力量从早期的教会、政府、宗主国为主导,逐渐转向了政府和工商界为主导;校内力量从早期的地位缺失,逐步转向了由校长、教授、师生代表等多元角色参与。①

殖民地时期的学院董事会,自成立之初开始,便与英王室、基督教会有着纠葛不清的关联。英王室通过殖民地总督掌控的学院监视会干预殖民地学院治理,教会的不同派别也通过牧师参与学院监视会进行宗教控制。其实,自学院董事会在北美殖民地出现以来,教职工对于政府、教会等外部势力的权力斗争从未停止过。早期的殖民地学院资金匮乏,因而办学资助更多地依赖于教会和殖民地政府提供,因此教会和殖民地政府对学院的干预也是殖民地学院无法回避的。殖民地政府和教会通过干预校长人选、董事人选、干预立法、选定校址、教学内容、核查学校财务等方式实施对学院的干预,这其中不乏各种党派、教会派别、宗主国和殖民地之间政治势力的往复博弈。作为殖民地学院经费多元化来源之一的私人捐赠,由于当时私人捐赠更多是出于宗教意义,即促进福音的传播和学问的增长,因而并未形成一种学院治理的干预力量。

整个殖民地时期,在外部多重势力掌控下的学院董事会几乎控制了学院全部治校权,学院内部的教职员在权力格局中处于劣势,并对此产生不满和抗议。随着教职工队伍力量从弱小逐步走向强大,董事会也在逐步妥协让步,将更多的权力让渡给教职工。18 世纪初,哈佛学院曾出现过助教争取法人会空缺席位、反对牧师进入法人会的权力斗争,但终告失败。1825

---

① 关于美国大学董事会制度的变迁历程,主要参考以下成果:[美]劳伦斯·A.克雷明:《美国教育史》,北京师范大学出版社,2003;[美]亚瑟·M.科恩,卡丽·B.基斯克:《美国高等教育的历程》第 2 版,教育科学出版社,2012;和震:《美国大学自治制度的形成与发展》,北京师范大学出版社,2008。

年,哈佛再次出现教师争夺法人会席位的努力,要求法人会必须有教师代表加入,仍未获通过。但是监视会对教师权力作出了一定让步,于次年承认了教师拥有包括招生、教育等方面的合法的内部管理权,并且内部管理权也在历史实践中日益发展和完善。耶鲁学院由于董事会成员过于分散、忙于公务而长期不参与具体校务,只得依靠自身力量独立治校。为此,耶鲁学院于1795 年成立了教授会,由教授会负责商讨学院事务,经过历任校长的努力,最终形成以教授治校为特征的教授会制度。在教职工和校外教会势力长期的权力博弈过程中,董事会制度得以不断调整和发展。

殖民地学院由外行董事会实施管理,校长权力很大,教师影响微弱,加上美国历史上自始至终没有集权的高等教育管理部门,因此外行董事会制度得以形成并发展。学院董事会、殖民地法院、立法机关任命的董事三方充斥着权力博弈和争论。宗教组织在董事会成员构成中具有明显的影响,有些学院的特许状甚至明文规定,必须从特定教派中选任董事。董事会掌控学院所有事务,但董事会的权力范畴一直存在争议。校长由董事会任命,向董事会负责,并管理学院事务。① 总体而言,殖民地时期的学院董事会制度虽然已经建立,并形成初步完善的制度结构,然而,由于历史的局限,殖民地学院董事会受制于教会、政府等外部势力的强势干预,因而学院自治的特征并未出现。

建国以后,美国学院董事会制度得到了进一步发展。殖民地学院依然延续了教会、政府等外部势力共同管理的模式,但在长期与外部势力的博弈中,殖民地学院董事会获得了特许状规定范畴内的较大的自治权。1819 年的达特茅斯学院案是美国学院董事会制度发展史上的重要里程碑。该案起因于校长与董事会之间的权力冲突,并进而演化为董事会与政府对于达特茅斯学院治校权的争夺战。这一公案的判定,最终为学院明确了独立于政府的法人地位,并在法律上禁止了政府通过立法干预私立学院事务,为学院的存在设定了法律保障。学院作为法人,和政府形成了一种契约关系,州政府不能在特许状权力范围之外干涉法人事务,更不能对特许状作出任意的修改和废止。进而,学院董事会拥有在特许状所规定的权力范畴内的独立的学院事务决策权。该案以后,缺少了学院干预权的政府,对学院的捐赠开始减少并最终取消,包括哈佛、耶鲁在内的私立学院已经开始逐步独立于政府干预之外。

在私立学院获得独立于政府干预的自治地位的影响下,州立大学也开

---

① [美]亚瑟·M.科恩,卡丽·B.基斯克:《美国高等教育的历程》第 2 版,教育科学出版社,2012,第 21—24 页。

始采用董事会制度,并逐步获得独立于政府和教会的较大程度的自治权。密歇根州立大学成立于1817年,根据密歇根州长和最高法院所颁布的法令规定,最初的密歇根大学董事会是独立的法人,由校长和教授组成;校长和教授由州长任命,一般教师由学校自主任命。此外,法令还对教师年薪标准、课程学费等方面作出了十分详细的规定。这种政府过于插手校务的做法,制约了学院发展。1850年,密歇根州新宪法对州立大学董事会作出了新的规定,即由公民全体投票选举州立大学董事会,将权力置于全州人民监督之下,董事会不再从属于州议会,而成为州政府的协调机构,具有了独立于州政府和州议会的独立地位和自主特征。同时,密歇根大学在长期与教会势力的斗争中,也赢得了独立于教会的自治权。1791年,美国宪法及其第一修正案,以法律的形式确立了政教分离制度,这一举措为美国学院和大学争取独立于教会的办学自主权,提供了明确的宪法保障。虽然教会势力有诸多反对声音,并力图在董事会权力中保有影响力,但在美国日益增长的世俗力量面前,教会势力在董事会中呈现出萎缩和消退之势。

19世纪中后期开始,以多元资助、行业自治为特征的美国大学董事会制度逐步形成。随着校友会的形成,以及学院发展出现停滞的状况,美国许多学院开始通过校友会的形式与外界交流,以便获取更多的外部信息和社会支持。随着美国经济的发展和工商业的崛起,工商界的许多校友开始获得青睐。随后,一些学院如哈佛、耶鲁开始吸收校友代表进入学院董事会参与决策。然而,校友代表进入董事会的过程也充斥着以工商界新秀为代表的新晋势力和以教会牧师等为代表的传统势力之间的争论和博弈。传统势力强烈捍卫董事会的历史传统,反对校友代表进入董事会干扰现行秩序。耶鲁校长伍尔西是新晋势力的支持者,支持校友代表进入董事会,进而改变现有董事会许多成员尸位素餐甚至干扰校务的不作为现象。耶鲁董事会的论争波及甚广,进而引发了全美对文化控制问题的大讨论。然而,耶鲁董事会问题的论争以双方的妥协而告终,校友代表没能进入董事会,但可以选举6名新董事取代现有董事。直到1910年,董事会方才出现世俗人士占董事会多数席位的局面,校友实现了捐赠母校并参与母校治理的夙愿。

美国大学呈现出日益世俗化的发展态势,大量商业人士或者由于自身的知名度,或者由于拥有广泛的政治关系和社会关系,或者与捐赠人关系密切,从而被任命为大学董事。① 董事会的成员结构发生了重大变化,即董事

---

① [美]亚瑟·M.科恩,卡丽·B.基斯克:《美国高等教育的历程》第2版,教育科学出版社,2012,第100页。

会中占主导地位的董事,从教会牧师和政府官员逐渐转变为工商界人士和专业人士。1915年,美国教育署出版了《教育目录》(Education Directory),对当时的美国高等教育机构董事会成员的职业结构进行了调查,大学(学院)的董事会成员职业包含了企业主、资本家、银行家、律师、教育家、牧师、医生等,并且占据了董事会成员总数的八成之多。1910—1921年,在董事会成员结构中,以企业主和银行家为主体的工商业人士比例达到43.2%,与建国初的27.4%相比,出现了较大幅度的增长,在董事会中优势明显;教育人士比例从1860年的5%上升为11.4%;牧师比例从1860年的39.1%下降为1921年的10.4%;律师比例较为平稳,基本稳定在20%—25%。①

董事会的成员选择方式呈现出多元化特征。私立大学董事的选举方式以共同选举、校友选举为主。其中,共同选举是指由现有董事选举空缺董事,任期终身。共同选举这一方式产生的董事,占了私立大学董事近七成,成为私立大学居主导地位的选举方式。州立大学董事的选举方式主要分为州长任命、州议会选举、全州人民选举三种。董事会对外代表学校。公立大学董事会是大学和立法机关之间的缓冲器,帮助维护大学自治,甚至充当建议者。董事会为学校筹集捐赠,指明发展方向,审批院校预算,负责聘任校长。②

美国大学董事会制度的产生源于自身的生存环境和自我选择的现实需要。在董事组成上,体现出社会参与的民主化特征,董事以个人身份参加董事会;在职权范畴上,董事会职权被限定在特定的范围而不能逾越,这使得董事会遵守大学内部的权力规范、维护大学内部的自治权力和学术权力成为可能;在运作程序上,美国大学董事会制度有着严格、规范、有效的运作规则,这对于董事会及其成员具有普遍约束力。

美国大学董事会制度历经数百年的发展,经历了殖民地时期的教会办学阶段,以及近代社会转型期的世俗办学阶段,最终形成了以多元资助、社会参与、大学自治为特征的"外行董事会"模式。美国大学董事会制度自出现之日起,一直以"外行参与"为其区别于其他国家大学治理模式的鲜明制度特征。美国大学董事会中的董事,成分多元,但均以校外人士为主,随着不同历史时期而体现出不同的董事身份构成。殖民地时期,董事以教会人

---

① Earl J. McGrath, The Control of Higher Education in America, The Education Record, XVII (April, 1936).259 - 72. 转引自和震:《美国大学自治制度的形成与发展》,北京师范大学出版社,2008,第172页。

② [美]亚瑟·M.科恩,卡丽·B.基斯克:《美国高等教育的历程》第2版,教育科学出版社,2012,第100页。

士为主,随着时代变迁,教会董事逐渐淡出。随着大学逐渐世俗化,近代美国大学董事会制度进入发展成熟期,校董身份日趋多元,大量工商界人士加入董事会,校友亦成为董事的重要组成部分。他们通过担任大学董事而共同参与大学治理。同时,多数大学校长"越来越成为实用主义者、学术帝国的建造者、资金筹集者和公共关系方面的专家⋯⋯他们更看重那些更给大学带来声望和经济收益的政治活动"①。

欧美大学自治传统最早可以追溯到欧洲中世纪大学的行会自治。爱弥尔·涂尔干认为,欧洲中世纪大学是建立在行会概念的基础之上的。② 行会自治的出现又根植于欧洲中世纪普遍存在的城市自治的政治传统。可以说,政治上的城市自治,孕育了文化教育领域的治理模式,行会自治乃至教育领域的大学自治,均脱胎于此。中世纪欧洲大学自治历程是一个大学与政府、教会关系不断调整和斗争的历程,大学与教会、政府的关系一度成为大学自治的核心议题。

大学自治是一个相对概念。尤斯廷·P.托伦斯认为,"大学自治的问题没有答案,因为自治概念本身是一个相对的概念"③。约翰·S.布鲁贝克进一步提出,无论是在理论上还是在历史实践中,大学自治都是有限度的自治。因为完全的自治意味着完全的经费独立,而这一状况根本不可能存在。民国学者夏承枫认为,"大学为最高学术机关,应有校政自治和学术自由的精神。政府对大学的管辖,应有其限度"④。伯顿·R.克拉克的《国际高等教育百科全书》对大学自治的内涵作了界定,认为大学自治是大学作为一个整体机构的自我管理,其内涵包括机构管理、资金控制、教职员聘任、招生、课程和评价等方面。然而学界对于大学自治内涵的界定,没有统一答案。笔者认为,大学自治至少应包括相对于外部政治权威的决策独立,面对大学内部的治理民主,以及在决策和治理过程中合乎规范、合乎法规的程序独立。关于这些问题的讨论与博弈,始终贯穿在美国大学董事会制度的历史变迁之中。

二、对美国大学董事会制度之效仿

20世纪初,多数由国人办理的私立、公立大学在很大程度上借鉴或模仿了同期的美国大学尤其是私立大学董事会制度。从南开大学创办者严

---

① [美]亚瑟·科恩:《美国高等教育通史》,北京大学出版社,2010,第138页。
② [法]爱弥尔·涂尔干:《教育思想的演进》,上海人民出版社,2003,第227页。
③ [瑞士]尤斯廷·P.托伦斯:《学术自由与大学自治》,《教育展望》,1999年第3期。
④ 夏承枫:《现代教育行政》,中华书局,1932,第386页。

修、张伯苓对于美国私立哥伦比亚大学考察与学习行政管理制度的情况,东南大学首任校长郭秉文留学哥伦比亚大学并研究教育管理制度史的情况,以及民国教育部主要官员赴美考察和制定政策的情况来看,包括哥伦比亚大学在内的美国大学董事会模式,以及哥伦比亚师范学院教育管理思想,对民国私立、公立大学董事会制度发生了重要影响。

南开大学筹建期间,严修、张伯苓曾于1918年赴美对格林奈尔大学、哥伦比亚大学、芝加哥大学等私立大学考察数月,而私立大学行政管理是其十分重要的考察内容。尤需提及的是,张伯苓为此特地提前一年(1917)赴美国哥伦比亚大学师范学院研究教育,师从杜威、孟禄、克伯居、桑代克等美国著名教育学家,主修近代教育学、教育哲学等相关课程,教育行政便是其重要的主修课程。[1] 访美期间,张伯苓专门考察了美国学校和州教育厅,克伯居向其介绍美国共和政体,认为"共和制度的最要原则,是要少数服从多数",之后请巴克门(Bachman)为其介绍美国学制,以及州董事会的职能和权力。[2] 赴美期间,张伯苓、严修还曾专门造访美国洛克菲勒基金会,南开大学因此在1923—1934年间获得该基金会持续性的经费支持。张伯苓称,"我来美国学习美国的教育体系,了解了美国精神,美国精神即世界精神"[3],并在创办南开大学之时借鉴了美国私立大学董事会模式,在董事构成、权力定位等方面均存在明显的仿美痕迹。南开大学董事会负责聘任校长、募集资金、议决预算及审查决算等。[4] 在董事会之下,南开大学校政具体由评议会负责,职权有评议校政方针、规划校内组织、支配经费、评议校内一切建议案及重要事件。[5]

东南大学是首个设立董事会的国立大学,校长郭秉文作为中国首位教育学博士,毕业于美国哥伦比亚大学师范学院,师从著名教育家孟禄。郭秉文专注于教育制度史研究,其博士论文《中国教育制度沿革史》最早对教育制度史进行系统论述,并对近代中国的教育变革进行了反思并提出建议。导师孟禄对其赞赏有加,认为其"不独表扬己国之事迹,且俾西人恍然有悟

---

[1] 梁吉生:《允公允能　日新月异——南开大学校长张伯苓》,山东教育出版社,2003,第59、406页。

[2] 龚克主编:《张伯苓全集·张伯苓年谱》第十卷,南开大学出版社,2015,第38—39页。

[3] 龚克主编:《张伯苓全集·张伯苓年谱》第十卷,南开大学出版社,2015,第41页。

[4] 《南开大学章程(1932年)》,梁吉生主编:《南开大学章程规则汇编(1919—1949)》,南开大学出版社,2014,第129页。

[5] 《南开大学章程(1932年)》,梁吉生主编:《南开大学章程规则汇编(1919—1949)》,南开大学出版社,2014,第129—130页。

于中邦维新之变革。是变革也,利之所及,端在西方"①,在充分总结中国传统教育的基础上学习并借鉴西方的教育经验,进而对当时中国教育改革大有裨益。郭秉文创办东南大学,从理念到制度上都学习和借鉴了美国私立大学,尤其是学习了他所就读的哥伦比亚大学的管理制度以及杜威等教育大师的实用主义教育理念。哥伦比亚大学董事会拥有大学管理权,董事会职责包括制定学术政策、任命校长和教授、决定学校预算、监督与捐款有关事宜、指导学校管理等。② 郭秉文将中国近代教育与欧美教育进行比较研究,多次呼吁学习美国由国家、社会、学校通力合作办学之模式,十分推崇美国以社会共同参与治校为特征的外行董事会,并在哥大师范学院师弟陶行知等人的积极支持下筹建东南大学董事会。1921 年,建校之初的东南大学董事会职权为指导校务,扶助学校(事业)之进行、保管私人捐助之财产,属于议事、咨询机构③,并不拥有大学管理权。1924 年,东大董事会职权进一步明确为"决定学校大政方针;推选校长于教育当局;审核学校预算决算;决定学校科系之增加;保管私人所捐之财产;议决学校其他之重要事项"④。此时,东大董事会成为学校最高权力机关,并开始拥有大学管理权,尤其是具有学术政策制定权,这与哥大董事会极为相似。

南开大学董事会均由政、学、商等社会各界名流组成。1920 年南开大学组成九人董事会,范源廉、严修、孙子文、李琴湘、蒋梦麟、王瀣明、陶孟和、刘芸生、卞俶成等为校董,1936 年南开大学董事为范源廉、蒋梦麟、颜惠庆、丁文江、孙子文、李金藻、王秉喆、陶孟和、卞肇新等。⑤ 东南大学首届校董有张謇、蔡元培、王正廷、袁希涛、聂云台、穆湘玥、陈光甫、余日章、严家炽、江谦、沈恩孚、黄炎培、蒋梦麟等社会各界人士 17 人。⑥ 同时,东南大学因其国立性质,将"教育总长指派之部员"列为"当然校董",首届校董 17 人中即有教育、财政等相关政府部门官员 11 人,如教育部专门教育司司长任鸿隽,南京国民政府外交部部长王正廷,北京政府教育部次长、代理教育总长袁希涛,江苏省财政厅厅长严家炽,江苏省教育司司长江谦,江苏省公署秘书长沈恩孚。为了充分发挥校董在社会沟通与社会合作上的作用,东南大

① 孟禄:《序二》,郭秉文:《中国教育制度沿革史》,福建教育出版社,2007,第 5 页。
② 冒荣:《至平至善　鸿声东南——东南大学校长郭秉文》,山东教育出版社,2004,第 18 页。
③ 朱斐主编:《东南大学史(第一卷)1902—1949》,东南大学出版社,2012,第 86 页。
④ 《修正国立东南大学校董会简章》,《教育公报》,1924 年第 11 卷第 7 期。
⑤ 《南开大学创办人、校董及教职员一览表(1936 年)》,王文俊等选编:《南开大学校史资料选》,南开大学出版社,1989,第 50 页。
⑥ 《东南大学第一次校董名单》,《南大百年实录》编辑组编:《南大百年实录·中央大学史料选》,南京大学出版社,2002,第 117 页。

学还特设"办事校董"和"经济校董"，其中"办事校董"有袁希涛、沈恩孚、黄炎培，"经济校董"有聂云台、穆藕初、钱新之。

　　除了南开大学、东南大学两校之外，北京师大、复旦大学、大夏大学等一批知名的公立、私立大学也纷纷效仿美国大学董事会制度，建立了社会各界共同参与、旨在募集社会资金以及促进学校与社会沟通的大学董事会制度，一领风气之先，成为民国大学董事会制度的重要模式。

第四节　西方教会管理模式之隔空复制

　　晚清民国时期教会书院及教会大学的董事会制度，由外国教会（以美国教会为主）指派的传教士在华直接创办，并在外国教会的规划下开始设立教会大学董事会，在制定规则、选择董事、划定权力等方面均由外国教会进行规划和设定，在办学和制度设立之初并无中国人或中国政府的任何参与。可以说，在华教会大学董事会制度是对美国大学董事会制度的一种跨国嫁接，西方教会管理模式在中国本土的教会大学发展历程中进行了适应于中国本土的制度设计和结构调整。

　　晚清以降，随着教会书院向教会大学转型，教会大学基本形成了在西方教会主导下的"西方托事部—在华校董会"的"双层董事会"模式。其中，美国教会控制下的教会大学是我国近代教会大学的主导。教会管理模式体现出宗教性、外行参与的特征。近代教会大学"西方托事部—在华校董会"双层董事会制度便是在此基础上因地制宜的改造。

　　教会大学双层董事会的董事人选长期全部由西方教会指派，虽经数度调整，但仍以西方教会力量为主导。"西方托事部"代表教会利益，向教会负责，是教会大学的最高权力机关和决策中心，掌握着教会大学的治理权和决策权，主要职权包括制定学校发展规划、任命正副校长和外籍教职员、募集资金、掌控资产等，并通过"在华校董会"实施对教会大学的管理。"在华校董会"是"西方托事部"的校务管理机构，主要负责预决算草拟、系科设置、课程审批、教职员任命、规章制定、财产管理等具体行政事务，并向"西方托事部"建议，在"西方托事部"监督和批准下，具体执行"西方托事部"的决策。

　　由于宗教理念和宗旨的不同，美国各派教会在管理风格上存在较大差异。比如，燕京大学所属美国教会较为开放，而圣约翰大学所属的美国圣公会却以严格出名；燕京大学及其美国教会更愿意与中国政府保持较好的合作关系,而沪江大学所属美国浸会却主张不涉政治,圣约翰大学及美国圣公会更是长期与中国政府保持界限,并长期拒绝向中国政府立案;燕京大学、圣约翰大学及其所属教会致力于精英教育,而沪江大学及美国浸会却致力于服务基层的职业教育。整体而言,美国教会因其各自独特的宗教属性而造成教会大学在管理上相对独立、自成体系,圣约翰大学、沪江大学由于隶属于单一教会而在这一点上表现得更为突出。

圣约翰大学早期的行政组织与美国圣公会组织基本重叠,圣公会组织成员同时担任圣约翰大学管理者。可以说,美国圣公会在圣约翰大学的管理上表现出极其严格的控制权。① 美国圣公会布道部的总董为圣约翰大学唯一董事。② 圣约翰大学早期的行政管理机构为校董会,其成员均由美国圣公会布道部会员担任,校董会会长、副会长、书记即美国圣公会布道部的会长、副会长、书记,校董会执行委员会委员即美国圣公会布道部成员。此外,圣约翰校董会管理权也属于美国圣公会总部。正是由于圣约翰校董会与美国圣公会布道部的组织结构一致,管理成员一致,美国圣公会对圣约翰的绝对控制权可以直接经由圣约翰校董会传递到整个圣约翰。此时的圣约翰校董会是美国圣公会管理模式的直接复制,其功能是执行美国圣公会的决策。

沪江大学是由美国南北浸会在华联合办理的大学,并没有其他宗教派别的参与。美国浸会主张纯粹的、独立的民间教会,提倡民主,反对集权,反对政教合一,"教会不应涉及政治,也不要管理国家的事情",因此浸会坚持经费完全源自民间,而独立于政府之外,甚至反对教友任职于政府。③ 美国南北浸会坚持"学堂跟着教堂走"的精神,将教派学府模式复制到了沪江大学管理制度中。沪江大学的决策权在美国托事部,"在华校董会"在美国托事部的指导、批准、监督咨询下管理学校,负责制定学校计划、办学政策、课程设置、经费预决算,任命包括校长在内的学校职员。根据浸会教章精神,"在华校董会"应超脱于学校行政与教学事务,因此规定包括校长在内的学校教职员不得担任董事;校长可以参加校董会会议,但没有会议表决权,并且在美国托事部的同意下行使校长权力。④

---

① 熊月之、周武主编:《圣约翰大学史》,上海人民出版社,2007,第31页。
② 《圣约翰大学章程汇录》(1917.9—1918.7),第19页。
③ 王立诚:《美国文化渗透与近代中国教育——沪江大学的历史》,复旦大学出版社,2001,第3—4页。
④ 王立诚:《美国文化渗透与近代中国教育——沪江大学的历史》,复旦大学出版社,2001,第33—35页,第166页。

沪江大学董事皆由浸会成员担任。美国托事部成员长期以来皆为浸会成员,后来增加了如孟禄等社会知名人士,但依然保持了"政教分离"的原则。"在华校董会"成员也一直由浸会成员组成,虽然后来增加了华人董事,但浸会这种教派独立办学和独立管理的特征并未改变。1950至1951年,沪江大学"在华校董会"由中华浸礼协会、中华浸信联会、同学会、特约校董组成,其中增加社会民主人士为特约校董,董事构成依然突出浸会背景,保留了美国浸会的教派管理特征。

教会大学"在华校董会"校内权力分配上也体现出明显的教会掌控特征,这在一些教会大学在华董事实现"中国化"之后的校长权力安排上体现得十分突出。燕京大学在董事"中国化"之前,校长司徒雷登由美国托事部指派,并担任董事,拥有治校实权;而在董事"中国化"之后,校长改由中国人吴雷川担任,不再担任董事,也没有治校实权。治校实权依然在司徒雷登手中,只是此时已改任校务长。无独有偶,圣约翰大学校长卜舫济由美国托事部指派,掌握治校权;1947年立案之后,"在华校董会"依然由主教、传教士控制,差会代表卜其吉掌握着圣约翰的行政和财政大权,中国校长涂羽卿权力十分有限。金陵大学"在华校董会"改组之后,中国人陈裕光担任校长,虽然是"当然董事",但并无治校实权。教会大学的中国校长"去董事化"以及治校权被架空的现象在教会大学中普遍存在,体现出美国教会对在华教会大学的权力掌控。

在华教会大学"西方托事部—在华校董会"的双层治理模式与美国本土的大学董事会制度的单层治理模式在制度结构上完全不同。"西方托事部—在华校董会"的双层治理模式,是外国教会应对大学的跨国治理所发生的一种特定的治理结构。长期以来,"西方托事部"作为大学治理权力的中心,而"在华校董会"则扮演着"西方托事部"之"在华经理人"的角色。因此,在教会大学董事会的双层治理模式之下,大学治理权力受控于"西方托事部"。也正是空间区隔所造就的制度形式上的不同,给在华教会大学董事会双层治理模式的权力转移创造了可能。

第五节 "董事"内涵的中西差异

一种制度的形成和演变,还存在着观念史的影响。对于一种制度及其文化的理解,源于所处社会对于某种制度甚至某个词汇长期以来形成的一种相对固定的观念,而观念一旦形成,便会反过来对这一制度及其变迁带来某种观念史上的文化规约。

晚清民国社会对于董事会制度的理解,尤其是在董事会制度尚未形成的萌芽时期对于"董事"之理解,往往是含混不清的,与近代西方治理意义上的董事会制度的概念界定也存在较大差异。这一点,通过词源学上对于"董"之释义,以及中国传统社会历史上对于"董"之理解,试图从语言学角度说明这一定位差异的观念史原因。同时,从上文对晚清中国公司董事会制度的初现、晚清传统书院董事会制度的萌芽过程中,人们对于"董事"职责、"董事会"功能之界定中可窥一斑。

在《说文解字》中,董作"董",形声字,从艹童声。段玉裁亦作"董",古童、重通用。《说文·艸部》曰:"董,鼎董也。"为多年生草本植物,汉代杜林认为是藕根。《尔雅·释草》晋郭璞注:"似蒲而细。"后来假借为"督"。清朱骏声《说文通训定声》云:"(董)假借为督。"《尔雅·释诂》:"董、督,正也。"意为监督,督正。《左转·昭公十三年》:"告之以文辞,董之以武师。"《后汉书·岑晊传》云:"虽在闾里,慨然有董正天下之志。"《福惠全书·杂课·卢课》载:"董理征收。"此处,董理,即监督管理之意。①

《辞源》关于"董"的释义亦有三种:督察;端正;深藏。《辞源》对"董"的第二个释义还做了详释:正,即董道,正其道。"董"在此作为动词使用。屈原在《九章·涉江》中写道,"余将董道而不豫兮,固将重昏而终身"。意思是说,虽然先贤忠烈被害,我仍将毫不犹豫地正身直行。②《汉字古今形义大字典》认为"董"有四义:其一,监督管理,如董理;其二,监督管理业务的人,如学董、董事长;其三,正,守正;其四,固,深藏,如:"年六十以上,气当大董。"③

我国传统社会对于"董"字的词源学理解,主要有监督、端正之义,且作为动词,常常在动宾短语中使用。比如,"董正",即纠正、端正之义;"董督",即督察之义;"董摄",即督察整顿之义。④ 据此,"董"字在"董事"中为监督管理之义,"董事"即对具体事务进行监督管理。这一点,在清代传统书院董事会关于"董事"的观念史定位中可以得到印证。在设有董事会的清代传统书院中,"董事""董理""经董"是经常出现的称谓,而这些职务的主要职责便是监管与稽查综合院务,包括账目收支监管、田产器物监管、日常秩序监管、教学事务监管等方面。因此,至少在清代社会,人们对于书院"董事"职权的

---

① 曹先擢、苏培成主编:《汉字形义分析字典》,北京大学出版社,1999,第115页。

② 商务印书馆编辑部编:《辞源》(建国六十周年纪念版),商务印书馆,2009,第2932页。

③ 吕景和,等:《汉字古今形义大字典》,黑龙江人民出版社,1993,第191页。

④ 《古代汉语词典》编写组编:《古代汉语词典》,商务印书馆,1998,第329页。

理解是监督、监管书院事务之义，与词源学意义上的解释完全一致。而这种词源学理解对于中国近代社会学校董事会制度、公司董事会制度本土特征的形成，乃至对于人们对董事会的功能理解和职权界定，均产生着影响。晚清民国时期的大学董事会制度，尤其是国人自办大学的董事会制度，在一定程度上体现出监督、监管的制度特质。

西方公司董事会制度具有组织、社团、代议制民主、选举、授权、诚信等要素，这与西方的贸易经济、政治制度、基督教文明具有密切关联。① 随着西方公司法的不断进化，西方公司董事会的角色和功能发生了转变。14 世纪上半叶起，西方出现了最早的公司董事会，负责制定规则和公司立法、调解内部纠纷，对外支持商业贸易。1600 年，伊丽莎白一世颁发章程，允许组成具有合股公司性质的东印度公司，该公司委员会被称作"committees"，即后来的"董事会"，由骑士、市府参事、商人共同组成，拥有公司事务管理权。1694 年成立的英格兰银行最早使用"director"来指称董事。1881 年，美国纽约公司法对董事的术语表达是"trustee"，即"信托人"，董事拥有公司战略管理权、管理者的选举和监督权。② 自 20 世纪初至 20 世纪 30 年代，西方公司董事会依然担当着受托人的角色。③

最早将西方公司制度及其董事会治理模式介绍到中国的是郑观应、钟天纬等人，他们认识到官督商办的公司模式不甚合理，而西方的公司董事会具有制衡监督的功能，可以明确公司的自治功能和内部权力划分，是一种值得借鉴的公司治理模式。

1923 年，上海商务印书馆出版的《英汉双解韦氏大学字典》④（Webster's Collegiate Dictionary With Chinese Translation，以下简称《韦氏字典》），对"board"一词的相关解释如下："A table at which a council or court is held，议事会或裁判会所坐之案桌；hence，a council，or authorized assembly，故

---

① See Otto Gierke, Political Thoeries of the Middle Age, Translated with Introduction by Frederic William Maitland, Cambridge: Cambridge University Press, 1922, pp.22 - 30。转引自邓峰：《中国法上董事会的角色、职能及思想渊源：实证法的考察》，《中国法学》，2013年第 3 期。

② Franklin A. Gevurtz. The Historical and Political Origins of the Corporate Board of Directors[J]. Hofstra Law Review, 2004 vol. 33, no. 1, p.108。转引自邓峰：《中国法上董事会的角色、职能及思想渊源：实证法的考察》，《中国法学》，2013 年第 3 期。

③ 邓峰：《中国法上董事会的角色、职能及思想渊源：实证法的考察》，《中国法学》，2013 年第 3 期。

④ 该字典由郭秉文、张世鎏主编，蒋梦麟等担任副主编，张士一、朱经农、胡明复、王云五等担任顾问，翻译者集聚了张准、钱崇澍、李培恩、程湘帆、刘伯明、邹秉文等当时翻译界、教育界知名人士。

又指议事会;as, a board of trade, of directors, trustees, etc.,例如同业会,理事会,董事会,等等。"①董事会在英语体系中的具有两个典型特征,一是一种组织机构,二是具有议事功能。在《韦氏字典》中,"董事会"对应的词组是"board of directors""board of trustees",意指一种具有议事功能的组织或团体。"director"意为"a member of the board of people that manages or oversees the affairs of a business"②,即组织事务的管理者或监督者;"trustee"意为"law an individual person or member of a board given control or powers of administration of property in trust with a legal obligation to administer it solely for the purposes specified"③,即财产或机构的法定受托人,具有财产的法定控制权或管理权。从《韦氏字典》的解释可发现,英语体系中对"董事会"一词的解释有多种含义,在功能定位、法律意义上具有不同的内涵侧重。

在美国校董会制度形成初期,关于"董事会"的称谓并不统一,这与当时对于董事会的功能定位差异关系密切。哈佛学院董事会被认为是最早的校董会,其最初形态"board of oversees",被译作"监事会",具有章程起草、投票决议、托管资产等功能。其后,威廉—玛丽学院的监事会称作"trustees",具有制定法规以干预学术的功能。随着校董会制度的普及,"board of directors""board of trustees"才开始成为人们用以指称"董事会"的常用词语。在近代教会大学英文档案中,对"董事会"的表达也不甚一致。比如,金陵大学董事会最初称为"Board of Managers",金陵女子大学董事会最初称作"board of control",两校校董会分别于 1927 年、1930 年向中国政府立案,校董会改称"board of directors"。东吴大学 1900 年成立时,校董会称作"board of trustees",1929 年改组时校董会依然延续这一表述。

与此不同的是,由于中文话语体系中的"董"从一开始便被赋予了监督、端正之义,故而在传统语言体系中的"董事会"便具有了监督管理的功能。中英语言体系中的词汇差异,使得董事会在中西方的功能定位上具有先天性的功能定位差异。这一功能差异,从清代传统书院董事制度与美国校董会制度的功能对比中可见一斑:中国本土形成的清代传统书院董事制度具

---

① P. W. Kuo, Webster's Collegiate Dictionary With Chinese Translation, The Commercial Press,Limited, Shanghai, China, 1923.

② 牛津大学出版社编,上海外语教育出版社编译:《新牛津英汉双解大词典》第 2 版,上海外语教育出版社,2013,第 615 页。

③ 牛津大学出版社编,上海外语教育出版社编译:《新牛津英汉双解大词典》第 2 版,上海外语教育出版社,2013,第 2346 页。

有官府控制、内行主导、院务管理、投资非治理等基本特征,而自殖民地时期开始、历经百年变迁的美国校董会制度则形成了外行参与、学校治理、社会沟通等基本特征。也正是这一文化与语言差异,造成了校董会制度在近代翻译史上的内涵转向,以及在制度变迁史上的制度结构、功能的差异性、多样性。上海中华书局 1928 年版《中国教育辞典》收入"董事会"一词,"学校因行政上之便利,组织董事会,负筹画经费,督促进行之责。其权责因其法定机关所赋予之范围而异",其作用"大抵在使学校对外多一重维护机关,对内多一重调剂机关。惟运用不善,每发生少数人把持之弊。"[①]随着校董会的制度实践,其制度内涵与权力结构又发生了新的转向。

小　结

晚清民国大学董事会制度的出现,既非偶然,亦非突然,而是有着内在生发逻辑,以及外在演绎逻辑,在内外逻辑共同作用下产生,存在着本土发生和外部嫁接双重制度之源。

晚清民国大学董事会制度存在着本土之源。滥觞于清乾隆时期的清代传统书院董事(会)制度,虽然在制度形态上较为稚拙,也没有关于"董事会"的明确表述,然而在董事、结构、功能、运作等方面,已现雏形,具有官府掌控和民主萌芽的双重特征。制度设计上,制度文本远未规范,"董事"概念含混模糊,董事产生方式兼具民主公举和家族继承等多重方式,董事会被定位为书院内部日常管理机构。传统书院董事制度产生于书院官学化空前加强、山长聘任与田产管理严重腐败、官府经费拮据与民间资本增加的时代背景,形塑于中央集权的政治制度、科举取士的官僚选拔制度,以及传统社会的士绅治理模式。这一制度在清末以降国人办理的校董会制度,甚至在民国时期的私立大学和国立大学中,均存在不同程度的制度沿袭。

晚清民国大学董事会制度的外部之源,包括了晚清民国公司董事会制度、美国大学董事会制度和西方教会管理模式。我国近代公司董事会制度学习并模仿了西方公司董事会制度,在公司制度文本,以及先后出台的清政府《公司律》、北洋政府《公司条例》、南京国民政府《公司法》等几部公司法中,公司的独立法人地位从不加认定到逐步清晰,并逐步规范了董事会内部规则,以及董事会、股东会、监视会三者的权力制衡关系。然而,理念层面的

---

① 　王倘,等:《中国教育辞典》,上海中华书局,1928,第 828 页。

制度设计,却并未在实践层面有效实施,政治集权文化的历史惯性,官督商办传统的根深蒂固,以及公司实践中将董事会定位于筹资机构,更加使得公司董事会制度的设计形同虚设。在董事会制度十分普及的清末民国时期,公司董事会制度概念的偏狭化,对于出现较晚的私立大学、国立大学董事会制度而言,其影响是潜移默化的。

近代商人通过办学实践,复制了近代家族公司管理模式,形成了近代办学史上独特的由商界精英群体主导的"外行决策型"董事会治校模式,呈现出家长主义、人治主义、地缘主义的制度特征,迥异于其他私立大学"投资保护型"董事会,以及由学者精英群体主导的评议会治校模式,难以获得民国社会的普遍认同。其多次改组呈现出从"外行决策"到"多方议决"的制度转向,这也是民国教育实践的普遍选择。

清末以降,向西方学习的风潮下,美国校董会制度对私立大学和国立大学的董事会制度也存在着一定程度的理念影响。国立大学、私立大学,其创办人、校长、教授,乃至教育部官员多为留美学者,比如东南大学作为首个设立校董会的国立大学,其校董会倡建者正是以校长郭秉文为首的东南留美学者群,而郭秉文、陶行知等人皆曾留学于美国哥伦比亚大学,在推进国立大学董事会制度实践中起到了重要作用。这批留美学者也在相当程度上受到美国大学董事会制度多元参与大学治理之理念的影响,尤其是直接取法了美国哥伦比亚大学董事会制度。诚然,在制度模仿过程中也存在着本土化演绎,呈现出一定程度的社会参与、民主治理特征。

教会大学董事会制度不同于以上世俗校董会制度。由于隶属于西方教会,教会大学董事会直接接受所属教会教派的管理,董事会的组织结构、人员组成和管理理念均与作为学校创办者的西方教会一致,是对西方教会管理模式的直接复制。西方教会因跨洋管理的需要,因地制宜地创造了"西方托事部—在华校董会"的双层董事会制度,在管理理念上则直接受到所属教会的教义精神和管理特征的影响,具有鲜明的宗教属性。

第二章　边缘生存:晚清时期大学董事会制度的酝酿与初创

晚清时期的中国,近代意义上的大学还没有出现。由于基督教文化与中国传统文化在诸多方面存在不同甚至对立与冲突,中国人对基督教文化有着长期的误解与排斥,早期的教会书院发展缓滞。康熙年间曾因此爆发"礼仪之争",主要焦点在于西方基督教会是否允许中国基教徒按照中国传统文化进行祭孔祭祖,以及对神一元论的争论。而坊间也因无法理解女子加入教会等做法,曾一度盛传关于基督教诱惑妇女、取人眼目等传言,制约着基督教的在华传播。这些坊间传言也引起了清政府的警觉,并产生了自觉抵制。康熙以降,直至鸦片战争之前,清政府长期实行全面禁教政策。道光元年即 1821 年,清政府甚至将基督教认定为邪教,不仅禁止其在中国传播,而且还将禁教条文明确写入《大清律例》,条文规定对本国传教者实施绞刑,将入教不改者发配为奴,禁止洋人在中国置买产业,并对传教产生恶劣影响者、失察官员均有相应惩处。故而,至少在晚清时期,在对基督教文化的认识和交流方面,依然存在根深蒂固的文化冲突,从坊间到官府概莫能外。传教尚且被禁,教会书院就更不可能出现了。

教会书院在中国的出现和发展,是在两次鸦片战争以后。随着一系列中外条约的签订,基督教在中国逐步解禁,教会在华办学开始出现,晚清之初零星建立,至清末逐渐普及。学校董事会制度在外国人创办的教会书院中开始酝酿。随着 19 世纪末 20 世纪初教会学校的整合发展,教会大学开始出现,教会大学董事会制度逐渐形成。甲午战后,处于内忧外患之中的国人开始反思传统教育的故步自封,强调学习西学、西艺,并通过教育实现实业强国与科技强国。一时间,创办新式书院、改革传统书院成为一股办学热潮,校董会制度开始在国人自办的学校中酝酿,并逐步形成一种新的学校管理模式。

第一节　晚清教会书院管理与董事会制度的酝酿

第一次鸦片战争之后,殖着 1842 年《南京条约》,以及 1844 年《中美望厦条约》《中法黄埔条约》等一系列条约的签订,中国逐步对外开放通商口岸。与此同时,外国列强向中国政府要求,允许外国人在通商口岸的宗教信仰自由,对传教士身份予以官方认可,随后又要求清政府准予中国人信仰基督教,以便于基督教在中国的传播。清政府持续了 120 余年的全面禁教政策随之松动,外国传教士开始陆续来到通商口岸进行传教活动,并开始在中国通商口岸范围内设立教会书院。

最早在中国本土设立的教会书院是 1842 年(道光二十二年)由马礼逊基金会在香港设立的马礼逊书院。随着香港、澳门等地教会书院的渐次设立,外国传教士开始涉足中国内地东南沿海城市,并逐步向内地城市发展教会书院。这一时期出现了上海清心书院、广州英华书院、福州潞河书院等少量内地教会书院。然而,在列强坚船利炮的护航之下的教会书院,自办学之初起便受到中国传统文化和民族主义的强烈排斥,尤其难以被传统士大夫阶层所认可。同时,民间排教、毁教现象依旧屡见不鲜。因此,早期教会学校生存环境比较艰难,多附设于教堂,招生对象以贫寒子弟为主,整体发展缓慢,程度较低,数量较少。

第二次鸦片战争之后,随着《天津条约》(1858)、《北京条约》(1860)、《柏尔德密协议》(1865)等条约的签订,清政府开始允许外国传教士到中国内地进行传教活动,承认传教士在华传教行为的合法性,允许中国人信仰基督,各级政府不得禁阻。另外,还允许基督教会在华"租买田地,建造自便"。1870 年,清政府废止了《大清律例》中关于禁教的条款,标志着清政府彻底废止了长期以来的全面禁教政策。

清政府禁教政策的废止,促进了教会书院的迅速发展。这一时期,教会书院办学程度和质量逐步提高,不再局限于小学教育,开始涉足中等教育和高等教育,招生对象开始转向贵族子弟和精英阶层。这一时期,内地教会书院数量剧增,并且出现了一批著名的教会学校,如登州广文书院,上海圣约翰书院、中西书院,苏州博习书院,广州格致书院,南京汇文书院、基督书院、益智书院,等等。1900 年以前,清末的教会学校总数达到 2 000 所左右,学生数在 4 000 人以上,中学约占 10%,一些中学开始添设大学班级,这是在华教会大学的萌芽。①

另据台湾学者苏云峰对晚清民国时期 719 所教会书院的不完全统计,晚清时期设立的教会书院就达 490 所之多,其中教会书院设立较多的省区及其教会书院数量如下:江苏 84 所,山东 72 所,直隶 43 所,福建 65 所,广东 32 所,浙江 31 所,吉林 33 所,湖北 24 所,湖南 20 所,奉天 20 所。(表 2 - 1,表 2 - 2)

表 2 - 1　晚清时期教会书院设立数量统计　　　　单位:所

设立省区	晚清时期 (1911 年以前)	民国时期 (1912 年以后)	合　计
江苏	84	26	110
山东	72	26	98
直隶	43	18	61
福建	65	19	84
广东	32	24	56
浙江	31	15	46
吉林	33	9	42
湖北	24	12	36
湖南	20	16	36
四川	18	14	32
奉天	20	8	28
河南	14	14	28
安徽	13	3	16
江西	9	7	16
山西	7	3	10
陕西	1	4	5
甘肃	1	4	5
云南	1	4	5
广西	1	3	4
黑龙江	1	0	1
合计	490	229	719

资料来源:苏云峰:《中国新教育的萌芽与成长(1860—1928)》,北京大学出版社,2007,第 175—210 页。

---

① 顾长声:《传教士与近代中国》,上海人民出版社,1981,第 228 页。

表 2-2 鸦片战争之后部分教会书院创办情况

书院名称	地 点	创办时间	公 历	创办团体或创办人	备 注
马礼逊书院	香港	道光二十二年	1842	马礼逊基金会	由澳门迁入
英华书院	香港	道光二十三年	1843	伦敦会	由马六甲迁入
徐汇公学	上海	道光二十九年	1849	法国天主教,晁德莅	后改为徐汇中学
清心书院	上海	道光三十年	1850	美国北长老会范约翰	
真光书院	广州	咸丰元年	1851	北美长老会夏礼	
英华书院	广州	咸丰二年	1852	美国传教士何柏林	
潞河书院	福州	咸丰三年	1853	美国传教士卢公明	
登州文会馆	山东登州	同治三年	1864	美国长老会狄考文	齐鲁大学前身
培雅书院	上海	同治四年	1865	美国圣公会	后并入圣约翰书院
度恩书院	上海	同治五年	1866	美国圣公会	后并入圣约翰书院
上海圣约翰书院	上海	光绪五年	1879	美国圣公会施约瑟	
博习书院	苏州	光绪五年	1879	美国监理会林乐知	
上海中西书院	上海	光绪七年	1881	美国监理会林乐知	
广州格致书院	广州	光绪十三年	1887	美国长老会哈巴安德	
汇文书院	南京	光绪十四年	1888	美国美以美会傅罗	后与宏育书院合并为金陵大学
培正书院	广州	光绪十六年	1890	美国南部浸信会	
基督书院	南京	光绪十七年	1891	美国基督会美在中	后并入宏育书院
益智书院	南京	光绪二十年	1894	美国长老会	后并入宏育书院
广德书院	青州	光绪二十年	1894	英国浸礼会库寿龄	
宏育书院	南京	光绪三十二年	1906	美国传教士	后与汇文书院合并为金陵大学

资料来源:白新良:《中国古代书院发展史》,天津大学出版社,1995,第 255 页;邓洪波:《中国书院史》,武汉大学出版社,2012,第 600—604 页;熊月之:《西学东渐与晚清社会》,上海人民出版社,1994,第 288—289 页。

一、董事与西方托事部的出现

早期的教会书院没有正式的管理机构和专职的管理人员。教会书院的管理者一般由一到数位传教士兼任,负责聘用中国教师,设定课程。传教士的薪酬由基督教会支付,而教会书院的其他开销则由基督教会和私人捐赠者共同承担。教会书院总监督由创办人隶属的教派的当地委员会负责选派。早期教会书院结构简单,并没有设立董事会之必要。

登州文会馆由美国长老会传教士狄考文于 1864 年在山东登州创办。办学初期的登州文会馆是一所教会小学,当时称作登州蒙养学堂,1877 年改为登州文会馆,1881 年升级为具有大学办学水平的学院,1904 年迁到山东潍坊,并改名为广文学堂,1917 年扩张升格为齐鲁大学。建馆早期,登州文会馆生源极少,学生出身贫寒,学校免收学费,运作经费基本由美国长老会提供,经费管理具体由狄考文负责,狄考文的妻子朱莉娅也承担馆内大量的管理工作。① 登州文会馆最初只有学生二三十人,在最为发达时期,渐至发展到学生百十余人,管理人员及中西教习不过十数人。这一时期,登州文会馆内部管理上仅设监督一人,账房、馆役各一人,"司出纳供奔走"。② 由此看出,登州文会馆因总体规模较小而导致其管理结构亦十分简单。此时,董事会制度还没有在该馆出现,直至后来升格为齐鲁大学。

上海圣约翰书院创建于 1879 年。建校初期,学校教师由监督(监院,校长)负责书院行政管理工作。圣约翰书院首任监院为施约瑟,1888 年起,由卜舫济接任圣约翰监院。《圣约翰书院章程》(1904 年)对书院组织方面,作了简略的规定,圣约翰书院设董事,由"美国圣公会布道会之总董(在美国)"担任,并无更多的组织规定③。事实上,直至 1905 年圣约翰书院根据美国大学注册要求在美国进行注册之前,圣约翰书院一直由监院主管校务,并未设立独立的学校管理机构。圣约翰董事一直由美国教会总董兼任,这体现了美国教会组织对圣约翰直接的垂直管理,而这一管理体系的建立既是对美国教会管理体系的直接复制和向下延伸,也是从宗教领域到教育领域的跨域管理。

岭南学校成立于 1886 年,创办人美国长老会传教士哈巴(Andrew P.

---

① 王忠欣:《基督教与中国近现代教育》,湖北教育出版社,2000,第 25 页。

② 《〈文会馆志〉记齐鲁大学前身登州文会馆的创立规章等(历史小职任)》,朱有瓛、高时良主编:《中国近代学制史料》第四辑,华东师范大学出版社,1993,第 463 页。

③ 《圣约翰书院章程(节选)(清光绪三十年)》,邓洪波主编:《中国书院学规集成》,中西书局,2011,第 137 页。

Happer)在纽约为该校组建了董事会(即后文所指之"西方托事部"),该董事会随即选举了巴哈为校长。纽约董事会的组建,源于哈巴当年在美国筹捐办学资金之需要。1885—1887 年间,哈巴在美国筹得办学资金十万美金,并在美国组成董事会作为该校最高主管机关[①]。此时的董事会并没有在美国注册,直到 7 年后的 1893 年,该校董事会才在美国纽约州立大学注册,并获得了该校的学位授予权。[②]

晚清教会书院虽然鳞次栉比,却并未设立专门的管理机构开展日常运作,也基本没有设立自己独立的书院董事会。这种管理机构缺失的情况,与晚清教会书院的实际状况有关,即层次低,规模小,分布散,事务简单。整体而言,这一时期的教会书院董事会制度并没有普遍出现。

岭南学校董事会是清末民初时期教会大学所普遍采用的双层董事会模式的初始形态。不过,此时的岭南学校仅在母国设有西方托事部,还没有在本土设立一个学校行政机构负责执行西方托事部的决策,也就是说,此时岭南学校董事会还未形成将来教会大学普遍出现的双层董事会治理模式。

二、依附性与宗教性:早期教会书院管理的主要特征

由于早期教会书院处于初创阶段,以及书院的规模较小等多种因素,早期教会书院的管理无论从管理规模、管理机构设置、管理职能等方面,都体现出依附性、宗教性的特征。依附性主要体现在书院管理并非独立存在,而是依附于西方教会。教会书院没有成文的书院规章制度,以及规划较为完整或系统的内部组织结构。因此,教会书院既没有设置基本的管理机构,也没有配备专门的管理人员,更谈不上对这些机构和管理者的职权作出相应的规定。书院的设立依赖西方教会在国外办理立案登记,因此,教会书院在所有权归属上完全隶属于西方教会。在此基础上,书院管理者由隶属于西方教会的在华传教士兼任,书院大部分经费支出由西方教会负担,教会书院在师资等各方面完全依附于西方教会。

教会书院管理的宗教性,首先体现在西方教会管理体系对书院的直接渗透。教会书院的管理者、书院董事均由西方教会直接指派传教士担任,由西方教会组织并控制的西方托事部直接复制了教会管理模式并渗透于教会书院之中,完全主导了教会书院的决策和管理。此时的教会书院还没有形

---

① 《简又文记岭南大学之创始时期》,朱有瓛、高时良主编:《中国近代学制史料》第四辑,华东师范大学出版社,1993,第 522 页。

② 王忠欣:《基督教与中国近现代教育》,湖北教育出版社,2000,第 63—64 页。

成相对独立的本土管理机构。教会书院管理的宗教性,还体现在西方教会对书院赋予的宗教目的。教会书院的教育宗旨是培养更多的信众,更为广泛地传播宗教信仰。为此,教会书院在学校人事安排、课程设置、仪式规范上具有明显的宗教特征。

教会书院由于依附于各个教会,且规模和结构十分简单,因此早期教会书院往往是各自为政,书院之间缺乏业务联系。随着教会教育的发展,教会书院的教学质量逐步得到国人的认可,生源逐步增加,且多为富家子弟,教会书院开始向学生收取学费。此外,教会书院开始逐步设立大学课程,成立大学部,并在课程设置、教材编写、教师招聘、校舍建设等方面进行全方位拓展提升。1881 年,狄考文向美国长老会提出将登州文会馆扩建为大学的设想,将学制定为 6 年,并设置包括中国典籍、普通科学和基督教伦理在内的诸多课程,同时建议由山东教会组成 6 人托事部负责大学管理。1882 年,美国长老会批准了狄考文的请求,登州文会馆自此改建为大学。改建后的登州文会馆设有大学部(正斋,学制 6 年)和预科部(备斋,学制 5 年),大学部和预科部由狄考文及其妻子朱莉娅分别负责。登州文会馆在入学程序、课程设置、实验实习、校舍建设等方面都进行了改进和拓展。

早期的教会书院缺少基本的管理机构和专制管理人员,而仅仅依靠西方宣教会安排的个别传教士对书院进行简单的日常管理。这种零散而不成体系的个人化管理方式,已经很难适应教会教育在华发展的需要,甚至成为教会教育在华发展的瓶颈。随着教会教育的发展,在华教会书院也遇到越来越复杂的学校治理问题,即包括校内日渐复杂的校务管理,更需要通过社会沟通与和合作等方式有效处理好教会学校与中国各级政府、中国社会的关系。这些问题的解决都迫切需要一个有治理能力的管理机构来及时应对。然而,由于教会书院在华管理机构的缺位,而设在母国的西方托事部又难以及时应对和处理在华教会书院遇到的各种问题,这直接影响了教会教育在华发展及其教育目的的实现。教会书院的转型和规模扩张,对学校管理提出了更高的要求,教会书院管理的联合化、体系化、规范化成为必然。

第二节　清末民初教会大学双层董事会的初创

自 19 世纪 50 年代开始,教会书院历经了近半个世纪的初期发展,至 19世纪末 20 世纪初,外国教会对在华教会书院进行整合重组,开始进入教会学校的又一个重要发展时期:教会大学初创时期。教会教育的联合发展,促使各教会书院的管理者重新整合力量,对管理制度进行重新设计或调整,以更好地适应教会教育联合的发展需要。此外,自清末废科举以降,全国普遍设立新学,传教士日益感受到教会教育的在华压力,尤其是来自政府官办学校的挑战。如何联合各个教会形成合力,提高教会教育的办学水平,进而增强教会教育的在华竞争力,确保其在清末新学风行之势、中国民族主义风潮冲击之下立于不败之地,成为西方教会,尤其是在华传教士不得不面对、不得不思考的严峻现实。20世纪初,随着外国教会对教会书院的复建、整合,由多个教会书院合并而成的教会大学先后成立,教会大学亦开始进入由多个外国教会联合经营的全新阶段。新组建的教会大学迫切需要一个新的学校管理机构进行统筹管理,保障教会书院在华良好的发展空间,应对更为庞杂的大学治理问题。教会大学董事会制度正是基于这一办学实践需要而开始形成。

一、在华生存困境

早期的教会学校随着不平等条约的签订和西方传教士进入中国传教而渐次设立,并没有经过任何法定程序,既没有在中国政府注册立案,也没有在西方国家注册立案。因此,早期的教会学校既未得到中国政府法律认可和保护,也未得到西方国家法律认可和保护,可谓中国教育的"法外之地"。当时的清廷乃至国人对于外国人在华创办教会学校,存在文化排斥和习俗偏见,中国社会对于基督教的教育宗旨依然难以普遍认同。当然,鉴于列强势力之强悍,教会学校在文化认同上虽处于尴尬境地,并在中国教育立法上遭到清政府的立法排斥,缺少在华办学的合法性,然而却并未在教育实践上遭到清政府的清理。1906年,清政府学部颁发《咨各省督抚为外人设学无庸立案文》:

> 教育为富强之基,一国有一国之国民,即一国有一国之教育;匪惟民情国俗各有不同,即教育宗旨亦实有不能强同之处。现今振兴学务,各省地方筹建学堂,责无旁贷;亟应及时增设,俾国民得有向学之所。至外国人在内地设立学堂,奏定章程并无允许之文;除已设各学堂暂听设立,无庸立案外,嗣后如有外国人呈请在内地开设学堂者,亦均无庸立案,所有学生,概不给予奖励。①

---

① 《督宪袁准学部咨外人在内地设学无庸立案学生概不给奖札饬提学司查照文》,《北洋官报》,1906年第1165期。

遭遇立法排斥的同时,教会学校由于受到清政府对外签订的一系列不平等条约的特殊庇护,均在中国政府管辖范围之外。换言之,教会学校在缺少清政府政策支持的同时,并不受清政府的政策约束,从而为其打开了办学的另一扇方便之门,为教会教育的进一步发展提供了别样的机遇和相对自由的空间,以致有民国学者认为教会学校的发展丝毫不受阻止。①

硬币总有两面。教会学校在拥有自由发展空间的同时,却也得不到清政府相应的政策支持,这对于教会学校而言无疑是一种尴尬的两难。教会学校为了获得在华办学合法性,改善教会学校在华政策地位,享受到清政府的有利教育政策,改变教会学校毕业生屡遭歧视的状况,曾先后向清政府申请注册立案,但均遭清政府拒绝。在 20 世纪 20 年代声势浩大、此起彼伏的收回教育权运动、教育独立运动等一系列争取教育主权运动、要求教会学校在中国政府立案之前,在华教会学校无一在中国政府获得立案。由美国芝加哥大学教授伯顿任团长、美英中三国代表组成的中国教育调查团在《基督教教育在中国》调查报告中这样描述:教会大学"从性质上说是西方传教士所创立,由西方捐款所维持,由西方列强的条约所保护,并以同样的理由容许那些负责者索取任何权力和保持任何标准,而且往往是按照西方的法律在国外注册的"②。金陵大学校长包文也认为,"中国教育行政机关尚未有大学授予学位的规定,而私立大学之立案尤无明文可遵。故当时本校董事会议决暂在美国纽约省立案,并由该政府授予学位"③。

自鸦片战争以来,随着外国传教士在华传教的发展,尤其是晚清中国多次战败之后的割地与赔款,中国民族主义情绪不断高涨。另外,基督教文化与中国传统文化存在诸多差异与隔阂,也导致了中国人对基督教文化存在着或多或少的误读,由此导致的民间文化冲突在所难免。1895 年,中国甲午战败后《马关条约》的签订,再次激起了中国的民族主义情绪,与外国人的矛盾冲突频发,时有对抗外国传教士的教案发生。1897 年 11 月,山东发生"曹州教案",两名德国传教士被冲入教堂的村民打死。德国政府以此为借口,派军舰侵占胶州湾,强迫清政府签订《胶澳租界条约》,允许德国租借胶州湾,在山东享有修筑铁路、采矿等特权。此举引发了民众的强烈愤怒。在高涨的民族主义情绪和排外情绪主导之下,1900 年爆发了以"扶清灭洋"为

---

① 舒新城:《收回教育权运动》,中西书局,1927,第 50 页。
② 中国教育调查团:《基督教教育在中国》纽约版,第 109—134 页。转引自顾长声:《传教士与近代中国》第 4 版,上海人民出版社,1981,第 350 页。
③ 包文:《金陵大学之情况》,《教育季刊》,1925 年第 1 卷第 4 期。

宗旨的义和团运动。义和团运动在全国各省尤其是华北的直隶、山西以及内蒙古和东北大规模爆发,并发生大规模屠杀外国人以及中国基督徒的事件,这对于正在努力拓展在华发展空间、寻求质量提升的教会教育来说,无疑造成了严重的冲击甚至破坏。山东是义和团运动的中心,位于山东的各个教会书院都受到了严重的冲击,登州文会馆校舍被义和团夷为平地。北京的潞河书院、汇文书院的校舍也被义和团破坏殆尽。许多教会书院皆因义和团运动的破坏而不得不停办,教会教育面临着如何复苏与发展的困境。教会学校在华发展严重受阻,团结与整合各个教会以及分散的教会学校迫在眉睫。"义和团起事时的经历使许多人相信必须加强进一步的合作"①,教会书院的联合发展成为趋势,齐鲁大学等诸多教会大学正是在这一历史背景下整合而生,这对教会大学的管理制度提出巨大的挑战,也提供了新的发展契机。

二、寻求整合发展

早在 1877 年,新教传教士在华第一次大会上,美国长老会传教士狄考文恳请同道在教育方面负起更大的责任。虽然这一提议遭到了强烈的反对,但在此之后,传教士们开始重视教会教育,并在编写教科书、英语教学等方面努力。② 1890 年,基督教在华传教士召集大会,决定成立"中华教育会",旨在促进在华教会教育的合作发展。而在通过向清政府申请立案以获得政策支持未果之后,教会学校不得不开始寻求新的发展路径。教会学校创办者——西方教会逐渐达成集体共识,即发展在华高等教育不能仅靠单个差会单打独斗,而应整合更多差会的力量和资源,将分散的教会学校进行力量整合并提档升格为大学,以增强教会教育的办学水平和竞争力,推进教会教育的在华发展。

1905 年 9 月 2 日,袁世凯、张之洞奏请废止科举考试制度,推广新式学堂教育。清政府随即下诏,自 1906 年开始,停止所有乡试、会试,各省岁科考试也同时废止。在中国历史上延续了千余年的科举制度自此被废,以科举取士为宗旨、传统儒学为主导的传统学校和书院出现了生存危机。传统教育制度的这一重大转变,却为教会学校的发展带来了新的契机。

1907 年,"中华教育会"第三届大会召开,主要议题之一是如何集中教

---

① [美]郭查理:《齐鲁大学》,珠海出版社,1999,第 61 页。
② [美]费正清,[美]刘广京编:《剑桥中国晚清史(1800—1911)》上册,中国社会科学出版社,1985,第 636—637 页。

会力量,提高教会学校的规格和水平。对于教会联合办学,欧美各国差会热情不高,但在华传教士却都对此表达出高度的热情,主要进展表现在促成教会书院的合并,以及教会大学的形成。然而,继之教会学校在美国公立大学的资源竞争之下严峻的生存压力,以及中国国人自办大学的逐渐壮大,整合教会学校的形势显得更加紧迫,这一主张也得到了越来越多教会人士的认同。1910 年,爱丁堡传教士会议提出,"基督教的普世启示在教育工作中有一种独特的作用,故应当在世界上各大战略中心设立教会大学"①。1911 年 3 月 25 日的一次会议上,美以美会主教柏锡福(J. W. Bashford)认为:

> 州立大学的增长(在美国)正在排除各教会学校,特别是芝加哥大学已经危及到所有密西西比河流域小型教会学校的生存。当这一事实引起约翰·D.洛克菲勒(John D. Rockefeller)的注意时,他创立了普通教育基金,研究小型学院,帮助它们从战略上进行选址。教会学校提供了州立学校缺乏的宗教动力。目前中国的小型教会学校正面临着类似的情形:公立大学的数量和实力日益增强,在广州教会大学 50 英里范围内的香港大学就是证明。各校董事会无法提供资金使得各校互相竞争,或与公立大学竞争;只有联合起来才能保全自己。最后,洛克菲勒可能援助在中国选址合理的联合教会大学,这是很有希望的。②

外国教会已经清晰地意识到教会学校必须整合实力并提升办学层次,才能在不断变化的教育环境中获得新生,同时也只有增强自身实力,才能获得更多的基金支持。这不仅在美国本土如此,在中国亦是如此。在教会教育基础较好的山东、北京、江浙等地先后出现了多所教会书院整合而形成的教会大学,有些是由同一个差会创办的多所教会书院合并而来,有些是由多个不同差会各自创办的教会书院合并而成。由一个差会创办的教会大学,比如苏州的东吴大学,由美国监理会创办的中西书院、博习书院、宫巷书院等多个教会书院合并而成。此外,由一个差会创办的教会大学还有美国圣公会创办的上海圣约翰大学、美国长老会创办的杭州之江大学、美国美以美会创办的福州华南女子文理学院等。由多个差会的教会书院合办的教会大

① [美]罗德里克·斯科特:《福建协和大学》,珠海出版社,1999,第 6 页。
② [美]罗德里克·斯科特:《福建协和大学》,珠海出版社,1999,第 7—8 页。

学，比如山东的齐鲁大学由登州会文馆、青州广德书院等校合并而成，由北美长老会、英国浸礼会、英国圣公会、加拿大长老会等联合创办；北京的燕京大学由通州潞河书院、汇文大学等校合并而成，由美国美以美会、美国公理会、美国长老会、英国伦敦会等联合创办；南京的金陵大学由宏育书院（由基督书院和益智书院合并）、汇文书院合并而成，由美国美以美会、美国基督会、北美长老会等联合创办；南京的金陵女子文理学院由美国浸礼会、美国监理会、美国美以美会、美国长老会、美国基督会等联合创办。（见表 2－3）

北京汇文书院是较早回应这一变化需求的教会书院之一。北京汇文书院是燕京大学的前身之一，1870 年由美国卫理公会设立。设立初期是一所教会小学，1876 年改建为中学，1888 年开始设立大学课程，并计划将书院发展为涵盖文、理、神、医、工五院的综合大学。1890 年，汇文书院正式改建为一所教会大学。

三、求助母国

晚清政府拒绝教会学校在华立案的姿态，使得教会大学办学者不得不求助于大洋彼岸的母国，开始寻求在外国教会所在地进行注册立案。因此，外国教会创办的教会大学基本都是创办大学在先，注册立案在后，且都是先向母国进行立案，直至民国时期才先后向中国政府进行多次立案。

汇文大学是最早在西方提出组建大学申请的在华教会大学。根据纽约州的法律，汇文大学创办者在美国纽约成立了 9 人托事部。1890 年 6 月，该校纽约托事部向纽约布鲁克林法院提交了组建大学的申请书，法院在审核之后随即为汇文大学出具了组建证书。然而，纽约该法院出具的组建证书并不等于汇文大学在纽约获得立案，因为美国大学立案需要经过州议会的通过，而汇文大学并未向纽约州议会提出立案申请。因此，此时的汇文大学并未获得美国立案，也没有学位授予权。[①] 东吴大学在 1900 年 11 月成立之后，并未及时向美国政府申请注册，而是直到次年即 1901 年 6 月向美国田纳西州政府申请注册立案。东吴大学之所以立案推迟了一年，除了有大量注册准备工作之外，还受到清末义和团运动的影响。[②] 事实上，东吴大学推迟立案并非个案，而是在华教会大学的普遍现象。

---

① ［美］艾德敷：《燕京大学》，珠海出版社，2005，第 14 页。
② 王国平编：《博习天赐庄——东吴大学》，河北教育出版社，2003，第 25 页。

表2-3 晚清民国时期部分教会大学在华整合及国外立案情况一览表

教会大学名称	在华整合年度	创办地点	国外立案年度	立案地	前身（创办年度）	所属差会
汇文大学	1890	北京	1890(批准组建，并未立案)	美国纽约	汇文书院(1870)	美国美以美会
东吴大学	1900	苏州	1901	美国田纳西州	上海中西书院（1881）,苏州博习书院（1871）,宫巷书院（1896）等	美国卫理公会
之江大学	1901	杭州	1920	美国哥伦比亚	宁波崇信义塾(1845)	美国长老会（北美长老会,南美长老会）
圣约翰大学	1905	上海	1905	美国华盛顿	圣约翰书院(1879)（由神道学校,培雅书院,度恩书院合并）	美国圣公会
华西协合大学	1910	成都	1934	美国纽约		
金陵大学	1910	南京	1911	美国纽约	南京汇文书院（1888）,南京基督书院（1891）,南京益智书院（1894）	美国美以美会,美国基督会,北美长老会
齐鲁大学	1911	济南	1924	加拿大	登州文会馆(1864),青州广德书院(1894)等	北美长老会,英国圣公会,英国浸礼会,加拿大长老会

续表

教会大学名称	在华整合年度	创办地点	国外立案年度	立案地	前身（创办年度）	所属差会
华南女子文理学院	1914	福州	1922临时立案、1934正式注册	美国纽约	无	美国美以美会
金陵女子文理学院	1914	南京	1919	美国纽约	无	美国浸礼会、美国监理会、美国美以美会、美国长老会、美国基督会等
沪江大学	1915	上海	1917	美国弗吉尼亚	浸会大学	美国浸信会、美国浸礼会
岭南大学	1916	广州	1893	美国纽约	广州格致书院(1887)	不隶属任何教会
燕京大学	1916	北京	1934	美国纽约	汇文大学、潞河书院、华北协和大学、华北协和女子大学	美国美以美会、美国公理会、美国长老会、英国伦敦会
福建协和大学	1915	福州	1934	美国纽约	无	福建基督教六公会
辅仁大学	1925	北京	无	无	辅仁社	罗马天主教教会

资料来源：中国社会科学院世界宗教研究所所编《中华归主》，中国社会科学出版社，1985；罗义贤：《司徒雷登与燕京大学》，贵州人民出版社，2005；[美]艾德敷：《燕京大学》，珠海出版社，2005；金以林：《大学史话》，社会科学文献出版社，2011；何晓夏、史静寰：《教会学校与中国教育近代化》，广东教育出版社，1996；张宪文主编《金陵大学史》，南京大学出版社，2002；王国平：《东吴大学简史》，苏州大学出版社，2009；[美]华惠德：《华南女子大学》，珠海出版社，1999；[美]黄思礼：《华西协合大学》，珠海出版社，1999；[美]郭查理：《齐鲁大学》，珠海出版社，1999；[美]队天助：《之江大学》，珠海出版社，1999；[美]赖德烈、蔡路得：《金陵女子大学》，珠海出版社，1999；[美]卫思韩、斯科特：《福建协和大学》，珠海出版社，1999；[美]罗德里克：《基督教高等教育在变革中的中国（1880—1950）》，珠海出版社，2005。

上海圣约翰书院于 1905 年在美国申请注册。11 月 6 日，圣约翰书院根据美国大学注册要求，成立了圣约翰大学托事部，由美国圣公会布道部 16 名主教、14 名牧师、15 名平信徒组成。12 月 30 日，按照美国纽约哥伦比亚特区条例，美国哥伦比亚特区议会通过了统一圣约翰注册的相关法案。1906 年 1 月，注册成功后的圣约翰书院正式改为圣约翰大学，并开始拥有学位授予权。此时的圣约翰大学，只设有"西方托事部"，并未设"在华校董会"。根据 1904 年的《圣约翰书院章程》之"圣约翰书院之组织"规定，圣约翰书院董事为"美国圣公会布道会之总董（在美国）"，且书院"隶驻上海布道主教郭辖下公会中之一部分"[1]。直至 20 世纪 20 年代，圣约翰大学形成了"圣公会布道部和美国创办人会—中国教区大学管理委员会（在华主教组成）—上海教区主教—校长"的垂直行政管理体系[2]。（图 2-1）中国教员可以参与校务委员会，但校务委员会在校务中通常只有咨询作用，而没有行政

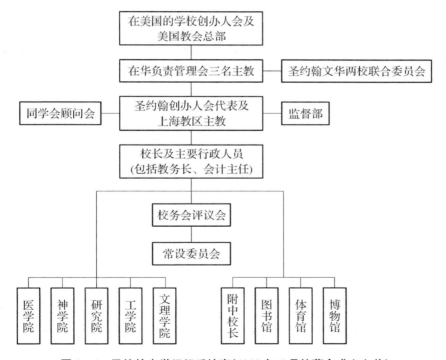

图 2-1　圣约翰大学组织系统表（1928 年 6 月校董会成立之前）

资料来源：李清悚、顾岳中编：《帝国主义在上海的教育侵略活动资料简编》，上海教育出版社，1982，第 52 页。

---

① 《圣约翰书院章程》(1904)，朱有瓛、高时良主编：《中国近代学制史料》第四辑，华东师范大学出版社，1993，第 436 页。

② 徐以骅主编：《上海圣约翰大学(1879—1952)》，上海人民出版社，2009，第 36 页。

决策权。因此,在当时的圣约翰大学行政体系中,中国人没有行政权。1928年 6 月,圣约翰大学董事会成立,董事会成员由美国圣公会布道部、江苏教区、校友会和校务委员会(1919 年成立)分别推选代表组成。首届董事会共有校董 14 人,校长和司库为当然校董。

金陵大学堂在成立之初,其西方托事部设立在美国纽约州大学,由纽约州大学校董担任。金陵女子大学与金陵大学隶属于同一个美国托事部,于1919 年通过金陵大学的纽约托事部在美国注册立案。后来,金陵大学设立董事会,金陵女子大学此时还没有独立的董事会,而是与金陵大学同属于金陵大学董事会管理。

教会大学的注册立案地绝大多数在美国,鲜有在其他国家立案的情况。这不仅与教会大学中美籍教师占多数有关,还关涉当时各国的教育机构立案规定。比如,英国法律不允许对本国以外的教育机构进行立案,因此,即便在华教会大学有意向英国政府提出立案申请,在英国获批注册立案的情况也不可能出现。以齐鲁大学为例,由于当时齐鲁大学的英籍教师居多,向英国政府申请注册立案成为首选方案。然而,正是由于英国法律不允许给在英国国外的教育机构颁发执照,而英国国会通过一项特别立法也不可能在较短时间内实现,齐鲁大学向英国申请注册立案的计划只得搁浅,不得不选择其他国家作为立案地。虽然美国政府允许本国以外的教育机构在美注册,但是由于向美国政府申请立案的前提条件是美籍教师占多数,而齐鲁大学并不符合这一基本条件,最终,齐鲁大学于 1924 年向加拿大政府申请立案,并获得加拿大政府批准。①

四、双层治理模式:西方托事部—在华校董会②

整合、升格后的教会大学所面临的日趋复杂的办学实践以及创办者构成等多重治理问题。首先,经过教会学校整合、合并形成的教会大学,面临着新的学校管理问题。过去的教会学校层次不高、规模较小、教会单一、事务简单,因此其管理人员往往是由西方教会派遣的外国传教士兼任。大学因其综合特征和规模扩大,西方教会难以如过去一般,仅仅通过派遣几个传

① [美]郭查理:《齐鲁大学》,珠海出版社,1999,第 158—159 页。
② 学界关于"西方托事部""在华校董会"的称呼,由于翻译等方面的原因,并不统一。多数学者分别称之为托事部、校董会,但有学者(比如卢茨、潘懋元等)分别称之为"西方董事会""中国管理委员会"。张宪文将西方托事部称作"董事会本部",而将在华校董会理解为"董事会分部"。熊月之将在华校董会笼统称作校董会,而将西方董事会这一概念淡化不提,只提西方差会。本书为了统一且较为明晰地表达这两个机构的地域归属、职权划分、隶属关系,统一以"西方托事部""在华校董会"表述。

教士进行兼职,就试图解决错综复杂的大学管理问题。其次,经过整合而形成的教会大学,往往由多个差会共同办理,因而还存在着管理权力的分配和设定问题。因此,初创时期的教会大学,迫切需要一个新的治理模式,以应对这些新的情况。再次,由于教会大学都是在西方国家注册立案,西方托事部设在教会大学立案的母国,由教会大学创办者组成的教会大学最高权力机构。"西方托事部"成员一般为外国差会组织成员,受外国差会直接管理,其实质是西方差会对在华教会大学实施控制和管理的核心机构。作为教会大学创办者和实际管理者的差会也都在国外,难以直接对身处中国的教会大学进行及时有效的管理。在中国设立一个具有"经理人"性质的办事机构,在"西方托事部"的掌控与指导下进行大学管理,成为最为有效和可行的途径,这也是教会大学"在华董事会"出现的切实原因。

汇文大学是较早设立双层董事会的教会大学。根据美国纽约州的法律,汇文大学董事会(即"西方托事部")于 1890 年在美国纽约州注册。汇文大学纽约托事部共 9 人,包括 5 名美以美会的会督和 4 名美以美会的世俗成员。纽约托事部拥有对汇文大学的所有权,负责在西方募集资金,进行投资,并获取最大利益。1892 年,汇文大学管理委员会(即"在华校董会")正式成立,根据"在华校董会"章程规定,校董会成员不得超过 24 人,其中三分之一的董事必须是美以美会成员;董事必须信仰新教,在中国居住,而且至少有四分之一成员居住在北京。学校校长为"在华校董会"当然主席,由纽约托事部直接任命。校董会在托事部的批准下管理学校事务。[①] 汇文大学校董会成员包括美国及荷兰牧师、中国海关总监赫德(Robert Hart)、北京同文馆总教习丁韪良、卫理公会代表。[②] 北京汇文大学形成了西方注册之下的"西方托事部"完全主导、"在华校董会"具体经理的双层董事会模式,已经具备了民国教会大学董事会制度的基本特征和框架。

"西方托事部"由差会组建,向差会负责,差会对在华教会大学的管理目标从根本上决定着"西方托事部"的各项决策。"西方托事部"的成员由西方差会任命,均为外国传教士,往往由教会领导、慈善家和商人等组成。"西方托事部"负责正式任命校长、副校长、教职员中的外籍人员,负责为教会大学募集资金,并完全掌控教会大学的财产权。"在华校董会"负责具体执行"西方托事部"的决策。

金陵大学托事部设在纽约大学,作为该校的最高决策者,拥有办学认

---

① [美]艾德敷:《燕京大学》,珠海出版社,2005,第 11—13 页。

② 王忠欣:《基督教与中国近现代教育》,湖北教育出版社,2000,第 41 页。

可、人员管理、经费募集、毕业认定等政策制定权。托事部成员由纽约大学校董担任。纽约托事部"每年派三人值年,先列三人,值一九一一年,次列三人值一九一二年,末列三人值一九一三年。继起者每值三年,更番调换,由美以美会、基督会、长老会各选举三人,自承认之后,中国所设之金陵大学堂得享泰西凡大学所应享之权利,如募捐捐助请求以及个人以所遗之产业给金陵大学堂者,他人不得干预。堂中设初学、中学、高等学,并可容纳他学与之联合等等事件。但学士凭单向由该堂发给,今改由纽约大学校校董签发,转致金陵大学堂监督,发给毕业生"①。"凭单格式,由美国长官预备。所发给之凭单,须经纽约大学校董事签名、本堂驻纽约董事部长签名、本堂监督签名。凭单费须缴金洋五元,此乃纽约大学校校董所定。"②

金陵大学的纽约托事部,实为金陵大学的上级主管机构,金陵大学堂的注册立案需要经过纽约托事部的认可,纽约托事部负责从几个教会中选派人员代为管理金陵大学。除此之外,纽约托事部还负责金陵大学堂毕业生的学位证书审批发放权。在这一管理模式下,金陵大学的办学性质,在某种意义上可以认定为美国大学的在华分校,在办学认可、人员管理、经费募集、毕业认定等政策制定与运作上,纽约托事部是最高决策者。

金陵大学托事部(托管会)③成员包括主席1人,副主席1人,司库1人,助理司库1人,秘书1人。主席的职权包括主持托管会的各项会议,履行与本职务有关的职责,在秘书在场的情况下签订托管会授权的各项协定,签署托管会发布的各项文件。在主席缺席或无法工作的情况下,由副主席行使主席职权。在主席和副主席同时缺席的情况下或不能工作的情况下,由财务、财产及投资委员会主席或代理主席行使托管会主席的职权。秘书参加托管会会议以及各常务委员会会议、特别会议,记录会议详情,负责保管学校文件,负责将托管会的任命、提升、任期、拨款等决定告知校长、(在华)校董会和相关人员,负责学校教职员与学校签订的合同,保管和使用托管会印鉴。司库是学校基金和证券的保管者,是学校财政、校产及投资委员会的当然成员。

金陵大学托管会设有6个常务委员会,分别是执行委员会,财政、校产

---

① 《美国纽约省(州)教育部长允纽约大学校承认金陵大学堂来文原稿》,朱有瓛、高时良主编:《中国近代学制史料》第四辑,华东师范大学出版社,1993,第587—588页。

② 《金陵大学堂章程(凭单)》,朱有瓛、高时良主编:《中国近代学制史料》第四辑,华东师范大学出版社,1993,第587页。

③ 《金陵大学托管会细则》,《南大百年实录》编辑组编:《南大百年实录·金陵大学史料选》,南京大学出版社,2002,第125—130页。

和投资委员会,教育委员会,审计委员会,财政预算委员会,金陵大学委员会。其中,托管会主席和大学校长是各委员会的当然成员。各委员会主席的任命由托管会主席在托管会的同意下任命。执行委员会由 7 名理事组成,托管会主席是执行委员会的当然主席。在必要的情况下,执行委员会可以处理其他委员会的事务。财政、校产和投资委员会由 5 名理事组成,在托管会的指导下、依照托管会的政策对学校的基金进行投资和管理,对学校的房产设备进行维护。财政预算委员会由执行委员会,财政、校产和投资委员会,教育委员会,审计委员会等 4 个委员会主席,以及校长、托管会主席、托管会秘书、司库、助理司库组成,托管会主席为财政预算委员会之当然主席。该委员会负责审查学校簿记和账册,制定下一年度财政预算,并提请托管会会议审查。教育委员会由 5 名理事组成,负责考虑校长提出的更换教师的提议,考虑各布道使团派往学校教师的任命,并根据已获准的预算,向托管会对聘用教师任期提出建议。审计委员会由 3 名理事组成。负责安排公共会计事务所多学校证券和账簿进行监督和审计,并书面呈报托管会例会。

欧美各差会在筹建教会大学的过程中普遍认为,教会大学有必要设立一个在华管理委员会,向"西方托事部"负责,执行和落实"西方托事部"的决策,负责教会大学的具体事务。"在华校董会"的成员由差会任命,通常包括校长、行政管理人员、地区差会的代表、美英外交官员。[①] 早期教会大学校董会成员以外国人为主,华人很少,甚至没有。校董会的主要职责是监督学校,任命大学行政管理人员,负责起草大学年度预算,任免中国教职员,批准所开课程等事宜。初建之时的"在华校董会",其成员均由差会指派的西方传教士组成,并且在人员结构上,与"西方托事部"成员多有交叉,即"西方托事部"的部分成员直接兼任"在华校董会"的董事。

1900 年,东吴大学监理会在上海举行年议会,拟定《东吴大学校董会章程》。该章程规定了东吴大学校董会的基本运行规则,包括校长选举、大学注册、办学规则、运作程序等方面。《东吴大学校董会章程》规定,东吴大学董事 12 人,均由差会选举产生,包括 7 名在华居住的传教士,以及 5 名在美国本土居住的传教士。负责中国传教的会督为当然董事。若在华居住的董事出现缺额,则由校董会任命增补;若在美居住的董事出现缺额,则由西方差会直接任命增补。东吴大学第一届校董会依据该章程进行选举,由西方传教士惠会督、林乐知、孙乐文、潘慎文、柏乐文、步惠廉、文乃史、葛赉恩、盖会督、哈蒙德、埃特金、柯克兰等共 12 人组成。校董会选举主席 1 人;副主

---

① [美]杰西·格·卢茨:《中国教会大学史(1850—1950)》,浙江教育出版社,1988,第 47 页。

席2人,其中1人居住中国,1人居住美国;书记1人;司库1人。东吴大学校董会的成员均为西方传教士,并且成员与西方托事部成员有交叉。

金陵大学校董会由校长、行政管理人员、各差会代表、校友会代表组成。金陵大学校长包文认为,金陵大学为中国人之大学,外人系暂时管理,等中国人能够自理,即当以学校之管理权相托。[①] 因此,包文对金陵大学校董会进行了改组,增加了黄荣良、韩安、陶行知、程湘帆、许源等5名金陵大学校友为董事。

"在华校董会"受"西方托事部"和差会的管理,教会大学校长每年需要向西方托事部和差会提交教会大学年度报告,向其汇报学校工作。学校教职员的任免权不在校董会,而在"西方托事部",因此,作为校董会成员的大学校长,并没有本校教职员的任免权。教会大学受制于西方差会和托事部的情况,在早期的许多教会大学的成立和运作中均得以体现。

《东吴大学校董会章程》对校董会职权作了详细规定,分为如下几种权力:第一,学校的系科设置权。东吴大学拟设立文学系、神学系、医学系三个主要系科。设置文学系目的在于为中国的年轻人提供西方标准的大学教育,设置神学系目的在于培养传教士,设置医学系目的在于培养学生的医学能力。在此基础上,董事会有权根据实际情况设立诸如法学、工程学等系科。第二,分校设置及管理权。东吴大学校董会可以继续开办上海的中西书院并指导其办学方针,使之与董事会的目标一致。另外,掌管差会在苏州等地的学校,并建立适宜的其他小学或更高年级的学校,并从总体上协调差会的所有学校,使之成为一个有机整体,以便差会教育工作的有效开展。第三,校长等学校管理层的选举权。包括选举校长、教务长、各学院教授会成员,选举须经过投票。经过校董会选举,孙乐文任东吴大学第一任校长。第四,学校相关规章制度的制定权。包括董事会管理细则的制定,以及学校章程修订权。章程的修订须在校董会例会上进行,须有校董会出席人数的三分之二多数投票通过,建议修正案须提前三个月通知校董会所有成员,须经过差会批准。第五,学校财务和资产管理权。差会为教育工作而购置的财产、土地、建筑等,无论来自华人或其他人的捐献,无论是学费或奖学金收入,均由校董会控管。校董会必须经过差会的批准,并为发展教会教育工作而使用该资产。

金陵大学校董会的职权如下:一、监察审议本校所有进行事宜;二、负责

---

① 《包文先生传》,南京大学高教研究所校史编写组编:《金陵大学史料集》,南京大学出版社,1989,第14页。

包括校长、系主任、所有教员在内的人事任命;三、起草学校预算并报托事部批准;四、审批由各系教员会提出的课程开设建议。金陵大学校长作为托事部的当然理事,也是校董会主席。作为学校负责人,校长的主要职权包括:负责监督和指导各系的教学工作,提高教学质量;主持教员会召开的各个会议,充当托事部、校董会教员、学生之间的行政联系媒介;通过校董会和教育委员会,向托事部推荐教员的任命和提拔;执行学校纪律,并负责就托事部下达的事项在全体教员同意之后采取行政措施;负责执行校董会和托事部制定的校内管理措施;每年向校董会和托事部进行工作汇报,不定期地向校董会汇报学校状况,向校董会提出建议措施。

初创时期的教会大学董事会制度的模式可以概括为"西方托事部—在华校董会"的双层治理模式。"西方托事部"是在华教会学校的最高主管机关,负责制定政策,征募和考核新的候选人等[1],正式任命校长、副校长、教职员中的外籍人员,为教会大学募集资金,并通过"在华校董会"管理教会大学,实质上掌握着教会大学的治理权,并完全掌控教会大学的财产权,是教会大学的权力中心。"在华校董会"实质上是"西方托事部"的在华管理委员会,在"西方托事部"的委托和领导下,对在华教会大学实施管理的校内机构,负责具体校务的决策和执行,包括学校财务预决算的草拟和汇报,学校系科之设置,各科课程之审批,校内人事职务之任命,学校财务资产之管理。这一时期的教会大学"在华校董会",虽然根据规章制度拥有校内人事职务任免权,但只是除校长之外的各级具体部门的职员任命,包括各部主任、教职员;虽然有的教会大学规定校长由校董会任命,但实际人选依然由"西方托事部"指派,"西方托事部"掌握着实际上的校长任免权。

五、西方托管与在华经营:早期双层董事会制度的权力特征

在教会学校整合之下形成的教会大学"西方托事部—在华校董会"的双层董事会治理模式,这主要表现为治理结构的整体性和运作程序的规范性。"西方托事部"设有主席、副主席、司库、秘书等专职人员,并下设执行、财政、教育、审计、预算等数个常务委员会,"在华校董会"设有主席、副主席、书记、司库等职位,并设有定期召开的校董会常务会议,以及特殊情况下紧急召开的校董会临时会议。较之教会学校早期的个体化、分散化的管理,双层董事会模式体现出明显的制度化特征,托事部细则、校董会章程等法律文本的制

---

① [美]费正清、[美]刘广京编:《剑桥中国晚清史(1800—1911)》上册,中国社会科学出版社,1985,第612页。

定都为这一双层治理模式做出了法律上和程序上的规范,并有效回应了教会大学整合之后的管理需要。

教会大学的双层董事会治理模式具有明显的托管性。所谓托管性,是指"西方托事部"与"在华校董会"之间的关系。"西方托事部"作为教会大学管理的中枢与核心、教会大学创办人的代表、办学经费的赞助方,拥有对教会大学的绝对领导权。"在华校董会"作为由"西方托事部"选派代表并对其负责的教会大学管理机构,拥有在"西方托事部"监督下的具体校务管理权,负责定期向"西方托事部"汇报校务工作情况,并根据"西方托事部"的授意进行校务工作的调整。因此,教会大学"在华校董会"实则是"西方托事部"的在华"经理人",受作为大学创办人代表的"西方托事部"之委托,具体经营在华教会大学。

教会大学的双层董事会治理模式依然保持着自身的宗教性特征,主要体现在管理体系、成员构成与教会大学的宣教性宗旨。各教会大学在管理体系上均受到所属教会管理体系的渗透与影响,可以说在管理体系和成员构成上是对教会管理模式的一种隔空复制①。整合初期的教会大学管理体系中,管理成员由外国差会选出宗教人士担任,而其中的主要管理者往往是由外国差会直接指派的外国传教士担任。这些由外国差会选出的管理者均是外国差会的忠实信徒,在外国差会的授意下进行教会大学的管理工作,对外国差会负责。同时,教会大学的办学宗旨具有显明的宣教性,这一宗旨在教会大学日常教学管理和生活仪式上得以充分体现。

教会大学双层董事会在社会交流和互动中寻求发展,通过主动吸纳中美社会名流、商界名流、教育名流等多元化的社会人士加入校董会,充分利用中美商界名流的资金优势为学校建设筹集款项,利用中美教育名流的文化资源为学校发展争取优质师资,利用中美社会名流的社会资源甚至政治资源为学校发展开拓道路。"西方托事部—在华校董会"双层董事会治理制度,成为教会大学与美国社会、中国社会进行社会沟通与互动的一种有效渠道。

第三节　晚清国人自办学校董事会制度的创设或沿袭

清季传统书院积弊甚深,除了为时人所诟病的空谈讲学、无裨实用之

---

① 详细论述见第一章第四节"西方教会管理模式之隔空复制"。

外,书院管理也成为制约传统书院发展的一大瓶颈。熊希龄曾在光绪二十四年(1898)对传统书院山长(院长)普遍存在的五种积弊做了总结:

> 一,论资格,非科甲清贵不能当山长,而科甲皆八股出身,"不知经史,奚明时务?"二,分畛域,非本地士绅,不能当山长,倘若聘他省之人,"于是觊觎排挤,无所不至"。三,山长不住院,每月仅仅出题了事,学生课卷多不寓目,往往托亲友、门生代为点窜。四,山长不敦品,前院歌童,后庭女乐,"品行如此,何堪师表?"五,山长私荐,一遇空缺,则阴求贵要为之先容,甚至暗托同党,公禀荐举荐,"无耻如此,乌能为师?"①

传统书院院长普遍的学术和品行质量滑坡,以及书院在管理上的种种弊病,已经严重影响和阻碍了书院的发展,以及优秀人才的培养,更遑论培育回应时代呼吁之创新人才。为此,清政府也屡次颁令,倡建西学书院。这让更多的有识之士陷入沉思,并不断探索书院发展的新路径。正如格致书院创办人之一徐寿所言:

> 格致之学,大之可齐治平,小之可通艺术,是诚尽人所宜讲求,今日所当急务。中国人材林立,智能不让西人,向特风气未开,素不究心于技末。军兴以来,参用西国枪炮操练之法,所向克捷,海内肃清,是非徒托空言,洵属有裨实用。上年宪台目击其利,讲求机器制造,创设各局,华人已渐一窥奥窍,成效昭然。惟是局中从事着知之,而局外仍未尽知也。目前学艺者能之,而后日未必尽能也。欲使人人通晓而不虞日久废弛,则必有会集讲论之所,招集深思好学之人,随会学习,讲求参考,以冀将来艺学振兴,预备人才,施诸实用。②

清政府对书院长期实行严格控制,书院的官学化情况十分严重,清代书院的官学化管理表现突出。首先,清政府控制书院的设立。清政府不仅规定设立省会书院由督抚"商酌奉行",而且对地方官绅捐建书院也要求"俱申

---

① 熊希龄:《为整顿通省书院与黄膺等上陈宝箴书》,林增平、周秋光编:《熊希龄集》上册,湖南人民出版社,1985,第47—48页。

② 徐寿:《上李鸿章书(清同治十三年)》,陈谷嘉、邓洪波主编:《中国书院史资料》下册,浙江教育出版社,1998,第2125页。

报该管官查核"。其次，清政府控制和审核书院经费。清政府不仅控制省会书院的经费，而且要求各府州县书院和地方官绅捐建书院等其他书院也必须由政府官员定期审核。再次，清政府控制书院山长的选聘。尤其是清中叶以后，政府不仅左右着书院山长的人选，而且针对书院山长制定了考核、奖励、晋升等系统的人事管理制度。在选聘山长存在"论资格""分畛域""不敦品""托同党"等积弊，导致了书院山长资质滑坡、书院管理混乱等局面。虽然在清中期以降，民间出现了数量可观的私立书院，也在传统书院中孕育而生了本土的书院董事会制度，但对于积弊已久的传统书院而言，管理制度的改变不甚明显。

随着清季尤其是甲午战后对书院改革之呼声日隆，开始出现模仿西式学堂对原有书院改变教学内容，或者直接重建新式学校，在内容和管理上进行改革的热潮。清政府分别于光绪二十四年（1898）、二十六年（1900）先后颁诏，要求全国将书院改制为学堂，省城书院改为大学堂，各府书院改为中学堂，州县书院改为小学堂，广设西学与实学。光绪二十八年（1902）颁布的《钦定学堂章程》、光绪二十九年（1903）颁布的《奏定学堂章程》，加快了全国书院改为学堂的进程。在这场书院改制过程中，大批传统书院被改建为新式学堂。同时，一批以学习和传授西方技艺为要旨的新式学堂应运而生，比如上海格致书院、杭州求是书院、两湖书院、湖南时务学堂、广东万木草堂、陕西格致书院、广州广雅书院等等。这些新式学堂在教学内容上进行了不同于传统书院的较大变革，主要体现在重视西学，开设西学课程。傅兰雅还为上海格致书院编订《格致汇编》，每月刊发，内容涉及天文、地理、算数、几何、力学、制器、化学、地学、金矿、武备等方面，"欲将西国格致之学与工艺之法，择其要者译成华文，便于中国各处之人得其益处，即不出户庭，能知天下所有强国利民之事理"①。

随之而来的，便是新式学堂管理模式的构建。由于受传统观念以及学堂办学实践与规模等因素的影响，并非所有新式学堂都在管理制度上发生变化。大多数新式学堂虽着力于教育内容的改革，却在管理制度上沿袭旧制，依然奉行着传统的书院管理模式，甚至在近代教育史上声名显赫的官办学堂如京师大学堂、民办学堂如浙江求是书院，也不例外。作为一种民间的新生制度形态，董事会制度仅在少数由国人创办的新式学堂②以及改制后的

---

① 傅兰雅：《格致汇编启事（清光绪二年）》，陈谷嘉、邓洪波主编：《中国书院史资料》下册，浙江教育出版社，1998，第 2341 页。

② 此处所谓的新式学堂，特指在清季书院改制背景下由国人改建或创设的学堂，由此将外国教会所办的教会书院相区别，以便区分在不同文化背景下的董事会制度之发生与特征。

传统书院中出现。此时,董事会制度并未被清廷的两部《学堂章程》及其他教育法规提及,而是游离于国家立法之外的一种自由存在。

游离于国家立法之外的情形,同样也存在于外国人在华办理的教会学校。早期的教会学校既没有在中国政府注册立案,也没有在西方国家注册立案,因而并未得到任何世俗政府的法律许可和政策庇护。1906 年,清政府明确表示:"外国人在内地设立学堂,奏定章程并无允许之文;除已设各学堂暂听设立,无庸立案外,嗣后如有外国人呈请在内地开设学堂者,亦均无庸立案,所有学生,概不给予奖励。"①清廷学部对教会学校依然持有"暂听设立,无庸立案"的态度,教会学校依然被有意排除在中国政府教育立法体系之外,而教会学校董事会及其制度体系,自然也不受中国教育立法的认可和约束。

一、设立或构想:新式学校董事会制度

由于投资方与管理权的不同,新式学校分为官办和民办两种。董事会制度在这两类不同性质的新式学校中均有出现,但以民办新式学校为多。清末时期,新式学校类型多样,有官办新式学校如上海广方言馆、京师大学堂,有中西合办新式学校如上海格致书院,有官督商办新式学校如南洋公学、通艺学堂,有国人私立新式学校如复旦公学、中国公学。不同类型的新式学校,其董事会制度也有着很大的不同。

(一)官办新式学校的管理体制

上海广方言馆创办于 1863 年,是为数极少的设有董事的官办学校之一。1863 年 3 月 11 日,江苏巡抚李鸿章上疏《奏请设立上海学馆》,建议参照京师同文馆之例在上海设立外语学校,以满足研究西洋与办理外交之需。因此,上海广方言馆是为了适应洋务运动亟须的外交、外语等类人才而设立的新式学校。上海广方言馆由于受两江总督和上海道的共同管辖,学馆监督由上海道兼充,首任监督应宝时。上海广方言馆迁入江南制造局之后,又设总办一职,例由制造局总办兼任,总管馆中事宜。馆内设监院一人,首任监院冯桂芬。(表 2-4)总办董事一人,管理馆中一切事务;通夷语董事二人,照应西教习及为诸生传话,随同督课;司事四人,一管学生名册,一管稽查出入,一管什物,一管杂务,皆三年一更换。② 同时,董事皆有薪水,其中

---

① 《督宪袁准学部咨外人在内地设学无庸立案学生概不给奖札饬提学司查照文》,《北洋官报》,1906 年第 1165 期。

② 熊月之:《记上海广方言馆的沿革与规制》,高时良编:《中国近代教育史资料汇编·洋务运动时期教育》,上海教育出版社,1992,第 217 页;黄仁贤:《中国教育管理史》,福建人民出版社,2003,第 251 页。

总董事一人,一百两;通夷语董事二人,共四百八十两;司事四人,共二百两。①

学馆由官方创办并掌握管理权与人事权,馆内监督、总办、监院均由官方指派人选担任,且由于官场职务变动之缘故,学馆总办、监院也频繁更替,任期短促,难以做到对学馆的实质性管理。这也表明,学馆总办之职仅为官方彰显所有权之挂名虚职而已。这一管理机制依然定位于学校内部事务管理机构,董事为学馆常设的办事职员,并无其他职能,在职能定位上与传统书院董事制度并无二致,甚至在学馆负责人参与实质性管理上,以及民主公举的制度规定上,还远不及私立传统书院的董事会制度来得开明、有效。

表 2-4　上海广方言馆部分总办、监院名单

姓　名	馆内任职	官方任职或社会身份
陈兰彬	总办	前清编修,旋充留美学生监督,出使美日秘国大臣并总理各国事务衙门大臣
冯焌光	总办	前清候补道,旋补苏松太兵备道江海关监督
郑藻如	总办	前清候补知府,旋补津海关监督并充出使美日秘国大臣
李兴锐	总办	前清直隶大名府知府,旋补大顺广道,晋擢两江及闽浙总督
蔡汇沧	总办	前清候补通判,旋补江苏南汇县知县并充上海英界会审委员
潘露	总办	前清候补道
聂缉椝	总办	前清候选郎中,旋补江海关监督,晋擢浙江巡抚
蒋德钧	总办	前清候补道
刘麟祥	总办	前清候补道,旋补江海关监督
林志道	总办	前清候补道,旋补直隶通永道
赵滨彦	总办	前清候补道
沈邦宪	总办	前清候补道
郑孝胥	总办	前清候补四品京堂,曾受湖南藩司,民军起义,致未到任
潘学祖	总办	前清候补道
毛庆蕃	总办	前清户部郎中,旋补津海关监督,晋擢四州藩司护理川督
张庆勋	总办	前清候补知府,旋补江苏扬州府知府

① 《上海议立学习外国语言文字同文馆约需经费银数》,朱有瓛主编:《中国近代学制史料》第一辑上册,华东师范大学出版社,1983,第218页。

姓　名	馆内任职	官方任职或社会身份
魏允恭	总办	前清候补道
冯桂芬	监院	前清探花
章安行	监院	前清上海儒学教谕
程锡书	监院	前清候补知府
禹国仪	监院	前清候选知县
吴增仅	监院	前清候补知府
贺良朴	监院	旋补前清邮传部员外郎，现任浦信铁路局秘书

资料来源：《广方言馆历任监督、总办、监院和教员》，高时良编：《中国近代教育史资料汇编·洋务运动时期教育》，上海教育出版社，1992，第 199—200 页。

　　京师大学堂创办于 1898 年，是戊戌变法中各派政治力量博弈之下的产物。光绪帝在《明定国是诏》中表示，"京师大学堂为各行省之倡，尤应首先举办"，"各省学堂皆当归大学堂统辖"。京师大学堂的管学大臣由中央选派，官阶为从一品，"以节制各省所设之学堂"。因此，京师大学堂在成立之初便具有最高学府与教育管理机关的双重身份及双重职能。[①] 以此而论，京师大学堂在身为全国最高学府的同时，还负有监管全国新式学堂的职责，中央选派的官学大臣即是京师大学堂的管理者，还负有监管全国各省新式学堂之职。在这一定位之下，具有双重身份的京师大学堂必然具有行政化色彩，管学大臣通过京师大学堂来统辖和管理全国新式学堂，成为晚清中央教育管理体制的特殊机制[②]。经总理衙门筹议的《钦定京师大学堂章程》对该学校的管理组织作出了规划。

　　《钦定京师大学堂章程》规定，京师大学堂的管理组织由管学大臣、总办、副总办、提调、襄办、供事等人员构成，其中管学大臣由朝廷指派之大学士、尚书侍郎兼任，为实属名誉兼职，而不属学堂内部专职管理人员。学堂专职管理者中的总办、提调，均由各部官员充任，负责学堂人事、教学、行政、财务等学堂内部各类事务。另设藏书楼、医学馆提调，以及供事若干，负责具体管理事务。作为章程拟定者，"中国官制向患禄薄。今既使之实事求是，必厚其薪俸使有以自养，然后课责以实心任事。除管学大臣不别领俸

---

① 费正清主编：《剑桥中国晚清史》下卷，中国社会科学出版社，1985，第 427 页。
② 金安平：《行政化与去行政化：晚清学部成立前后京师大学堂的定位与发展》，《复旦政治学评论》，2018 年第 1 期。

外,其各教习及办事人应领薪俸"。① 京师大学堂章程所描画的管理机制,是我国典型的官办学堂管理模式,也是对于传统旧制之沿袭。同时,作为全国教育主持和统筹部门,京师大学堂的管理模式也成为全国模仿的范本。事实上,清季以来,历经洋务运动、甲午战败、戊戌变法,由政府创建的所谓新式学校,在"师夷长技以制夷"的思想影响下,改变的只是增加西学课程,注重学习西方技艺和外国语言,增加洋人教师,而在管理方式上依然遵从旧制。

《钦定京师大学堂章程》(节录)②
第五章 设官

第一节 设管学大臣一员以主持全学,统属各员,由特旨派大臣为之。

第二节 设总办一员,副总办二员,以总理全学一切事宜,随事禀承管学大臣办理。

第三节 设堂提调四员,以稽查学生勤惰出入,并照料学生疾病等事。遇学生因事争讼,堂提调应随时排解,有大事会同总理申理。司事杂役等人,有不按定章办事应差,并在堂内滋事者,堂提调查明分别轻重办理。

第四节 设文案提调一员,襄办二员,以总理往来文件。

第五节 设支应提调一员,襄办一员,以总稽银钱出入。

第六节 设杂务提调二员,襄办一员,以照料学生饮食,并随时置办堂中应用一切物件。

第七节 设藏书楼,博物院提调各一员,以经理书籍、仪器、标本、模型等件。

第八节 设医学提调一员,稽查医学馆学生功课,兼司学堂诊治及照料一切卫生事宜。

第九节 设收掌供事书手若干员名,俟开办时视学务繁简再行酌定。

第十节 以上各员,自总办以下,皆受考成于管学大臣;除管学大臣外,皆须常川驻堂。

---

① 《总理衙门筹议京师大学堂章程(清光绪二十四年五月十五日)》,汤志钧、陈祖恩编:《中国近代教育史资料汇编·戊戌时期教育》,上海教育出版社,1993,第133页。

② 《钦定京师大学堂章程(清光绪二十八年七月十二日)》,朱有瓛主编:《中国近代学制史料》第二辑上册,上海教育出版社,1987,第766—767页。

第十一节　自副总办以下,供职勤惰,应由正总办按照章程严密稽查,年终初具考语,报明管学大臣查核。

江南水师学堂创办于清光绪十六年(1890),是两江总督张之洞创办的以军事教育为宗旨的洋务学堂,是典型的官办新式学堂。该学堂参照天津水师学堂章程,设总办(道员)1 员、总教习兼提调(知府)1 员、监督 2 员、支应 1 员、司事 2 员。创办之初,道员桂嵩庆担任总办,中国首批海军留学生、原南洋水师管带蒋超英担任总教习兼提调。1905 年,改由总理南北洋海军、广东水师提督叶祖珪为督办,蒋超英为总办,1909 年,学堂归属北京筹办海军事务处(后改为海军部)。① 传统封建专制的管理方式遭到了时为学堂新生的鲁迅的强烈不满,这也成为他愤然离开而投奔他校并最终选择赴日留学的一个重要原因。关于江南水师学堂迁腐专制的管理场面,《鲁迅年谱》里有着生动的记载:

> 有一次,"一个新的职员到校了,势派非常之大,学者似的,很傲然",但他却把一个同学"沈钊"叫作"沈钧",表明他并不识字。"于是我们一见面就讥笑他,……并且由讥笑而至于相骂。"为此,"两天之内,我和十多个同学就迭连记了两小过两大过。再记一小过,就要开除了。但开除在我们那个学校里并不算什么大事件,大堂上还有军令,可以将学生杀头的。"对于这样封建专制的"洋务学堂",鲁迅总觉得不大合适,认为它办得"乌烟瘴气"。②

晚清时期的官办学校深受政治专制思想及其管理制度的浸透,这一时期创办的官办新式学校,其管理模式也是对中央集权政治制度的某种复制,绝大多数官办新式学堂并未设有董事或董事会制度。仅上海广方言馆等极少数官办新式学堂设有董事,沿袭了清中期以降传统书院董事制度的特质,董事为校内事务带薪管理者。这种官府控制下的士绅管理模式与现代意义上以学校自治、社会互动为基本特征之学校董事会制度仅是用词上的相同,实则貌合神离,相去甚远。

---

① 陈景䓖:《记江南水师学堂》,高时良编:《中国近代教育史资料汇编·洋务运动时期教育》,上海教育出版社,1992,第 483 页。

② 《〈鲁迅年谱〉记鲁迅在江南水师学堂》,高时良编:《中国近代教育史资料汇编·洋务运动时期教育》,上海教育出版社,1992,第 482 页。

（二）中西合办新式学校董事会制度——以上海格致书院董事会制度为例

同治十三年（1874），上海格致书院在英国驻上海领事麦华陀（Walter Henry Medhurst）倡议下，由英国传教士傅兰雅（John Fryer），以及中国绅士徐寿等人发起，并邀中外绅商、官员共同捐建。徐寿在同治十三年（1874）上书李鸿章时，曾对格致书院董事的产生与职权作出规定：

> 经理书院各务，公举董事八人。首先一二年，邀同捐银之西人合办，并于董事中选出精晓艺术者四人以为院师，均须自备资斧。每月拟定日期，轮流讲论格致一切，如天文、算法、制造、舆图、化学、地质等事。①

根据章程所述，格致书院董事共八人，"请住居上海之董事八人管之，西人四名，华人四名"②，均为书院捐资者。根据规定，董事除了核验经费之外，还有讲授格致之学的职责。由徐寿建议，格致书院最早的董事有西人董事麦领事、福弼士（旗昌行主）、傅兰雅等，华人董事唐景星（招商局总办）、徐寿、徐建寅（知县）等，董事身份主要涉及基督教徒、政府官员、商人、学者和科学家。先后担任中方董事的有徐寿，徐寿之子徐建寅、徐华封，张焕伦、赵元益、李钟珏、聂其杰等人。③

关于董事的职权方面，规定董事须对书院生源的来历、资质进行验明和把关，选择"来历清白、资性聪颖者"入院学习。此外，董事须对书院银钱收支进行登记管理，"按款验核，于年终汇开简明清单，恭呈宪核"④。董事会还拟定了书院规条，其中规定"经理书院各务须设董事，少则五人，多则七人，首先一年可邀出捐一、二西人帮办"⑤。

1875年，格致书院对董事设立规则做了调整，在原有八人董事会的基

---

① 《徐雪村先生为上海设格致书院上李爵相禀并条陈（清同治十三年）》，朱有瓛主编：《中国近代学制史料》第一辑下册，华东师范大学出版社，1986，第166页。
② 《上海格致书院发往各国之条陈（清光绪元年）》，朱有瓛主编：《中国近代学制史料》第一辑下册，华东师范大学出版社，1986，第173—175页。
③ 徐寿：《上李鸿章书（清同治十三年）》，陈谷嘉、邓洪波主编：《中国书院史资料》下册，浙江教育出版社，1998，第2125页。
④ 徐寿：《上李鸿章书（清同治十三年）》，陈谷嘉、邓洪波主编：《中国书院史资料》下册，浙江教育出版社，1998，第2126—2127页。
⑤ 《格致书院董事会记录（清光绪元年）》，陈谷嘉、邓洪波主编：《中国书院史资料》下册，浙江教育出版社，1998，第2130—2131页。

础上,"另在英京伦敦请若干人为董事,办理格致院在外国所有之事"①。此时的格致书院董事会,不仅包括在华的八名董事,还添设了身在国外的董事,协助办理国外捐资等事宜。上海与伦敦"两处之董事内,必各派办理笔墨之事一人,又收付银钱之事一人,每半年必将院中各事印成西文、华文之书,内载明收付各款、助银之人、各借物并送物之人、各来看者之数、学习者之数等事"②,进一步明确了董事在经费筹措、收支管理、物品管理等方面的职责。

1874—1875 年,格致书院曾先后八次召开董事会会议,商定书院规条、捐助钱物、购置地皮、建造房屋等一系列书院筹备事宜。1874 年 4 月 6 日,董事会召开第一次会议,明确了中外捐款银薄管理人分别为唐景星和麦领事,并拟定捐银一千五百两,以供书院初期建设之用。1874 年 6 月 11 日,董事会召开第二次会议,核对了西方国家的实际捐银数额为九百八十两,国内已有许诺捐款者多人。另外,请董事徐寿、王荣商定国内捐银方案。会议还通过了向国外争取器物捐助的计划。1874 年 8 月 30 日,董事会召开第三次会议,确认了共收到捐银一千六百两。确定捐银总数可以着手建立书院,董事徐寿向李鸿章等做了汇报。1874 年 10 月 16 日,董事会召开第四次会议,确认收到捐银三千两,英国方面许诺提供机器器具等物品。会议安排傅兰雅草拟书院章程,并定于下次董事会会议讨论。会议请董事伟烈亚力负责书院购置书目的拟定。1875 年 1 月 8 日,董事会召开第五次会议,确定书院收到捐银五千余两。其中,李鸿章拨发一千零八十七两,祥生洋行捐助三百三十三两。会议安排麦领事负责管理捐款,傅兰雅办理学院信札,并对傅兰雅草拟的书院章程进行了修订。1875 年 4 月 2 日,董事会召开第六次会议,针对书院院址、房屋样式、工匠选择等方面进行了讨论,并交流了新近捐银捐物的情况。此外,董事麦领事此次缺席会议,一些重要议题未能敲定,会议商定等麦领事下次与会再行商定。1875 年 5 月 31 日,董事会召开第七次会议,主要议题为书院地皮选址,以及建房规划。1875 年 7 月 1 日,董事会召开第八次会议,会议讨论了伦敦方面关于对捐赠物品设立保管章程的提议,厦门方面拟设立格致书院分院的建议,学院书目购置与管理事宜,并商定由董事徐寿负责书院房屋建造事宜。

通过对格致书院历次董事会会议记录的考察发现,上海格致书院董事

---

① 《上海格致书院发往各国之条陈(清光绪元年)》,朱有瓛主编:《中国近代学制史料》第一辑下册,华东师范大学出版社,1986,第 173—175 页。

② 《上海格致书院发往各国之条陈(清光绪元年)》,朱有瓛主编:《中国近代学制史料》第一辑下册,华东师范大学出版社,1986,第 173—175 页。

会的主要职权包括:一、管理书院资产,包括管理书院的捐银和物品;二、制定书院资金募集规划,并负责向社会募集建设资金和器物;三、负责制定书院各项章程,包括书院总章程,以及资产管理章程等;四、负责制定书院建设计划,比如书院院址选择、房舍规划、图书购置、分院规划等方面;五、人事与职权分工安排,尤其是明确了捐款银簿管理人的人选与职责,以及相互监督的工作方式。其中,计划并实施对外筹措款物成为格致书院董事会十分重要的职能。而在筹款筹物方面,以西人董事尤其是身在国外的西人董事贡献颇大。此外,中外捐银账目由中西董事各执一本,中国之簿,由华人董事唐景星管理,外国之簿,由西人董事麦领事管理。[①] 这一做法,亦初步体现出了董事会管理的监督与制衡原则。然而,此时的格致书院并未设立董事长,也没有对董事长的资质条件、董事任期,以及董事会的议事规则、议事程序、会议周期等方面作出具体规定。

上海格致书院实际上确立了董事会会议作为固定的决策制度。虽然上海格致书院没有明文规定董事会会议的议事规则和召开周期,但是董事会会议在实际运作中具有相对规范的运作规则,至少体现在如下几个方面:第一,定期召开董事会会议。从书院董事会先后召开的八次会议的时间可以看出,董事会召开频率基本保持在两月一次。第二,董事会会议会将下一次会议讨论议题初步确定。第三,董事会会议中的重要议题,需要等全体董事全部列席方可决定。第四,董事会每次会议都有较为规范的会议记录。上海格致书院董事会在书院筹建初期先后召开多次会议,议定书院各项筹建事项,体现出规范运作并发挥了重要作用。然而,董事会在书院成立之后,是否继续进行规范运作,并发挥出董事会的相关职能,并未有这方面的史料来充分说明。

作为首开风气者,中西合办的上海格致书院在管理模式上既不同于传统书院,也不同于其他新式学校。其他新式学校,多为国人所办,设立董事会的书院较少,即便偶有设立,在管理模式上依然沿袭传统书院董事会作为内部日常管理机构的制度模式。与此不同的是,上海格致书院董事会制度无论是在制度设计上,抑或在制度实践中,均出现了与以往传统书院董事会制度不同的制度特征,出现了社会筹资、民主议事、学堂治理等基本功能,标志着近代治理意义上的董事会制度在近代新式学校的管理体制中开始形成。

---

① 《光绪元年(1875)格致书院董事会记录》,朱有瓛主编:《中国近代学制史料》第一辑下册,华东师范大学出版社,1986,第168页。

(三)官督商(民)办新式学校董事会制度

1."坠网劳蛛"——南洋公学董事会制度的"浮生之梦"

1897年,南洋公学由盛宣怀在上海创办。这是在洋务派主导下的典型的官督商办新式学堂,盛宣怀任名义上的督办。此时,盛宣怀还同时担任电报公司和中国商船航运公司的董事长,南洋公学的办学常费也"由招商、电报两局众商所捐"①。是年,南洋公学首任总理(相当于校长)何嗣焜草拟了《南洋公学章程》,南洋公学设总理、监院、办事人、书楼管理人。办事人职责包括管理银钱账房、堂务账房、学具账房、约束丁役等。② 另外,师范院和外院设有司事四名,中院设有司事二名,上院设有司事二名。③ 初创时期的南洋公学依然沿袭着传统书院的管理模式,并未设立明确的董事职位及董事会制度,更未对董事会的人选、任职、职权和地位作出明确的制度规范。

盛宣怀选择了约翰·福开森担任南洋公学首任监院(相当于副校长)。约翰·福开森,加拿大安大略省人,1886年毕业于美国波士顿大学,获文学士学位,1902年获哲学博士学位。1888年,美国教会美以美会在南京创办了著名的教会学校——汇文书院(即金陵大学的前身之一),是南京地区最早的新式学堂,由福开森担任汇文书院首任院长。1897年受李鸿章幕僚盛宣怀之邀,担任南洋公学首任监院。在福开森看来,南洋公学的管理制度过于政治化,并非他理想中的制度模式。针对南洋公学经费投资来源问题,福开森认为,学校的投资者应当理所当然拥有学校的治理权,成为学校董事,并决定着学校的办学宗旨和培养模式。为此,福开森曾设想在学校设立一个他理想中的董事会制度:

> 由于维持本学院的经费来自中国商船航运和电报公司,所以我认为学院应当由一个理事会来管理,可以由这两个公司按照各自所捐的款数比例来任命理事。这个计划得到了盛先生的同意,将这个计划付诸实施的第一个阶段是在我辞职之前进行的。以后这个计划就被抛弃了。我仍然认为,产生一个理事会来管理学院比现行的由一个政府部门管理的方式,其效果要令人满意得多。

---

① 《南洋公学章程(清光绪二十四年)》,高时良编:《中国近代教育史资料汇编·洋务运动时期教育》,上海教育出版社,1992,第35页。

② 《南洋公学章程(清光绪二十三年)》,高时良编:《中国近代教育史资料汇编·洋务运动时期教育》,上海教育出版社,1992,第100—101页。

③ 《南洋公学章程(清光绪二十四年)》,高时良编:《中国近代教育史资料汇编·洋务运动时期教育》,上海教育出版社,1992,第38页。

我曾设想由中国商船航运公司和电报公司来管理这所学院,
我的目的是要增设在经营这两个重要的公司的过程中适合于学生
进行业务训练的课程。⋯⋯①

福开森对于南洋公学董事会(理事会)的设立计划是美国世俗学校董事
会模式,即由投资者而不是政府来管理学校,学校为投资公司培养人才。南
洋公学的投资者为中国商船航运公司和中国电报公司,因此福开森认为应
当由这两家公司管理学校,由两家公司派出董事组织董事会,作为学校的最
高权力机关。这种管理模式的特点在于可以将公司业务与公司亟须的应用型
人才培养紧密结合,其实质是资本拥有绝对话语权,是典型的资本管理模式。

然而,福开森的计划过于美式化,与中国当时的实际状况相去甚远。事
实上,中国电报公司和中国商船航运公司这两家公司均为李鸿章控制之下
典型的"官督商办"性质的洋务公司,盛宣怀受李鸿章委托担任公司董事长,
实则是李鸿章政治势力在洋务企业经营上的体现。南洋公学正是在近代洋
务运动的政治背景下,以李鸿章所掌控的洋务派为了洋务企业发展培养专
门人才而设立的洋务学校,强大的政治背景和鲜明的办学宗旨,决定了南洋
公学的官办属性及其政治化管理特性。在一个深受政治权力控制的"官督
商办"公司所投资并创办的学校,福开森的设想本身即是怀抱自由主义理想
之"劳蛛",却转身坠于政治权力角逐之网,本就难以逃脱政府权力掌控的
宿命。

2. 民主之声——通艺学堂董事会制度的文本构建

1897 年 2 月,通艺学堂在北京创办。戊戌变法期间,张元济②曾得到光
绪帝曾召见,并进言办新式学堂,培养西艺人才以及翻译人才。在改良派主
导下,刑部主事张元济倡议,工部主事夏偕复、内阁中书陈懋鼎③、内阁中书
王仪通等联名奏请创办通艺学堂,并由众官绅集资创办。据张元济回忆:

(通艺学堂)创办人有:陈昭常(后出任吉林巡抚)、张荫堂(后
任西藏大臣)、何藻翔、曾习经、周汝钧均系部曹(以上五人均粤

---

① 福开森:《南洋公学早期历史(1931 年 5 月)》,高时良编:《中国近代教育史资料汇编·洋务
运动时期教育》,上海教育出版社,1992,第 13 页。

② 张元济,清光绪壬辰年(1892)进士,入翰林院,近代著名出版家。曾担任清政府总理各国
事务衙门章京,后创办通艺学堂。戊戌变法失败后,受李鸿章推荐,先后担任上海南洋公
学译书院院长、南洋公学总理。1901 年,投资商务印书馆,主持编译工作,后担任董事长。

③ 陈懋鼎,清光绪十六年(1890)进士,溥仪之师,清末民初外交官。

籍），夏偕复（工部主事，浙江人，后出使美国）和我。经费无所出，由我和倡办诸人向总理衙门各大臣递个呈文，请他们提倡，张荫桓最为热心，约了同僚数人联名写信向各省督抚募捐，一共捐了好几千元，张之洞、王文韶等都有捐款。[1]

通艺学堂是一所以学习西学为宗旨的新式学堂，初名"西学堂"，后改名为通艺学堂。通艺学堂为期很短，仅存在一年有余。戊戌变法失败后，主办者张元济被朝廷革职，受李鸿章推荐担任南洋公学译书院院长。通艺学堂停办后，张元济"将学堂所有书籍器具及积存余款，开列清单，呈请官学大臣孙中堂将通艺学堂归并于大学堂"[2]，通艺学堂校产正式移交给正在筹建中的京师大学堂。

据《通艺学堂章程》规定，该学堂设有多种董事职位，包括学董、堂董、副董等，明确了分职和运作规则。其一，规定了董事会的构成与规模。学堂董事由学董一人、堂董一人、副董二人、议事四人、司事一人组成，共九人。其二，明确了董事分工。学董，负责聘请教师、督察教学、核定章程及学堂一切其他事务，其职责地位相当于董事长，负责统领学堂各项事务。堂董，负责学堂的日常管理。副董，负责学务管理。议事，负责稽查学堂财务收支，议订章程。司事，负责具体庶务。其三，明确董事的产生规则。学堂章程规定，董事由公举产生。其中，学董、堂董由议事及同学公推产生，副董由堂董遴选后聘请，议事由学堂同学公推产生。司事，必须有保人、荐人，方可议订和聘用。另外，关于董事轮换期限和改选规则，章程虽有提及，但并未明确。其四，规范财务运作程序。堂董负责存取款项，副董负责券折收储。日常款（如薪水、房租、工食、日用等）由堂董拨交司事支发，特别款（如添置图书、器物及其他不能预限之事），超过五十金者，必须由堂董召集会议核定后开支。其五，明确了董事没有薪酬，但司事除外。其六，规范董事议事规则。董事会议分为"汇议"和"专议"两种。"汇议"讨论学堂日常事务，会期一般在冬夏散学期之前，是一种常设性会议。"专议"没有明确会期，由堂董根据情况确定会期，是一种临时性会议。"汇议"和"专议"大体相当于近代大学董事会制度中规定的定期会议（或称常会）、临时会议。

除了"汇议"和"专议"两种会议讨论形式之外，学堂还特别设有"集议"，

---

①　《张元济忆北京通艺学堂》，朱有瓛主编：《中国近代学制史料》第一辑下册，华东师范大学出版社，1986，第711页。

②　《〈国闻报〉报导通艺学堂停办（光绪二十四年九月十八日）》，朱有瓛主编：《中国近代学制史料》第一辑下册，华东师范大学出版社，1986，第710—711页。

是一种全体民主讨论的会议形式。为此,学堂专门设有"登闻箧",类似于意见箱,同学可随时将各自所陈的建议签名之后,通过"登闻箧"转交堂董批答。对于需要聚众讨论的话题,则通过"集议"的方式解决。学堂章程规定了"集议"的人数,到场者必须达到半数,方可开议。同时,学堂章程还规定了"集议"的会议规则和流程。会议当日,办事人、议事人、建议人均须出席"集议"会议,先后通过建议人自行演说、与会者依次讨论、与会者表决三道程序。此外,章程还规定了与会者表决的方式,必须经与会者三分之二同意,集议内容方可通过。如果出现同意票与反对票相当的情形,则交由堂董决定,而堂董则必须将自己的决定进行充分说明,陈述理由,以示公开透明。最后,学堂章程还明确了会议记录制度。"集议"的议事内容均由"书记笔之,以待核实",注意保留会议记录的文字档案。

《通艺学堂章程》(节录)①

分职

第一条　设学董一人,主延聘教习,督察功课,核定章程及指导一切应办事宜。

第二条　设堂董一人,主聘用司事,管理度支及办理一切事务。

第三条　设副董二人,一理学务,主甄录学友商订功课;一理书记,主撰述文字,储藏要件。

第四条　设议事四人,主稽查度支,指陈得失,议订章程。(如学友众多再议增设)

第五条　设司事一人,主襄办庶务。

第六条　学董堂董由议事及同学公推;副董由堂董遴请。非在堂肄业者不得与选。(学董必须精通西学,方能督察功课,同学现难胜任,公议外聘。)

第七条　议事由同学公推,非在堂肄业半年者不得与选。(以上两项交替年限暂缓议定)

第八条　聘用司事,必须有保人,荐人方能议订。

第九条　除司事外,办事各人不得开支薪水。

议事

第一条　堂中有应议事务,重要者,归专议;寻常者,归汇议。

---

① 《通艺学堂章程(清光绪二十三年)》,汤志钧、陈祖恩编:《中国近代教育史资料汇编·戊戌时期教育》,上海教育出版社,1993,第149—150页。

第二条　汇议,于冬夏散学期前举行;专议,由堂董定期,亦勿得占夺功课时刻。

第三条　堂中设立登闻筐一具,凡堂中大小事宜,同学见有不便施行者,均可随时条陈,详书片纸,投之筐中,每晚由司事启筐交堂董,即行批答。(答件交司事转递)可行者行否,亦须明其故;应集议者,集议。惟条陈事件必须本人签名,方足为凭,否则作废。

第四条　会议之日,办事人、议事人及建议人,必须齐集议所。(至少亦须到者有半,方能开议)堂董出所议事,建议人先自演说,余众依次论断,书记笔之,以待核定。

第五条　凡事之准驳,依三占从二之例,其可否均者,由堂董定见,然必须将准驳之故,逐一指明。

第六条　凡有议准之事,即日施行,不得延宕。

总体而言,《通艺学堂章程》可谓这一时期董事会制度体系最为完备的制度文本。通艺学堂由众多官绅共同捐资办理,决定了学堂的性质完全不同于官办性质的京师大学堂。董事会规模明确合理,财务程序规范细致,议事规则详尽民主,初步呈现出民主治理、社会沟通的特征。首先,董事的产生程序和董事会议事规则,尤其是"登闻筐"的设置,以及"集议"的参会规则和议事程序,已经具有较为规范的民主化特征。其次,虽然董事职权涵盖了人事、教学、教务等传统管理功能,但对于董事会具有议订学堂发展章程的定位,也更加接近于近代意义上学校董事会所具有的规划学校发展的功能。最后,对于董事不拿薪水的规定,也成为与以往传统书院董事的一个重要区别。这一规定的重要意义在于,通艺学堂董事已经分明区别于传统书院单一的内部管理者角色,而是类似于一种现代意义上的社会兼职。进而言之,学堂董事开始被赋予了在校内事务管理之外的校外沟通职能。置身于学堂经济利益之外的董事,也更加有利于以相对独立的身份,谋划学堂之发展。这也意味着,通艺学堂董事会的制度设计在一定程度上体现了联合与沟通校外力量的功能定位。

(四)国人私立新式学校之董事会制度

国人私立新式学校基本都设有董事和董事会。一般而言,除了当然董事校长之外,董事均由校外人士担任。董事的主要职责是为学校筹建和发展募集资金,寻求保障。此时的私立新式学校董事会,并没有明确如选举校长、管理资金、规划学校发展等职权,也没有明确董事的产生、任期、改选等规则,更没有董事会的会议规则。可以说,私立新式学校的董事,其核心特征只有两个:一是职责上,负责募集资金;二是荣誉上,享有社会头衔。

复旦公学①成立于1905年,建立之初即设有董事会。复旦公学董事会,是马相伯在总结复旦公学的前身震旦学院盛极而衰、被迫停办的经验教训的基础上产生的。震旦学院创立于1902年,办学三年间,遭遇了教会的破坏,同时也遭遇办学师资、社会环境等方面综合因素的影响。正如严复所言,震旦学院所面临的尴尬,"所不幸者,以经费师资之绌乏,而借地借才;以借地借才,而教育之权界不清;以教育之权界不清,遂终于相激而解散"②。创办复旦公学之时,马相伯聘请社会名流袁希涛、严复、汤寿潜、萨镇冰、熊希龄、张謇等28人担任复旦董事,主要负责募集资金,共同管理学校事务。复旦公学极力网罗社会名流,汇集社会资金办学,并争取社会力量为复旦的发展提供社会资源和社会保障。然实际上,复旦公学的创建之初的开办费来自官费,由时任两江总督、南洋大臣周馥奏请拨付白银一万两,且以吴淞官地为校址。③ 此外,复旦公学的办学经费主要来源于财政拨款,财政局每月拨款一千四百两白银,超过了复旦公学总支出经费的四分之三。④

上海育材书塾(上海南洋中学之前身),是清末江苏地区最早的私立学校之一。育材书塾由邑人王维泰建于光绪二十二年(1896),初期得官款补助,后因变故改由私人捐助。育材书塾的董事都是捐助者,林曾赉、沈懋昭(信成银行经理)等校董曾先后多次捐赠田地和款项,或为学校提供贷款。李忠珏、王维泰、徐光溥、沈恩孚、金邦平、钱永铭(新之)、龚模、王植善、朱葆康等,曾担任该校董事,其中王植善为校长。根据学校规定,除校长之外,董事均为校外人员,并非校内教职员。⑤

中国公学创办于1905年,其创办者主要为清末留日学生群体,开办之

---

① 根据清廷颁布《奏定中学堂章程》之规定,学堂分为三种:一为官立学堂,即由官府设立的学堂;二为公立学堂,即由地方绅富捐集款项或集自公款设立的学堂;三为私立学堂,即一人出资设立的学堂。学堂类型的划分并非完全依据经费来源的性质。据此,绅富捐款等多人捐款的学堂亦被列为公立,与经费仅来源于一个人的私立学堂相区别。因此,当时的公立学堂是介于官立和私立之间的一种类型。其实,公立学堂的捐款也往往来自私人捐款,只不过捐款人数超过一人而已。

② 严复等:《复旦公学募捐公启》,复旦大学校史编写组编:《复旦大学志(1905—1949)》第一卷,复旦大学出版社,1985,第52页。

③ 复旦大学校史编写组编:《复旦大学志(1905—1949)》第一卷,复旦大学出版社,1985,第31—32页。

④ 复旦大学校史编写组编:《复旦大学志(1905—1949)》第一卷,复旦大学出版社,1985,第249页。

⑤ 《上海育材书塾校董、校长、教职员名单》,朱有瓛主编:《中国近代学制史料》第一辑下册,华东师范大学出版社,1986,第617页。

初得到了张謇、郑孝胥、熊希龄等国内知名士绅的资助扶持。中国公学办学之初并未设立董事会,亦未设校长,之后方推郑孝胥为校长。中国公学在得到两江补助津贴之后,校长改为监督,至戊申年间(1908),夏敬观(时任江苏提学使)继郑孝胥任公学监督之时,方才正式成立董事会,推举张謇为董事会会长。经过多次变迁,董事随时增加,并没有名额限制。自1908年起,中国公学先后聘请董事不下百余人,有史料可考之董事有孙中山、张謇、黄兴、蔡元培、王正廷、熊希龄、宋教仁、郑孝胥、马君武、王宠惠、于右任、沈恩孚、夏敬观、沈钧儒、王敬芳、廖希贤、梁启超、袁希涛、范源濂、张君劢等52人。①

然而,中国公学董事会"现存校董在各省者不下百人,召集即甚困难,组织又不合现行制度"②,也没有形成制度规范,也没有形成或体现出具体职权。在中国公学的组织体系中,真正的权力机构并非董事会,而是评议部和执行部。不过,校董几乎皆为评议、执行两部之骨干。执行部职员由学生投票互选,有一定任期,对评议部负责。评议部由班长和室长组成,定期开会,有监督和弹劾职员之权。开会时也往往有激烈之辩论。胡适认为,中国公学的组织体系体现了"民主国的政体","一切组织多含有试行民主政治之意"。③ 直至1928年6月,中国公学才依据南京国民政府大学院颁布的《私立学校校董会条例》制定校董会章程,对校董会进行改组,明确校董为15人,两年改选三分之一。④

二、沿袭旧制:改制之后的传统书院董事会制度

在新式学堂纷纷出现之时,仍有许多传统的书院存在。随着清末书院改制,这些书院依然保留和沿袭着传统书院董事制度。(表2-5)

表2-5　部分学校董事(会)设立情况表

书院名称	地　点	创办时间	董事(会)设立时间	备注
上海广方言馆	上海	1863	1863	传统书院董事制度

---

① 《光绪三十四年(1908)成立校董会并校董名单》,朱有瓛主编:《中国近代学制史料》第二辑上册,华东师范大学出版社,1987,第736页。
② 胡适:《中国公学校史》,潘懋元、刘海峰编:《中国近代教育史资料汇编·高等教育》,上海教育出版社,1993,第432页。
③ 胡适:《中国公学校史》,潘懋元、刘海峰编:《中国近代教育史资料汇编·高等教育》,上海教育出版社,1993,第429页。
④ 胡适:《中国公学校史》,潘懋元、刘海峰编:《中国近代教育史资料汇编·高等教育》,上海教育出版社,1993,第432页。

书院名称	地　点	创办时间	董事(会)设立时间	备　注
上海格致书院	上海	1874	1874	
味经书院实务斋	陕西	1895	1895	传统书院董事制度
通艺学堂	北京	1897	1897	
尚贤堂	北京	1897	1897	
上海育材书塾	上海	1897	1897	
上海经正女学	上海	1897	1897	传统书院董事制度
绍兴中西学堂	浙江	1897	1897	传统书院董事制度
湖南时务学堂	湖南	1897	1897	传统书院董事制度
江西务实学堂	江西	1897	1897	传统书院董事制度
广州时敏学堂	广州	1898	1898	传统书院董事制度
上海澄衷学堂	上海	1901	1901	传统书院董事制度
安徽桐城中学堂	安徽	1902	1902	传统书院董事制度
复旦公学	上海	1905	1905	传统书院董事制度
中国公学	上海	1905	1908	

资料来源:朱有瓛主编:《中国近代学制史料》第一辑下册,华东师范大学出版社,1986;高时良编:《中国近代教育史资料汇编·洋务运动时期教育》,上海教育出版社,1992;汤志钧、陈祖恩编:《中国近代教育史资料汇编·戊戌时期教育》,上海教育出版社,1993;邓洪波主编:《中国书院学规集成》,中西书局,2011。

陕西味经书院创办于清光绪年间,清季书院改制期间,味经书院在维持旧制的同时,在其下创设了实务斋。根据 1895 年《味经创设实务斋章程》,味经书院对实务斋管理体制作了如下规定:

> 院长总持一切,督励诸生学习,评阅课程;监院巡阅稽查,奉行文书刊书;董事经理账项,支发膏火,以上三人均不增添束脩薪水。斋长仍以味经斋长及刊书斋长兼之,倡率诸生学习,管理借还书籍,其薪水亦不增添。①

味经书院实务斋章程,规定了实务斋的组织结构,包括院长、监院、董事、斋长。院长主管教学,监院负责稽查,董事负责经费管理,斋长负责具体

---

① 《味经创设实务斋章程(清光绪二十一年)》,朱有瓛主编:《中国近代学制史料》第一辑下册,华东师范大学出版社,1986,第374页。

教务。其中，对董事的职权规约在经费管理范围内，其角色大致相当于学校会计。值得一提的是，此处的几位管理者"均不增添束脩薪水"，由此可以合理推测，以上管理者在书院另有职务，在实务斋的职务是同时兼任的，因此才有不再另增薪水之说。同时，这并非意味着味经书院董事会制度的消失或退化，而是由于实务斋隶属于味经书院之下，自然也就在书院原有传统董事制度的统辖之内，并无单独另设之必要了。

湖北两湖书院，由张之洞于 1891 年奏请创办，由湘、鄂两地茶商捐资相助。创办之初，书院设提调一员，监院二员。提调由政府专派，督同监院稽查考核。同时，因茶商筹捐书院经费，书院特设商籍课额四十名，"特调其子弟肄业，以昭奖劝"。① 甲午战争后，书院开始改制，1897 年的书院新学规对书院课程内容做了调整，注重经世致用、西方技艺之学。然而，书院管理体制依然维持原状。

根据苏云峰的记载，改制后的两湖书院，"设东西监督二人，负责书院的教学和行政管理。管理事务者称为监学，其次为提调，由知府或道台兼任"。自清光绪二十二年至二十八年间，梁鼎芬、蒯光典、王同愈、黄绍箕先后担任两湖书院监督。②

三、承袭与创新：晚清学校董事会制度的演进

晚清时期，在国人自办的部分新式学校中开始出现学校董事会，同时在部分已经设有董事的传统书院中延续着传统的董事管理模式。但就总体而言，晚清太半学校的管理仍旧基本沿袭着传统官办学校的管理模式，学校董事会制度在晚清学校管理制度的整体生态图景中，可谓"边缘生存"。同时，作为"边缘生存"之学校董事会制度，由于还处于酝酿与初创时期，与当时的学校规模有关，因此无论从功能地位、组织结构、成员规模，抑或运作程序而言，在制度设计方面都远不及后来的校董会制度来得复杂和完善。

晚清时期国人自办的学校，类型多样，基本分为新式学校和传统书院两种。在新式学校中，又可大略区分为官办新式学校、官督商办新式学校、中西合办新式学校、私立新式学校几类。除此之外，传统书院也在经历着书院改制。在以上国人自办的学校中，董事会制度的生存状态各不相同，但不可

---

① 《张之洞咨南北学院调两湖书院肄业生并单（清光绪十七年）》，朱有瓛主编：《中国近代学制史料》第一辑下册，华东师范大学出版社，1986，第 393 页。

② 《苏云峰记两湖书院》，朱有瓛主编：《中国近代学制史料》第一辑下册，华东师范大学出版社，1986，第 406 页。

否认的是，晚清时期的学校董事会制度，或沿袭，或模仿，或创新，既不同于在此之前单一的传统书院董事会制度，亦不同于双层治理模式之教会学校董事会制度。

晚清传统书院董事会一般没有明确的规制，少数书院即便制定规制也较为粗疏，更没有形成明确的董事会会议制度。严格意义上，传统书院董事会制度并未形成，因而只能称作学校董事会制度之滥觞。晚清新式学校董事会出现了较为规范的制度规定，明确了董事会会议作为董事会运作的重要议事方式，也规定了董事会会议的运作程序和具体规则。

晚清时期传统书院董事会的主要职责是书院日常管理，包括财务、资产、教务、学生管理等书院管理的各个方面，这实际上类似于书院的内部管理机构，并非近代治理意义上的董事会制度。晚清新式学校董事会，其主要职责是募集与管理书院资产，并制订书院的募捐计划。与传统书院董事会相比，新式学校董事会跳出了日常管理机构的藩篱，其职能更加丰富，尤其是董事会对外募集资产的职责表明，新式学校董事会开始具有沟通学校和外部社会的活动能力。这种与外部社会的沟通职能正是近代新式学校董事会制度的重要特征。

晚清传统书院的董事虽然是通过公举方式或者官荐方式出现，但通过对其书院日常管理职能的解读，以及传统书院董事常住书院，并根据分工不同定期领取薪俸，可以认为，他们都是作为书院内部管理者的身份而存在。新式学校则不同，董事由倡建者、外部捐建者、校长等组成，包括了绅士、绅商、官员、传教士等多种董事身份，呈现出多元化特征。董事无须常住书院，也不因担任董事一职而领取薪俸。多元化的董事构成，为学校的发展注入了新的力量，这一特征已经与近代治理意义上的董事概念接近。

小　结

晚清时期，教会学校、官办学校、私立学校均得到了进一步发展，并衍生出多种形态的校董会制度。晚清校董会制度的多元化源于经济管理理念、西方管理模式、传统管理模式、民间资本力量等多重因素的共同影响。

学校董事会制度最早源于经济领域中的公司董事会制度。因此，在公司董事会制度十分普及的晚清时期，经济领域董事会制度对校董会制度必然发生着的观念影响。时人对于西方公司董事及董事会的理解，依然有着

官商杂糅的本土观念:

> 其国都设有总会,延爵绅为之,其权足与医院相抗,每有屈抑,
> 许径诉巴力门,故商民得恃无恐,各埠均设商会领事官,即《周官》
> 司市之职。每平贾则设公正一人,亦暗符质人、贾师之职。又各埠
> 有巡捕、保正等人,皆司虣司稽之遗意。其税务司会计其成以储国
> 用,乃泉府之所以经营国服也。至或开矿制器等事,派立各公司,
> 必禀请国家,由商部派员查勘,事实可凭,利亦操券,始行开办。每
> 一公司由各股主人公保董事十二人,由众董事再推总办正副各一,
> 而每人亦必有多股于中。总理受成于各董事,各董事受成于各
> 股主人,上下钳制,耳目昭著,弊乃无自而生。此皆与《周礼》命
> 官之制合,而其事尤得古井田大意。夫古井田合力以奉公,则其
> 商政亦出于公可知。若夫西人"丕登"之法,遇有工商创成一技
> 一艺,即献诸国家,由商部考验,上者赐以爵禄,中者酬以宝星,
> 下次亦许其专门名家,或传为世业勿替,予之文凭,以杜他商剿
> 袭仿造。①

西方模式主要体现在由外国差会创办的教会学校和中西合办的新式
学校董事会制度中。以两次鸦片战争为分水岭,教会学校凭借强势的外
交力量开始得到迅速发展。办学规模的逐步扩大,办学规格的逐步升级,
以至教会大学的整合出现,均使其不得不更加依赖外国差会的经费投入。
又因隔海之遥,管理不便,外国差会又不得不在中国本土设置相应的经理
班子,代其具体经理在华教会学校。在此情形下,西方校董会制度形成了
独特的"西方托事部—在华校董会"的双层董事会治理模式。中西合办的
新式学校董事会制度,也因过半在华传教士以及身在海外的外国传教士
的加入而开始出现西方校董会制度所具有的外行参与、社会互动的制度
特征。

中国本土生发的学校管理模式有两种:一是官府管理模式,即由官府控
制并直接管理;二是清中期以降形成的官府控制下的士绅管理模式,即传统
书院董事制度。总体而言,晚清时期的学校教育制度改革,几乎都着力于教
学内容的西学化、实用化、技艺化,而极少意识到管理制度方面的改革需求。

---

① 唐才常:《历代商政与欧洲各国同异考》,朱有瓛主编:《中国近代学制史料》第一辑下册,华
东师范大学出版社,1986,第402页。

在这一背景下,在晚清时期官督商办、中西合办、国人私立等新式学校中,两种传统的学校管理模式均得以沿袭。

民间资本的话语权随着近代资本主义的迅速发展以及民间资本对于教育投入的热衷而逐步显现并增强。晚清新式学校的董事制度由于民间资本力量的增强而开始呈现出一定程度的灵活性和民主基调。具有这一特征的校董会制度,主要体现在中西合办、国人自办的私立新式学校中。在这些新式学校中,校董会制度的文本构建开始呈现出近代民主治理的基本特征。

第三章　社会与政府之间：民初北洋时期大学董事会制度的形成与多元

随着辛亥革命的成功，1912 年民国政府成立，然而整个国家局势却远未天下太平。军阀割据，拥兵自重，派系矛盾，财政困窘，外交乏力，清王朝遗留下来的各种棘手问题，摆在民国政府面前，成为必须直面的严峻现实。清政府留下的，还有经过洋务派、维新派以及外国传教士等代表着不同政治派别与文化力量而仍未完成的教育变革。随着千年科举制度的废除，中国的传统教育面临着从内容到制度的全面转型，而西学为旨要的新式学堂大量出现，尤其是教会大学的整合、转型与规模扩张，使得传统教育面临的挑战更为紧迫和激烈。晚清以降，经过中法战争、甲午战争、太平天国以及长期的军阀混战，这片土地已显得疲惫不堪。北洋政府面临着严重的财政危机，教育经费更是捉襟见肘，提倡民间办学的"教育自治"成为政府缓解教育财政压力的一种有效途径。私立学校由此兴盛，其办学与管理却也矛盾重重。与此同时，北洋政府外交失利引发了 20 世纪 20 年代的民族主义浪潮，从而迫使北洋政府重新审视和调整对教会教育的政策立场。民初北洋时期的教育立法，便产生于当时革命甫定、中央政府成立之初。民初北洋时期的教育图景，呈现出既迥然不同于清廷之气象，亦囿于特定历史时期之多重困境，校董会从制度立法、制度形态到权力结构均开始发生重大变革。

第一节　从法外之地到进入立法

作为最初由民间社会自发形成的制度形态，校董会制度仅在改制后的传统书院、少数新式学堂中出现，并呈现出不同的制度特征。上海广方言馆、陕西味经书院、上海经正女学、绍兴中西学堂等校的校董会负有日常校务管理功能，中西合办的上海格致书院等新式学堂的校董会出现沟通社会的治理功能，国人办理的北京通艺学堂、上海育材书塾等少数新式学堂的校董会开始具有较强的近代学校治理与民主管理的制度特征。然而,此时的校董会制度并未被清廷的《钦定学堂章程》(1902)、《奏定学堂章程》(1903)及其他教育法规提及,依然是在国家教育立法之外的一种自由存在。

游离于国家立法之外的情形,同样也存在于外国人在华办理的教会学校。早期的教会学校既未在中国政府注册立案,也没有在西方国家注册立案,因而并未得到任何世俗政府的法律许可和政策庇护。直至1906年,清廷学部对教会学校依然持有"暂听设立,无庸立案"的态度,教会学校依然被有意排除在中国政府的教育立法之外,故而教会学校校董会及其制度体系,亦不受中国教育立法的认可和约束。

一、法外之地与制度失序:民初的"教育自治"

北洋政府提倡"教育自治",鼓励民间资本办学,并出台《大学令》(1912)、《大学规程》(1913)、《私立大学规程》(1913)、《私立大学立案办法布告》(1913)、《整顿私立大学办法布告》(1913),以及《公立私立专门学校地规程》(1912)、《私立专门学校等报部办法布告》(1913)、《私立专门以上学校认可条例》(1915)等教育法令,开始将私立学校纳入国家教育立法。《教育部整理教育方案草案》(1914)、《颁定教育要旨》(1915),再次强调利用民间资本实施"教育自治"。

北洋政府开始重视私立学校①的立案规则,《私立大学规程》(1913)规定,私立院校必须经过教育部批准,由"设立者"为私立大学法定"代表人",对学校负责,向教育部出具代表人履历,以及学校目的、名称、位置、学则、学生定额、基地房舍、经费及维持方法等,呈请教育部核定后立案。② 然此时与私立学校相关的教育立法中仍未出现关于校董会的表述和规定。《修正大学令》(1917)仅规定公、私立大学设评议会,负责学术、教学等事务,亦未设校董会及其他机关。此时的国家教育立法虽然给予了私立大学设立者以"法人"身份,而私立大学校董会依然游离于国家教育立法体系之外。换言之,在国家教育立法层面,作为私立大学"法人"的学校设立者被赋予了法律身份,享有国家教育立法认可的私立大学所有权,对私立大学负有法律责任。而校董会还不具备这一法律身份,未被赋予国家教育立法认可的私立

---

① 由于此时北洋政府还未将教会学校列入国家教育立法,并不承认教会学校的合法性存在,因此,此时出台的相关教育立法中指称的私立学校,仅指国人自办的私立学校,不含教会学校。这与20世纪20年代之后的国家教育立法中所指称的私立学校,内涵有所不同,后者则涵盖了教会学校。

② 《私立大学规程(1913年1月16日)》,《政府公报》,1913年第256期。

学校所有权,对私立大学并不负有相关法律责任。

在北洋政府倡导"教育自治"的背景下,民间兴起了投资办学的热潮,教会学校、私立学校的校董会作为一种学校治理制度日益重要。教会学校校董会制度复制了其办学主体——西方教会的管理架构,逐步形成了由西方教会权力及其指派的西方教会人士控制下的"西方托事部—在华校董会"双层董事会模式。由西方教会主导下的"西方托事部"掌握治校权,主要负责制定发展规划、任命校长、筹集资金、决策校政、掌控资产等,是教会学校的最高权力机关、立法中心和决策中心[1],"在华校董会"在"西方托事部"指导下管理校务,执行"西方托事部"的决策。与此同时,国人办理的各类私立学校亦开始尝试校董会制度的文本构建与制度实践,校董会结构、规模、权力均存在较大差异,但基本以官僚政客、社会贤达、商界大亨乃至军阀为主体,筹措资金、疏通关系、寻求庇护成为私立学校校董会的主要职权。作为一种新生制度,各校校董会制度因处于国家教育立法之外的"边缘生存"而形成各不相同的制度形态。

二、民族主义的碰撞

"非基督教运动"起因于 1922 年 4 月在北京清华学校召开的世界基督教学生同盟大会。该同盟是一个基督教国际团体,由美国传教士穆德于 1895 年在美国创立,主要活动对象为世界各地在校基督教大学生,目的是"领导学生承认耶稣基督为唯一救世主,成为他的信徒;加深学生的精神生活;征募学生往全世界推广天国的工作"。1922 年 2 月,中华基督教青年会刊物《青年进步》出版特刊,其中不仅刊登了关于世界基督教学生同盟及其在中国活动的文章,还刊登了关于中华基督教青年会和其他教会组织在中国学生中活动的文章。该特刊引起了上海学生的注意,并促成了"非基督教学生同盟"的创立。

1922 年 3 月 9 日,非基督教学生同盟于上海发表宣言,出版了《我们为什么反对世界基督教学生同盟》的小册子,并电报其他地方的学生组织,反对世界基督教学生同盟会议,主张教育与宗教分离。运动得到了北京学生的支持,并扩大到反对一切宗教,将"非基督教学生同盟"改名为"非宗教大同盟"。3 月 21 日,该同盟通电全国,抗议将于 4 月在清华召开的世界基督教学生同盟大会,国共两党的许多著名人物包括陈独秀、蔡元培、吴稚晖、汪

---

① 任小燕:《试论民国时期大学董事会制度的多重来源》,《河北师范大学学报(教育科学版)》,2019 年第 5 期。

精卫、李大钊、萧子昇、戴季陶、朱执信等,都参与其中。这一呼吁得到了全国各地学生组织的响应。

教育独立于宗教和政党的问题已经受到此次运动的关注。1922年4月9日,蔡元培在非宗教同盟大会的演说中,强调宗教与教育分离,并在《教育独立议》中提出教育应该由不受任何宗教或政党影响的教育家来管理。是年7月,非基督教同盟在给中华教育改进社的电文中,强烈谴责教会教育对人性和智慧的束缚。胡适等人也向中华教育改进社建议,宗教与教育相分离。这一时期还出现了要求美国退还庚子赔款的运动,国人提出了将庚子赔款完全用于国立学校建设的要求。① 然而,始于1922年3月的"非基督教运动"由于组织松散,没有提出积极且明确的纲领,以舆论、示威、罢课为主要形式的抗议运动于是年下半年草草收场。

1924年,新一轮的反基督教运动开始出现。此次运动以1922年的"非基督教运动"为基础,运动焦点直指教会学校和教会教育,明确提出了"收回教育权"的口号。该运动初期由教会学校学生抗议外国教员限制学生爱国游行以及对学生的侮辱行为而引发。4月22日,圣三一中学学生发表宣言,要求收回中国教育主权,并很快得到了南京、福州、苏州等各地学生的积极响应,并开始联合行动。7月,广州学生发表声明,要求所有外国人开办的学校必须向政府注册并接受监督。非基督教同盟和中国青年社发行了反基督教文集,《觉悟》《中国青年》也大量发表反基督教文章。1924年圣诞节,广州、上海、长沙等许多城市举行大规模的抗议教会教育的集会,非基督教同盟在教会学校散发传单并发表演说。

1924年声势浩大的"收回教育权运动",是民族主义高潮的在教育领域的集中体现。而1925年发生的"五卅运动",更是点燃了高涨的民族主义情绪。许多教会大学与华人学生发生的冲突,在此背景下升级成民族冲突,并进而表现为反对教会学校的运动。比如,圣约翰大学校长卜舫济强烈反对学生的爱国主义行为,包括能否参加五卅事件被害工人追悼会、对中国国旗下半旗问题等争论,更是激发了教会大学华人师生反抗教会教育的高潮。圣约翰大学的华人师生因此愤然离开,另行组建私立光华大学。

1924年10月,全国教育联合会通过决议,要求国内所有学校立即注册,并对未及时注册的学校学生实行不同待遇,中国教育应为国家服务,不能受制于外国,不应从属于宗教,等等。这一决定得到了中华教育改进社的积极回应。《中华教育界》杂志也积极支持这一主张,并于1925年2月出版

---

① 〔美〕杰西·格·卢茨:《中国教会大学史(1850—1950)》,浙江教育出版社,1987,第218页。

了《收回教育权运动》专号。与此同时，社会舆论也在指责所有的教会大学行政权掌握在西方托事部手中，教会大学校长都是外国人，并非中国人。

"非基督教运动"和"收回教育权运动"，其主旨是敦促中国政府收回对教会学校的教育主权，其主要要求集中体现为：教会学校必须向中国政府注册立案，教会学校校长必须由中国人担任，教会学校董事会必须由中国人主持。在社会压力和舆论压力的推动之下，北洋政府于 1925 年 11 月 16 日颁布《外人捐资设立学校请求认可办法》（以下简称《认可办法》），要求教会学校及其董事会必须向中国政府作出符合中国教育立法条件的注册立案，并对教会学校董事会制度作出了明确的制度规范。《认可办法》对教会大学的办学态度开始发生影响。

1925 年 4 月 1 日至 2 日，中华基督教教育会在董事会年会上讨论了关于教会学校注册立案的议决案，提出"基督教学校应即速向地方政府或中央政府注册立案；惟须顾及基督教之特殊功用，不受注册之限制"[①]。此次会议上，中华基督教教育会副总干事程湘帆[②]提出，基督教学校向中国政府注册对于毕业生发展、教会学校及教堂均具有极大意义。具有基督教徒与中国人的双重身份使得程湘帆对于在华教会教育有着独立的思考，致力于促进教会学校"中国化"，并且在教会学校注册立案事宜上更为积极。他认为，中国政府明文规定"大学毕业生有选举国会代表及应国家考试出洋留学等权"，而教会大学毕业生"欲享得此项权利者，则其学校应向政府立案，否则即无此项权利"，教会学校"倘与政府断绝关系，实为自己摧残其毕业生之前途"。同时，程湘帆从基督教事业长远发展的角度指出，中国基督教教育家群体凭借不平等条约而享受教育上的特殊权利，并非长久之计，"故应凭藉自己训练之学生，方为上策"，受过教会教育的学生才是教会之"最大靠山"，"教会学校之毕业生，如有参加政治活动之权利，则对于基督教事业，即能尽保护之责"。而要做到这一点，就应当"使其学生得享公民权利，并有选举权，得应国家考试及服务公共社会等利益"。由此而论，保护教会学校毕业生权益与维持教会在中国的长久发展，实则是统一的[③]，而这一切的前提则

---

① 《中华基督教教育会董事会年会会议决案一览（1925 年 4 月 1 日至 2 日）》，《中华基督教教育季刊》，1925 年第 1 卷第 3 期。

② 程湘帆（1887—1929），安徽芜湖人，基督教徒。早年就读于南京汇文书院，后留学美国哥伦比亚大学师范学院，1922 年获教育学硕士学位，回国任教于东南大学教育科。之后曾任安徽省教育厅科长、中华基督教教育会副总干事、大夏大学教授、上海浦东中学校长等职，著有《中国教育行政》等。

③ 《中华基督教教育会董事会年会会议决案一览（1925 年 4 月 1 日至 2 日）》，《中华基督教教育季刊》，1925 年第 1 卷第 3 期。

是向中国政府注册立案。

三、进入立法与权力规范:20 世纪 20 年代的教育立法

经过清末民初制度初创期的初步发展,校董会制度逐渐成为私立学校、教会学校的重要制度形态,并初现于公立学校。不论私立学校、教会学校抑或公立学校,其校董会制度均首先出现于民间,而非国家教育立法,并呈现出制度多样性以及鲜明的本土特色。20 世纪 20 年代,随着《交通部直辖大学通则》(1922)、《国立大学校条例》(1924)、《外人捐资设立学校请求认可办法》(1925)、《私立专门以上学校认可条例》(1925)等教育法规的出台,校董会制度正式进入国家教育立法。北洋政府首次对校董会制度作出立法规范,其中对国立大学董事会制度的立法尝试,成为其不同于其他历史时期的独有的立法行为与立法特征。

交通大学隶属于交通部,受交通部直接管辖。在《交通部直辖大学通则》(1922)出台之前,交通大学董事会职权包括"规定教育方针;核定学科与规划;筹画经费;监督财政;推举校长",交通大学评议会负责"审议董事会咨询事项"。[①] 1922 年 5 月,交通大学董事会被交通部取缔,原校董会职权基本由评议会、行政会议分担。"交通大学为本部直辖学校,与公私立者不同,当然以本部为最高监督机关,所有教育之方针,学科之规划,与夫筹画经费,任用职员,自属本部职权,并无另设董事会之必要。"[②]交通总长高凌霨直言,交通大学经费概由交通部"特定之育才费充之。现虽改为大学,自当仍以本部为最高监督机关……所有原属董事会一切事宜,由校长随时秉承本部办理,以免隔阂"[③]。1922 年 7 月,交通部颁布《交通部直辖大学通则》,恢复交通大学董事会,将董事会职权限定在"计画并扶助学校之进行,稽查财政及校产"[④]范畴之内。由此,交通大学董事会职权严重缩水,不再拥有制定教育方针、核定学科与规划、推举校长等权力,直至被取缔。作为交通大学"最高监督机关"的交通部,始终强调其对交通大学的所有权与治校权,交通大学董事几乎由交通部各级要员充任。在交通部新旧派系权力斗争中,校董会被认为是影响交通

---

① 《交通大学大纲(1921 年 2 月)》,《交通大学校史》撰写组编:《交通大学校史资料选编》第一卷,西安交通大学出版社,1986,第 351 页。

② 《交通部令(1922 年 5 月)》,《交通大学校史》撰写组编:《交通大学校史资料选编》第一卷,西安交通大学出版社,1986,第 373 页。

③ 《兼代交通总长高凌霨报〈修正交通大学大纲〉呈大总统文(1922 年 5 月)》,《交通大学校史》撰写组编:《交通大学校史资料选编》第一卷,西安交通大学出版社,1986,第 373 页。

④ 《交通部直辖大学通则(1922 年 7 月)》,《交通大学校史》撰写组编:《交通大学校史资料选编》第一卷,西安交通大学出版社,1986,第 386 页。

部对交通大学权力掌控的制度障碍，成为权力的角逐场和牺牲品。

《国立大学校条例》(1924)对全国的国立大学董事会作出立法规范。首先，确立了校董会的职权范围。校董会主要职权为"审议学校进行计划及预算、决算暨其他重要事项"①。其次，明确了董事的构成与聘任规则。校董会成员由例任董事、部派董事、聘任董事三者组成。其中，例任董事由校长担任，部派董事"由教育总长就部员中指派者"担任，聘任董事"由校董会推选呈请教育总长聘任者"担任，第一届校董会成员则由教育总长直接聘任。② 再次，初步确立了校董会向教育部的议事报批制度，"国立大学校校董会议决事项，应由校长呈请教育总长核准施行"③。最后，条例附则规定"私立大学应参照本条例办理"④，以国家教育立法的形式对全国范围内的私立大学董事会作出与国立大学董事会相同的制度规范。

《国立大学校条例》在立法身份和所有权归属上，明确了国立大学的所有权归属于国家教育部等相关部门，并接受相关部门的监督。然而，国立大学董事会虽然在办学实践中一度由学者、商人、军阀等多元社会力量共同参与，却并未由此获得国家教育立法认可的大学所有权。与此同时，私立大学董事会依然存在与民国初年相同的法律身份之尴尬，仍未能获得"设立者代表"的法律身份。在教育法理上，《国立大学校条例》将私立大学与国立大学的董事会等同看待，均强调了中央政府对大学教育的主导地位，却并未在立法上将私立大学所有者的法律地位、所有权、治校权作出不同于国立大学的界定，进而造成了私立大学所有权、治校权归属的法理冲突。在权力划分上，《国立大学校条例》规定国立大学除董事会外，还设有评议会、教授会，评议会职权为"评议学校内部组织及各项章程暨其他重要事项"⑤，职权界定不明造成了实践中的权力交叉。

由于立法身份、学校归属、治校理念、权力划分等矛盾冲突，《国立大学校条例》并未得到有效落实。国立大学董事会因政、商、军等校外力量介入过多，与以教授治校、学术民主为特征的评议会发生冲突，遭遇了包括北京大学在内的多数国立大学联合反对而未能普及，由校内教授学者主导的评议会依然是包括北京大学在内的多数国立大学的最高决策机构。1925 年，东南大学董事会因校内决策矛盾和派系斗争而被教育部叫停，随着《教育部

---

① 《国立大学校条例》，《教育公报》，1924 年第 11 卷第 3 期。
② 《国立大学校条例》，《教育公报》，1924 年第 11 卷第 3 期。
③ 《国立大学校条例》，《教育公报》，1924 年第 11 卷第 3 期。
④ 《国立大学校条例》，《教育公报》，1924 年第 11 卷第 3 期。
⑤ 《国立大学校条例》，《教育公报》，1924 年第 11 卷第 3 期。

关于东大董事会停止行使职权的训令》(1925)的颁布，东南大学董事会被废止。隶属外交部的清华学校早在1917年便设立由美国公使、外交部官员主导的校董会，控制治校权，其"转辖废董"运动加速了国立大学董事会制度的消亡。随着1929年《大学组织法》的出台，国立大学董事会制度最终退出历史舞台。同样，《国立大学校条例》关于私立大学董事会的相关规定也未能有效落实。1921—1933年间，厦门大学董事会一直维持着由华侨商业精英担纲的三人董事会结构①，并未受该条例之影响。其他私立大学董事会的实际情形也未发生实质性改变。

《外人捐资设立学校请求认可办法》(1925)(简称《认可办法》)，对校长、董事名额作出限定：

> （一）凡外人捐资设立各等学校，遵照教育部所颁布之各等学校法令规程办理者，得依照教育部所颁关于请求认可之各项规则，向教育行政官厅请求认可。
>
> （二）学校名称上应冠以私立字样。
>
> （三）学校之校长，须为中国人，如校长原系外国人者，必须以中国人充任副校长，即为请求认可时之代表人。
>
> （四）学校设有董事会者，中国人应占董事名额之过半数。
>
> （五）学校不得以传布宗教为宗旨。
>
> （六）学校课程，须遵照部定标准，不得以宗教科目列入必修科。②

《认可办法》规定了学校注册条件，要求教会学校向中国政府注册立案，并对校长、董事名额做了限定，要求中国人担任校长或副校长，且中国董事须占校董会半数以上，学校必须承认办学目的是基于教育而不是宗教。《认可办法》是清末以来中国政府第一次以国家教育立法的形式宣示国家教育主权，标志着中国政府对教会学校从消极回避转向主动吸纳，对教育主权从自动放弃到自觉收回，开始将教会学校纳入国家教育体系之中。

然而，《认可办法》遭遇了来自教会大学管理方的质疑。他们从华人校长人选及其管理能力，以及治校权归属、教会办学宗旨等方面辩驳，表示难

---

① 任小燕：《民国时期私立厦门大学校董会的构成、困局及改组》，《北京教育学院学报》，2019年第1期。

② 《教育部布告第十六号(1925年11月16日)》，《江苏教育公报》，1925年第8卷第11期。

以接受中国政府的立案条件。首先，很难聘请到不受政治掣肘的华人校长。其次，华人校长在募捐经费、联络"西方托事部"方面存在困难。再次，校董会由西方教会管理，无权决定治校权转移。最后，西方教会作为教会大学的主办方和经费赞助方，难以放弃宗教教育的办学宗旨。

与此同时，中华基督教教育协会开始意识到，教会大学按照中国政府的立法规定进行立案已是必然。随后，包括燕京、金陵、东吴、齐鲁、雅礼、华中、华西、沪江在内的许多教会大学，就学校及其校董会立案事宜开始与中国政府协商，燕京等少数教会学校顺应中国教育立法的规定，其双层董事会在制度设计上开始发生治校权由"西方托事部"向"在华校董会"的制度转向。[①] 在某种意义上，这也意味着教会学校所有权与治校权相分离的情形开始出现。

这一时期，教会大学及其董事会开启了近四十年之久的在华立案之争，私立大学及其董事会制度开始出现，公立大学董事会制度亦成为一时之兴。

第二节　教会大学"在华校董会"：第一次立案之争与制度转向

晚清以降，教会学校及其校董会的所有权与治校权未能获得清政府的立法认可，无法得到相应的政策支持。为改善教会学校在华权益，以及毕业生遭受歧视的情形，教会学校曾先后主动向清政府申请立案，但均遭拒绝。在清政府"无庸立案"的政策下，教会学校的所有权与治校权皆由代表教会的"西方托事部"所有。教会学校在一方独立于中国政府之外的天地之中，在"西方托事部—在华校董会"之双层治理模式下迅速发展。中国教育调查团在一份教育调查报告中表示，教会大学"从性质上说是西方传教士所创立，由西方捐款所维持，由西方列强的条约所保护，并以同样的理由容许那些负责者索取任何权力和保持任何标准，而且往往是按照西方的法律在国外注册的"[②]。金陵大学校长包文也认为，"中国教育行政机关尚未有大学授予学位的规定，而私立大学之立案尤无明文可遵。故当时本校校董会议决暂在美国纽约省立案，并由该政府授予学位"[③]。在 20 世纪 20 年代民族

---

① 任小燕：《晚清和民国时期教会大学"双层董事会"的制度转向》，《高等教育研究》，2016 年第 10 期。

② 中国教育调查团：《基督教教育在中国（纽约版）》，第 109—134 页，转引自顾长声：《传教士与近代中国》第 4 版，上海人民出版社，1981，第 350 页。

③ 包文：《金陵大学之情况》，《教育季刊》，1925 年第 1 卷第 4 期。

主义运动高潮到来之前,北洋政府依然没有出台相关教育立法。直到 1921 年,教育总长范源濂在一次演讲中,还在向传教士呼吁教会学校向中国政府立案。范源濂不无遗憾地直言,教会学校"迄今仍自成一体,与中国的体制不完全相符。它们形成一个特殊的群体。这实在是件令人遗憾的事"①。

北洋政府在外交上的节节失利点燃了积蓄已久的民族情绪。20 世纪 20 年代开始,民族主义运动如火如荼,此起彼伏,教会大学作为外国在华从事传教的教育机构,遭遇到了前所未有的冲击和挑战。在这场风起云涌的民族主义运动中,对教会大学治校权力之归属,第一次成为中外的理念争议乃至实践争夺之焦点。

中国基督教育协会主席刘廷芳参加了教会大学与教育部非正式沟通的代表团。在其 1925 年发表的《关于教会学校在政府立案事宜》一文中,刘廷芳这样描述北洋政府教育部和中国社会关于教会大学立案的态度:

> 教育部、社会大众以及几乎所有今日中国教育界的领袖们都同意,一个教育机构的首要目标,必须是教育,必须仅仅是教育。使教育机构摆脱各种各样政治和宣传的影响一直是一场严肃的斗争。民国建立以来使国家不设官方宗教也是一场斗争。反对立儒学为国教,反对把它载入宪法的斗争一直持续到今年。教育界的领袖们相信,反对把儒学和学习儒学经典作为学校必修课程的唯一有效的方法,就是把所有宗教和宗教必修课程从学校中排除出去。这种形式变得更加严重,是因为日本方面在 21 条中提出了在中国传播佛教和设立学校的要求。据报道,日本人在满洲建立的一些学校中,以隐蔽的形式进行崇拜天皇的活动。通盘考虑所有的因素,中国教育界领袖们得出自然的结论是,坚持宗教不能成为建立学校的目标。②

宗教问题一向是中国政府对教会大学注册立案的在喉骨鲠,教会大学也因此一直被中国政府当作是教育的"法外之地"。对于宗教信仰的坚守,以及对教会大学传教使命的认同,使得身为教会大学创办人的西方教会在立案态度上非常消极,甚至一度排斥。然而,能否在中国大地获得生存的有

---

① 王立诚:《美国文化渗透与近代中国教育:沪江大学的历史》,复旦大学出版社,2001,第 156—157 页。

② 刘廷芳:《关于教会学校在政府立案事宜》,1925,通讯第 2 号。转引自[美]郭查理:《齐鲁大学》,珠海出版社,1999,第 162 页。

利条件,能否在与雨后春笋般的中国本土大学的教育竞争中保持优势,在中国浪潮汹涌的民族主义运动中维系发展,在颠簸摇晃扑朔迷离的中国军阀政局之中立于不败之地,也就自然成为一部分教会大学对于是否向中国政府立案而作出一定程度妥协的重要考量。

一、顺应、排斥或观望：有关立案之态度

在中国舆论纷纷要求教会大学向政府注册立案,北洋政府也开列了教会学校立案条件的前提下,各教会大学因其"西方托事部"、"在华校董会"、大学校长等多方对于是否向中国政府注册立案而产生了较大态度分歧:积极主张立案者如燕京大学、金陵大学,顺应趋势者如辅仁大学、东吴大学、金陵女子大学,坚决抵制与观望者如上海圣约翰大学。整体而言,向北洋政府立案的教会大学较少,多数教会大学并未向北洋政府立案,依然处于观望状态。

燕京大学校长司徒雷登作为教会大学"中国化"的鼓吹者,面对20世纪20年代中国的"非基督教运动"和"收回教育权运动"等一系列激烈的民族主义运动,积极主张向中国政府注册立案。司徒雷登出生于中国,生于斯长于斯的他,对中国传统文化有着浓厚的兴趣,对中国人的民族情感有着切身的理解,对宗教教育亦有着不同于外来传教士的主张。司徒雷登认为,传教士的任务是让社会认识基督教的力量,并通过社会进步得以体现,而绝非仅仅是发展教徒。[①] 因此,在教会大学是否向中国政府立案的态度上,司徒雷登有着相比其他西方传教士而言更为宽容的情怀,以及更为长远的大学教育发展战略,他一直致力于燕京大学的"中国化"转变,并试图获得中国社会的立法认可和文化接纳。

1926年,司徒雷登在给燕京大学纽约托事部的报告中表达了他的治校方略,"我们是在中国的首都建立大学,这所大学即使在外国条约所提供的保护和特权被取消以后,在所有的外国人撤离以后,仍将长期存在"[②]。司徒雷登还说,教会学校目前面临三种选择:一是依靠外国条约,蔑视因中国政府的软弱而遍及全国的民族主义情绪;二是将学校完全关闭,以此作为对中国政府的抗议;三是在中国政府具有权威的情况下,接受其要求外国人开办的学校履行注册手续的规定。司徒雷登认为,第三种选择才是道义的,因此,"我们没有任何理由不尽早向政府注册","拒绝和拖延只能是

---

① 史静寰:《狄考文与司徒雷登》,珠海出版社,1999,第 187 页。
② 史静寰:《狄考文与司徒雷登》,珠海出版社,1999,第 201 页。

灾难和愚蠢的"。①

在向中国政府立案的问题上，司徒雷登一直持有积极的态度。在1925年11月北洋政府正式颁布针对教会学校立法规范的《认可办法》之前，司徒雷登就向燕京大学纽约托事部明确表达了这一积极态度，并先后多次向纽约托事部说明向中国政府注册立案的理由。在司徒雷登与纽约托事部进行意见交流的过程中，纽约托事部从最初的反对和争议，最终转向认可。司徒雷登积极着手按照北洋政府的立案规定对"在华校董会"进行改组，并于1926年向北洋政府教育部申请立案，并获得批准。燕京大学也是中国教会大学史上第一个向中国政府立案的教会大学。

辅仁大学自1912年发起和酝酿，经过罗马教廷允准和美国本笃会筹建，于1926年正式创办。创办伊始，辅仁大学即遭遇北洋政府时期声势浩大的非基督教运动和收回教育权运动。面对民族主义的挑战，辅仁大学顺应时局，向中国政府申请注册立案。当然，对于一个于1926年刚刚创办的教会大学而言，顺应时局的方式不同于其他已有着较长创办史的学校，而是严格按照北洋政府对私立大学的相关规定，尤其是遵照1925年颁布的《认可办法》对教会大学的各项规定进行组建，其中，组建"在华校董会"也凸显了辅仁大学的顺应姿态。

北洋政府《认可办法》规定，"如校长原系外国人者，必须以中国人充任副校长"。辅仁大学校长奥图尔为美国人，因此，辅仁大学根据《认可办法》要求，聘请中国人陈垣为副校长。《认可办法》规定教会学校设董事会，中国人应占董事名额的半数以上。据此，辅仁大学制定了《董事会章程》，并按《认可办法》规定选举董事会成员14人。（表3-1）在照章组建之后的1926年6月17日，辅仁大学以副校长陈垣的名义，向北洋政府呈请立案。同年11月3日，鉴于辅仁大学刚刚组建不久，尚未经过试办，虽然对于董事会等各项情况均符合认可办法的规定，北洋政府也只作出了"准予试办"而非"核准立案"的批复。

表3-1 辅仁大学董事会名单（1926年）

序　号	董事姓名	职务或身份	代　表	董事会任职	国　籍
1	奥图尔	校长	教职员代表	董事	美国
2	陈垣	副校长	教职员代表	董事	中国

---

① 史静寰：《美国现代派传教士教育家的形成与中国教会学校的改革》，《美国研究》，1991年第3期。

续　表

序　号	董事姓名	职务或身份	代　表	董事会任职	国　籍
3	沈兼士	教师代表	教职员代表	董事	
4	英千里	注册课长	教职员代表	董事	
5	和树德	会计主任	教职员代表	董事	美国
6	刚恒毅	罗马教廷驻华代表	教会代表	董事长	意大利
7	赵怀义	直隶宣化公教司牧	教会代表	董事	
8	孙德桢	直隶蠡县公教司牧	教会代表	董事	
9	陈国砥	山西临县公教司牧	教会代表	董事	
10	司泰来	学校监督	教会代表	董事	美国
11	贾利东	美国本笃会驻华代表	教会代表	董事	美国
12	富成功	北京公教司牧	教会代表	董事	法国
13	徐振鹏	前海军次长	社会代表	董事	中国
14	慕元甫	前北洋大学教授	社会代表	董事	中国

资料来源：《辅仁大学简史（1925—1952）》，北京师范大学校史编写组编：《北京师范大学校史（1902—1982）》，北京师范大学出版社，1982。

　　在北洋政府《认可办法》出台之后，出于保持圣约翰大学的宣教性和控制权的初衷，圣约翰大学的创办人美国圣公会及其上海教区都表现出了反对和抵制的明确态度。上海教区主教郭裴蔚对北洋政府的立案要求表示了强烈反对，并且言辞激烈。北洋政府在教会学校立案条件中明确要求中国人参与校政，以郭裴蔚为代表的上海教区不愿意向中国人出让学校的控制权。1925 年 5 月 2 日，美国圣公会布道部执行干事、美国圣公会对华宣教的主要负责人伍德在给卜舫济的信中提道，他不赞成由中国人担任副校长，从而使得圣约翰大学有了一种民族附属性。因此，应当由美国人自己担任副校长。伍德信中所指的民族附属性，便是对于圣约翰大学所有权与治校权的一种坚持和担忧。他认为，校长、副校长均须由美国人担任，唯其如此，才能保证治校权掌握在美国差会手中，而非中国政府。[①]

　　与美国圣公会方面的强硬态度相比，圣约翰大学校长卜舫济虽然也不赞成向中国政府注册立案，但在立案态度上却留有余地。在 1924—1925 年度报告中，卜舫济针对是否向中国政府立案提出了三种方案：其一，放弃基督教育。这将不利于基督世界的利益，以及教会教育的在华发展。其二，向中国政府立案。这将使学校在很大程度上屈从于政府意志，也必然导致放

　　① 《伍德给卜舫济的信（1925 年 5 月 2 日）》，上海市档案馆，圣约翰大学档案，Q243—1—17。

弃学校原有的宗教课程和宗教活动。其三,独立。这将使学校发展处于不利境地,学校在一定时间内将会丧失地位、声誉、生源和收入。[①] 卜舫济对中国政局及其政策稳定性的质疑,也成为他决定暂不向中国政府申请立案的另一个重要原因。在1926—1927年度报告中,卜舫济十分干脆地表达出对中国政府的不信任态度:

> 一场革命正在发生,没有人能够预测它的最终结果会是如何。一切都在不断地变幻,没有永恒的东西。政府今天所采取的教育政策明天就可能物是人非。教育界的温和派人士和极端派分子的冲突正未有穷期。有些人想把教育基于物质生活哲学基础之上。在稳定的政府产生之前,在确定的教育政策被采纳之前,静观以待方为上策。[②]

值得玩味的是,在上述言辞的同时,卜舫济也曾流露出对学校权力向中方进行过渡和转移的意向,这在一定程度上再次印证了卜舫济对于教会学校是否向中国政府立案所采取的一种“观望”心态:

> 在静观的过程中,在稍晚些时候,我们可以对学校进行重组,这样,差会、中国教会、校友间便可有真正的合作,对学校的管理权、控制权和督察权也可逐步移交给中国校董会。[③]

二、从“西方托事部”到“在华校董会”:治校权的转移

面对《认可办法》,各教会大学的态度产生了较大分歧,即便是在双层董事会内部,“西方托事部”、“在华校董会”、校长之间,也存在诸多分歧。身为学校创办者和所有者,“西方托事部”为保持宗教教育的独立,不愿立案,而校长和部分校董从办学实际出发,更倾向于立案。即便是最初对立案持抵制与观望态度的圣约翰校长卜舫济,也认为向中国政府立案,只是时间问题。这一时期,仅有为数极少的几个教会大学向中国政府立案。然而,即便是向中国政府立案,也并不意味着教会大学将治校权转交给中国政府,更难

---

① [美]费玛丽:《圣约翰大学》,珠海出版社,2005,第110—111页。
② [美]费玛丽:《圣约翰大学》,珠海出版社,2005,第112页。
③ [美]费玛丽:《圣约翰大学》,珠海出版社,2005,第112页。

有中国人加入校董会。这一时期,双层董事会的权力调整主要体现在其内部结构之间的权力转移,即治校权开始由"西方托事部"向"在华校董会"发生转移。这一权力转移的典型,便是燕京大学,校长司徒雷登是这一转向的鼓吹者和践行者。

燕京大学在董事会改组之前,实行的是典型的"西方托事部—在华校董会"的双层治理模式。纽约托事部掌握着学校的财政权、决策权和人事权,通过对燕京大学"在华校董会"进行遥控指挥,实现对燕京大学的管理。燕京大学"在华校董会"没有治校权,仅仅是纽约托事部的驻华办事机构或经理班子。早在1919年,司徒雷登就开始质疑这一隔空遥控的管理模式,认为这一治理模式存在很多弊端,纽约托事部通过遥控方式难以应对和解决燕京大学校内的各种复杂关系和具体问题。

因此,司徒雷登试图对这一双层治理模式进行改革。司徒雷登主张纽约托事部"基金会化",主要负责学校筹款,以及学校委托的相关事务,而对于燕京大学校内的人事、财产等权力应当交给燕京大学"在华校董会"。[①]纽约托事部先后两次否决了司徒雷登的这一提议,最后在燕京大学"在华校董会"的强烈呼吁下,终获通过。与此同时,司徒雷登积极改组燕京大学"在华校董会",增加中国人在校董会成员中的比例。燕京大学"在华校董会"于1926年实现改组,取代了纽约托事部的权力地位而成为"负有经营学校之重责"的燕京大学最高权力机关,燕京大学"在华校董会"成为拥有财政权和人事权的关键性决策机构。[②] 1926年秋,《燕京大学董事会细则》经过多次讨论和反复修改,规定了燕京大学"在华校董会"人数不超过34人,其中多数为中国人,女性不少于1/5;校长任董事会主席,副校长任董事会副主席;董事会下设常务委员会、执行委员会、财务委员会、基建委员会;董事会年会定于学年末召开,特别会议由校长召集;每届董事任期为三年,期满举行换届会议进行改选。改组初期,司徒雷登同时兼任董事会主席、校长、副校长、常务会议主席、执行委员会主席。[③]

通过此次改组,燕京大学"西方托事部—在华校董会"双层治理模式实现了内部的角色调整与权力转移,即"西方托事部"转型为燕京大学的基金会,"在华校董会"开始掌握实际治校权。然而,值得注意的是,燕京大学双层治理体系中的这场权力转移与中国无关,仅仅发生在外国差会内部,权力

① 罗义贤:《司徒雷登与燕京大学》,贵州人民出版社,2005,第92页。
② 田正平、刘保兄:《消极应对与主动调适——圣约翰大学与燕京大学发展方针之比较》,《高等教育研究》,2006年第4期。
③ 罗义贤:《司徒雷登与燕京大学》,贵州人民出版社,2005,第88页。

所有者依然为外国差会。

北洋政府在舆论推动下出台的《认可办法》，实则是一次中国政府对于本国教育主权的宣示与争夺。在教会大学管理体制上，《认可办法》通过要求教会大学向中国政府立案、任命中国人为教会大学校长或副校长、中国人在校董会占多数等具体规定，试图从教会大学的"西方托事部"手中夺回对教会大学的教育归属权。教会大学"西方托事部"对《认可办法》的反应各不相同，多数教会大学选择观望之姿态，拒绝立案。仅有少数教会大学遵照中国政府的要求，对"在华校董会"进行了符合《认可办法》规定的改组，在制度文本的构建上，以及在校董会人选、结构方面，也进行了符合规定的实际调整。

然而，由于长期权力体系的形成，权力运作的惯性，以及教会大学"西方托事部"作为教会大学创办者和所有者的不情不愿，教会大学"在华校董会"的改组和立案行为，最终沦为应付北洋政府的面子行动。燕京大学通过对"在华校董会"的改组，实现了原有双层治理模式内部的权力转移，然而却并未在校董会实际权力中发生转向中国的实质性变化。教会大学管理权的实际拥有者，依旧是由外国传教士组成的原班人马。需要说明的是，燕京大学双层董事会内部发生治校权从"西方托事部"转向"在华校董会"的权力调整，仅仅是刚刚出现，并非普遍发生于大多数教会大学。直至南京政府初期，双层董事会内部权力转移才普遍发生。北洋政府时期，在其他申请立案的教会大学，中国人虽然被任命为校长或副校长，却由于不在既有权力体系之中而难有实际话语权。因此，在校董会的实际权力运作中，难以实现由中国人掌握治校权的初衷。总体而言，北洋政府时期教会大学的校董会改组，可谓换汤不换药，即便在形式上符合《认可办法》之规则，大多数教会大学的差会与"西方托事部"，并未将北洋政府的《认可办法》当成一回事。北洋政府的《认可办法》可谓一纸空文，收效甚微。

第三节　国立大学董事会制度的出现及其困境

北洋政府时期国立大学植入董事会制度，是中国教育界关于教育管理制度的一次自下而上、自民间到政府的探索性制度实践，历时六年。1920年，东南大学是最早酝酿并设立董事会的国立大学。1921—1924年间，交通大学、北京师范大学以及北京医科大学、北京法科大学、北京美专等北京八校也先后设立董事会。在此期间，1922年9月29日《教育部公布学校系统改革方案》、1923 年 3 月 29 日《大总统公布县教育局规程令》(教令第九号)、《大总统颁布特别市教育局规程令》(教令第十号)予以专门下文嘱各市县,要求市县教育局设立董事会。1924 年,北洋政府教育部颁布《国立大学校条例令》,以政府教育立法的形式推进董事会制度在全国国立大学的普及。1925 年,教育部训令第五六号《教育部关于东大校董会停止行使职权的训令》,下令取缔东南大学董事会。1926 年 8 月公布的《国立东南大学组织大纲修正稿》重新规划东南大学校内组织机构,不再设有董事会。

在一定意义上,董事会制度在国立大学的初步实践,是北洋政府时期教育部的一种被动的教育制度改革的尝试。北洋政府对在国立大学乃至政府教育机构普及董事会制度也有了一种转移教育财政危机的释然。本节试图围绕以下问题展开:董事会制度因何出现在北洋政府时期的国立大学? 首个国立大学董事会何以出现在东南大学? 为何在短短数年内,国立大学董事会制度从自下而上的试点改革,到政府的推广普及,最终却被教育部勒令取缔至匆匆落幕?

一、缘何植入:国立大学董事会设立之可能

在国立东南大学设立董事会之前,国内一些私立学校(包括教会学校、新式学校、传统书院)已经设有董事会。因各校制度设置不同,董事会的职权内涵也不尽一致,主要职能包括提供建设基金、聘请校长、学校主要事务决策等等。随着中国近代教育的发展,董事会制度已经开始进入近代各级学校系统,在少数地方公立学校也有设立。

北洋政府教育财政危机,管理混乱,客观上制造了董事会制度引入国立大学的契机。北洋政府时期,国家教育财政制度随着政局动荡而难以平稳运作,中央和地方教育财政划分与管理失衡。尤其是直系军阀与奉系军阀先后执政,中央政府财政恶化,财政支出向军费倾斜,政府财政支出结构畸形化,教育经费难以为继,使得所谓的"专款制度"也难以正常运转。1921年之后,北洋政府教育经费危机空前,长期拖欠高校教育经费,北京国立专门以上学校教职员因此出现了讨薪运动,要求教育经费独立。这使得国立大学的发展出现了民国教育界不得不直面的办学困境,一场自下而上的教育制度改革呼之欲出。国内私立学校董事会制度发展和运作经验,尤其是在资金筹措和运营方面的成功,得到了国内学者和北洋政府的青睐。对于动荡不安、财政捉襟见肘的北洋政府而言,在国立大学设立董事会无疑可以一解燃眉之急。

解决经费管理、经费缺乏的问题,是国立大学成立董事会的直接动因。

清华董事会①设立于 1917 年,清华学校的办学经费来自庚款,清华董事会设立的主要目的并非筹款,而是管理清华基金和学校经费。在清华董事会设立之前,校长周诒春因从事大规模校舍建设耗资巨大而招致批评。外交部因担心清华庚款的存续而设立"筹备清华学校基本金委员会",由该基委会建议成立清华学校董事会,作为审查和处理清华经费的机构。国立东南大学董事会的设立,直接动因是高师改大、创建综合性国立大学产生大量办学资金需求却无法通过中央财政得以保障。当时的北洋政府虽支持成立国立东南大学,却无力提供足以维持该校创建和运作的办学经费,东南大学为此不得不另谋他途,把筹款目标转向了东南社会。于是,在郭秉文等人的推动下成立东南大学董事会。"筹备处以欧美各大学为求社会之赞助起见,往往设立董事会,协助校务进行"②,解决办学经费不足是东南大学董事会成立的直接原因。国立东南大学在设立董事会之后的数年间,在政府教育资金出现严重缺口的情况下,联络社会力量、筹资助学,为东南大学募集了较为可观的民间教育经费,大大缓解了东南大学经费拮据的困境,筹建东大图书馆,资助教师出国留学,延揽国内外知名学者,争取理工科试验费,争取丁家桥校区,等等,在一段时间内保障了学校的良好运作。

东南大学董事会所发挥的学校治理功能得到了更多学校的认可,北京地区包括北京师范大学在内的多所学校开始学习和引入董事会制度。早在 1923 年,面对北洋政府财政匮乏、连年欠薪的局面,蔡元培曾主张在北京大学设立董事会,在致北京国立各校教职员联合会议的信函中建议,"北京政府破产之势已成,而政客官僚摧残教育之计划且方兴未已。国立八校当此危险时代,若不急筹高等教育独立之良法,势必同归于尽",由此建议"组织一北京国立八校董事会,负经营八校之全责。凡八校维持现状及积渐扩张之经费,均由董事会筹定的款"。③ 北京师范大学董事会建立的直接因素也是筹措办学经费。范源濂在就任北京师范大学校长之前,最为担心北洋政府的教育经费问题,"现在教育经费无着,政府无人负责,国人从不过问,以国民负担之税款的一部分办教育,而教育限于这种天地,是很可痛心的! 我来校对于教职员,势不能不先清理积欠,否则我亦难忍视"。④ 为此,范源

---

① 清华学校是由外交部和美国驻华使馆共同管理,其时性质并非国立大学。直至 1929 年才改属教育部,更名国立清华大学,并正式纳入国家教育体制。清华学校在 1917 至 1929 年间设有董事会,其董事会制度不仅与国立大学董事会存在类似的治校权力博弈与冲突,甚至在程度上更为激烈和复杂,故而在此一并讨论。

② 《东南大学设立董事会》,《民国日报》,1921 年 1 月 5 日。

③ 高平叔、王世儒编注:《蔡元培书信集》上,浙江教育出版社,2000,第 672 页。

④ 《范校长莅本校欢迎会演说词》,《北京师大周刊》,1923 年第 208 期。

濂极力推动在北京师范大学创立董事会，"应组织董事会，筹议学校内部一切计划，催请政府发放经费，至不得已时并得自行筹款"①。北京师范大学遂于 1924 年设立董事会。

国立大学设立董事会的另一个重要的内在动因是，为大学教育争取更多的办学资源，谋求专业之发展。这一点在交通大学董事会成立过程中表现得尤为明显。交通大学董事会成立于交通大学组建之初，由时任交通总长、交通大学校长的叶恭绰极力推行。设立董事会并非由于经费无着，而是出于大学管理与人才培养之需。叶恭绰认为我国交通事业长期没有发展的原因在于，"专门人手缺乏，不敷应用。而专门人才之所以缺乏，则实由现有各学校学制之不能统一。学制不能统一，即教授不能适应，而所造就之人才，仍不能适如实际上之需要"②。因此，交通大学在筹办之初便提出了不同于其他公立大学对董事诸如热心教育等较为宽泛的要求。1921 年的《交通大学大纲》对董事资格除了捐助者外，还提出了如"有工业或经济专门学术者"，"曾办理交通事业成绩卓著者"③等专业要求。为大学争取利好的办学资源，在东南大学董事会中也得以突出体现。东南大学虽名义上为国立大学，实则主要依赖于东南社会的力量谋求发展，这其中就包括江苏省议会、江苏教育会等东南政治、社会组织。东南大学董事会成员如张謇、黄炎培等皆为东南社会的精英人士，在政界、学界、商界具有很大的影响力和号召力，在很大程度上能够为东南大学提供东南社会诸多方面的资源和保护。

通过董事会这一机关以减少北洋政府政治势力的控制或干预，从而较好地保证大学自治和教授治校，也是国立大学设立董事会的另一重考量。蔡元培就曾对北洋政局过度干预大学教育十分不满，并在致北京大学教职员信函中说道，"目前北京政局，视培辞职出京时，不特毫无改良，而黑暗乃倍徙之"，故对于北京大学和北京其他国立学校的根本救济之法，宜与北洋政府划断直接关系，别组董事会以经营之，各校校长"宜先由各本校教授会公推，再由董事聘任，不复受政府任命，以保独立之尊严，而免受政治之影响"。④ 北京师范大学成立董事会，从而使得学校在北洋政治势力中保持独立，这也是范源濂极力推进北京师范大学成立董事会的一个重要考量。⑤

---

① 《北京师范大学迎范近讯》，《申报》，1923 年 12 月 6 日。
② 《交通总长叶恭绰拟改组交通教育呈大总统文(1920 年 12 月 14 日)》，《交通大学校史》撰写组编：《交通大学校史资料选编》第一卷，西安交通大学出版社，1986，第 346 页。
③ 《交通部指令：第七六四号(中华民国十年三月十日)》，《交通公报》，1921 年第 53 期。
④ 高平叔、王世儒编注：《蔡元培书信集》上，浙江教育出版社，2000，第 668、672 页。
⑤ 姜文：《范源濂与北京师范大学》，《教育学报》，2012 年第 3 期。

1922 年,彭允彝在担任北洋政府教育总长,经常克扣教育经费,干涉人权和校政,甚至意欲控制北京教育界,彭氏也由此为北京教育界所诟病。一年之后,教育总长虽然改由黄郛接任,政治势力控制教育界的情形有所转变,然而以董事会作为学校与政府之间的一重制度屏障,已然成为范源濂在政局动荡期间保护大学决策权力的重要决定。

国立大学董事会的出现,除了大学自身的上述原因之外,北洋政府当局也存有其设立的初衷。其一,可以缓解财政亏空导致的舆论压力。连年军阀混战,军资靡费,导致财政亏空,北洋政府无力按计划支付国立大学经费,京城许多大学都因教育经费短缺而停课,大学教师因政府欠薪而引发讨薪运动。国立大学如东南大学、北京师范大学成立董事会,可以增加学校向社会筹资的多元化渠道,一定程度上缓解因中央财政亏空导致的教育经费短缺问题。其二,北洋政府及相关部门通过董事会,指派幕僚或亲信担任董事,进而影响董事会会议决策,达到掌控或干预国立大学校政的意图,这一目的在清华学校、交通大学得到了极为突出的体现,而东南大学由于地缘政治、江苏教育会等原因而受到东南社会影响较深。

二、翘首东南:东南大学首设国立大学董事会之可能

从某种意义上说,大学董事会制度是北洋政府试图解决棘手的教育经费问题的一次实验。东南大学进行教育管理制度改革,设立国立大学董事会制度,相比北京高校而言,有着太多得天独厚的优势和契机。东南大学首设国立大学董事会制度,具备了如下必要的生存土壤:从地域特征看,江苏省经济发达,在全国处于领先地位,地方财政实力雄厚,商业发展繁荣,教育经费投入连续数年位于全国各省前茅且多年位居全国之首,远远高于直隶和其他省份。① 从社会背景看,作为辛亥革命之后民国临时政府所在地,南京地区远离北京北洋军阀政府的政治压力,思想自由,风气先进,积极投身教育者甚多。以中华职业教育社和中华教育改进社两个全国教育团体为例:中华职业教育社 1920 年江苏省社员数 852 人,远高于甘肃省的 119 人和北京地区的 107 人,其他省份均在 40 人以下;中华教育改进社 1923 年江苏省机关和个人社员总数达到 248 人,远远高于京兆地区的 211 人,以及湖南省的 101 人,其他省份均在百人以下。② 仅从参与全国教育团体的成员

① 教育部:《第四次教育统计总表(四年八月至五年七月)》,中国第二历史档案馆编:《中华民国史档案资料汇编》第三辑教育,江苏古籍出版社,1991,第 918—924 页。

② 《中华职业教育社社员一览表》,中国第二历史档案馆编:《中华民国史档案资料汇编》第三辑教育,江苏古籍出版社,1991,第 788—789、803—804 页。

数以及其他省份的状况可以管窥江苏地区教育力量之庞大、教育事业之发达。此外，由南京高等师范学校校长郭秉文等人发起成立的中华新教育共进社，联合了江苏省教育会、中华职业教育社、国立北京大学、国立南高师、国立北高师、私立南开大学等16所学校、学会等教育团体，成立中华新教育共进社董事会，加强各校和团体之间的联络沟通，也对南京地区的教育发展起到了很大的促进作用。

郭秉文的学术旨趣和教育抱负、东南大学留美学者群的教育改革愿景，以及江苏省社会群体的支持，是引发这一改革的直接动因。作为国立东南大学首任校长，郭秉文的个人影响力不可忽视。在留美期间，郭秉文曾担任中国学生协会总秘书，成为留学生活动骨干，积累了大量的留学生人脉。[①] 1911—1914年间，郭秉文就读于美国教育改革和学术研究的中心、美国哥伦比亚大学师范学院，并成为中国首位教育学博士。郭秉文致力于研究教育制度，其博士论文《中国教育制度沿革史》深得哥伦比亚大学著名教育史学者孟禄的赞许，认为该博士论文"恍然有悟于中邦维新之变革"。该文在中国教育学术圈也产生了一定影响，时任南高师校长江谦慕名立即发出邀请，函聘郭秉文回国任南高师教务主任，执掌南高师教务。两年后的1916年，郭秉文的博士论文即由国内商务印书馆出版，时任江苏教育会会长的黄炎培为该书作序。

郭秉文的《中国教育制度沿革史》是我国最早系统论述中国教育制度的学术专著，论及与民国教育制度相关的诸如中央集权与地方分权关系问题、教育普及问题、师资培养、学校课程等现实问题，并以客观的态度分析既有教育制度应适应国情和时代，认为推进教育改革在吸收西方办学经验的同时，应注意保持本土教育的优良传统。郭秉文对中国教育制度改革抱有热情，据不完全统计，1914—1923年间，郭秉文在《教育杂志》《东方杂志》《新教育》《北京大学日刊》等刊物上发表学术论文、调查报告、教育演讲等近60篇，研究内容广泛涉及教育考察、外国教育现状和学校管理等，对教育学术界乃至民国教育制度改革产生了重要影响。而效仿美国哥伦比亚大学董事会模式设立东南大学董事会，无疑是郭秉文实践教育理念和改革教育制度的一次重要尝试。

东南大学留美教育学者群也成为推进这场教育制度改革的先锋。依据1921年9月23日《国立东南大学筹备处职员名单》，筹备处由本校教职员工共31人组成，其中留美学者多达20人，占筹备处成员总数近六成，而这其

---

① 冒荣：《至平至善　鸿声东南——东南大学校长郭秉文》，山东教育出版社，2004，第15页。

中拥有美国哥伦比亚大学留学背景的学者达 6 人之多。另外，在郭秉文长校时期，东南大学教员 206 人中，具有留学经历者竟达 127 人①，具有留学经历的学者占有明显优势，而这其中又以留美学者占绝大多数。郭秉文专治教育制度史的学术建树，以及作为中国首位教育学博士，在哥伦比亚大学师范学院乃至更多的留美学生中有着不凡的影响力和号召力。东南大学教育科里，具有留学经历的十多位学者中，与郭秉文同毕业于美国哥伦比亚大学的师弟就有陶行知、陈鹤琴、程湘帆、赵叔愚、郑宗海、朱君毅、程其保等人，后来成为近代教育史上的知名学者。

东南大学在筹建过程中经费拮据，是郭秉文等人必须面对和解决的棘手问题，这也是直接引发东南大学成立校董会的助推剂。教育部"越数年犹迟回审顾而未能遽行其议……殆以拙于经济为主因，今之国立学校经常费用犹时虞不给，罔有余力以创大学"②。在教育部经费难以为继、踟蹰其议的情况下，郭秉文等人在东南大学筹备期间即考虑组建东南大学董事会，寻求社会赞助以解决办学经费问题，并为此煞费苦心，采用了诸多方法进行造势和激励。

1920 年前后，张謇、蔡元培等人在各大报纸大造舆论，发动海内外热心教育之富豪资助东南大学建设。③ 张謇、郭秉文等人认为，富豪捐助办学，既可助学，又可获益，名利双收，"南高声誉夙著，海内富豪已有捐资，其中奖励学术者若增立大学术业益进，则海内外热心教育之富豪必尤乐于出巨金以助斯校"④。对于资助东南大学者，校方将许以一定的社会名誉。比如，黄炎培请华侨张布青捐出地皮以支持东南大学筹建，张布青提出以"应请政府颁给勋位，其父亲立铜像，其母亲付史馆立传，其兄亦得相当之勋章等为交换条件"，黄炎培均予以考虑，并以张布青再行经济资助为条件，允诺铜像和勋章事宜。⑤ 这种特定的激励方式，为东南大学募集了可观的办学资金。此外，美国克兰公使夫人、上海工商业名流穆藕初、上海商业银行、上海银团公司、上海面粉公会、上海纱厂联合会、上海合众蚕桑改良会等个人和机构均对东南大学进行了多种形式的捐助⑥，使得东南大学得以顺利筹建。在东南大学的计划和预算书中，明确东南大学设立董事会，并将"曾捐巨款与

① 王德滋主编：《南京大学百年史》，南京大学出版社，2002，第 97 页。
② 《国立东南大学缘起》，《申报》，1920 年 12 月 25 日。
③ 《国立东南大学缘起》，《申报》，1920 年 12 月 25 日。
④ 《国立东南大学缘起》，《申报》，1920 年 12 月 25 日。
⑤ 郭秉文：《筹备东南大学之经过（1920 年 12 月 15 日）》，《南大百年实录》编写组编：《南大百年实录·中央大学史料选》，南京大学出版社，2002，第 108 页。
⑥ 《东南大学校董会开会详情》，《申报》，1921 年 6 月 8—10 日。

本校者"列为董事；同时，学校经费来源分为三部分，其中，机关和私人捐助成为东南大学办学经费的重要来源。①

三、校董、权力与调整：国立大学董事会的制度架构

国立大学董事会的人事结构有着鲜明的官方色彩和政治特征，董事会人选的先后变化也与政府对大学治理的掌控和干预密不可分。东南大学董事会成员较为多元，以东南社会力量为主，教育部干扰因素相对较小。清华学校董事会、交通大学董事会基本由政府官员（外交部官员、交通部官员）把持，一度成为政府直接控制和干预大学校政的工具。本部分从董事会的成员资质与结构、权力安排两方面予以论述。

东南大学从1920年筹办开始，其计划书、预算书中，都明确提出教育部代表为东南大学董事会（理事会）成员。1921年，东南大学董事会成立之初，将董事资格分为"当然校董"和"校董"两类。首届校董17人中，包括当然校董2人：部员任鸿隽、校长郭秉文；校董15人：张謇、蔡元培、王正廷、袁希涛、聂云台、穆湘玥、陈光甫、余日章、严家炽、江谦、沈恩孚、黄炎培、蒋梦麟、钱新之、荣宗敬。1923年，董事资格分为"名誉校董"和"校董"。校董人数增至19人，包括名誉校董2人：齐抚万（燮元）②、韩紫石（国钧）③；校董17人：张謇、蔡元培、王正廷、袁希涛、聂云台、穆藕初、陈光甫、余日章、严家炽、钱新之、荣宗敬、江谦、沈恩孚、黄炎培、蒋梦麟、任鸿隽、郭秉文。1924年公布的《国立东南大学校董会简章》，将董事资格分为"当然者"和"选聘者"两类：

（一）当然者：教育总长指派之部员一人；校长。

（二）选聘者：声望卓著，热心教育者；以学术经验或经济赞助本校者。④

"教育总长指派之部员"为当然董事之首。"教育总长指派之部员"属于

---

① 《南京建设国立大学计划》，《南大百年实录》编写组编：《南大百年实录·中央大学史料选》，南京大学出版社，2002，第103—104页；《改南高为东南大学计划及预算书》，《南大百年实录》编写组编：《南大百年实录·中央大学史料选》，2002，第105—106页。

② 齐燮元，直系军阀，一度担任江苏军务督办。曾受聘为东南大学名誉校董。

③ 韩紫石，北洋政府时期江苏省民政长、安徽省巡按使、江苏省省长，并一度兼督军。曾受聘为东南大学名誉校董。

④ 《修正国立东南大学校董会简章》，《教育公报》，1924年第11卷第7期。

校董之"当然者"①,而东南大学的其他校董必须经过教育部正式发函聘请,包括"当然校董"校长,以及"选聘校董"。东南大学校董之中,曾针对地方督军设有"名誉校董",针对政府官员设有"当然校董",其中不乏军阀投资者和政府官员,政府官员更是多达十几人。在这些政府官员中,不乏教育总长、教育司司长、财政厅厅长等教育、财政主管部门的主要官员。

交通大学在《交通大学大纲》里规定校董资格为"有工业或经济专门学术者,富有教育经验者,曾办理交通事业卓著成绩者,捐助巨款于本大学者"②。同时,校董会章程也未对校董的官方角色作出明确限定。然而,从交通大学董事会成员的身份分析可以看出,交通大学校董的官方角色十分突出,交通大学首届董事会有严修、唐文治、张謇、梁士诒、叶恭绰、徐世章、陆梦熊、沈琪、刘成志、邝孙谋、关庚麟、郑洪年、凌鸿勋、孙鸿哲、刘景山、黄蔼如、钟锷等17位成员,其中叶恭绰为董事会主席,郑洪年、钟锷、孙鸿哲为常务董事。③ 交通大学董事会几半数均为北洋政府及交通部的各级官员。另外,与其他国立大学校内自行举荐不同,交通大学校董人选的产生,首先是将交通部委派筹办交通大学的部分人员直接任命为临时校董,由临时校董再行推荐新的校董,"私相授受,于法并无根据"④。交通大学董事会成立后,经历过几次人员调整,增选2名政府官员、2名商界名流等出任校董。

在国立大学的历届董事会中,与东南大学、交通大学董事会的成员结构基本稳定的情形不同,清华学校董事会的成员及结构出现过与众不同的激烈变动。清华学校在1917年初设时拟定《筹备清华学校基本金章程》,规定设立清华董事会,负责管理基金和学校经费,确定董事10人,由外交总长遴选派充董事会董事,每年改派4人。⑤ 自1917年清华董事会成立至1919年间,董事人数每年增加4人:1917年10人,1918年增至14人,1919年增至18人。董事几乎均由外交部官员兼任,包括外交部的秘书、参事、庶务科长、出纳科长、回部公使、大使等外交部官员兼任。⑥ 以1918年为例,章祖

---

① 《修正国立东南大学校董会简章》,《教育公报》,1924年第11卷第7期。
② 《交通大学大纲(1921年2月)》,《申报》,1921年3月5—7日。
③ 《交通大学董事会会议纪要(1921年3—11月)》,《南大百年实录》编写组编:《南大百年实录·中央大学史料选》,南京大学出版社,2002,第357页。
④ 《交通总长高恩洪复黄炎培等电(1922年6月)》,《交通大学校史》撰写组编:《交通大学校史资料选编》第一卷,西安交通大学出版社,1986,第379页。
⑤ 《筹备清华学校基本金章程(民国六年九月十三日)》,清华大学校史研究室编:《清华大学史料选编》第一卷,清华大学出版社,1991,第244页。
⑥ 苏云峰:《从清华学堂到清华大学(1911—1929)》,生活·读书·新知三联书店,2001,第29页。

申、周传经、许同莘、李殿章、吴佩洸、刁作谦、林桐实、朱润韩、黄豫鼎、饶衍馨、关霁、刘乃蕃、孙昌烜、史悠明等 14 位董事皆为外交部官员，其中，章祖申任董事会会长，周传经、林桐实先后任董事会副会长。1920 年，鉴于五四运动对清华的影响，外交部和美国公使馆开始对清华董事会进行改组，规定清华学校董事会"以外交部部员二人暨驻京美国使馆馆员一人组织之"①，新的清华董事会由外交部参事严鹤龄、美国驻京公使馆参赞斐克、外交部参事刁作谦三人组成，其中严鹤龄任董事会主席，斐克任董事会书记，刁作谦负责文牍事务。外交部通过改组清华董事会，以此加强对清华的控制，强化政府权威，使清华治校权牢牢掌控在外交部和美国驻华公使手中。1927 年，外交部鉴于清华师生对董事会权力扩张的不满，对清华董事会进行改组，在原有董事的基础上，增加教育界、财务专家及清华校友若干，以此缓和清华师生的情绪。1928 年，新的董事会成立，由外交部官员（外交部次长唐悦良、外交部参事张歆海），以及著名学者（蔡元培、杨铨等）共 9 人组成。②

从 1918 年至 1928 年 10 年间，清华董事会成员结构的变迁呈现出一些明显的特征：在董事数量上，呈现出幅度很大的"增—减—增"变化曲线。在董事身份上，外交部官员和美国公使的董事身份自始至终保持不变，增减的董事主要是教育界学者、财务专家、清华校友等非官方角色。关于清华校长，甚至有相当一段时间并非董事会成员，而只能列席董事会会议和提出议案，并且被动地执行董事会各项决策。在变化时间上，董事会成员的增减与当时的政治时局密切相关，五四运动的强烈冲击，使得政府对自由主义思想十分警惕，并以极力对抗之姿态应对，其重要表现就是 1920 年对清华董事人数进行大幅度削减，以达到集中掌控清华治校权之目的。

北京师范大学董事会首批董事有梁启超、李煜瀛（石曾）、熊希龄、张伯苓、邓萃英、陈宝泉、范源濂、王祖训等 9 人，其中梁启超为董事长。与上述学校董事会复杂的政治背景相比，北京师范大学董事会成员结构相对简单。北师董事中，李石曾为国民党元老，熊希龄曾任北洋政府财政总长、国务总理，张伯苓为南开校长，其他多为北京师范大学的教授或校长。然而，正如北师校友李希章所说，"改大后成立了校董会，董事有梁启超、王祖训等。母校也许因此沾上了点派系色彩，这在旧时代，势所难免"③。

---

① 《清华学校董事会章程（民国九年二月五日）》，《政府公报》，1920 年第 1435 期。
② 苏云峰：《从清华学堂到清华大学（1928—1937）》，生活·读书·新知三联书店，2001，第 20—22 页。
③ 李希章：《北高生活片断》，学府丛刊编辑组编：《学府丛刊》，北京师范大学出版社，1985，第 130 页。

　　各国立大学董事会的职权不尽相同,甚至有较大差异,但都曾以学校最高权力机关而存在,最终都以权力式微而淡出历史舞台。具体分为如下几种类型:第一种,以东南大学、清华学校为代表,由初步设立时的经费管理,逐步扩张至掌控全部校务,到政治博弈中的权力式微,终至取缔。第二种,以交通大学、北京师范大学为代表,设立之初便以学校最高权力机构的姿态出现,却以权力萎缩或取缔终结。

　　1921年,东南大学正式成立并颁布《国立东南大学组织大纲》,规定校董事会对于校务负辅助指导之责。1921年东南大学董事会简章规定了董事会职权有两条:一为扶助学校(事业)之进行,二是保管私人捐助之财产,属于议事、咨询性质,并不干预校内事务。① 然而在1924年修订的《国立东南大学校董会简章》中,明确提出校董会的职权包括:"决定学校大政方针;推选校长于教育当局;审核学校预算决算;决定学校科系之增加;保管私人所捐之财产;议决学校其他之重要事项。"②

　　两次简章对东南大学董事会职权的规定发生了明显的变化。首先,是董事会地位的变化,董事会最初设立只是议事、咨询的辅助机构,而后来却变成了学校最高权力机构,凌驾于学校其他所有机构之上。其次,是董事会职权的扩张,董事会最初只是辅助校务,保管私人捐助的资产,而三年后却掌控了大学所有校务,学校一切重要事项均由董事会讨论决策,职权范畴由单纯的议事、咨询等行政辅助功能,扩张到全校的教学、学术、财务、人事等一切校务。其实,早在1920年东南大学筹办之初的计划及预算书中拟定的校内组织系统,就计划设立"理事会"(即后来之董事会)。虽然在计划书中明确表述"设董事会对于校内负辅助指导之责",但由于对学校组织构成中并未提及其他组织,这便为董事会成为校内唯一权力机构埋下了伏笔。在1923年公布的《国立东南大学组织系统表》中,在董事会之下又设立了行政委员会、教授会、评议会,虽然在校内组织结构上反映出校内机构有所增加并日趋完善,却也更加凸显出东南大学董事会作为校内最高权力机构的地位。东南大学董事会职权的先后变化似乎也反映出东南大学办学者的初衷,即以美国哥伦比亚大学为原本,不仅将师范教育纳入综合性大学的教育体系中,以达到"寓师范于大学"的办学效果,同时还在大学治理模式上效仿哥伦比亚大学,利用多元社会力量办学,注重社会沟通,而董事会制度正是这一大学治理理念的制度体现。东南大学董事会日益凸显出其在社会沟通

---

　　① 朱斐主编:《东南大学史》第一卷第2版,东南大学出版社,2012,第86页。
　　② 《修正国立东南大学校董会简章》,《教育公报》,1924年第11卷第7期。

和校外治理上的优势，逐渐成为东南大学的最高权力机构，并由此奠定了董事会制度在国立东南大学的地位。（图 3-1）

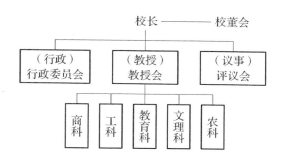

图 3-1　国立东南大学组织系统图（1923 年）

资料来源：《国立东南大学组织系统表及说明》，《南大百年实录》编写组编：《南大百年实录·中央大学史料选》，南京大学出版社，2002，第 115 页。

与东南大学不同，清华学校在成立之初并未设立董事会。清华学校早期的行政结构中，由外交总次长直接管理清华事务，而清华校长拥有校内的最高决策权。这一权力结构的改变发生在 1917 年，改由清华董事会管理学校基金。导致这一权力结构转变的直接原因是，时任清华校长周诒春进行了大规模校舍建设，耗资靡费，并由此招致了外界的批评。外交部因担心美国庚款终止而成立了由外交总长指派十人组成的"筹备清华学校基本金委员会"，负责清华学校的经费规划和使用，为此设立清华董事会，作为清华经费的日常审查和管理机构。1917 年 9 月，汪大燮颁布《筹备清华学校基本金章程》，规定清华设董事会，其"职权以稽核用途，增进利益，巩固基本为主，其关系教务方面不得干预"[1]。章程明确了董事会的职权主要在稽查清华基金的用途，并以维护学校基本运行、不妨碍学校日常教务为基准。该章程还规定了清华学校的每月经费定额、游美学费、监督处各费、经常临时各费的定额，并规定学校预算书"由董事会将各项开支斟酌情形共同议决，不得溢出定额，并将议决报告书一并送部查核。其每月决算书达部以后，仍由部交董事会复加审核"[2]。清华董事会被赋予了保管基本金、稽查经费、议决预算、审核决算的职能，职权限于财务权限之内。同年 10 月，颁布《清华学校董事会章程》，规定"延请外国人为教员或职员时，应先将草合同呈部交

---

① 《筹备清华学校基本金章程（民国六年九月十三日）》，清华大学校史研究室编：《清华大学史料选编》第一卷，清华大学出版社，1991，第 244 页。

② 《筹备清华学校基本金章程（民国六年九月十三日）》，清华大学校史研究室编：《清华大学史料选编》第一卷，清华大学出版社，1991，第 244 页。

董事会审查后方得订定","董事会公推会长一人,副会长一人"①,表明清华董事会被赋予了两项人事权:外国教职员聘请的审查权、董事会会长与副会长的推选权。

1920年,受五四运动影响,清华学生活动更加频繁,对学生权力的呼吁更加激烈,以致清华学校校长张煜全被赶走,校长权威遭遇前所未有的挑战。为了加强对学校的管理权,外交部开始对清华董事会进行改组,旨在将治校权高度集中到清华董事会,并重订《清华学校董事会章程》(民国九年二月五日)。

清华学校董事会章程②
(民国九年二月五日)

第一条 清华学校董事会以外交部部员二人,暨驻京美国使馆馆员一人组织之。

第二条 董事会对于清华学校及游美监督处一切事务,有协同校长管理之权;遇有清华学校或游美监督处发生各项问题,得由董事会处理,但须将议决情形呈请外交部长核准,才可施行。

第三条 清华学校应设立教职员会议,以校长为会长;该会对于编排课程,购置器具等专门事务有议决之权。

第四条 董事会得收受教职员或与该校有关系之个人或机关之报告,但此项报告,均须由校长转递于董事会。

第五条 董事会会议事件,以全体同意作为议决,如董事意见未能一致时,应陈请外交部长决定。

第六条 董事会办事细则,由董事会讨论决定,请外交部核准公布。

《清华学校董事会章程》(民国九年二月五日)明确了董事会职权包括审核经费、协同校长管理学校及游美监督处的所有事务,若清华学校或游美监督处发生各项问题需要讨论和处理,皆由董事会而非校长处理,并直接上报外交部长核准。校长的治校权由此受到极大牵制,尤其是在1920年至1921年金邦正担任校长期间,这一限制尤其显著。与此同时,教职员会议的权限

---

① 《清华学校董事会章程(民国六年十月二十五日)》,清华大学校史研究室编:《清华大学史料选编》第一卷,清华大学出版社,1991,第246页。
② 《清华学校董事会章程(民国九年二月五日)》,《政府公报》,1920年第1435期。

也被限定在课程编排和器具购置等专门事务之内。此时的清华董事会,显然由清华经费审核机构演变为清华最高权力机构,掌控清华学校的一切职权。值得注意的是,1917 年章程规定董事会会议"过半数同意为议决",而在 1920 年章程中则将"过半数"改为"全体同意",否则呈请外交部长决定,实则是在清华董事会权力高度集中的情况下,又进一步强化了外交部对清华董事会的控制权。这一改变,遭到了清华师生尤其是清华留美和归国学生的极大不满,在清华的美国校友会和国内校友会中产生了极大反响,认为清华新组建的董事会对校政过分干预,以致学校无法实现独立和自治,并由此引发了清华关于"改隶废董"的一场大讨论。这场讨论持续了数年之久,其核心议题便是要求将董事会权力回归教授,实现教授治校而非官僚治校,并直接影响到清华董事会的再一次权力调整。

1922 年,曹云祥出任清华校长,先后设立调查委员会,以及由华员公会、职员会议、教职员会议、美国教员会议、中文部及学生会代表共同组成的协作委员会,旨在改变当时清华校长权力萎缩、人事动荡、人治主义的校内治理矛盾。清华两会提出了削弱清华董事会治校权力、制衡校长权力、增加教师权力的改革提议。1925 年,曹云祥将教务会议作为清华最高权力机关,由校长委派 6 名职员、教授代表 4 人共同组成。但这一校内制度改革,意在增加清华校长以及校内教职员的治校权,从而减少外交部通过董事会对校政的过多干预。然而,这一由校长和职员主导的教务会议,依然遭到了不少清华教授的质疑。钱端升指出,清华教务会议"既非校长集权,也非教授治校,而职员之权,则有增无已"[1]。显然,以钱端升为代表的清华教授们,主张教授治校,而不是职员治校,而设立评议会、教授会并以评议会为清华最高权力机关则是实现教授治校的重要举措。

1926 年,《清华学校组织大纲》由清华教授拟定、经外交部同意颁布,旨在加强评议会和教授会的权力,评议会取代了董事会原有的全校最高决策机构的地位,董事会的权力大受削弱。根据《清华学校组织大纲》规定,评议会由校长、教务长及教授会互选之评议员 7 人组成,校长为当然主席,负责制定全校教育方针、议决各学系之设立与变更、规章制度、审定预决算、学位授予、人事任免等职权,基本掌握了校内主要校政,取代了清华董事会成为校内最高权力机关。同时,教授会由全体教授及各行政部门主任组成,主席、副主席分别由校长、教务长担任,负责选举评议员及教务长、审定课程、向评议会提供建议等职权。其中,清华教授会作为全校性教授组织,成员不

---

[1]　钱端升:《清华学校》,《清华周刊》,1925 年第 362 期。

仅包括各行政部门主任,还涵盖了清华全体教授,这也是清华教授会不同于《国立大学校条例》中规定的教授会,也同于全国其他学校教授会,可谓清华教授治校的巅峰时期。①

1928 年,随着南京国民政府统一全国,由大学院和外交部订定、经南京国民政府颁布了《国立清华大学条例》,旨在加强中央教育主管机关及校长的权力,同时削减评议会和教授会的权力。这一改变,并未征询清华教授的意见,而清华师生呼吁已久、刚刚实现的教授治校局面开始被打破。与《清华学校组织大纲》(1926)相比,《国立清华大学条例》(1928)规定了清华董事会职权包括确定教育方针、制定规章制度、审查预算决算、留学、财政、基金保管、推举校长候选人等,董事会取代了评议会的地位,再次成为清华最高权力机构。

1929 年,经过清华的"改隶废董"运动,清华大学改隶教育部,不再隶属外交部。南京国民政府教育部颁布的《国立清华大学规程》,则宣告了清华董事会历史的终结。清华自建校以来由美国公使馆和外交部通过清华董事会掌控清华校政的权力格局,经过多次校内权力结构调整,清华董事会从校内最高权力机关的地位不断滑落,并逐步让位于清华评议会,这表明了清华治校权从外交部及官僚到校内教授的实质性转变。《国立清华大学条例》(1928)的颁布,则意味着教授治校权力的萎缩,治校权复归于由外交部和美国公使馆掌控的清华董事会。而《国立清华大学规程》的出台,一朝废除了清华董事会,切断了清华与美国公使馆的隶属关系,清华治校权由此完全收归中国政府,使得美国公使馆方面无权干预校政。(图 3-2,3-3)

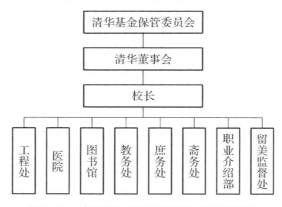

图 3-2　清华学校组织系统图(1922)(部分)

资料来源:清华大学校史研究室编:《清华大学史料选编》第一卷,清华大学出版社,1991,第 256—257 页。

---

① 苏云峰:《从清华学堂到清华大学(1911—1929)》,生活·读书·新知三联书店,2001,第43 页。

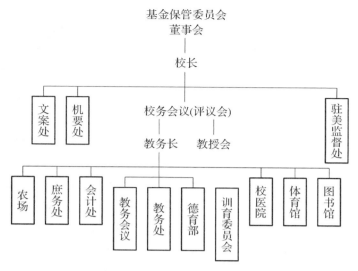

图 3‑3 清华学校行政组织系统表(1925—1926)(部分)

资料来源:清华大学校史研究室编:《清华大学史料选编》第一卷,清华大学出版社,1991,第 258 页。

交通大学董事会设立于 1921 年,《交通大学大纲》规定董事会职权有:"规定教育方针;核定学科与规划;筹画经费;监督财政;推举校长。"①相比东南大学、北京师范大学董事会,交通大学董事会并不具备教授待遇、学位的审定资格,也就是说,交通大学董事会未被赋予校内人事聘定与教学的相关权力。而交通大学评议会则有"审议董事会咨询事项"之职。由于交通部内部新旧派系之争,交通大学董事会仅存续一年,1922 年 5 月便被交通部取缔,是年颁布的《修正交通大学大纲》中便不设董事会,原董事会职权基本由评议会、行政会议分担。1922 年 7 月,交通部在舆论压力下复设交通大学董事会,是年颁布的《交通部直辖大学通则》明确规定了董事会职权有二:"计画并扶助学校之进行,稽查财政及校产。"②交通大学董事会职权严重萎缩,被限制在财务管理的范围内,直至被取消。

1924 年 1 月,北京高等师范学校成立董事会,《国立北京师范大学董事会简章》对董事会作出了与东南大学相似的职权规定:"1. 推荐校长;2. 议定学校教育方针;3. 制定学校章程及组织大纲;4. 审定本校预算及决算;5. 审定教授之待遇;6. 审定学位之给与;7. 保管校产;8. 议决其他经校长提出之重要事宜。"③北京师范大学董事会自成立之时,便顺利取代了该校评议会

① 《交通大学大纲(1921 年 2 月)》,《申报》,1921 年 3 月 5—7 日。

② 《交通部直辖大学通则(1922 年 7 月)》,《新闻报》,1922 年 9 月 19 日。

③ 《国立北京师范大学董事会简章》,《教育丛刊》,1923 年第 4 卷第 8 期。

而成为校内最高权力机关,校内的权力结构也因此发生改变。

国立大学董事会许多决策的议定,与大学自治的理念产生了矛盾。清华学校、交通大学、东南大学等公立大学董事会对教授治校的权力产生极大的削弱,董事会自行决定学校重大事务,对外受制于政府部门,对内不与评议会、教授会等校内部门进行沟通,从而加剧了教授、校长、董事之间的隔阂,以及师生对大学董事会的不满。

在董事会与政府部门的关系方面,国立大学董事会的决策程序上依然受中央政府部门的控制或干预。东南大学董事会简章规定,董事会章程依据教育部指令进行修订,未尽事宜则"经校董四分之三通过修改,呈请教育部核定"①,"校董会决议事项由校长呈请教育总长核准施行"②。北京师范大学董事会章程规定,"董事会议决事项,应由校长呈请教育部核准施行",而董事会章程的修订则"由董事会三分之二以上之多数议决修改,呈请教育部核准备案"。③ 清华学校 1920 年颁布的董事会章程规定,"董事会会议事件,以全体同意作为议决,如董事意见未能一致,应陈请外交部长决定"④。清华学校董事会决议则必须报告外交部,经过外交部长审核通过才能施行。事实上,清华董事会否决校长议案,外交部长否决清华董事会决议,甚至官员直接干预董事会决议的情形,并不鲜见。来自校外政府主管部门的过度干预成为清华学校实现教授治校、学术自治的重要障碍,也是清华学校改组董事会之呼声频发的一个重要原因。交通大学董事会简章并未有类似规定,但并不能就此断定其相对独立于政府主管部门,其最重要的原因在于校董成员几乎都由交通部各级要员充任。这表明,国立大学董事会在决策程序上,受到政府主管部门相当程度的掌控和干预。

在董事会与校内其他职能部门关系方面,国立大学董事会由于缺乏规范、有效、民主的决策与沟通程序而成为一种变相的校内集权制。比如,东南大学董事会简章中并未对董事会的议定程序作出明文规定,这导致东南大学董事会在诸多决策程序上无章可依。东南大学董事会因学校财政拮据需核减经费,议定裁撤工科,"收束停办,所有学生,由校设法转学他校"⑤。从东南大学董事会历次会议议决内容中可以看到,东南大学董事会的决策

---

① 《修正国立东南大学校董会简章》,《教育公报》,1924 年第 11 卷第 7 期。
② 《修正国立东南大学校董会简章》,《教育公报》,1924 年第 11 卷第 7 期。
③ 《国立北京师范大学董事会简章》,《教育丛刊》,1923 年第 4 卷第 8 期。
④ 《清华学校董事会章程(民国九年二月五日)》,《政府公报》,1920 年第 1435 期。
⑤ 《校董会关于工科之决议案(1924 年 4 月 27 日)》,《南大百年实录》编写组编:《南大百年实录·中央大学史料选》,南京大学出版社,2002,第 176 页。

实践至少涉及两部分：第一，办学资金筹措，这是董事会最为重要的决策内容。第二，决定学校之合并，系科之裁撤变更。而东南大学组织系统规定，教授会有"建议系与科之增设废止或变更于评议会"之职，而在建校初东大评议会曾对此项事务具有决定权。东南大学成立董事会之后，一度取消评议会而代之，完全取代评议会的职权和地位。东南大学校董会在做出各项决策时，并未经过教授会、评议会商定，未经过相关系科及负责人商定。因此，相对政府掌控校政而言，东南大学通过设立董事会制度在很大程度上为自己赢得了较高的大学自治权，但在董事会决策前的校内商讨上并未搭建出合理有序的沟通渠道，在校内治理的程序和方式上并未做到民主参与，教授治校的权力在相当程度上被边缘化。

交通大学、北京师范大学在董事会章程里，对董事会的运作规范和程序作了较为明确的规定。交通大学在董事会例会方面，规定"董事会每月开会一次，由董事长定期召集之。遇有紧要事件，得召集临时会"。在董事会会议事件议决方面，"以现在董事过半数出席、出席人数之过半数议决之"。另外还规定，董事长为董事会会议主席，若董事长因故无法到会，须委任其他董事代行主席之权。[1]　规定虽然明确，然而交通大学董事会却因交通部内部的政治斗争而在一年后仓促夭折，复设的董事会已无实权，亦无此规定。北京师范大学董事会简章规定，"董事会常会每年二次，于六月十二月内，在北京举行；每次开会日期由董事会或董事长择定。遇有特别事项，得由董事三人，或校长之请求，召集临时会"[2]。

四、大学、政党与社会：国立大学董事会制度的生存境遇

国立大学董事会的职权规定具有与生俱来的政府化特征。在隶属关系上，国立大学原本属于中央政府教育部，中央政府是国立大学的创办者和所有者，教育部是国立大学的具体主管部门。这一府学隶属关系，已经十分明确地表达出国立大学在学校所有权与治理权上的权力归属，也决定了国立大学董事会在这场权力体系中的定位。从中央政府的立场来看，国立大学董事会并不可能成为独立于政府部门的大学决策机构，而只是中央政府与学校主管部门对国立大学进行权力掌控与实施管理的中间环节。与此同时，作为中间环节的国立大学董事会，也随时面临着被中央政府与学校主管

---

①　《交通大学董事会章程（1921年3月）》，《交通大学校史》撰写组编：《交通大学校史资料选编》第一卷，西安交通大学出版社，1986，第356页。

②　《国立北京师范大学董事会简章》，《教育丛刊》，1923年第4卷第8期。

部门根据决策和教育需要而进行权力调整、结构改组,甚至直接被取缔的可能性。国立大学董事会简章规定董事会议决议事项应由校长呈请教育总长核准后方可实施,董事会简章的制定和修改也必须由董事会呈请教育部核定,也成为在这一权力体系下的必然结果。

董事身份的政府化,董事会决策核定的政府化,决定了国立大学董事会制度的政府化特征。国立东南大学董事会自酝酿之初,即处于民国政府的立法控制之下,董事名单的确定、董事会简章的拟定、董事会重大决策等事宜都需要经过民国教育部的审批。东南大学依据教育部核准的开办东南大学计划书之规定组织董事会。东南大学第一届董事会成员任鸿隽司长为教育部当然代表。作为当然董事的校长郭秉文,也由教育部直接任命。选聘董事名单由学校推举后必须经过教育部核准并由教育总长而非校长发函聘请。东南大学董事会的"政府气息"从部分董事的政府任职中可以管窥:

> 齐燮元　直系军阀,江苏军务督办
> 韩国钧　北洋政府时期江苏省民政长、安徽省巡按使,江苏省省长,曾兼任督军
> 张　謇　曾任中华民国临时政府实业总长、北洋政府工商总长兼农林总长,江苏省议会会长
> 蔡元培　中华民国首任教育总长
> 王正廷　南京国民政府外交部部长
> 袁希涛　北京政府教育部次长,代理教育总长
> 严家炽　时任江苏省财政厅厅长
> 江　谦　江苏省教育司司长,曾任南京高等师范校长
> 沈恩孚　江苏省公署秘书长,上海市议会议长
> 黄炎培　江苏省教育司长,江苏省教育会副会长

国立东南大学董事会已然彰显了国立大学董事会制度作为公立学校的政府化特征。1924年颁布的《国立大学条例》进一步明确了董事会成员的指派或聘请,以及董事会的决策事项,均须经过政府审核批准,再次表明了国立大学与国民政府的隶属关系,以及与江苏省议会、江苏省财政厅、江苏省教育司等地方政府机关的密切关联。东南大学依靠具有政治、经济、社会等背景的校董获取了各方面有利的办学资源,在办学之初取得了令人注目的效果。然而,这种经费募集方式有着江苏省作为全国经济发达省份的地域特殊性,有其作为东南社会的人脉、机缘的特殊性,同时更有着与东南地

方政治势力、军阀势力的密切关联性，在办学实践上很难持续和推广。

北洋政府为缓解中央教育财政亏空，多次下文嘱各地方政府对国立东南大学予以办学经费支持，由江苏省负担三分之二，其余三分之一由江西、安徽、浙江三省负担，并嘱四省财政厅予以遵办。[1] 然而政令难行，浙、皖、赣三省借口推诿，分担经费无着，"阁议通过的 54 万当中，只有江苏的 18 万靠得住"[2]。陶行知受郭秉文委托，赴京筹措经费，却遭遇罗钧任的无理推诿。东南大学不得不借助董事会成员的关系获取地方政府、商业大亨的经费支持。其间，校董穆藕初"捐助器具建筑费 6 000 元，又捐助银 5 万两，选送东南大学毕业生留学欧美，又捐银 5 000 两，选送高师教员留学美洲中校"[3]。名誉校董、江苏督军齐燮元就曾为东南大学出资 15 万捐建图书馆，并以齐父之名命名为孟芳图书馆。校董黄炎培为拓建校园，曾借南洋考察之机专程拜会南洋华侨张步青，说服张步青将位于南京丁家桥的南洋劝业会旧址 500 亩捐献给东南大学。[4] 东南大学校董们对于学校建设可谓不遗余力，为东南大学的顺利办学提供便利。可以说，国立东南大学的创办，更多的是得益于东南社会而非中央政府的力量扶持，而东南大学董事会在联络东南社会，争取社会财力、政策、资源等方面，发挥了重要的作用。

北洋时期战事频仍，挪用教育经费充作军费的情况屡见不鲜。即便是经济发达的江苏，由于 1924 年前后的江浙军阀大战，江苏省疲于应付军费，东南大学教育经费急剧萎缩，年度经费总开支从 1923 年的 86 万元下降到49.4 万元（1924 年）、48.9 万元（1925 年），相应的图书设备费支出比从10.7％下降到 5.7％（1924 年）、2.9％（1925 年）[5]，教师的职薪由 6.82 万元（1923 年）下降到 5.28 万元（1924 年），教薪由 21.68 万元（1923 年）骤减到13.64 万元（1924 年）。[6] 与此同时，东南大学还拖欠 77 家公司和机构的款项，数额累计 15.33 万元。[7] 持续的经费缩减引发了东南大学师生的不满，1923 年，东大学生会向各报馆致函声讨"江苏省议会将江苏省立各校教育

---

[1]　《教育部关于东大 11 年度经费的训令》，《南大百年实录》编写组编：《南大百年实录·中央大学史料选》，南京大学出版社，2002，第 234 页。

[2]　《陶行知访罗钧任后致郭秉文函》，《南大百年实录》编写组编：《南大百年实录·中央大学史料选》，南京大学出版社，2002，第 233 页。

[3]　《东南大学校董会开会详情》，《申报》，1921 年 6 月 8—10 日。

[4]　王运来：《江苏高等教育的早期现代化》，人民出版社，2001，第 165 页。

[5]　朱斐主编：《东南大学史》第一卷第 2 版，东南大学出版社，2012，第 82 页。

[6]　《东大及南高师历年经常费支出分类表（8 年度至 15 年度）》，《南大百年实录》编写组编：《南大百年实录·中央大学史料选》，南京大学出版社，2002，第 219 页。

[7]　《东大欠款项下户名及欠数》，《南大百年实录》编写组编：《南大百年实录·中央大学史料选》，南京大学出版社，2002，第 225 页。

经费,多方核减,而议员岁费,变其面目,暗增 10 余万",反对削减教育经费,以求获得社会舆论的支持。然而事与愿违,至 1925 年,江苏省财政厅不断拖欠东大经费达 38 万元,欠发中西教职员薪水 11 万元。对于郭秉文的再三呈文"请截留津浦路所征教育附捐,并令沪杭两路援案办理"的请求,江苏省公署以提高票价将影响铁路营业为由,拒绝补发教育欠款。① 据 1927 年对东南大学进行账目审查报告书所载,1919—1927 年期间,东大收支入不敷出,且"有捐款收入、租金、息金及杂项收入种种并未列入报告者约 295 000 余元",东大账目常有"先支后收",或者"收入有时并非完全现金,有时虽属现金,因与别种开支账相抵,所以未列入收支报告"②的混乱状况。

继东南大学之后,诸如江苏省的国立自治学院等一批公立学校效仿东南大学设立董事会,并赋予董事会"决定本院进行计划"③等职权,以期达到东南大学的资金募集效果。对这些公立大学董事成分的分析可以发现,其中相当一部分成员如荣宗敬、钱新之等人为国立东南大学的董事。这种一人身兼多校董事的状况,在北洋时期十分普遍。受聘为东南大学校董的社会人士具有较高的社会威望和资金募集能力,虽然有些成员仅仅是因为拥有特定的文化身份而通过捐资成为董事,但并不乏热心教育事业并愿意为之尽力的董事。这样既有实力又愿意尽力的董事典范,往往成为国内大学竞相聘请的目标。然而,仅凭这身兼多所大学董事的少数人选,试图解决更多公立大学的资金困境,无疑势单力薄,难以为继,同时也会造成更多名至而实难归的挂名董事。时人曾如此评价东南大学董事会:

> 南京的东南大学,也是国内后起之秀,组织上比较算完备的了。但是每届做预算的时候,看见他们各种争斗的神气,我们认为是组织的不完备。我们所谓组织不完备,缺乏的是什么? 就是一个董事会。试想北京大学若有一个董事会,蔡元培的辞职问题,恐怕不会发生;就是发生,也是对于董事会辞职,还不至于弄到现在的决裂……东南大学已经有董事会了,但是这个董事会的性质,似乎偏于经济的装饰的一方面,对于学校的政策,教育的方针上,还

---

① 《江苏省公署关于经费致东大函(1927 年 1 月 5 日)》,《南大百年实录》编写组编:《南大百年实录·中央大学史料选》,南京大学出版社,2002,第 234—235 页。
② 《徐广德审查国立东南大学账目报告书》,《南大百年实录》编写组编:《南大百年实录·中央大学史料选》,南京大学出版社,2002,第 216—217 页。
③ 《国立自治学院董事会规则(1923 年 12 月 18 日)》,中国第二历史档案馆编:《中华民国史档案资料汇编》第三辑教育,江苏古籍出版社,1991,第 247 页。

不见得生影响。①

该文认为大学董事会应该能解决学校内部诸多问题，而不应局限于筹款一事。虽然该文对东南大学董事会的功能认识有所偏颇，但也直指民国国立大学董事会制度之弊病，对校董会的功能提出了更多的期待。

在校董会设立之前，评议会是国立大学校内最高权力机构，议决全校教育方针、学制、规章、财政、人事等系与科之增设废止或变更等全校重大事项，具有校内最高的校务、学术决策权，其成员由校长和教授组成。大学评议会是学术独立和学术自由的体现，其校内最高权力机构的地位在董事会制度引入国立大学之后发生了实质性变化。校董会作为国立大学最高权力机构，凌驾于教授会和评议会之上，教授的学术权力受制于校董会，甚至有时候，校董会干预、剥夺乃至架空了教授的学术权力，直接插手并议决校内教学、科研等学术事务。虽然部分校董为教育行家，但更多的政府官员、外籍官员、商界大亨的介入，使得校董会角色纷呈，立场各异。在校董会内部出现争论和矛盾时，又缺少系统的民主规范程序，这一制度性缺失使得校董治校与五四以来教育界极力主张的教授治校、学术自由思想殊途难归。

郭秉文在 1921—1923 年较短时间内，不断扩大校董会的权力，并一度将东南大学董事会提升到全校最高权力机构。1921 年校董会成立之初，其定位仅仅为议事、咨询机构，国立东南大学筹备处所拟简章对校董会主要职权的规定也仅是"扶助学校之进行；保管私人捐助之财产"。1923 年 11 月，郭秉文在校董会上建议扩大校董会职权，并修改校董会章程，将校董会一下推到了学校的权力中心，也使得评议会和教授会的地位变得尴尬起来。同年《国立东南大学校董会简章》规定了校董职权：决定学校大政方针；审核学校预算决算；推选校长于教育当局；决定学校系科之增加、废止或变更；保管私人所捐之财产；议决学校其他之重要事项。② 校董会开始拥有决定学校大政方针、系科增废的重大权力，掌控了学校的学术、财政、行政的综合权力，分明被赋予学校最高权力机构的职责。校董会关于"决定学校大政方针""决定系科之增加、废止或变更""议决学校其他之重要事项"等职权，均与评议会的职权重复并产生冲突，评议会的权力被架空。随后的 1924 年 3 月，郭秉文干脆取消东南大学评议会，而将治校大权集于校董会一身，东南大学原有的董事会、评议会、教授会的制衡机制不复存在。

---

① 永：《学校风潮中的董事会问题》，《努力周报》，1923 年第 50 期。
② 《修正国立东南大学校董会简章》，《教育公报》，1924 年第 11 卷第 7 期。

1924年9月,江浙战争爆发,直系军阀、江苏督军齐燮元战败。齐燮元受郭秉文之邀担任东南大学校董,并曾向东南大学捐款创办孟芳图书馆,郭秉文正是由于这一渊源而被认为与直系军阀相勾结,并被划归直系人物和国民党等政治派系的对立面。当段祺瑞控制北方政权之时,具有国民党背景的教育部代部长马叙伦,也因与郭秉文政见不同而向段祺瑞政府提出免郭提案,要求罢免东南大学校长郭秉文,改由胡敦复担任。① 与直系军阀有经济往来的郭秉文和东南大学,此时欲继续置身于政治之外而不可得。在东南大学深受政党政治之影响而频现学潮和易长风潮之时,江苏省地方政府和江苏教育会等东南社会重要力量都力挺东南大学,为维护东南大学的校政稳定而与北方政治势力举力抗争。江苏省主席韩国钧甚至向北京政府致电,认为"郭校长前后任事十年,学风纯洁,绝未加入政治漩涡,今无故免职,于苏省教育前途影响极大,务恳查明教育核准该校董会章程规定之校长任用手续,郑重考虑,俾不致于时局靡定之际,再发生教育界之纠纷"②。江苏教育会副会长黄炎培甚至对于北京政府教育次长马叙伦来电敦促东南大学易长一事不以为意。同时,江苏教育会、东南大学董事会上海召开紧急会议,对于北京政府和教育部未按照规则自行更换东南大学校长的行为作出严重抗议,认为"推选校长于教育当局为校董会之职权,今教育部并未践行部令核准之规定,本校董会本委员会本日联席会议……对于此次东南大学校长免职任职绝对否认"③。此外还即刻组织临时校务委员会,与学校行政委员会共同处理校务④,代替校长行使权力,以维护校内秩序。

1925年,教育部鉴于各方压力,发布训令,认为东南大学董事会"常有侵越权限情事,势将益滋纠纷"⑤,要求其停止行使职权,同时下文嘱东大复立评议会。虽然郭秉文力主办学独立、不涉政治,并借助大学董事会这一社会办学模式减少东南大学对于政治之关联,然而却依然未能使东南大学逃脱不同政治派系纷争的宿命。正如东南大学生物学系主任胡先骕所言,"郭校长为事业家,以成功为目的,对于学术政治无一定之主张,此固其大缺点。然在军阀统治之下,欲求学校经济之发展,对于军阀政客与所谓之名人,势

---

① 许小青:《政局与学府:从东南大学到中央大学(1919—1937)》,中国社会科学出版社,2009,第87页。
② 《韩国钧电》,《民国日报(上海版)》,1925年1月16日。
③ 《东大易长风潮之昨讯》,《申报》,1925年1月13日。
④ 《校董会致郭秉文公函》,《申报》,1925年2月11日。
⑤ 《教育部关于东大校董会停止行使职权的训令(中华民国14年3月7日)》,《南大百年实录》编写组编:《南大百年实录·中央大学史料选》,南京大学出版社,2002,第182页。

不得不与之周旋"①。时任东南大学副校长任鸿隽对东大易长风潮也意味深长地评论道:

> 至于此事(注:东大易长风潮)的根本问题,就除开政治关系不讲,专就学校本身而论,不能不怪郭鸿声办学无计划——如各科系的设置,自来无预定的计划和步骤,以至科与科系之间,竞争冲突,终年不已。近来因经费困难,闹出乱子,固意中事,即使经费宽裕,我恐各科也不能得平均的发达。而做后台老板的校董先生们,又对于大学多半外行,所以不到几年,外面虽轰轰烈烈,内里头却已是千疮百孔了。②

在理想与现实之间、学术与政治之间,郭秉文不得不从中作出妥协,而他最初所坚守的教育独立、学术自由、服务社会、大学与社会相平衡的大学理想,在教育实践中却不可避免地遭遇了自身与时代的悖论。

五、关于国立大学董事会制度之民国论争

伴随着北洋政府时期跌宕起伏的政潮和学潮,国立大学董事会制度不仅经历了实践的差异、冲突、调试、取缔的历程,更突显出大学治理中关于大学自治、学术自由、教育独立等具有共性并值得反思的教育问题。关于这一话题,民国学界在 20 世纪二三十年代曾出现过一场较为激烈的论争。

民国学界的这场论争主要针对北洋政府时期出现的董事会制度进入公立大学的教育现象。北洋政府长期存在的教育财政危机,公立大学不得不直面自身的办学经费困境,客观上制造了校董会制度进入国立大学的契机,也恰好与财政捉襟见肘、棘困燃眉的北洋政府心意暗合。随着教育部《公立私立专门学校规程》《私立大学规程》《国立大学条例》等一系列条例和训令的出台,私立大学董事会制度逐步受到政府约束,而国立大学董事会制度却依靠国家行政力量试图在全国推广。然而此举,支持与反抗并存,乐观与彷徨同在:支持者如郭秉文所在的东南大学、范源濂所在的北京师大,坚决反对者如以北京大学为首的北京八校;乐观坚定者如陶行知,逡巡彷徨者如蔡元培。在运作过程中,公立大学董事会也存在着诸多难以解决的困境,比如

---

① 胡先骕:《东南大学与政党》,张大为、胡德熙、胡德焜编:《胡先骕文存》上卷,江西高校出版社,1995,第 305 页。
② 《任鸿隽致张奚若函》,载《"东大风潮"的辨证》,《现代评论》,1925 年第 1 卷第 26 期。

经费问题依然难以完全解决,校政决策受制于官僚、军阀和商人,大学内部的学术权力危机、利益角逐、学潮风波,等等。

公立大学董事会所引发的权力纷争,在清华学校、东南大学、北洋大学、交通大学等公立大学反复上演。其中,清华学校、东南大学两校董事会引发了很大的舆论关注与论争。公立大学设董事会制度是否合理,是否必要,其治理成效、权力纠葛与存废问题一直是民国时期公立大学师生论争的焦点。相关论争在《教育杂志》《教育周报》《努力周报》《清华周刊》《国立清华大学校刊》《东南论衡》《北京师大周刊》等民国报刊以及大学校刊中十分普遍,庄泽宣、凌冰、梁启超、梅汝璈、罗隆基、黄炎培、常导之等均参与了这场讨论。

1922年,庄泽宣①在《清华周刊》发表了《读彻底翻腾的清华革命对于改组清华董事会的我见》。关于董事会规模,庄泽宣建议董事会为七人至九人。关于董事人选,认为在清华教员的同学以及刚回国的清华同学,不宜做董事,因为回国同学和留京同学很少。同时政界的同学不仅变动较大,且在教育上有经验者也"寥寥无几"。关于清华董事的聘任,庄泽宣认为"祇可由外交总长出聘",并对比东南大学董事由教育部出聘的情形,认为美国公使无权过问清华,但"由外交总长聘时和他商量犹可"。② 关于董事资格,庄泽宣对比美国大学的情形,赞同凌冰③提出的"不必限定教育家"的建议,"中国教育家有几个? 况且工商业各界也应有代表,不但可以某校务之发展,且可以帮同筹备基金"。关于董事任期,庄泽宣指出,"美国大学终身任董事的很多",并建议"任期至少六年,每二年改选三分之一",针对担心董事人选不好的情形,他建议可以"先慎选,第一次选的不对可以不承认……选之后使他们安心任事",并通过每两年对董事进行改选的方式选进行人选调整。关于董事会的职权,庄泽宣将其定位为"一种监督的性质",董事"重在有眼光有常识有判断力,不必一定要纤细去计划或干涉校中的细节,而且不必一定要住京"。至于"学校的兴革计划还是靠校长和他的帮手",因此校长只需在董事会议上提出建议,由董事会讨论通过。而目前的清华董事会,其弊病恰恰在于"替校长办事,又好用意气",董事会职权定位出了问题。④ 而这一弊

---

① 庄泽宣,1916年毕业于清华,随后赴美留学,1922年回国并任教于清华。

② 庄泽宣:《读彻底翻腾的清华革命对于改组清华董事会的我见》,《清华周刊》,1922年第254期。

③ 凌冰,先后就读于私立南开学校、清华留美预备学校,后赴美留学,1919年回国,任教于南开学校大学部,并担任教务长。

④ 庄泽宣:《读彻底翻腾的清华革命对于改组清华董事会的我见》,《清华周刊》,1922年第254期。

病"一半是校长没有人选的缘故"。① 故而校长人选是改造清华董事会、重新界定董事会职权的题中应有之义。

东南大学是最早设立董事会制度的国立大学,郭秉文、陶行知等东南留美教育学者在该制度的推行中起到了关键作用。陶行知对郭秉文倡建的国立大学董事会制度予以鼎力支持并积极鼓吹,在 1923 年清华学校董事会权力受制于外交部、董事频繁更迭等管理风波之时,曾以"梁达"为笔名在《新教育》杂志发表《清华教育的背景》一文,表达了自己对国立大学董事会的态度:

> 当时不设立一个独立的董事会,而归学部与外交部合办这一件领袖教育的大事,已经是大错了!不幸民国成立后,完全归外交部办理,真是大错特错!……这董事会有协同校长管理清华学校及游美监督处之权。另设审计会,稽核用途。于是不但经济上受节制,连行政上也不自由了。……外交部另有学务处……专管部辖各校……清华虽另有董事会,但学务处仍有时要过问……
>
> 我们以为清华教育是应当由全国领袖人物组织独立的董事会去管理。这董事会应当有全权,无论何事不受任何方面的干涉。董事的任期宜长,庶可有远大不变的计划。关于清华教育的问题甚多,如选考学生问题,扩张大学问题,男女均等机会问题等,皆须彻底的解决。但一国三公,在外交部管理之下,均无彻底解决的希望!……第一步的办法,是聘请全国知名的教育家研究董事会组织法,和改革纲要。第二步就是组成独立的董事会。庶乎退还的赔款,一分一毫的用途,都与中国前途最大之利益!②

陶行知主张大学董事会应当拥有完全而独立的学校管理权,制定决策不应受外力干扰,并且具有任职相对稳定的董事以保证决策的有效执行。然而,目前清华董事会完全受制于外交部控制,缺少独立的决策权,董事更替频繁,以致各种决策难以有效落实。为此,陶行知主张,应当由知名教育家来研究董事会组织法和改革纲要,由全国领袖人物组成独立董事会管理

---

① 庄泽宣:《读彻底翻腾的清华革命对于改组清华董事会的我见》,《清华周刊》,1922 年第254 期。

② 梁达:《清华教育的背景》,《新教育》,1923 年第 6 卷第 5 期。

清华,并表示黄炎培、郭秉文都有意参加清华董事与校长人选。[1] 由此可见陶行知等一批留美教育学者对郭秉文及其所鼓吹的国立大学董事会制度的支持力度。

关于清华董事会制度之论争是公立大学董事会制度讨论的重要部分。梁启超针对清华董事会的董事构成、董事资质与董事会功能发表观点。关于董事构成,梁启超认为,董事"应当由中美两国的教育家合组",而不是清华当下的"这类小官僚的董事会",因此,董事中应当有外交总长、美国公使、校长、学生代表,以及国内教育家。关于董事资质,梁启超认为需要慎重选择国内教育家,因为"不一定聘为董事的都热心,热心的不一定可以当董事",同时,美国董事最好是清华的美籍教授,而不是身在异地、对清华不甚了解之人。关于董事会职权,梁启超认为预算、保管基金、聘请校长是董事会的三项职能,而预算及学校相关"方针""大计"最为重要。[2]

梅汝璈[3]在《改组董事会亟应讨论之问题》一文中直指明确董事会职权是董事会改组问题之核心,"改组董事会之焦点乃职权问题而非人选问题矣"。他指出,目前关于董事会之讨论往往"讨论董事人选之一途,而于董事会之职权则鲜有过问者"。同时,在讨论董事人选时,专注于"毕业生当派充董事""教育家当聘为董事",认为董事会职权"乃专门教育家之事,非普通常识之可妄事划分者"而将"未有若何之讨论",这不仅无异于"隔靴搔痒",而且也"不啻将自己取消其讨论改造董事会之资格耳"。董事人选问题并非董事会的全部问题,更不是改组董事会的"首决问题":

> 就实际言,董事会之职权未决,董事人选问题即无从谈起。设使董事会之职权为筹管基金核算用款,则董事之为人,须以能胜任"筹管基金核算用款"者为宜。若董事会之职权为代表舆论取决学制,则董事之为人当以能胜任"代表舆论取决学制"者为宜。[4]

梅汝璈就董事会与学校财政、董事会与校长两方面讨论了董事会的职权的职权界定。在董事会与学校财政方面,梅汝璈比较分析了美国私立、公立学校董事会的性质与权力,董事会是私立学校"必要之组织,且势力极

---

[1] 苏云峰:《从清华学堂到清华大学(1911—1929)》,生活·读书·新知三联书店,2001,第30页。

[2] 《与梁任公先生谈话记》,《清华周刊》,1923年第271期。

[3] 梅汝璈,时为清华学校学生。

[4] 梅汝璈:《改组董事会亟应讨论之问题》,《清华周刊》,1923年第291期。

大"，美国私立学校是这方面的典型。他认为，美国私立学校董事会"颇类似公司商行，故董事会有如公司之股东会，校务之最高机关也"，校长、教授常因理念或主义与董事会不和而被开除。而美国公立学校，董事会并非必要组织，职权也"大都止于筹管基金核算用款及代表社会余论以供学校之顾问，断未有'管理各项事务''处理一切问题'如我校者"。针对清华财政"缺乏健全机关执行"，梅汝璈建议，学校财政权不宜由外交当局掌握，而应由董事会掌握，使用权在校长，财政权和监管权在董事会，从而保证学校财政的合理运作。① 清华董事会与校长的关系，有似于私立学校董事会与校长的"股东与经理"之关系，校长"唯董事会之命是听"。当校长与董事会发生理念冲突时，只能去职。因此，董事会权限"不可过大"，"除关系学校财政之事项外，董事会之决议，校长只有酌量采纳之义务，而无绝对遵行之义务"。为其如此，"校长之政策计划可自由执行，不受董事会之挟制，且对校长负责之教授，亦可宣传其主张，实施其教法"。关于董事会的校长任免权问题，梅汝璈认为董事会这一权力可以有效避免外交当局干预校长人选、卷入政治漩涡之危险，并可有效制衡外交当局、董事会、校长三方权力，保证权力之"和谐"与"均势"。②

在《辟妄说》一文中，梅汝璈列出清华董事会改组之理由：首先，董事均由外交官员担任，缺少教育知识和经验；其次，董事人选随着外交官员之更替而变动，以致既定方针难以持续；再次，校长并非董事，没有董事会议决权，且受外交当局、美国公使、董事会三方掣肘。然而，清华目前董事会由外交部参事司长与美国使馆参事担任董事，是典型的"小政客""小官僚"董事会，而非真正意义上之学校董事会。③

署名为"景"的文章《现在还不改组董事会更待何时？》对当时清华同学会北京支部、《彻底翻腾的清华革命》编辑组、梁启超、凌冰、调查委员会、庄泽宣、留美清华同学会等各派改组董事会的主要观点进行了总结，这些改组意见主要聚焦于董事会的规模、任职资格、任期与改选方式等方面。

关于董事会规模，有七人、九人、十一人等不同建议。清华同学会北京支部、《彻底翻腾的清华革命》编辑组、凌冰、庄泽宣主张九人董事会，梁启超主张九人或十一人董事会，而调查委员会、留美清华同学会主张七人董事会。董事会规模的不同，实则是由于董事人选资格的来源及其代表的利益

---

① 梅汝璈：《改组董事会亟应讨论之问题》，《清华周刊》，1923 年第 291 期。
② 梅汝璈：《改组董事会亟应讨论之问题》，《清华周刊》，1923 年第 291 期。
③ 梅汝璈：《辟妄说》，《清华周刊》，1923 年第 295 期。

集团存在差异。清华同学会北京支部提出，九人董事会分别由"美国使馆指派董事三人，一为美国使馆员，其余二人为在北京或北京附近之美国著名教育家；由外交部指派中国董事三人，一为外交部员，二人为在北京或北京附近之中国著名教育家；其余三人，有清华同学会在北京或北京附近之会员中推举之"①。《彻底翻腾的清华革命》编辑组提出，清华董事会以九人组成，外交部、美国使馆各指派一名董事，清华同学会推荐三名董事，由外交部聘请北京及附近地区教育家四人。② 梁启超提出，董事"由中美两国教育家及与清华关系极深之人任之"，再由两国外交机关各派一人担任董事。凌冰提出，董事由清华同学会选举三人、外交部、美国公使推定六人，董事资格"以学望素著能辅助校务之进行者为标准"。调查委员会提出，名誉董事长、名誉副董事长各一人，董事七人。清华校长担任永久董事兼董事长。名誉董事长为外交总长，名誉副董事长为外交次长。七人董事由外交部一人、美国公使馆一人、清华同学会一人、清华学校校长、国内名人（教育家实业家或企业家等）三人组成。③ 留美清华同学会关于董事会改组，意见不一，主要焦点在于外交部官员、美国使馆官员、教育部官员、社会名人、教育团体代表是否应当加入清华董事会，但大都认为"董事会应代表多方面"，主张名誉董事两人（外交总长、美国公使）、董事七人（校长、清华同学会一人、国内人名人五人）。④

关于董事任期与改选方面，并非各方都有明确的任期建议，但在改选方面都有各自的主张。清华同学会北京支部提出，"每年应各有一人退职，其缺额除美国使馆员及外交部员，仍由美国公使及外交总长派人接充外，余均由董事会员自身选人补充"⑤。《彻底翻腾的清华革命》编辑组提出，外交部员及美国使馆员退职后，由外交部和美国使馆派人接替，而其他董事则由董事会自行改选。⑥ 凌冰明确提出了董事任期，以及改选方式，董事任期三年，每年改选三分之一，由董事会协议推举。第一次推定董事以"抽签"方式分定任期，于次年改推三分之一，董事"得推举连任"。调查委员会提出，七人董事，任期三年，"连举得连任，每年改选二人"。清华同学会推举三人，由外交部于三人中任命一人为第一任董事，以后改选则由董事部于三人中选

---

① 景：《现在还不改组董事会更待何时？》，《清华周刊》，1923 年第 269 期。
② 景：《现在还不改组董事会更待何时？》，《清华周刊》，1923 年第 269 期。
③ 景：《现在还不改组董事会更待何时？》，《清华周刊》，1923 年第 269 期。
④ 景：《现在还不改组董事会更待何时？》，《清华周刊》，1923 年第 269 期。
⑤ 景：《现在还不改组董事会更待何时？》，《清华周刊》，1923 年第 269 期。
⑥ 景：《现在还不改组董事会更待何时？》，《清华周刊》，1923 年第 269 期。

择一人,其余董事则由外交部任命,由董事部自行改选。① 庄泽宣针对调查委员会的方案,建议董事任期由三年改为六年或九年;九人董事中,除外交总长、美国公使、校长三人外,另六人三年改选两到三人。留美清华同学会提出,校长为永久董事,其余六人任期三年,每年改选三分之一,连选得连任;第一次董事应以抽签法分定任期;第一人董事有外交部聘请,有董事会自行改选。作者进而提出董事会改组原则为"使清华董事会成为一理想完美的董事会,但同时须顾着实行方面,使美使馆与外交部方面不来阻碍"。②

即至1924年,清华学生在《晨报副刊》连续发表《清华的根本改造——改组董事会》,进一步明确了董事会定位、人选,以及职权界定。第一,将来之董事会应完全不受政治之牵制。目前董事会由外交官员担任,因外交事务繁忙,无暇顾及校政。第二,将来之董事会应捐除国界之观念。董事不一定请美国人担任,而"须视其能否有所贡献及需要为标准"。第三,将来之董事会应以"有教育学识经验或兴趣而能极为清华某幸福者组织之"。第四,将来之董事会应有终决权。目前对董事会职权限定为"协同校长管理"校务,且"发生各项问题,得由董事会处理,但须将议决情形,呈请外交部长核准",董事会并无"终决权"。第五,将来之董事会应设法筹备基金,并使其永远安全。③

庄泽宣对清华董事会的观点在1926年发生了变化,并在《论将来的清华大学董事会中应有教职员及学生家属代表》中修正了四年前的观点。在此之前,他主张"董事会中不可不有名流,不可不有教育家",而此篇中,他结合近年来各大学董事会的经验,认为:

> 这种名流或学阀派的董事会,充其量不过挂空名,弄得不好反受其害,而且不论哪个大学或教育机关,没有董事会则已,若有董事会,总逃不了那几个人做董事。

庄泽宣将此称之为"包办式的董事会(Interlocking)"。④ 他指出,由学

---

① 景:《现在还不改组董事会更待何时?》,《清华周刊》,1923年第269期。
② 景:《现在还不改组董事会更待何时?》,《清华周刊》,1923年第269期。
③ 佚名:《清华学校学生改组董事会之请求》,《教育杂志》,1924年第16卷第7期;《清华的根本改造——改组董事会(上)》,《晨报副刊》,1924年5月26日;《清华的根本改造——改组董事会(上)续》,《晨报副刊》,1924年5月27日;《清华的根本改造——改组董事会(中)》,《晨报副刊》,1924年5月30日;《清华的根本改造——改组董事会(下)》,《晨报副刊》,1924年5月31日。
④ 庄泽宣:《论将来的清华大学董事会中应有教职员及学生家属代表》,《清华周刊》,1926年第24卷第18期。

阀和名流组成的董事会，主要为了筹款，而清华因有经费资助并不需要这样的董事会。因此，他建议董事会应有同学会代表、教职员代表、学生家属代表这三种人组成。他重点分析了教职员代表、学生家属代表，认为学校完全由教授来治校，则"恐与社会情形不免隔阂"，但若没有教职员代表，则易"使教职员完全成为董事会的附属品"，并且教职员较之董事更为熟悉校内事务，因此应有部分教职员代表担任董事。庄泽宣认为，学生家属代表是最关心学校发展的群体，学校与学生家属代表"若能平时预有接洽，互相联络，合谋学校的发展"，"学生中如有好的意见，也可由家属代表在董事会中陈述"，这将有利于清华的进步。①

在围绕清华董事会的激烈论争之外，则是从宏观层面对国立大学董事会制度进行了整体性的学术讨论和制度思考，比如《学校风潮中的董事会问题》《教部颁布国立大学条例之反响》《国立大学的董事会问题》《异哉所谓大学董事会》等专门论争，以及以常导之的《增订教育行政大纲》等著述，主要学术观点可分为否定主义、客观主义、理想主义三类。

《学校风潮中的董事会问题》认为，董事会可以解决学校存在的诸多问题，有设立的必要。设立董事会可以实现如下目的：一是能够代表共和主义，即形成民主的管理制度，避免校长独断的偏颇；二是能够容纳专门家的意见，即让懂得教育管理的专家出谋划策；三是董事会不能直接干预校政，而应当"处于监督和帮助地位"，因此董事会成员应当范围广泛、人格高尚、热心教育，进而使董事会成为一个"学校与社会的绍介机关"，学校可以通过董事会这一中介得到社会的"积极的帮助"。文章进而指出，董事会的职责应当包括"决定学校的教育方针"，而美国式的董事会将职权局限于筹款，则使得董事会对学校的益处十分有限，因此，学校设立董事会的目的应在于"保障学校的稳固，主持学校的政策和监督学校的行政，而不在乎专为学校筹款"。文章就东南大学、交通大学、清华学校等公立大学董事会进行了分析，认为东南大学董事会"偏于经济的装饰的一方面，对于学校的政策、教育的方针上，还不见得生影响"，交通大学董事会"由交通部派出几个官僚和私党组织"，清华董事会由美国使馆和外交部的官员组成，是"替美国使馆添一个参与学校的机关，教育上当然没有什么好处"，因而都不是理想中的董事会。作者对董事会职权、董事人选、组织结构做了理想型设计，认为董事会至少应具有以下职权："一，须主持校长以下职员的进退；二，须决定学校进

---

① 庄泽宣：《论将来的清华大学董事会中应有教职员及学生家属代表》，《清华周刊》，1926年第24卷第18期。

行的方针;三,须审定学校的预算决算;四,须担任学校经费的筹划;五,凡学校有重大改革,及校内教职员学生问题,有重大争执时,以董事会为最终取决机关。"①

《教部颁布国立大学条例之反响》认为,民国时期的董事会制度仅限于纯粹私立大学和公私合办大学,美英两国大学多属此类;而法日两国皆国立大学,因此并无董事会。而民国在国立大学设立董事会,并安插官僚政客等与学校无干之人担任董事,与教育独立之精神、教授自治之潮流相违背,易使教育陷入政治漩涡。尤其在民国现状之下,设立董事会有弊无利,建议取消。② 常导之认为民国大学教育出于萌芽期,大学作为最高学术研究机关,若要稳定发展,可借鉴欧洲大学的经验,而不是美国校董会制度。常导之将美国大学校董会与英、意、法、德四国大学行政机关作比,结合民国教育现状,认为我国公立大学不应设校董会,如此可以避免美国大学权能旁落之覆辙。③ 署名为"君哲投言"的《异哉所谓大学董事会》一文,认为"欧美日本学校之董事会,仅公立或私立者有之。国立者亦有之,吾未之前闻也。有之,自中华民国始!"④文章指出,无论从校内治校结构上,还是董事会权力定位上,国立大学董事会均是"赘疣蛇足",均非所宜。该类观点从中外大学的现状、民国时期的政治环境等切入点分析民国国立大学引入董事会制度的失误,并从教育独立、教授自治等教育理念彻底批判了该制度存在于国立大学之谬误。此类观点在民族主义情绪的主导下,借清华北大的废董风潮而占据了民国教育界的重要一席。

汪震在《国立大学的董事会问题》一文中指出,国立大学董事会制度不应一概而论,也不应有统一模式,其存在与否以及运作模式应视各校校情而定,对国立大学董事会各自产生的不同原因、背景以及争论焦点进行了专论。文章就国立东南大学与北京国立八校各自的情形进行了分析。东南大学董事会成为首个国立大学董事会有着不同于北京八校的独特条件:"与教育部隔得太远,教育部照看不到;款项不是由教育部领来的,什么地方领来,什么地方便要派监督;与社会接近,有几个董事可以在社会上活动、鼓吹,使社会上帮助款项。"而在北京国立八校中,北京师大主动设立董事会,并认为董事会的设立可辅助校长、协助校政,有助于巩固校长的地位。相比之下,北京医大、北洋大学持赞成态度,北京女高师、农大持附和态度,而北大则明

① 永:《学校风潮中的董事会问题》,《努力周报》,1923 年第 50 期。
② 佚名:《教部颁布国立大学条例之反响》,《教育杂志》,1924 年第 4 期。
③ 常导之:《增订教育行政大纲》,福建教育出版社,2011,第 139—140 页。
④ 君哲投言:《异哉所谓大学董事会》,《晨报副刊》,1924 年 3 月 19 日。

确表示反对。北大认为校内有教职员会议,对外有校长,对教育部直接可以负责,故而北大无须设立董事会。国立大学的校内组织及其职能的差异性,是导致各校态度不同的关键。北大的校内组织采用德国模式,组织精密,校政由教授会议、教职员会议主持,校长没有实权,而北京师大校内没有精密的组织,校长拥有实权。

> 中国的国立大学是不划一的,因为不划一,所以便不能安置一种划一的董事会……大学的董事会应当任从各校自己决定,有没有,权限怎样,要顾及各校的差别。笼统的条例,必然有顾此失彼之患的。

汪震以为,教育部不宜将北京师大的董事会章程盲目推广到其他国立大学,教育部制定的国立大学董事会条例是"不适用"的。文章进一步建议,"在有精密的组织的学校,董事会便做一个研究的机关,这样可以超出校长、教职员、学生三方的利害关系,而有清楚的观察,大公无我的讨论。在学校组织上幼稚一点的,便不妨把权限订得大一点了"①。在作者看来,各个大学是否需要设立董事会,以及设立何种权限的董事会,应当由各校根据自身的校内机构设置和权力分工的具体情形自行决定,而"用不着什么划一的条例",要求所有大学都以全国统一标准来设立董事会并无必要。

关于民国大学董事会制度的论争,主要围绕社会舆论中对国立大学董事会制度产生的治校矛盾,以及由此透视出的董事会权力界定、董事会制度结构、校内权力结构、政治与学术之关系等主题而展开。不论是清华学校、东南大学、北京师范大学抑或交通大学,都早于北洋政府的《国立大学校条例》出台之前设立了各不相同的董事会制度,且遭到了校内外舆论的激烈论争。虽然四校的董事会制度结构、权力分配、董事选聘、程序规范等方面不尽一致,利益相关者之间的身份、冲突程度不尽一致,但其暴露的制度矛盾以及由此导致的核心论争话题却是共通的,即政府和学校应当如何设定国立大学董事会的地位,如何规划董事会的权力,即国立大学董事会应当担负何种治校角色;在政府财政拨款之外筹集办学资金的同时,如何有效配合国立大学的运作机制,如何最大限度地尊重大学所应有的教授治校的学术理想免受外界非学术力量的干扰;如何让大学真正成为大学,又该如何平衡政府、社会与大学的关系。对于社会舆论主要倾向于批判和否定在国立大学

---

① 汪震:《国立大学的董事会问题》,《教育周报(上海)》,1924年第9期。

设立董事会的态度,相关学者不仅分析了国内的形势,而且对比分析了不同校情、不同国情下的区别,并初步涉及政治与学术、权力关系、制度生态、制度结构、制度演变等重要话题。这场论争在相当程度上影响了国立大学董事会制度的实践。与此同时,北洋政府关于在全国普及国立大学董事会制度的教育立法,也由于受到社会舆论等因素的冲击和影响而难以真正落地,最后不得不在质疑与批评声中匆匆落幕。

六、自治抑或他治:国立大学董事会制度的性质考辨

北洋政府时期的国立大学董事会制度是民国教育界一次自下而上的教育制度改革实践,也是北洋政府在形势所迫下一次被动的教育制度改革。北洋时期军阀割据,政治动荡,经济萎靡,北洋政府在全国影响力极其微弱,教育界不得不依靠自身力量进行教育制度改革的探索,以谋求教育之发展。然而教育制度改革举措匆匆上马,教育总长频繁更迭,政局变幻莫测,致使这一改革难以在相对平稳的制度环境中,进行有效且持续的探索。这一教育制度改革的尝试,成效与失误并存,支持与反抗并存,理念与困惑并存,理想与现实并存,学术与政治并存,虽然最终被政府取缔,却也很难用"成败"一词简单定论。

北洋政府时期的国立大学董事会制度也是五四运动之后教育独立、学术自由思潮在大学治理方面的一种表现。教育财政的主导地位在很大程度上决定了教育制度运作的话语权。国立大学董事会的职权实则分为两类,一是经济权力,二是决策权力,而经济权力是决策权力的基本保障。只有在拥有了经济权力之后,才可能拥有决策权力。当经济权力遭遇时代困境之时,校务决策权必然受到实践的严峻挑战。

作为国立大学的资助方,政府和董事会都具有理论上的国立大学治理权。然而,政府作为国立大学创办人,作为国立大学真正的"东家",始终决定着国立大学的办学性质与权力归属。国立大学董事会虽然致力于在政府和军阀之外谋求经费之独立、办学之空间、教育之自由,使得教育独立于政潮更迭的影响之外,然而国立大学与生俱来的政府化特征使得国立大学董事会在实际运作过程中备受掣肘,不得不有限的空间里"束铐起舞"。

北洋政府时期的国立大学董事会制度,虽是教育界为出于某种教育理想而进行的改革努力,实则却成为北洋政府出于对五四以来教育独立和学术自由思潮的恐慌与抵制,在缺乏财力支持的情况下,利用民间自发的教育改革契机进而实施对大学学术自由、教育独立的干预。包括北京大学在内的许多北京地区的公立学校认为,由官僚、军阀、商人等外行组织的董事会

来管理学校,无疑是对教育独立和学术自由的背叛,进而拒绝执行《国立大学校条例》(1924)中关于在大学设立董事会的规定。这也使得董事会制度很难在全国大学推广实施。事实上,实施董事会制度的国立学校除了东南大学、交通大学、北京师范大学、清华学校少数几个学校之外,寥寥无几。即便是在上述这些实施董事会制度的大学中,都不同程度地导致了校内权力失衡、校外政治纠葛,以及校政的频繁更迭。显然,在这场教育权力的博弈中,教育界无论是国立大学董事会的支持者,抑或是反对者,都为此而向政治做出了独立教育者的斗争和呐喊。然而,北洋政府截然不同于教育界的改革初衷,基本消解了这场教育制度改革的效果。

对一个制度的评判,离不开其所处的民族和时代。脱离了这两者,评判只能是一个形而上的空洞之物。只有将制度还原到所处的历史时代、民族文化之中,才能真正看清它应有的位置。国立大学董事会制度在社会参与方面,官员、军阀、商人、教育家等校外多元社会群体参与治校,在某种意义上实现了大学治理的民主参与。然而,参与国立大学董事会的官员往往以"官方代表"的身份参与董事会决策,甚至有些官员背后还隐藏着更为复杂的政治派系,官员董事的"官方角色"和"政治派系"在很大程度上影响或制约着国立大学董事会的性质,这就给国立大学董事会的运作带来了极大的政治隐患。如此一来,国立大学董事会究竟为谁代言,性质如何,便成为一个争论不休的话题。在董事会决策方面,往往由政府官员掌握着决策话语权,决策过程缺少透明度和公开性,在学校师生并不知情的情况下做出重要校务决策,遑论师生参与校政讨论了。正是国立大学董事会这种"暗箱操作"的专断做法,违背了民主治校的原则,引发了时人对国立大学董事会的不满。在董事会职权方面,往往逾越了大学自治的限度,延伸到系科设置、教师聘任等学术事务上。大学自治在作为一种有限度之自治的同时,也有着自治的边界或底线。逾越这一边界,便不能称之为自治。然而,国立大学董事会却往往逾越这一底线,且在相当程度上成为一种政府干预或控制大学校政的工具,甚至沦为政治派系斗争的角逐场。

国立大学董事会制度是不是一个大学自治的教育制度,如果完全按照西方关于大学自治的内涵和标准去界定,很难得出一个符合本土实际情形的客观结论。因此,判定国立大学董事会制度是否具有大学自治的性质,或者是不是一个大学自治制度,还应当从该制度出现的历史阶段中,国立大学与政府的关系及其权力边界,大学自治程度的变化中得出评判。无论是在政策制定还是教育实践中,国立大学董事会依然受到中央政府与上级行政主管部门的管辖和干预,无论运作程序、决策内容、人选安排,莫不如此。当身处党政纷争、复杂多变的政治环境之中，社会缺少成熟的民主和法治观念，更没有相应的民主机制和法制保障，却将大学校务决策权交付于政府官员、军阀、商人等具有复杂政治背景与不同理念初衷的校外人士，并非真正意义上的大学自治之道场，而终是归于中央集权制政治掌控之下的一种必然或宿命。

由于政局动荡，北洋政府疲于战事，许多政策立法在很大程度上流于形式，未能有效落实，这便给国立大学董事会实施治校权以短暂的生存契机，使其可以在相对宽松的范围内争取特定时代和特定地域上的某种限度或某种意义的自治。对比国立大学董事会制度产生之前单一的"政府管理"、部分大学实行的"教授治校"，以及南京政府时期强势的"党化管理"，国立大学董事会制度，或可认为是具有一定的大学治理权但"自治"程度较低、在特殊境遇下甚至具有明显的"他治"性质的一种大学治理制度。该制度为民国的大学治理打开了一扇多元化社会参与的自治之窗，在某种意义上为社会多元化、民主化参与大学治理作出了一种艰涩的制度探索。

第四节　私立大学董事会制度的确立

晚清时期，清政府禁止私人办学，但清末新政的推广在相当程度上推动了民间国人自办私立学校的出现。这批私立学校主要由民间团体和具有官僚身份的知名士绅筹办，其性质上虽非官方办学，却在办学经费和人事、校址等方面多赖官方赞助，并非近代真正意义上的私立学校。此间仅仅出现了复旦公学、中国公学等少数具初具高等教育形态的私立学校，由于清政府未能在教育立法上予以认可，很大程度上造成了清末私立学校难以大量出现。由于这些私立学校的办学层次还未能达到严格意义上的大学水平，因此可以说，直至清末，国人自办的私立大学还没有出现。

近代国人自办的私立大学始于民国初期。由于常年军阀混战，国家财政艰难，学校尤其是大学很少，民国政府考虑充分吸纳民间资本投入教育。仅在 1912—1913 年间，北洋政府陆续出台《大学令》（1912 年 10 月）、《公立私立专门学校规程》（1912 年 11 月）、《私立专门学校等报部办法布告》（1913 年）、《私立大学规程》（1913 年 1 月）、《私立大学立案办法布告》（1913 年 1 月）、《整顿私立大学办法布告》（1913 年 12 月）等一系列国家教育立法，鼓励民间资本办学。1914 年 12 月，教育部公布《教育部整理教育方案草案》，提出要"变通从前官治的教育，注重自治的教育"。

我国教育放任诸民者数十百年，民久不知兴学为何事，一旦鉴于列强之盛衰，知无学不足以立国，国家收回教育权，欲以制度划一之，文书督促之，民间闇然弗相感应；欲立一校，动需国帑，否则终于无成。其结果，人民即学有一长，非赖国家之代为谋，即不能有所自见。是皆偏于官治之病，而未鼓舞其自治心……①

1915 年 1 月，《大总统颁定教育要旨》出台，主张教育应"重自治"，并以英美教育为例，指出英美等国以私立学校居多，同时私立学校经费数额亦相当可观，我国应当学习英美国家的教育自治，"盖人人有资生之能，不必依赖而自活，斯遇事有强立之力，不待督责而自兴"②。

为了促进民间资本办理私立大学，北洋政府还放宽了大学办理的门槛。1917 年，教育部颁布《修正大学令》，规定"凡设一科者，亦可称大学"。在这一政策背景下，国内出现了兴办私立学校的热潮，如厦门大学、南开大学、大夏大学、复旦大学等一批近代知名私立大学都在这一时期创办。

一、筹集资金与博取资本：私立大学董事会设立缘起

根据教育部的规定，私立院校必须经过教育部批准，并以学校"设立者"为法定代表，对学校管理负责，学校"设立者"必须具备法定的资产、资金或其他收入，呈请教育部核定后方得立案。因此，私立院校的办学资金成为学校能否立案的硬性条件，具有筹资功能的董事会制度开始受到办学者的青睐，承担起了沟通社会以博取办学资本的重要功能。私立大学为了在教育部立案和顺利开办，往往选择官僚政客、社会贤达、商界大亨担任学校董事，便于募集办学资金，疏通政府关系，获取政策支持，扩大办学影响，并寻求社会保护。民国初期，私立大学都将设立大学董事会和聘请校董作为头等要事。此外，大学将校董作为荣誉或头衔变相拍卖给捐资者，成为时下之风，大学往往通过给捐资者赠送校董头衔而获得办学资助，或者政策、安全保护。一些商人巨贾也纷纷通过向大学捐资获得校董头衔的方式博取社会资本和文化资本，进而赢得更多的社会地位与文化认可。

复旦公学创办于 1905 年，由于 1911 年辛亥革命爆发，局势动荡，校舍

---

① 《教育部整理教育方案草案》(1914 年 12 月 11 日)，《教育研究（上海 1913）》，1915 年第 20 期。

② 《大总统颁定教育要旨：重自治》(1915 年 1 月)，《教育月报》，1915 年第 10 期。

被部队占用，学校经费无着，同时复旦公学不少学生加入了革命军，学校一度陷入停办的困境，后多赖地方士绅多方支持，学校方得以维系。1912年，复旦公学向教育部申请立案，并聘请陈英士、沈缦云等人为校董，筹备因辛亥以来被迫停办的复旦公学的复校工作，此时复旦董事会并未成立。由于复旦创办人、校长马相伯先后任职于江苏省都督府、北京总统府，无法亲理校政，学校实际负责人为教务长胡敦复、庶务长叶藻庭。而此时的复旦公学所面临的最大困境是经费匮乏。复旦公学早期的经费来源主要有二，一是政府的公费拨款，二是学生缴纳的学费。这一时期，因政局动荡，政府公费拨款暂停，学校校务进行完全依赖学生所交学费，因而在教职工薪金、设备维护等方面捉襟见肘。庶务长叶藻庭的重要工作便是对外筹集办学经费，无暇顾及校务。与此同时，复旦学生因对时局、校务不满而奋起罢课。经费筹措、校务涣散、学生罢课，诸多现象引起了校董们的关注。他们认为，导致校务涣散等问题的主要原因是学校没有成立一个完整有效的管理机构——董事会，以统管全局。[①] 复旦公学董事会正是在这一背景下正式成立。

由于政府公费拨款暂停，在复旦董事会成立以后，复旦公学的经费来源除了日常的学生学费之外，主要依靠董事会捐助，这使得复旦公学在缺少公款补助的经费异常困难时期，校务得以维持。1913年2月，临时政府交通部次长于右任出面组织复旦公学董事会。王宠惠为董事长，孙中山、陈英士、蔡元培、于右任、曹成父、虞和甫、郭健霄、沈缦云、陈其美等人为校董。董事会的主要职责是聘请校长、筹集经费。[②] 复旦公学董事会在办学经费问题上进行了多次讨论。第二次董事会会议上，讨论商定"认筹经费于开学前编定预算，不足之数由各董事共同担任"。[③] 1917年，复旦公学升格为私立复旦大学，私立复旦大学董事会规模得以扩充，校董分为名誉董事、评议董事、顾问董事三种。复旦大学董事长唐绍仪，名誉董事有唐绍仪、萨镇冰、蔡廷干、陈梦桃、陈嘉庚、杜开来、梁炳农、林文庆、邱燮亮、林秉祥、张耀轩、李兴濂、简照南、简玉阶；评议董事有聂云台、唐路园、钱新之、凌潜夫、余日章、王正廷、夏敬观、劳敬修、郭仲良、陈炳谦、谢蘅牕；顾问董事有王宠惠、陈

---

① 复旦大学校史编写组编：《复旦大学志（1905—1949）》第一卷，复旦大学出版社，1985，第61—62页。

② 复旦大学校史编写组编：《复旦大学志（1905—1949）》第一卷，复旦大学出版社，1985，第205页。

③ 复旦大学校史编写组编：《复旦大学志（1905—1949）》第一卷，复旦大学出版社，1985，第92页。

金山、朱莱康、张鹤隐、陆守经、邱心荣、于右任、章锡酥、侯德光、薛中华等。[①] 其中，担任校董的政治要员有唐绍仪、蔡廷干、王正廷、王宠惠、于右任等，担任校董的商界名流有林秉祥、简照南、简玉阶、钱新之、劳敬修、薛中华等。私立复旦大学建设资金主要依靠董事会通过社会募捐而获得。在董事长唐绍仪的主持下，复旦大学的社会募捐由起初的备受冷遇变得较为顺利，比如南洋兄弟烟草公司简照南兄弟捐款 5 万元，中南银行黄奕柱捐款 1 万元，教务长薛仙舟向纽约华侨募集款项。[②] 私立复旦大学的建设工作得以有效进行，江湾校区也于 1922 年顺利落成。董事会为私立复旦大学的建设与发展提供了有效的资本支持和政策庇护。

　　1919 年，私立南开大学筹办之初，严修等人遍访各省军政长官与教育当局，争取办学资金，分别从梁士诒、周自齐、曹汝霖、黎元洪、徐世昌、阎锡山、曹锟、张学良等民国军政要员处获得经费资助，南开大学由此将捐助南开办学的官僚政客、军阀和资本家等人士聘请为校董。中国公学在建校之初并未设董事会和校长，1908 年始设董事会，张謇为董事长。中国公学早期的办学经费来源于包括两江、湖北、浙江、四川、江西等地财政资助。辛亥革命之后，各省财政困难，对中国公学的财政补助暂停，南京临时政府开始在经费上支持中国公学，孙中山、黄克强、宋教仁等革命党元老加入董事会助力筹款事宜。大夏大学聘任了叶楚伧、王伯群、邵力子、马君武、张君劢、汪精卫、林支宇、陈树霖、邓萃英等政界要员担任大夏第一届校董，后又增加王一亭、王省三、虞治卿、赵晋卿等为校董[③]，王伯群为董事会主席。在王伯群担任南京国民政府交通部部长之后，大夏大学又聘请孙科、居正、吴铁城、孔祥熙、何应钦、王正廷等国民党政要为校董，校董身份的政治化程度更加明显，为大夏大学办学获取政策、经费赞助带来极大便利。

　　私立大学通过吸纳政治与社会名流参与董事会，拉拢地方势力，为学校的安全与稳定增加了话语权力与交涉砝码。私立复旦大学、大夏大学一度聘请杜月笙为校董，以期利用杜月笙在上海的势力，维护学校及师生的安全。1936 年，南京国民政府为镇压以复旦大学为中心的上海反日救国学生运动，派军警包围复旦大学，陆续逮捕反日救国会干部和校内外学生，并开枪自伤警察，复旦学生却因此遭到栽赃污蔑。事发后，校长李登辉召集校董

---

① 复旦大学校史编写组编：《复旦大学志（1905—1949）》第一卷，复旦大学出版社，1985，第205 页。

② 复旦大学校史编写组编：《复旦大学志（1905—1949）》第一卷，复旦大学出版社，1985，第107 页。

③ 《大夏大学消息》，《申报》，1924 年 11 月 22 日。

会开会，由校董杜月笙、钱新之、孙科、叶秉孚①等人出面营救和保释被捕学生。② 实际上，杜月笙不仅兼任了私立复旦大学、大夏大学的校董，而且几乎兼任了上海所有私立大学的校董。杜月笙兼任多校校董参与大学校董会，赞助学校教育，维护地方秩序进而维持学校安全。

有舆论认为，杜月笙作为上海黑帮老大，做着拿不上台面的生意，虽然势力庞大，却缺少社会承认，而通过结交政界和文教界，可以增加其社会认可度。通过担任沪上多校校董，杜月笙的确为自己赢得了广泛的社会认可，捞取了可观的文化资本。民国以来，随着中国城市经济的长足发展，城市资产阶级经济实力普遍增长，并在与政府和军阀的经济交换中起到越来越重要的作用。许纪霖认为，即便如此，殷厚的经济权力并不等于社会地位与文化权威，缺少领导民间社会话语权的城市资产阶级，必须"通过权威而获得文化合法性"，而通过赞助办学资金、兼任大学校董，成为其结交知识分子和文化精英进而增加其文化象征资本的重要途径。③

然而，私立大学邀请军政、商贾、社会闻人担任校董，虽然能为学校发展带来资金和便利，但并非得到学校和社会的共识，反对之声亦不绝于耳。复旦大学成立之初，杜月笙以资助国人自办私立大学为由头，托钱新之出面，希望复旦大学聘他为校董。校长李登辉最初对杜月笙十分排斥，认为上海滩的流氓头子，怎能做清白学府的校董？然而由于复旦当时办学经费短缺，设备需要添置等迫切原因，经过复旦董事会商议，接受杜月笙捐资，杜月笙才由此如愿成为复旦校董。私立南开大学校内师生对于校方将接受曹汝霖、杨以德等军阀、政客捐款并将其列为校董的计划，亦多有议论。学生从来都是理想、纯粹、激进主义的先锋，南开同学会认为，校董应当是南开的精神表率，而不是交易的筹码，并强烈反对曹、杨等人加入南开董事会。④ 而严修、张伯苓则表示，通过募捐将达官显贵、巨绅大贾的资金用于教育事业，也是益事。严修说，"盗泉之水不可饮，用它洗洗脚，总不失为一有益之举"。⑤ 张伯苓也坦言，"美丽的鲜花，不妨是由粪水浇出来的"。⑥ 这些反对之声，在很大程度上反映出当时的民国社会对于新生的大学董事会制度依

---

①　叶秉孚，私立复旦大学创办人之一，曾任复旦监学、庶务长、校董。
②　《母校三·二五时间经过情形》，《上海文化界救国会会刊》，1936 年 4 月 9 日。
③　许纪霖：《近代上海城市"权力的文化网络"中的文化精英（1900—1937）》，《复旦学报（社会科学版）》，2012 年第 6 期。
④　南开大学校史编写组编：《南开大学校史（1919—1949）》，南开大学出版社，1989，第 89 页。
⑤　齐植璐：《天津近代著名教育家严修》，中国人民政治协商会议天津市委员会文史资料研究委员会编：《天津文史资料选辑》第 25 辑，天津人民出版社，1983，第 44 页。
⑥　南开大学校史编写组编：《南开大学校史（1919—1949）》，南开大学出版社，1989，第 89 页。

然普遍存在观念认知上的冲突。事实上,南开等私立大学的创办与发展,无不得益于董事会募捐而来的资金,私立大学办学者无不将大学董事会制度作为破解棘手的资金困局的一剂良方,这也促使学问之"阳春白雪"与权钱之"下里巴人"在"骨感"的资金困局面前达成了一次妥协的"姻缘"。

二、"多元外行治理"抑或"单一外行决策":私立大学董事会的结构与权力

民国初期,随着国人自办的私立大学开始出现,大学董事会作为私立大学一种重要的制度形态也逐渐形成。由于私立大学在民初属于新生事物,在教育政策法规缺失和缺少稳定性的情形下,大学董事会的制度形态也不尽相同。从大学董事的身份看,私立大学董事往往由官员政要、军阀、商人、学者名流等校外多元人士担任;从大学董事会的规模看,人数一般在十人左右;从大学董事会的权力定位看,董事会往往被赋予经费筹划、聘请校长的基本职能,一般不参与校务决策。民初北洋时期的私立大学董事会,在董事人选上共同点是由"外行"即非教育界专业人士担任,不同之处是"外行"的身份存在较大差异。依据董事身份的不同构成,大致可分为两种主要类型,一种为"多元外行治理型"董事会,另一种为"单一外行决策型"董事会。

多元外行治理型董事会,以私立复旦大学、南开大学等校为代表的董事会。校董由政界与军界名人、社会名流、商界名人等多元身份的人士担任,人数往往从十人到几十人不等,有个别学校的董事人数曾达百余人。政界名人的入董,给私立大学董事会增加了政治化色彩。如上文所述,这一时期的私立大学董事会被赋予募集办学资金、疏通政府关系、获取政策支持、寻求社会保护的功能,这是董事会在校外治理功能方面的典型表现,而对于董事会校外治理功能的定位,在相当程度上决定着董事身份必然具有多元化来源,进而形成了私立大学董事会的多元外行治理模式。总体而言,多元外行治理型董事会是民初北洋时期私立大学董事会的普遍模式。南京国民政府时期私立大学董事会制度基本沿用了这一模式。

私立大学董事会的基本职权,一是资金筹划与监管,二是聘任校长。以私立南开大学为例,南开大学成立之初规定董事会的职权有:聘任校长;通过大学部主任人选;议决学校预算;审查学校决算;通过学校章程的制定及变更;议决学校兴革事宜等。1921至1926年间,私立南开大学董事会章程条款先后修订过多次:《南开大学暂定简章·董事会章程》(1922)、《南开大学现行组织章程·董事会》(1923)、《南开大学章程·组织》(1926)。其中,

1922版章程与1921版条款相同,而1923版则发生了职权变化,增加了募捐经费、"发给学生毕业证书并授予学位"的职权,同时去掉了议决学校兴革事宜之责。① 1932年修订的《南开大学章程》中又将"发给学生毕业证书并授予学位"的职权予以撤销。

私立大夏大学董事会成立于1924年。该校第一次筹备会议所商议的《大夏大学组织大纲》规定校内组织结构如下:一、聘请吴稚晖先生为校长。二、组织筹备委员会,由校外声望素著之人及教授数人组织之。三、组织董事会,邀请校外名人及筹备委员会推出数人并学生推出代表一人组织之。校长为当然董事,此外又设名誉董事若干人,以捐开办费五千元以上或设备费或设备费一万元以上者充之。四、内部组织:(甲)设行政委员会主持全校校务,不另设教务主任一席。(乙)设评议会为大夏最高立法机关。(丙)设教员会以便随时提出意见于行政委员会及评议会讨论。②

从大夏大学关于组织大纲的议定内容来看,大夏大学内部组织有董事会、行政委员会、评议会、教员会。其中,评议会为校内最高立法机关,行政委员会负责校务,教员会则是全校教员向学校评议会、行政委员会反映意见并讨论解决的教职工组织,具有相当的民主性。至1927年,校长马君武因职务繁忙,辞去校长职务,大夏大学董事会议决改"校长制"为"委员制",组织大学委员会为大夏大学立法行政最高委机关,推举王伯群为大夏大学委员会委员长。③ 大夏董事会则在校内组织之外,为学校最高机关,由当然董事(校长)、名誉董事(赞助者)、筹备委员会代表、学生代表组成,其主要职权包括筹集大学基金及选举正副校长④、推选大夏大学委员会委员⑤等。

私立大学"多元外行治理型"董事会在大学治理过程中,也不断凸显出其制度弊端,尤其体现在董事会的内部管理上。大夏大学初建之时,"因校董散处各地,集会较难,校长问题迁延未决,故由欧元坏、王毓祥、傅式说三位教授组成校务行政委员会,学生会派代表一人列席,负责处理一切校政事务"⑥。中国公学董事会的问题更为突出,"校董随时增加,未有定额。除死

①　《南开大学现行组织章程·董事会》(1923),梁吉生主编:《南开大学章程规则汇编(1919—1949)》,南开大学出版社,2014,第40页。
②　毓:《总部来沪后纪事》,《血泪》,1924年第11期;《大夏大学昨日之筹备会议》,《申报》,1924年7月25日。
③　《大夏校长马君武辞职照准》,《申报》,1927年2月27日。
④　王毓祥、傅式说:《十年来之大夏大学》,《大夏周报》,1934年第11卷第8—9期合刊。
⑤　《大夏校长马君武辞职照准》,《申报》,1927年2月27日。
⑥　《本大学五周年大事记》,《大夏大学五周年纪念特刊》,1929年6月1日。

亡不计外,现存校董散在各省者不下百人,召集即甚困难"①。中国公学并未校董数量进行限定,因此校董数量十分庞大,且没有定数,难以召集开会,因此根本无法议事。私立大学董事会难以召集会议、实现学校治理的情形,不仅在大夏大学、中国公学存在,而是许多私立大学普遍存在的问题。

"单一外行决策型"董事会,以私立厦门大学董事会为典型代表。董事会由创办人与校长组成,人数很少,结构简单,权力高度集中。1921 年的《厦门大学大纲》奠定了私立厦门大学未来十二年的学校组织结构,以及厦门大学董事会的基本样态。厦门大学校董设有四种:名誉校董、永久校董、当然校董、校董。董事会由后三者组成。其中,创办人为永久校董,校长为当然校董。一般校董为"学识经验者为主,其捐助本大学巨款者"②。名誉校董为"捐助本大学款项达五万元以上,或对本大学有殊勋者"③,并不参加董事会决策。《厦门大学大纲》还规定,校董任期九年,每三年改选三分之一,得连选连任。除永久校董及当然校董之外,校董名额不得超过十五人。此外,厦大董事会分定期会议和临时会议,定期会议于春季举行,每年一次,临时会议于必要时举行,须经五位以上的校董提议方可召开。举行董事会会议,须有半数以上的董事参加。④

厦门大学董事会仅由陈嘉庚(永久董事)、林文庆(当然董事)、陈敬贤(董事)三人组成。在 1921—1934 年间,厦门大学董事会一直以 1921 年大纲为准则,一直维持由此三人组成的董事会结构。1933—1934 年间,增加曾江水⑤为名誉校董,董事会人数增至四人,但厦门大学董事会的基本结构和职能依然如故。直至 1935 年,新的《厦门大学组织大纲》(1934)对董事会做出重新规定后,董事人员结构才发生重大调整,由四人董事会改组为有多名政界要人加入的十四人董事会。私立厦门大学校长实行终身制,不仅是董事会的"当然董事",而且"职教员由校长聘任及免任之"⑥,拥有学校教职员的人事任免权。

私立厦门大学首届董事陈嘉庚、林文庆、陈敬贤,三人皆为著名的闽籍华侨企业家。陈敬贤为陈嘉庚七弟、厦大"二校主",陈嘉庚公司领导层的核

---

① 胡适:《中国公学校史》(1929),潘懋元、刘海峰编:《中国近代教育史资料汇编·高等教育》,上海教育出版社,2007,第 441 页。
② 《厦门大学大纲》,《中华教育界》,1921 年第 10 卷第 10 期。
③ 《厦门大学大纲》,《中华教育界》,1921 年第 10 卷第 10 期。
④ 《厦门大学大纲》,《中华教育界》,1921 年第 10 卷第 10 期。
⑤ 曾江水,马六甲首富,马六甲中华商会会长,30 年代初捐巨款于厦门大学,自 1933 年起一直任厦门大学名誉校董。
⑥ 《厦门大学大纲》,《中华教育界》,1921 年第 10 卷第 10 期。

心成员。林文庆是新马华人领袖,多家侨办银行和保险公司的董事长或董事①,新马"橡胶之父",为陈嘉庚投身橡胶生意的事业前辈和引路人。陈嘉庚对林文庆这位年长自己五岁的事业前辈、具有公司管理才能的社会名流充满尊敬和信任。私立厦大筹办之初,陈嘉庚邀请故友汪精卫出任厦大校长,被汪婉辞,而应邀出掌厦大的首任校长邓萃英也仅任职半年便请辞,林文庆在关键时刻出掌厦大,陈嘉庚更是对林充满感激之情。

陈嘉庚曾就"厦大前未多举董事之原因"作出解释。陈嘉庚坦言,理想校董应是"忠诚维护或赞助厦大之人"②,既愿意出资赞助厦大教育,又真诚地愿意帮助厦大发展,"教育关系后生极为重要,董其事者必以公忠热诚为主方能收效,否则,不免贻误青年"③。

> 厦门政局屡有变动,得彼失此,尤当审慎。至资本家方面,畏厦大如蛇蝎,谁敢参加,其他挂空名无裨事实,更非厦大所宜。最当注意者,恐董事中受人嘱托,屡介绍教员或学生,职员及其他等等。若不接受,则恐发生恶感,如接受,则最高学府机关,权限不明,贻误非轻。④

可见,政局不稳、校董挂名却不作为、校董人情牵绊等因素是陈嘉庚限制厦大校董人数的重要考量。故而在1921—1934年间,厦大董事会一直维持着由华侨商界精英担纲的三人董事会结构。

私立厦门大学董事会从建校初即被明确定性为资金筹划与管理机构。厦门大学董事会的职权包括:筹划本大学经费;保管本大学基金;聘请本大学校长;审定本大学预算;审查本大学决算。厦门大学董事会在学校组织系统中并非一个校务性机构,校务职能由评议会、行政会议等校务机构分担。厦门大学评议会作为厦大的"议事机关",是全校最高权力机关,"由校长及校长办公处、教务处、各学部、总务处、编译处、会计处之代表各二人(主任一人,其他一人由各该管机关公推)组织之,以校长为主席"。⑤ 在厦大评议会

---

① 《林文庆传》,《林文庆博士诞生百年纪念刊》,年份不详,第11—13页。
② 陈嘉庚:《厦大前未多举董事之原因》,《南洋商报》1935年3月7日,杨进发:《战前的陈嘉庚言论史料与分析》,南洋学会,1980,第48—49页。
③ 陈嘉庚:《新加坡华侨中学新校舍之建筑》,陈嘉庚:《南侨回忆录》,上海三联书店,2014,第29页。
④ 陈嘉庚:《厦大前未多举董事之原因》,《南洋商报》1935年3月7日,杨进发:《战前的陈嘉庚言论史料与分析》,南洋学会,1980,第48—49页。
⑤ 《厦门大学大纲》,《中华教育界》,1921年第10卷第10期。

之下,设有行政会议、各委员会、教务处、总务处、会计处、编译处等行政机构。(图3-4)

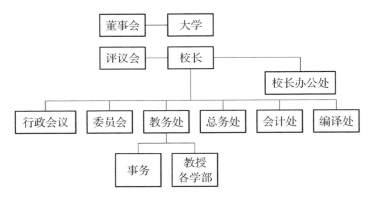

图3-4 厦门大学组织系统图(1921年3月)

资料来源:黄宗实、郑文贞选编:《厦大校史资料(1921—1937)》第一辑,厦门大学出版社,1987,第24—25页。

三、商人担纲与权力风暴:厦门大学董事会引发的学校治理问题

从资产所有权与经营管理权的关系上看,由于厦大为陈嘉庚全资投入,身为校主的陈嘉庚显然更希望通过投资厦大来实现自己的教育理想,并不希望因地方政治、其他资本通过投资行为介入厦大,以及通过安插各类校董进而干预校政。为此,陈嘉庚苦心组织了国内罕见、人数精练的三人董事会。然事有利弊。陈嘉庚竭力为厦大排除了外部多重力量之干扰,却在厦大内部权力安排上过于集中,造成了校内权力失衡。商人担纲的厦门大学三人董事会暴露出了激烈的大学治理矛盾。厦门大学自1921年办学初至1927年间,曾先后出现过两次学潮,而两次学潮的发生,都与厦门大学的内部结构、权力分配、校长权力等多种治理问题有着紧要关系。

1924年的第一次学潮,校长林文庆于5月26日自行决定解聘注册课主任傅式说、上课主任王毓祥、教育科主任欧元怀等教员。此三人约期并未满,遂招致厦大学生的不满。5月27日,厦大学生为此立即召集商科、教育科、理科联席会议,并选举干事二十一人,与校方交涉,请求收回决定。校长林文庆拒不同意,而身处集美的校董陈敬贤也认为此乃校长之权力,不予干涉。交涉不成,厦大学生于5月28日召集全体学生大会,并请林文庆出席。学生认为,被解聘的几位教员学士人格堪称师表,校长对他们的解聘决定是一意孤行,毫无理由。林文庆在会上表态,辞退四主任及教员"确有理由,惟不容宣布,且永久不能宣布",并且态度强硬,"厦大即至解散,亦决不徇学生

之意思"，甚至还说，"在厦大无'德谟克拉西'可言。我办事固取绝对的专制者。诸君不满意，可就读别校。此间殊无改革余地，亦无通融之可能"。①

商议无果，厦大学生遂举行全体罢课，致电北京教育部、上海全国学生联合会、江苏教育会，以及校董陈嘉庚，例数校长林文庆资格不称、办事无能、思想陈腐、心术不正等四条"罪状"，要求撤换校长。就在同时，建筑部主任陈延廷"率厦大建筑工人二三百人，包围礼堂"，"以木棒痛殴"集会学生。陈嘉庚在此次事件中，始终坚决支持校长林文庆，"绝对新任校长，而斥学生及非校长派教职员为非是"，并复电说，"余信任校长，无殊集美学校校长，前车可鉴，请君明白"。林文庆也表示，"我不称职，陈嘉庚可解我职，他人无权亦无理令我去职"。②

矛盾难以调解，教育界人士和当地绅商组成的调停会，完全站在林文庆一方，而认为学生行为十分嚣张，情势依然骑虎难下。厦大学生团提出了调停条件，要求林文庆辞职，并请组织董事会重新聘任校长，保留四位主任及辞职教职员学生，并保证全体教职员学生生命，等等，却并无结果。林文庆宣布提前放暑假，要求学生五日内离校，并停水停电，以此试图驱散学生，厦大学生激愤益甚，宣布离校，甚至一度将厦大比作"冷酷孤岛"。

1927 年的第二次学潮，因鲁迅等国学院教员辞职而起，学生驱逐理科主任刘树杞而发动罢课。刘树杞担任厦大理科主任兼代理大学秘书，且与林文庆同为理科出身，私交亦好，在厦大掌握相当的校务权力。陈嘉庚因南洋橡胶生意不佳，减少了对厦大的经费投入，使得厦大经费拮据。林文庆聘请沈兼士、鲁迅、林语堂等人组建厦大国学院，却总揽国学院权力，试图任命理科出身的刘树杞为国学院院长，经费分配上倾向于理科，并减少了国学院预算，否决国学院出版周刊的计划。诸种情况均招致了孙伏园、鲁迅、顾颉刚等一干国学院教员的严重不满，并愤然离职。鲁迅多次发表言论，"国学院无须请化学家作顾问之必要"③，在与友人的通信中，也毫无遮掩地表达了这一不满：

> 前天开会议，连国学院的周刊也几乎印不成了；然而校长的意思，却要添顾问，如理科主任之流，都是顾问，据说是所以联络感情的。我真不懂厦门的风俗，为什么研究国学，就会伤理科主任之流

---

① 《私立厦门大学风潮记》(1924 年 7 月 20 日)，《教育杂志》，1924 年第 7 期。
② 《私立厦门大学风潮记》(1924 年 7 月 20 日)，《教育杂志》，1924 年第 7 期。
③ 《厦门大学第二次学潮之爆发》，《教育杂志》，1927 年第 2 期。

的感情,而必用顾问的绳,将他络住?①

国学院顾颉刚认为,厦大二次学潮"起于理科与文科的倾轧,而成于鲁迅先生的辞职"②。顾颉刚认为林文庆对开办国学院毫无诚意,也不认可其经费管理方式。"国学院经常费每月五千元,林校长是具条向陈嘉庚公司照领的,只是领来不给我们,又要我们体谅陈嘉庚先生,任何事不要做。甚而至于薪水之外,每月只给办公费四百元。"③由此看出,林文庆按照厦大预算申请经费,但在校内分配上却并未按预算进行,而是自行缩减了国学院经费,挪作他用。除此之外,顾颉刚还指出,作为大学秘书的刘树杞,总是越俎代庖地干预本应由国学院秘书林语堂分管的国学院内部事务,不仅拆阅国学院文件,而且随意减少国学院预算,导致"国学院中无论什么事都以困于经费而不得进行"④。最终,成立于1926年8月的厦大国学院,在厦大二次风潮之后的1927年3月猝然夭折,仅维持了半年左右。

厦大学生会将此归咎于林文庆和刘树杞大权独揽,有失公平,遂要求学校辞退刘树杞,甚至挂出了"刘树杞不去,厦大无望"的标语。而这又招致了理科师生的不满,风潮遂转为文理两科的对垒。在刘树杞离职、国学院停办之后,又发生了推倒林文庆运动⑤。

事实上,厦大的二次学潮直指厦大董事会组织之要害。在当时几乎所有学校的董事会均具有相当规模之时,罕见的厦大三人董事会不禁引起了社会的质疑。1927年2月20日发表于《教育杂志》的《厦门大学第二次学潮之爆发》这样评价:

> 陈嘉庚之捐资兴学,国人同钦。惜陈氏为一纯粹的中国格式商人,不知学校组织法,致各种祸根全伏于此。查陈氏之捐资兴学,出于一种自动的义务性质,非如经营橡皮公司;则陈氏之对厦大,只能为一"财团法人",等于各资本家捐资某种机关,彼只有捐资之义务,而无干涉内部或独裁专断之可能性也。厦大,系高等公

---

① 鲁迅:《厦门通信(三)》,鲁迅:《鲁迅杂文全集》,北京燕山出版社,2011,第414—415页。
② 《顾颉刚就厦大第二次学潮致胡适函(1927年2月2日)》,黄宗实、郑文贞选编:《厦大校史资料(1921—1937)》第一辑,厦门大学出版社,1987,第281页。
③ 《顾颉刚就厦大第二次学潮致胡适函(1927年2月2日)》,黄宗实、郑文贞选编:《厦大校史资料(1921—1937)》第一辑,厦门大学出版社,1987,第281页。
④ 《顾颉刚就厦大第二次学潮致胡适函(1927年2月2日)》,黄宗实、郑文贞选编:《厦大校史资料(1921—1937)》第一辑,厦门大学出版社,1987,第281页。
⑤ 《厦门大学第二次学潮之爆发》,《教育杂志》,1927年第19卷第2期。

众教育机关，非陈氏私人营业可比，故其组织应有比较健全之董事会负责，不能如今日厦大有名无实之畸形董事会。因有健全董事会，则学生与学校有一仲裁机关，不至无上诉之苦，当然可免各走极端之事。今日厦大之所谓董事，其组织系陈嘉庚为永久董事，林文庆以校长资格而为当然董事，因单数关系，再配一向不问事之陈敬贤君①，"陈嘉庚胞弟"为董事。实则所谓董事会者，陈嘉庚与林文庆二人耳。此种组织，太觉滑稽。盖林氏为学校当局，陈则名为永久董事，实则等于集美之"校主"。林陈同意，万事可为，学生与学校毫无中介与仲裁机关。一旦发生冲突，非至"鼠入牛耳"不止。而学生与各方，以其组织歧异，又不愿十分清澈至成"投鼠忌器"之状。因之每次发生风潮，均不能为彻底的革新，致酝酿愈久愈不可收拾。此组织不良之点一。厦大既处此种状态之下，苟校长得人，能用细密之学校行政组织法以补救之，亡羊补牢，未尝非一不得已之策。惜林文庆为一好好先生，又系医生，于教育行政非其素长，身边又无相当人才为之辅助。举一事为例，夫学校评议会本为学校立法机关，应与校长并行，而校长为行政首领。今厦大之评议会为"全校教职员所组织"，则处于校长之下，为校长一顾问机关。故凡一切行政大事，校长不顾，则评议会无从而问。于是以校长直当各方之冲。校长既不集众思，于是薄彼厚此之嫌，自不能绝迹，不平空气，因而充满于全校。此其组织之不良之点二。②

文章对厦大董事会的组织结构提出了怀疑，认为厦大作为一个高等教育机构，并非私人企业，因此本应设立"比较健全之董事会负责"，然而事实上，厦大董事会却是一个"有名无实之畸形董事会……今日厦大之所谓董事，其组织系陈嘉庚为永久董事，林文庆以校长资格而为当然董事，因单数关系，再配一向不问事之陈敬贤君，'陈嘉庚胞弟'为董事。实则所谓董事会者，陈嘉庚与林文庆二人耳"③。文章还指出，南洋医生出身的林文庆不善行政，对于代表厦大教职员意见之评议会不以为然，并由此引发校内师生的诸多不满。④当然，陈嘉庚也了解林文庆的工作方式有疏忽，并坦言"深知

---

① 陈敬贤此后因身体原因一心向佛。
② 《厦门大学第二次学潮之爆发》，《教育杂志》，1927年第19卷第2号。
③ 《厦门大学第二次学潮之爆发》，《教育杂志》，1927年第19卷第2号。
④ 《厦门大学第二次学潮之爆发》，《教育杂志》，1927年第19卷第2号。

林君有时易忽于事"①,却并未因此而对"当然校董"的权力进行约束。

私立厦门大学的权力结构由董事会、评议会、校长三者组成。作为厦大权力结构的组成部分,三者分工应当具体而明确。根据《厦门大学大纲》的规定,厦大董事会的核心职权是筹划与审查经费,聘请校长,本应不涉校政;厦大评议会作为校内议事机关,是厦大实际上的决策中心;厦大校长由董事会聘请,身为厦大"当然董事",掌握校内人事权,任职终身。《大纲》对于三者的权力分配表面上看是各司其职,并不矛盾,然而事实却并非如此。

厦大三人董事中,陈敬贤病体孱弱②,不问校政;陈嘉庚远在南洋经营公司,无暇校务,故而将治校权力委托给校长林文庆。所谓的厦大三人董事会的定期会议与临时会议,以及会议表决,凡此种种,均成虚妄。厦大董事会实则由林文庆一人主导,缺少议事环节。正如文中所述,厦大董事会有名无实。与此同时,厦大评议会由校长与校内各部处代表组成,由校长林文庆担任评议会主席。同时,评议会名义上虽是"议事机关",但《大纲》并未对评议会的权力范畴和议事规则作出界定,实践中难以规范执行。评议会作为"议事机关"权力旁落,校内又难以形成有效的权力制衡,直至1930年评议会被撤。由此,董事会与校长乃至评议会的权力发生叠加,身为"当然校董"的校长集经费分配权、校务决策权、人事任免权于一身,成为厦大绝对的权力中心。

面对此种治校权力高度集中于校长一人的局面,当时的厦大校内权力结构束手无策,作为创办者代表的厦大董事会既无从制衡亦无意制衡。厦大由侨商精英组成的"决策型"董事会从产生之日起,便面临着来自社会和校内的诸多质疑,矛盾重重,这也为后来厦大董事会改组带来了可能。

小　结

民初北洋时期可谓大学董事会制度风生水起之时。随着民国各类大学的逐步出现和增设,大学董事会制度在教会大学、私立大学、公立大学中均有出现,并且表现出各自不同的制度特点。

20世纪20年代风起云涌的民族主义运动,将矛头直指教会大学董事

---

① 纪念陈嘉庚先生创办集美学校七十周年筹备委员会校史编写组:《集美学校七十年》,福建人民出版社,1983,第21页。

② 洪永宏编:《厦门大学校史(1921—1949)》第一卷,厦门大学出版社,1990,第34页。

会制度。北洋政府旋即出台的《认可办法》,虽顺应时局民心,教会大学的所有者却不以为然,甚至不予理睬。顺应改组董事会的教会大学为数极少,亦多应付之举。教会大学在维持既有的"西方托事部—在华校董会"双层治理模式的同时,开始发生治理权力从"西方托事部"向"在华校董会"的内部转移,但教会大学的治校权依然由西方差会和西方托事部委派的代表们牢牢掌控。教会大学依然游离于中国政府权力及其教育体制之外。

国立大学董事会制度的出现,是一场由民间个案实验到官方普遍推行的一场自下而上的教育制度探索,有其出现的时代环境和现实因素,也在特定时期、一定程度上发挥了重要的筹资能力和治理功能。然而,国立大学董事会制度更是一把双刃剑,与生俱来的制度悖论和政治卷入,造成了国立大学所有权和治理权的归属冲突,从而"命中注定"了这一制度终难在当时的国家教育体制中继续生存。由于可能产生对国立大学内部既有管理体系的制度性破坏,以及对教授治校等教育自主权的干涉,这一改革举措引发了教育界的激烈论争,甚至普遍抵抗。最终,国立大学董事会制度仅在东南大学、交通大学、清华学校、北京师范大学等少数学校得以推行,且困难重重。政府部门和校外力量均试图通过董事会干预校政,引发了国立大学内部激烈的权力冲突和治校矛盾,遂导致该制度终成匆匆落尽之昙花往事。南京国民政府《大学组织法》的颁布,标志着公立大学董事会制度最终退出历史舞台。

在北洋政府鼓励民间资本办学的教育立法推动下,一批国人自办的私立大学纷涌出现。以民间资本为主的私立大学,在破解资金困局、疏通社会关系、博取竞争资本的办学内需下,构建起了以董事会为学校最高权力机关的管理体系,并初步形成了以私立复旦、南开等校为代表且占据主导地位的"多元外行治理型"董事会制度模式,以及以私立厦门大学为典型的"单一外行决策型"董事会制度模式。两种私立大学董事会制度模式在治理实践中均出现了规则不明、职责不清、运作失序等大学治理问题,而后者则突出地表现为治校权力的叠加与集中。此外,《国立大学校条例》规定私立大学参照执行,并未得到有效落实。在教育法理上,《国立大学校条例》将私立大学与国立大学的董事会等同看待,均强调了中央政权对大学教育的主导地位,却并未在教育立法上承认私立大学主办者或所有者的法律地位、学校所有权、学校治理权。法理上的权力归属问题也是影响私立大学董事会制度实践形态的重要立法因素。

第四章 政府与教会之间:国民政府时期教会大学双层董事会制度的调整与转向

在 20 世纪 20 年代风起云涌的民族主义运动和收回教育权运动的推动下,北洋政府出台了一系列教育立法,虽然收效甚微,却是中国政府开始对国家教育体制之外的教会大学提出了教育主权的要求。随着南京国民政府统一全国的步伐,教育主权的回归问题已经迫不及待地被提上议事日程,并成为这一时期国家教育立法的重要特征。国家立法体系逐渐成熟,这使得国家教育立法在法理上更具有效性,而政权的统一则强化了国家立法的执行力。这些因素促逼着身为教会大学创办者的西方教会不得不重新审视教会大学在华生存境遇,并由此调整在华办学策略。教会大学双层董事会制度开始在全国范围内普遍发生着符合中国政府教育立法要求同时更利于教会大学生存发展的制度转型。

第一节 立法强化与权力转向

面对棘手的教育主权问题,广州国民政府和南京国民政府先后制定了一系列教育政策予以限制,并制定了辅助政策从旁约束。这些措施对于大学董事会制度的调整与转向,逐渐产生着重要的影响。

1926 年 10 月,广州国民政府大学院颁布《私立学校规程》和《私立学校校董会设立规程》,对私立学校[①]的制度形态作出明确规范。首先,在私立(教会)学校与中国政府的关系方面,规定"私立学校须受教育行政机关之监督及指导",[②]明确了私立(教会)学校必须接受政府教育部门的直接监管。

---

① 据民国十五年十月十八日大学院公布《私立学校规程》第一条规定:"凡私立或私法团设立之学校,为私立学校;外国人设立及教会设立之学校均属之。"因此,两部规程所指的私立学校,含外国人办的教会学校,以及国人自办的私立学校。

② 《私立学校规程(1926 年 10 月公布)》,《大学院公报》,1928 年第 1 卷第 1 期。

在与教育归属权密切相关的校长任命方面,规定"私立学校不得以外国人为校长;如有特别情形者,得另聘外国人为顾问"。① 在董事长、校董的国籍方面,规定"外国人不得为校董;但有特别情形者,得酌量充任,惟本国人董事名额占多数;外国人不得为董事长,或校董会主席"。② 较之北洋政府,广州国民政府对校长、董事长、校董的国籍规定更为严格。北洋政府规定学校校长"须为中国人",但在校长为外国人的情况下,可任命一名中国籍副校长,而广州政府则严格规定校长必须是中国人;北洋政府并未限定董事长与校董的国籍,而广州政府则严格限定了董事长与校董的中国国籍和比例。

此外,在私立学校科目设置上,《私立学校规程》(1926)还特别针对有教会背景和宗教教育内容的情况作出了限制,"私立学校一律不得以宗教科目为必修科,亦不得在课内作宗教宣传","私立学校如有宗教仪式,不得强迫学生参加"。③ 较之北洋政府时期的《外人捐资设立学校请求认可办法》(1925)中提出的"学校不得以传布宗教为宗旨","学校课程须遵照部定标准,不得以宗教科目列入必修科",在政策指导思想上一脉相承,禁止私立学校以传播宗教为教育宗旨,而在具体规则制定上则显得更为具体,明确禁止在课内进行宗教宣传,以及强迫学生参加宗教仪式。广州政府从课程和仪式上限制了作为教会大学重要内容的宗教教育,这对于教会大学的教育宗旨提出了挑战,而这是作为教会大学领导机构的"西方托事部"及其所代表的西方教会所普遍难以接受的。然广州政府不足两年,未及落实这些政策。

1927—1929 年间,南京国民政府颁布了《私立大学及专门学校立案条例》(1927)、《私立学校校董会设立规程》(1927)、《修正外人捐资设立学校请求认可办法》(1927)、《私立学校条例》(1928)、《私立学校校董会条例》(1928)、《私立学校规程》(1929)、《大学组织法》(1929)、《取缔宗教团体私立各学校办法》(1929)等系列教育法规。尤其是《私立学校校董会条例》(1928)、《私立学校规程》(1929),在北洋政府、广州政府教育立法的基础上,针对私立(教会)学校校董会作出系统而详细的立法规范。其一,首次明确校董会的法律身份,规定校董会为"设立者之代表"。这一规定明确了私立(教会)学校的法定代表者为校董会,而非设立者,设立者则由此前的学校"代表者"改为"当然校董"。其二,首次限定校董的资质。校董会"至少有四分之一之校董,以曾经研究教育或办理教育者充任"④,这一规定强调了校

① 《私立学校规程(1926 年 10 月公布)》,《大学院公报》,1928 年第 1 卷第 1 期。

② 《私立学校规程(1926 年 10 月公布)》,《大学院公报》,1928 年第 1 卷第 1 期。

③ 《私立学校规程(1926 年 10 月公布)》,《大学院公报》,1928 年第 1 卷第 1 期。

④ 《修正私立学校规程》,《教育部公报》,1933 年第 5 卷第 41—42 期。

董的学术专业性与教育实践性,同时也意味着对以商人为主体的"赞助校董"的比例作出限制。其三,首次明确了校董会的规模不得超过十五人。这是基于对以往各类学校校董会规模不一、差异较大的情形而作出的针对性具体规范。不少学校董事数量庞大,入选较为随意,多数缺少规范程序。校董数量庞大往往导致校董会难以发挥应该有的功能,甚至会议都难以正常召集,以致有校董会形同虚设的情形。与此相反,也有一部分学校校董数量不足十人,甚至更少,较少的校董规模在很大程度上也影响了校董会功能的充分发挥。其四,首次将中国校董的比例由北洋、广州政府时期规定的"半数以上"提升至"不得少于三分之二"①,"有特别情形者得以外国人充任校董,但名额最多不得达半数"②。其五,首次明确校董会的职权,厘清校董会与校长的权力界限。校董会职权被限定在选聘校长,以及经费筹划、预决算、财产保管与财务监察等财务职权范畴内。学校行政则由校长完全负责,校董会不得直接参与,"如校长失职,校董会得随时改选之"③。其六,首次明确校董会的立案程序。校董会必须按照国家教育立法的规定,提交校董会章程、校董资料等,呈请主管教育行政机关,由其核准后予以立案。校董会立案是学校立案的前提,学校在校董会立案之后才能申请立案。其七,首次明确中央教育行政机关对学校及其校董会的监管权及实施规则。校董会须在每学年终结后一个月内,向主管教育行政机关报备学校财务状况、前年度所办重要事项、前年度收支金额及项目、学校师生一览表等。同时,"主管教育行政机关每学年须查核校董会之财务及事务状况一次,于必要时,得随时查核之"④。此外,广州政府关于私立学校宗教教育的限制条款,在南京政府时期得以延续,这在很大程度上对西方教会及教会大学"西方托事部"的办学宗旨和对华举措产生影响。

较之 1929 年版《私立学校规程》,1933 年修订版《私立学校规程》新增了几项条款,对校董的名额、教育实践资质、行政身份等方面作出更为严谨的规范。具体而言,要求校董名额限定在十五人以内,校董会至少有四分之一的校董曾经研究和办理教育,并禁止现任主管教育行政机关和上级教育行政机关人员兼任校董。⑤

① 《修正私立学校规程》,《教育部公报》,1933 年第 5 卷第 41—42 期。
② 《私立学校校董会条例》,《大学院公报》,1928 年第 1 卷第 3 期。
③ 《私立学校校董会条例》,《大学院公报》,1928 年第 1 卷第 3 期。
④ 《修正私立学校规程》,《教育部公报》,1933 年第 5 卷第 41—42 期。
⑤ 〔日〕多贺秋五郎编:《近代中国教育史资料民国编》中册文海出版社,1976,第 573—574 页。

随后，南京国民政府还颁布相关训令文件以推进校董会立案与规范的进程。1930 年 3 月，教育部颁布《改进高等教育计划》，敦促并警告未立案的私立（教会）大学克期立案，否则将予以停办或封闭，而对于办学优良者，将予以经费补助。1930 年 8 月，《教育部订定私立大学、专科学校奖励与取缔办法》，再次明确对办学成绩优秀的立案学校予以资助，"由中央或省市政府酌量拨款补助，或由教育部转商各庚款教育基金委员会拨款补助"；对于未立案之私立学校，将责令"限期立案"，否则"勒令停办"，对于申请立案者，"经视察后分别准予立案或准予试办，或勒令停办或限期结束，或立予封闭"。① 1931 年 8 月，教育部再次颁布训令，明确"私立学校之立案，在教育行政机关，为划一公私立学校程度及便于监督起见，固不得视为具文，不加督促，即就学校本身而言，欲得与公立学校同等之地位与待遇，更不应意存观望，长此迁延"，对于仍不立案之学校，将"饬令停止招生或勒令停闭"。② 对逾期不遵照规定进行立案的教会大学，教育部明确表示要"严以取缔"，并曾拟有三种处理方案：一、勒令解散；二、勒令停办；三、限期结束。③④

南京国民政府还通过对宗教团体办学、授予学位等方面作出进一步法规限定。1934 年 9 月 3 日，《限制宗教团体设立学校令》要求"凡宗教团体设立学校应遵照修正私立学校规程办理"。⑤ 1935 年 4 月 22 日，《学位授予法》规定"凡曾在公立或立案私立之大学或独立学院修业期满，考试合格，并经教育部复核无异者，由大学或独立学院授予学士学位"。⑥《学位授予法》的颁布意味着教育部不认可未向中国政府立案的大学，亦不颁发中国政府认可的学士学位。与此同时，《国民政府颁布专科学校组织法》《教育部关于专科学生或毕业生升学办法的训令》《教育部公布国外留学规程》等系列教育法令，规定学生入学资格、留学、奖学金、就业等政策仅面向已立

---

① 《私立大学专科学校奖励取缔办法（1930 年 8 月 23 日）》，《中华教育界》，1930 年第 18 卷第 9 期。

② 《教育部训令：第一三七五号　为私立各学校分别已未立案等办法仰遵令照办于文到七日内具报备核由（二十年八月十五日）》，《教育部公报》，1931 年第 3 卷第 31 期。

③ 《私立圣约翰大学校校董会章程及申请立案的有关文书》，中国第二历史档案馆，教育部档案，五（2）—687。

④ 《私立学校规程（1929）》规定教会学校的最后立案期限为 1931 年 8 月 31 日，过期未立案的教会学校将被取缔。但在后来的执行过程中，将最后期限延期至 1932 年 6 月 30 日。资料来源：《教育部严限私校立案》，《申报》，1930 年 7 月 12 日；《私校立案期展至明年六月底》，《申报》，1931 年 8 月 18 日。

⑤ 《教育部训令：第一〇七〇二号　为限制宗教团体设立学校通饬遵照由（廿三年九月三日）》，《教育部公报》，1934 年第 6 卷第 35—36 期。

⑥ 《学位授予法（1935 年 4 月 22 日）》，《立法院公报》，1935 年第 69 期。

案的学校。

《限制宗教团体设立学校令》①

查宗教团体兴办教育事业办法,前经本部制订于十八年四月布告并通令饬遵在案。嗣据浙江省教育厅呈请解释该办法第二项内"机关"二字之意义,经以"所谓机关二字之意义,系指教堂寺观或各教信徒因布道讲经而设立之会社讲习所,旨在传习教义者而言"等语指令遵照。近查各宗教团体,仍有自立名目,设立机关。表面虽不沿用学校名称,实际仍是学校组织,殊属不合。兹再明白规定,凡宗教团体设立学校应遵照修正私立学校规程办理;如或设置机关传习教义,概不得沿用学校名称,并不得仿照学校规制,编制课程,招收学龄儿童及未满十八岁之青年,授以中小学应有科目,以杜假借而免混淆。

广州、南京国民政府关于校董会制度的教育立法呈现出突出的民族主义色彩、强烈的政治权力介入、成熟的教育立法体系等特征。首先,突出的民族主义色彩。集中表现为校董会的"中国化",即通过国家教育立法将教会学校纳入中国教育体系,以期实现教会学校由中国政府而不是西方教会、由中国人而不是外国人控制和管理。其次,强烈的政治权力介入。中国政府对公立学校校董会的立法规范、调整到取缔,都体现出其试图加强对公立学校的教育掌控。同时,规范私立(教会)校董会的权力边界,削弱乃至取消西方教会的治校权,展现出中国政府对私立(教会)学校全面控制的姿态。再次,日趋成熟的教育立法体系。从北洋政府的《国立大学校条例》到南京国民政府的《私立学校规程》等系列教育立法,体现了国家教育立法的演进过程。北洋政府要求私立(教会)学校校董会参照国立大学办理,未能区分公立、私立校董会之不同,以及校董会作为学校"设立者代表"的法律地位、职权范畴。南京国民政府明确了私立(教会)学校校董会的法律地位、职权范畴,构建了日趋成熟的教育立法体系,从理念到制度上确保了教育立法的法理性、有效性。

---

① 《教育部训令:第一〇七〇二号 为限制宗教团体设立学校通饬遵照由(廿三年九月三日)》,《教育部公报》,1934年第6卷第35—36期。

第二节　教会大学"在华校董会":第二次立案之争与制度转向

在 1928 年之后,南京国民政府作为一统全国的中央政权进入历史舞台,结束了清末以来长期的军阀割据状态。出于对教育主权的维护,一系列强势有力的教育法令随之出台。关于教会大学立案,南京国民政府的态度明确而强硬。教育部对逾期不遵照规定进行立案的教会大学明确表示要"严以取缔",力度坚决。南京国民政府奏响了中国近代教育史上收回教育主权之最强音符,也引发了中国教育史上关于教会大学董事会的第二次立案之争。

在教会大学董事会的第二次立案之争中,西方教会和教会大学对于是否向中国政府进行立案的态度发生了改变,占据主导地位的不再是立案与否的观点之争,而是如何行动的策略转向。1926—1928 年间的北伐战争促使教会大学加快了"中国化"的步伐。尤其在 1928 年东北易帜之后,南京国民政府统一全国,虽然各教会大学对于向南京国民政府立案表现出态度上的差异性,但绝大多数教会大学还是选择主动向南京国民政府注册立案,并在立案形式上严格遵照南京国民政府的立案要求,对双层董事会进行改组。即便像上海圣约翰大学这样对于立案争议较大甚至顽强抵制者,最后也不得不为了学校的在华利益而开始妥协。改组后的教会大学董事会,从结构、功能到制度性质上都发生了重要改变。

一、主动、妥协或徘徊:态度之转变

虽然向南京国民政府立案成为更多教会大学权衡之后的选择,但在宗教人士内部,态度分歧由来已久,且争论从未停止。中国的基督教人士普遍认可并支持南京国民政府的要求,即宗教教育和宗教信仰应基于学生的志愿,作为选择性教育,而不应是一种强制性教育。外国的基督教人士观点分歧较大,一部分人士赞同中国同事的观点,但也有很多人认为在向南京国民政府立案的条件中,最难以接受的便是学生志愿原则,声称屈服这一原则将意味着牺牲教会学校的根本特色,因此教会学校绝不应该向南京国民政府妥协。[①]

关于向南京国民政府立案的条件,各教会大学的差会方面也表现出不同程度的质疑,甚至反对的声音。质疑的主要焦点集中在教会大学是否应

---

① ［美］费玛丽:《圣约翰大学》,珠海出版社,2005,第 110 页。

继续宣称其基督教目的，维持基督教仪式和基督教必修科等方面。正如汇文大学章程所言，教会大学"严格地按照基督教教育建立并运作"，教会从不愿意放弃学校劝人皈依基督教的功能。在坚持基督教教义办学宗旨的同时，"西方托事部"一直坚持学校的人事权和财政权，这也是西方教会控制教会大学办学权的关键。在向南京国民政府立案时，"西方托事部"既需要在立案形式上要符合中国政府的立法规范，又希望即尽可能地保护西方教会的治校权，因此在具体的权力细则方面呈现出极为微妙的变化，甚至出现了中外不同的章程版本。

教会大学主动立案与"中国化"举措，是当时多数教会大学的选择。由于受到北伐战争的影响，南京地区处于一种极其紊乱的状态，金陵大学许多外籍教员选择离开南京，校内教学秩序受到严重干扰。1927 年，金陵大学成立了校务委员会负责校内事务管理，以应对特殊时期的困境。在此期间，国民党高层曾提出接管金陵大学的想法，校方予以拒绝，并开始着手改组金陵大学校董会，准备向南京国民政府申请立案，这一做法得到了金陵大学"西方托事部"的认可。1928 年 8 月，南京国民政府大学院正式批准金陵大学校董会的注册登记，金陵大学成为南京国民政府时期第一个立案的教会大学。

燕京大学在校长司徒雷登的主张下，1926 年已经向北洋政府立案，1929 年燕京大学接受南京国民政府教育部审查并再次通过立案。在向南京国民政府立案之前，燕京大学纽约托事部通常为 25 人，主要由教会行政领导、慈善家和纽约商人组成。纽约托事部拥有包括教院和行政人员在内的人事任命权，以及燕京大学的财政权。对于南京国民政府提出的立案条件，燕大内部以及纽约托事部表示质疑，认为向南京国民政府立案却以牺牲宗教为代价，放弃强制性的宗教课程，并将宗教学院分离出燕大，等等，这些代价过于高昂，将会使燕大失去既定的宗教宣传功能。司徒雷登在一片质疑声中始终坚持他的初衷，致力于燕大"中国化"的努力。关于立案与否，司徒雷登作出了肯定的回应：

> 燕京大学章程中所陈述的宗旨，使它得以成为一所中国政府承认的私立大学。教育机构的宗旨必须是教育。至于这种教育应该具有道德精神性，已经有所表达。我们通过基督教信仰的实践和教导，通过向我们的学生施加容易被他们赞许和接受的每一个影响，来进行这方面的工作。政府当局和普遍公众都十分理解这一点，并认为是完全妥当的。直截了当地表述这样的内容，在实际

中将不会使我们得到更多的宗教影响或符合逻辑的同样效果，而只可能使问题更加复杂。让我们再次指出，大学的宗旨是给予良好的教育，它包括对人的各方面的教育。经验似乎表明，由于实行这种政策，燕京——因此也包括与燕京相关的整个基督教事业——得到了中国各阶层的尊敬和友谊，与明确宣称我们既是一个宣教机构又是一所真正的大学从而使自己处于一种尴尬地位相比较，这种做法传播福音的价值要大得多。①

在司徒雷登看来，向中国政府立案，是一种大学竞争和教育发展策略，表达了基督教政治家日益增长的战略意识。学校的管理方式和精神，以及学校人员基督教生活的力量，比公开的宗教宣传和严厉的校规更能有力地见证基督教的精神。②

在教会大学是否应向中国政府立案的争论中，司徒雷登也曾撰文《中国纪事》回应，"无论西方教会董事会的秘书和教育家们对教育原则或宗教自由问题发表什么样的看法，目前的争论与其说是教育或宗教的，不如说是民族主义的。中国人有权利和能力去决定哪一类外国学校应当在中国开办，他们惟一既合乎理性又切实可行的选择只能是：或遵守规定，或关门停办"。司徒雷登还表示，"非常愿意辞职，将责任移交给一名中国人，或者交给一个委员会"，或者考虑本人加入中国国籍。③

随着南京国民政府教育立法的颁布，燕京大学对纽约托事部的人事权作了调整，仅限于任命校长，其他任命权则让渡给"在华校董会"。1928年之后，纽约托事部依然保留了基督教信仰的基本条款，以及学校完全的财政权。做到这一点，司徒雷登在其中发挥了重要的作用。司徒雷登既要尊重纽约托事部的态度，又要妥善处理中国日益高涨的民族主义潮流，尊重中国人在燕大的管理权，合理应对政府立案的条款，同时也希望在向南京国民政府立案后能继续保证自己在燕大的治校权。因此，司徒雷登希望纽约托事部将处理行政事务方面的最终决定权赋予燕大校务委员会。

与燕京大学一样，辅仁大学在立案问题上一直保有积极的姿态，从办学之初开始便主动根据中国政府的要求积极申请立案。辅仁大学首任校长奥图尔曾表达了他的态度：我保证美国本笃会绝不用美国民族主义去侵犯中

① ［美］艾德敷：《燕京大学》，珠海出版社，2005，第172页。
② ［美］艾德敷：《燕京大学》，珠海出版社，2005，第172页。
③ ［美］艾德敷：《燕京大学》，珠海出版社，2005，第165页。

国人，而是对中国人的民族精神报以友善，尽力促使辅仁大学的"中国化"，并将教廷委托的教育使命传给中国的后继者。[①] 在《美国圣本笃会创设北京公教大学宣言》中，奥图尔说：

> 今本会办此大学之人，虽皆美产，然其来华本意，绝非用殖民政策，造成附属之品，乃为吸收中国有志爱群之士，本此志愿，同功合作，数十年后，不假外力，该会该学，纯为中国自主自立之机关。[②]

东吴大学在教会大学"中国化"问题上，自建校之初便一直持有积极的态度。东吴大学首任校长孙乐文，便是教会大学"中国化"的积极倡导者，而东吴大学也一直对教会大学"中国化"问题持有友好的态度。

> 东吴大学成立于二十五年以前，因历史沿革上早有移归本国人主治之观念，且经逐渐施行，故至近年移交问题发生，收回教育权呼声甚嚣尘上之时，该校当局者并不觉其骤突。溯自第一任校长孙公乐文(Dr. D. L. Anderson)手创巨业，缔造艰辛，开办数年以后，即主张学校当竭力使成中国化，学校中之领袖当以中国人居之。故校内行政最高机关即校政部，其中自始即有华人参加。关于向政府注册一层，已早于前清光绪年间向北京学部请求承认。只以当时学部方面尚未颁布规定办法，遂致未成事实。然则东吴当局自始即目本校为中国人自己所有之教育机关，早有明征。更就校董会方面论，该会系成立于 1900 年。其会员初虽尽属西国教会中重要职员，以后逐渐有本国知名人士加入。迨去年国民政府颁布私立学校立案条例，其时华人之充任董事者，人数已居三分之二矣……行政组织方面，皆已与政府条例符合，而无须变改矣。[③]

在南京国民政府加强对教会大学管控力度的情形下，教会大学为了继

---

① Pei-ching Kung Chiao Ta Hsünh, Bulletin No. 1 of the Catholic University of Peking September 1926，p7. 转引自王炳照主编：《中国教育史专题研究》，北京师范大学出版社，2009，第 388 页。

② 《辅仁生活》，1940(4)。转引自王炳照主编：《中国教育史专题研究》，北京师范大学出版社，2009，第 388 页。

③ 史襄哉：《东吴大学移交经过情形纪略》，《中华基督教教育季刊》，1928 年第 4 卷第 2 期。

续生存,必须向南京国民政府作出一定程度的妥协,在必要的时候,甚至主动与中国政府进行沟通,并利用中国政要的人脉关系为教会大学谋求发展,也成为教会大学的终南捷径和生存之道。齐鲁大学的立案经历具有复杂的戏剧性。1929年,齐鲁大学就已向山东省教育厅申请立案,但教育厅迟迟没有批复,学校因此引发学潮,迫使校长李天禄辞职。林济青就任齐鲁大学校长之后,起初经过多方努力,亦无结果。后来,齐鲁大学邀请与该校女生部主任麦美德私交甚好的孔祥熙①出任校董会主席,孔祥熙又举荐朱经农②担任齐鲁大学校长。齐鲁大学在两位政界与教育界名流同时加入之后,直接行走上层路线,完全未经山东教育厅批准,而是由教育部于1931年12月直接批转山东教育厅,准予注册立案。这一戏剧性的结果,再次证实了"在华校董会"与官方保持密切联系与良好沟通对于教会大学争取政策支持和生存空间的重要意义。

在多数教会大学选择立案并"国立化"的同时,少数教会大学却面临着"立案"还是"关门"的生死选择。之江大学虽然积极向南京国民政府申请立案,但是学校的立案态度和计划却遭到了"西方托事部"的反对。"西方托事部"出于维护教会利益和大学基督教品格的意图,坚决反对南京国民政府关于"在宗教自愿的基础上"批准立案的条件,并提出要求南京国民政府作出如下让步:其一,允许大学公开表明其基督教目的;其二,允许大学创立者拥有绝对的宗教教育权和崇拜权。③ 然而,"西方托事部"的这一坚持却直接导致了之江大学的短期关闭。1928年7月5日,之江大学监事会(即该校"在华校董会")宣布,鉴于差会董事会(即该校"西方托事部")不同意立案,"考虑到学校严重的财政问题,为重新组织之江大学,暂时关闭学校"。④ 一些学生因此而申请转校,之江大学的学生数量由此大量减少。

圣约翰大学的立案之路可谓玄机迭出。圣约翰大学自成立之初至南京国民政府初期,均未向中国政府立案。在1945年之前,圣约翰大学甚至成为唯一一所未向中国政府立案的教会大学。然而,这并不意味着圣约翰大学对于立案持绝对抗拒之态度。圣约翰校长、师生、教会,以及中国政府等多方力量纠葛其中,圣约翰内部在不同时期都曾有着对于立案的复杂感情,有抗拒,有赞同,有博弈,有斗争,有谈判,有僵持,亦有妥协。

1927年3月,北伐军进入南京城,美国等列强借口保护领事馆及侨民,

---

① 孔祥熙,时任南京国民政府实业部长。
② 朱经农,时任南京国民政府教育部常务次长。
③ ［美］队克勋:《之江大学》,珠海出版社,1999,第60页。
④ ［美］队克勋:《之江大学》,珠海出版社,1999,第61页。

炮轰南京城,制造了"南京惨案"。"南京惨案"导致许多外国侨民纷纷回国,圣约翰生源大受影响,无法为继,校长卜舫济宣布学校关门,直至 1928 年局势平稳之后方才开学。校长卜舫济出于顺利办学、稳定学生之考虑,于圣约翰再次开学之后,开始拉拢身为南京国民政府要员的圣约翰校友,以寻求政策庇护。也正因如此,圣约翰大学才于 1928 年 6 月正式成立"在华校董会"。然而,关于向中国政府立案,卜舫济则一直持观望姿态。南京国民政府的姿态强硬,如果不立案,圣约翰将面临关门的命运。卜舫济在立案态度上开始摇摆和犹疑,他必须在"立案"或"关门"之间,作出一种明智的权衡。

1930 年 5 月 7 日,圣约翰大学董事会主席刘鸿生、校长卜舫济、美国圣公会布道部执行干事伍德三人,赴宁与南京国民政府教育部长蒋梦麟商讨圣约翰大学立案事宜。会后,卜舫济的态度发生了转变。他在报告中称,立案条件虽然不合情理,但依然有可能维护学校的基督教特征,并在自愿的基础上开展传播基督教的工作[1],"尽管有这样那样的问题,立案总比关闭学校要好"[2]。在卜舫济的努力下,圣约翰大学董事会第一次向中国政府提出了立案申请。

在给交通大学校长的信中,卜舫济坦言:

> 好的教育不会赞成或把教育置于行政控制之下。我们对于中国政府的认识可能会破坏中国法律,或者约束在中国办教育的西洋人。若要继续办教育,必须接受中国政府的条件。如今看来,我们可以做到立案而不致破坏基督教规则。坦白地说,我不赞成立案,但我相信,在立案之后,我们能继续基督教在中国有价值的工作,为受到限制而停止工作是很可惜的。[3]

此封信中,卜舫济对于立案的态度,显然已经由过去的排斥与观望,转向了妥协。

较之学校对于立案的犹疑态度,圣约翰大学的校友和学生会却表现出了强烈而明确的立案态度。1930 年前后,一位圣约翰校友在给校董会各位校董的信件中表示,母校向中国政府立案不容拖延,并列举了立案的理由:

---

[1] [美]费玛丽:《圣约翰大学》,珠海出版社,2005,第 153—154 页。
[2] 徐以骅主编:《上海圣约翰大学(1879—1952)》,上海人民出版社,2009,第 40 页。
[3] 《卜舫济给交通大学校长的信》(1937 年 3 月 19 日),上海市档案馆,圣约翰大学档案,Q243—1—693。

第一,圣约翰应当遵从中国的法律,只要不关系到基督教的原则。第二,母校立案后,将不再被指责违背中国政府教育原则或国计民生。第三,在中国领土之内,一个教会学校要和中国法律一致,授予学位也要以中国政府为授予当局。第四,一个非立案学校的毕业生在目前的中国被剥夺了许多本应享有的权利。①

圣约翰学生对立案的态度十分坚定,因为学校立案与否直接关涉到圣约翰学生的发展前途。1935 年 10 月 25 日,圣约翰学生会代表向校长卜舫济递交了请愿书,要求学校向南京国民政府立案。请愿书陈词恳切,列举了学校因未能向政府及时立案而带来的各种办学困境:圣约翰学生不能参加政府组织的各种职业考试;在政府机关就职的校友被减薪或停职;圣约翰学生不能参加国家主办的公费留学考试,国内研究机构也不予收纳,留学深造机会微茫;圣约翰得不到教育部经济援助,各种校政建设无法添置改进;校友对此不满,故而对圣约翰的精神及物质援助减少。学生会还指出,其他教会学校如东吴、沪江、金陵、文华、燕京、岭南等都已立案,且并未因立案而影响发展。②

美国教会当局和上海教区作为对圣约翰大学的主管方,从一开始就对圣约翰向中国政府立案持有强烈的反对态度。上海教区主教郭裴蔚是一位具有强硬姿态的领导者,一直主张西方差会应对其所属教会学校实施严密的控制,并且他本人在其长达 46 年的任期里,始终坚持教会学校应该坚守其"宣教性"的特质。中国政府要求"宗教教育和宗教信仰应基于学生志愿的基础上",对此,郭裴蔚认为,屈服将意味着牺牲教会学校的根本特色,因而绝不应该向中国政府作出宗教信仰上的任何妥协。③

卜舫济向中国政府的妥协姿态也遭遇了上海教区主教和美国牧师们的强烈抨击。1930 年 5 月 27 日,咨议会会议在美国托事部表达了不同意在目前条件下向中国政府立案的明确态度,希望校董会向中国政府争取更为宽松的条件,并运用校董会与中国政府的关系和影响,使得圣约翰大学能够暂时作为非立案学校继续存在。

5 个月后,美国圣公会的态度发生了变化,开始考虑向中国政府立案,但同时也提出了立案条件。1930 年 10 月 7 日,美国圣公会全国会议通过决

---

① 《向校董会各校董事的信》(约 1930 年),上海市档案馆,圣约翰大学档案,Q243—1—23。
② 《呈为呈请本校立案事》,上海市档案馆,圣约翰大学档案,Q243—1—694。
③ [美]赉玛丽:《圣约翰大学》,珠海出版社,2005,第 110 页。

议，要求向中国政府立案的条件中不得包含如下内容：第一，禁止公开宣称学校的基督教特征和传教目的；第二，交出校产控制权和所有权；第三，损害圣公会全国会议作为托事者通过其在华代表任命和撤销校董会成员、决定学校重大事务及选择校长和教员的权威；第四，损害教会宣讲基督教的权力和为学生提供宗教仪式的权力。①

在美国圣公会作出妥协之后，1931 年 8 月 20 日，圣约翰大学董事会第一次正式向上海市教育局提交了立案申请，却因不合立案条件而被中国当局退回，并要求按照中国政府的文件进行整改。这惹怒了一向态度强硬且反对向中国政府立案的上海教区主教郭斐蔚。1931 年 11 月 19 日，郭斐蔚及江苏教区咨议会明确作出了不向南京国民政府立案的决定，发表《致圣约翰校董会及其所有各校毕业生及学生家长宣言书》，指出了不能立案的原因是主办教会不愿意执行南京国民政府关于限制宗教课程和宗教仪式的规定。②

1932 年 6 月 18 日和 7 月 5 日，上海市教育局局长徐佩璜先后两次向教育部高等教育司呈文，说明了圣约翰大学董事会申请立案的材料与立案要求不符的情况，并派专员前往圣约翰大学督促学校限期立案。然而，经过审查，圣约翰大学原外籍校董超过政府所规定的三分之一的限额、校董会副主席仍由外国人担任的情况得到了调整，目前校董会外籍人数占三分之一，校董会副主席改由中国人担任。然而，关于圣约翰大学坚持以基督教为办学宗旨，坚持保留神学院，这一行为违背了中华民国三民主义的教育宗旨，以及政府的大学组织法。③ 对于上海市教育局的两次呈文，南京教育部也作出了批示，"私立圣约翰大学希冀延缓呈请立案等情，兹派专部科长谢树英前往视察具报"④，却因圣约翰大学教会当局的反对态度而搁浅。

1935 年 10 月 31 日，教会当局面对学生要求立案的请愿，再次作出妥协，同意由教会当局和校董会各指定三名代表组成联合委员会，负责修订大学章程，并起草校董会与创办人会的协议书，为重新申请立案做准备。1937

---

① ［美］费玛丽：《圣约翰大学》，珠海出版社，2005，第 154—155 页。
② 《美国圣公会上海主教暨咨议会致圣约翰大学校董会及其所有各校毕业生与学生家长宣言书（1931 年 11 月 19 日）》，上海市档案馆，圣约翰大学档案，Q243—1—25。
③ 《上海特别市教育局呈教育部高等教育司文（中华民国廿一年六月十八日）》，《私立圣约翰大学校董事会章程及申请立案的有关文书》，中国第二历史档案馆，教育部档案，五（2）—687；《上海特别市教育局呈教育部高等教育司文（中华民国廿一年七月五日）》，《私立圣约翰大学校董事会章程及申请立案的有关文书》，中国第二历史档案馆，教育部档案，五（2）—687。
④ 《教育部令（中华民国廿一年七月廿二日）》，中国第二历史档案馆，教育部档案，五（2）—687。

年 6 月 15 日，美国圣公会全国委员会决定"同意立案，并认为按照教育部意见办理较为妥当"[1]。但在随后的两周内，主教郭斐蔚致函伍德，撤回了他先前支持立案的承诺，同时指责校长卜舫济向圣公会全国委员会施加了过多的个人影响。[2] 圣约翰大学二度立案申请就此搁浅，由此也使圣约翰大学成为当时唯一一所没有向中国政府立案、游离于中国教育体制之外的教会大学。

虽然南京国民政府对未立案的教会大学表现出不满，并作出种种政策上的限制，比如故意拖延颁发执照，威胁医生参加特别考试，等等，圣约翰大学每一年的毕业生们对此都很担心。然而，"政府各部门却发现圣约翰大学的毕业生工作效率高，适于政府工作，对于他们来自一所未立案的学校这一事实睁一只眼闭一只眼"，"圣约翰大学的医学博士都能获得中国政府颁发的行医执照"。[3]

为了获得南京国民政府的立法支持，利用南京国民政府的优惠政策，维持学校生源和发展，教会学校"在华校董会"开始作出符合南京国民政府教育法令的调整，纷纷遵章注册立案。金陵大学和沪江大学是第一批接受注册立案的教会大学，此后，燕京大学、金陵女子大学、东吴大学、福建协和大学、岭南大学等一批教会大学纷纷按照要求注册立案，教会大学校长也改由中国人担任。（表 4-1）

表 4-1　南京国民政府前期部分教会大学立案情况

教会大学名称	建校年度	学校立案时间	校　长
东吴大学	1900	1928	杨永清
之江大学	1901	1931	李培恩
圣约翰大学	1905	未立案	［美］卜舫济
金陵大学	1910	1928	陈裕光
华西协和大学	1910	1933	张凌高
齐鲁大学	1911	1931	朱经农
金陵女子文理学院	1914	1930	吴贻芳
华南女子文理学院	1914	1933	王世静

---

[1]　F.L.H.Pott, Letter to Bishop Graves, July 1937，上海市档案馆，圣约翰大学档案，Q243-1-29。

[2]　徐以骅主编：《上海圣约翰大学(1879—1952)》，上海人民出版社，2009，第 42 页。

[3]　［美］贾玛丽：《圣约翰大学》，珠海出版社，2005，第 111 页。

续　表

教会大学名称	建校年度	学校立案时间	校　长
沪江大学	1915	1929	刘湛恩
燕京大学	1916	1929	吴雷川
岭南大学	1916	1930	钟荣光
福建协和大学	1918	1931	林景润
辅仁大学	1925	1931	陈垣

资料来源:中国第二历史档案馆编:《中华民国史档案资料汇编》第五辑第一编教育(第一册),江苏古籍出版社,1991;张宪文主编:《金陵大学史》,南京大学出版社,2002;王国平:《东吴大学简史》,苏州大学出版社,2009;徐以骅主编:《上海圣约翰大学(1879—1952)》,上海人民出版社,2009;[美]华惠德:《华南女子大学》,珠海出版社,2005;[美]郭查理:《齐鲁大学》,珠海出版社,1999;[美]队克勋:《之江大学》,珠海出版社,1999;孙邦华编:《会友贝勒府——辅仁大学》,河北教育出版社,2003;[美]海波士:《沪江大学》,珠海出版社,2005;王忠欣:《基督教与中国近现代教育》,湖北教育出版社,1999;[美]芳卫廉:《基督教高等教育在变革中的中国(1880—1950)》,珠海出版社,2005。

由于外国教会在华办理的教会大学实行的是"西方托事部—在华校董会"双层董事会制度模式,因此,改组董事会不仅意味着对"在华校董会"进行改组,同时还意味着对"西方托事部"和"在华校董会"之间的责权关系进行调整。事实上,通过对"在华校董会"的董事构成、职权调整等一系列改组举措本身,便直接关乎其与"西方托事部"之间权力体系之变化。在这次调整中,"在华校董会"由中国人占主导,中国校长地位开始发生改变,校董会逐步掌握了相对独立的治校权,开始渐渐摆脱作为"西方托事部"的中国经理人身份,"西方托事部"也在此次权力调整中退居为类似于"基金委员会"的角色。

二、走向最高权力机关

在教会大学"西方托事部—在华校董会"双层董事会治理模式形成早期,"西方托事部"是创办人代表,"在华校董会"是作为"西方托事部"的中国"经理人"而存在。因此,教会大学的"在华校董会"并不同于国人创办私立大学中作为创办人代表之校董会,自然也并未享有作为学校最高权力机关之地位。毕竟"西方托事部"所代表的西方教会才是教会大学创办人、资金提供者和话语主导者。然而,南京国民政府时期的教会大学的立案与机构改组,使得"在华校董会"在地位和职权上开始发生改变,逐渐成为教会大学最高权力机关。同时,"西方托事部"的治校地位被逐渐削弱,由过去的大学最高权力机关转变为大学之基金会,"在华校董会"作出的各项决策也不再需要经过"西方托事部"认可。

1929 年,改组后的燕大校董会由学校设立者代表、教职员大会推举的教职员代表、全国有声望的代表等三方共 21 人组成,女性不少于 1/5。校董会选举孔祥熙为校董会主席,颜惠庆为校董会副主席,校长可以参加校董会,但没有表决权。[①] 校董会有权制定和修改学校组织大纲,选聘校长,委任教务长。校董会设有执行委员会,执行校董会议决事项,并于校董会休会期间代行校董会职权,校务长为执行委员会当然委员;财政委员会负责学校财政;查账委员会负责每年聘请查账专家检查学校账目;建筑委员会负责拟定学校建设方案,监督学校各种建筑。燕大校长负责监督学校行政、财务、执行情况。司徒雷登改任教务长,接受校董会的监管,但依然握有学校的实际管理权。[②]

1934 年,燕京大学校董会在经过数次改组之后,职权和地位发生了重要的转变,这主要体现在与纽约托事部的职权关系上。改组之前,燕大的校政决策、人事任免、财政主管权都归属纽约托事部,纽约托事部实为燕大最高权力机构。根据南京国民政府 1933 年《私立学校规程》对于校董会的规定,改组后的燕大校董会成为学校的最高权力机关,取代了纽约托事部作为燕大主要权力控制者的地位。[③]《私立燕京大学校董会简章》对燕大校董会职权作了规定,燕大校董会有权制定或修改学校组织大纲,选聘校长,委任校务长和女部主任,受设立者委托保管学校财产和永久投资,实施筹募捐款并保管募捐款项,核定学校年度预决算等。燕京大学校董会下设执行、财政、查账、建筑四个委员会。[④] 执行委员会,负责执行校董会议决事项,并于校董会休会期间代行校董会一切职权,校务长为当然委员;财政委员会负责监督学校财政,辅助校务长处理学校财政;查账委员会负责每年聘请查账专家检查燕大账目。建设委员会负责监督学校建筑及其方案拟定。自此,燕大校董会成为拥有校政决策、人事任免、资产管理等权力的学校最高权力机构。

相比之下,燕大的纽约托事部被改称为"设立者会",这一称呼的转变实则体现的是托事部功能和职权的转变,纽约托事部不再是燕大最高权力机构,不再享有燕大的最高控制权,而是退居"幕后",成为燕京大学的款项筹集、基金管理、受托办理的机构,其功能逐渐转化为燕大的基金会。[⑤]

---

① Yenching University Archives, Volume 28006. 转引自罗义贤:《司徒雷登与燕京大学》,贵州人民出版社,2005,第 88 页。

② 罗义贤:《司徒雷登与燕京大学》,贵州人民出版社,2005,第 89 页。

③ ［美］艾德敷:《燕京大学》,珠海出版社,2005,第 167 页。

④ 《私立燕京大学校董会简章》,《燕大友声》,1937 年第 3 卷第 4 期。

⑤ 罗义贤:《司徒雷登与燕京大学》,贵州人民出版社,2005,第 93 页。

在依据基督教精神造就人才的办学宗旨指导下,金陵大学校董会的主要职权包括,批准新建立的系科;批准学校开设的课程;选举并任命校长、司库;任命学校教学行政人员,包括校长秘书、校长外籍助理;决定在创建会支付工资人员之外的教职工工资数额;提供校舍和办公教学设备;依据学校财政预算决定学费金额,并经过校行政管理机构按预算对学费进行收纳和分配;提供师资力量和办学经费;努力提高学校管理效率;与创建者委员会签订协议,进行校产租赁谈判;在校长和教员会的推荐下,依据中华民国相关条例授予学位,同时向创建者委员会推荐建获得美国学位的人选;拥有获得和掌握的权利,包括在中国募集的捐款。同时,校董会每年从董事中选出7名董事组成校董会财务执行委员会,负责处理校董会休会期间的日常事务,但是特别重要的问题以及需改变方针政策的问题除外。此外,金陵大学校董会主席有权召集校董会特别会议。[1]

金陵大学校董会与创建者委员会(即"西方托事部")签订协议,由创建者委员会将学校的地产、建筑和设备租给校董会,租期自1928年7月1日起共5年,名义租金为1美元。依据双方协议,校董会必须遵守协议内容,校董会有权根据办学需要,通过书面申请增加或改善土地、房产和设备;校董会有权将学校住房租给本校教职员使用,有权将资金用于学校校务;如果校董会违背协议,或者资产没有用于执行金陵大学的办学宗旨,即按照基督教精神造就人才,创建者委员会有权收回财产。[2]

1927年的《私立东吴大学校董会章程》对校董会职权作出了相似的规定:办学方针决定权,人事任免权,学位授予权,财政筹划权,资产管理权等。[3] 具体包括:决定办学方针;任免校长并呈请教育部备案;审定校长荐任的校内行政人员、教授、西顾问;给予荣誉或毕业生学位;向主管教育行政机关汇报工作;租购财产,并受创办人委托对学校财产和资金进行保管;筹划和处理学校一切财政,办理校产保险及修理,对创办人负有交涉一切债务之责;审议并决定校长所提出的一切事务;规定或修改校董会一切附则,并咨请中华监理会认可。[4] 校董会设有职员合组执行委员会以及各项常务委

---

① 《金陵大学校董会章程》,《南大百年实录》编辑组编:《南大百年实录·金陵大学史料选》,南京大学出版社,2002,第134—135页。

② 《金陵大学校董会章程》,《南大百年实录》编辑组编:《南大百年实录·金陵大学史料选》,南京大学出版社,2002,第138—139页。

③ 《私立东吴大学校董会章程(民国十六年)》,王国平、张菊兰、钱万里、张燕等编:《东吴大学史料选辑(历程)》,苏州大学出版社,2010,第226页。

④ 《私立东吴大学校董会章程(民国十六年)》,王国平、张菊兰、钱万里、张燕等编:《东吴大学史料选辑(历程)》,苏州大学出版社,2010,第226页。

员会,执行委员会负责处理校董会委托事务。随后制定的校董会章程,对校董会职权作了部分修改,去掉了"对创办人负有交涉一切债务之责","审议并决定校长所提出的一切事务",规定或修改校董会附则也无须再经过中华监理会认可。①

教会大学纷纷遵照南京国民政府的规定,对"在华校董会"进行了符合规定的改组,并得以向南京国民政府立案。随着教会大学"在华校董会"在中国完成立案,南京国民政府对教会大学的管理和渗透力度也在逐步增强,教会大学经费来源、董事任职等方面也发生了相应的变化。随着教会大学的立案,中国政府对教会大学经费投入不断增加,西方教会的经费投入比例开始减少。比如,金陵大学的经费,最早由美国创设人会(即"西方托事部")负担 65%,"在华校董会"负担 35%。向南京国民政府立案之后,1934 年,南京国民政府曾拨款 10 万元,支持金陵大学修建图书馆。东吴大学在向中国政府注册立案之后,学校经费来源在"西方托事部"拨款以及多方募捐的资金多元化的基础上,开始获得中国教育部的补助金。

更为重要的是,在此轮"在华校董会"改组之后,为了维系教会大学自身的治校权力,教会大学"在华校董会"的地位与职权也发生实质性转变,实现了从"托管经营"到"学校治理"的职权转化。

教会大学"在华校董会"职权呈现出扩大化的趋势,职权范围由过去的总体规划、财政职权扩张到学术和教学领域。同时,校董会职权还同时经历了两次职权重心的转移,反映出教会大学校董会完成了两次性质的转向。第一次职权重心转移,主要表现为职权范围由"托管经营"到"校内治理"的转移,改变了自身作为西方托事部"在华经理班子"的原有依附关系,获得了相对独立的大学治理权。第二次职权重心转移,表现为"校内治理"向"社会活动"的转移,增强了"在华校董会"与中国社会的沟通与联系,争取了更多的社会人脉和办学资源。

教会大学"在华校董会"开始形成由"托管经营"向"学校治理"的职权蜕变。这场蜕变中,"西方托事部"虽然依然以创办人代表的身份对"在华校董会"进行遥控管理,但毫无疑问,教会大学"在华校董会"摆脱了长期以来作为"经理班子"的影子角色,其治校权显著增强。当然,这一转变,也更加有利于教会大学及时应对在中国出现的各种形势。

---

① 《私立东吴大学校董会章程(民国十六年)》,王国平、张菊兰、钱万里、张燕等编:《东吴大学史料选辑(历程)》,苏州大学出版社,2010,第 236 页。

三、中国化与世俗化

根据南京国民政府教育部《私立学校规程》所规定的"中国董事必须占三分之二以上","董事会主席或董事长必须为中国人,外国人不得为主席或董事长","校董会校董名额不得超过十五人"之要求,教会大学纷纷对校董会董事及董事长的人选进行了符合规定的调整。

早在1926年的北洋政府时期,燕京大学已然完成了治理权力的内部转移,并实现了纽约托事部的"基金会化"。1928年,燕京大学校董会经过改组,由原来的31人减至21人,中国董事占据多数。根据《私立燕京大学校董事会简章》规定,在燕大校董会21名成员中,由差会代表8人,其中每个差会2人;燕京教职工代表5人,其中校务长、女部主任为当然成员,另外3人由大学总会以选举产生;另有8名董事为自由成员,由以上差会代表和教职工代表共13人选举产生。另外,燕大规定校董会成员至少有五分之一为女性①,校长加入校董会,但没有表决权。新改组的校董会选举孔祥熙为校董会主席,颜惠庆为副主席,其他校董有:王文显夫人、王锡炽、司徒雷登、朱友渔夫人、伍英贞女士、艾德敷、周诒春、凌其峻夫人、陈昌佑、陈振原、洪业、高凤山、寇饶司、费宾闺臣夫人、万多玛、万卓志、赵紫宸、赫约翰、乐嘉立。然而这一改组方案与南京国民政府1929年8月29日公布并于1933年10月19日修正公布的《私立学校规程》中对中国董事人数应不少于校董会成员三分之二、校董会成员不得超过15人等规定相冲突。因此,燕大校董会于1934年再度改组,削减外籍董事。1934年改组后的燕大校董会,差会代表4人,其中每个差会代表1人;自由成员11人;校长、校务长、女部主任有权列席会议,但没有校董会表决权。② 总体而言,燕大校董会里的中国人士大量增加,而西方教会代表明显减少,1935年改组的校董会,教会代表仅4人,燕大校友、华人代表达11人。事实上,此次燕大双层董事会改组是在保持已有权力体系不变的情况下,对"在华校董会"进行符合南京国民政府要求的形式调整。

金陵大学于1927年进行了改组,并制定了新的校董会章程。章程规定,校董会由29名董事组成,校长为当然董事。董事主要来源有如下几个部分:一、中国宗教团体中选派11名,包括:浙江—上海浸礼会分会选派2名;美以美会华中分会选派3名;中华基督教会华东分会选派3名;中华基

---

① [美]艾德敷:《燕京大学》,珠海出版社,2005,第167页。
② [美]艾德敷:《燕京大学》,珠海出版社,2005,第167页。

督教会 3 名（和中华基督教布道团有联系）。二、金陵大学校友会选派 4 名。三、从有合作关系的布道使团中选派 8 人，包括：卫理公会、圣公会华中布道团 2 名；美国长老会江岸布道团 2 名；中国基督教布道团 2 名；美国浸礼会国外布道团华东教区 2 名。四、校董会增选委员 5 名，由以上当选的校董会董事公推（增选的董事和校董会其他董事具有同样权力）。五、金陵大学校长为校董会当然校董。

《金陵大学校董会章程》对董事身份作出明确限定，"校董会中的大多数成员以及增选的校董会成员中的大多数必须是中华民国的公民"；金陵大学"教学行政人员、学校所雇用的其他人员和学生不能当选为校董会董事"。此外，章程还对董事的办学理念作出要求，"校董会所有成员必须对上述办学宗旨持赞同态度"[①]，金陵大学董事必须要认可该校的办学宗旨，即"在南京保持一所由基督教会主办的、宗教信仰完全自由的私立高等学校。该校须提供最高水平的教育质量，促进社会福利事业，提高公民的理想和服务社会的能力，按照本校的基督教精神造就人才"。[②] 金陵大学在办学宗旨上依然坚持着基督教办学的精神，而这也是学校要求校董们应当坚守的准则。改组后的金陵大学校董会，实际情况略有不同。校董会由 30 人组成，增加了校长的外籍助理，中国董事占校董会人数的三分之二，吴东初任校董会主席[③]，校长陈裕光为当然董事。

东吴大学校董会也于 1927 年进行了改组，新的《私立东吴大学校董会章程》第四条对校董会成员作了如下规定：一、校董会额定十五人，以西教士三人，同学六人，其他六人组成之。二、校董会会员不得以校内教职员或学生充任。三、其中须多数为本国人。四、会员年龄须在二十一岁以上，其中四分之三须为监理公会会员。五、校董会会员任期三年，得连选连任。六、校董会会员每年依次改选三分之一。在校董会年会时选举之会员中如有缺额，由校董会就原组织中临时补选之任职，至原选人期满为止。七、选举方法：由校董会推选提名委员若干人，提出加倍候选人员经年会用投票法表决，咨请中华监理公会或该会所指定之团体加以认可，并呈报教育部备案。八、校长、西顾问及创办人来华代表为额外会员，有发言权无表决权。[④]

---

①　《金陵大学校董会章程》，《南大百年实录》编辑组编：《南大百年实录·金陵大学史料选》，南京大学出版社，2002，第 133 页。

②　《金陵大学校董会章程》，《南大百年实录》编辑组编：《南大百年实录·金陵大学史料选》，南京大学出版社，2002，第 133 页。

③　张宪文主编：《金陵大学史》，南京大学出版社，2002，第 59 页。

④　《私立东吴大学校董会章程（民国十六年）》，王国平、张菊兰、钱万里、张燕等编：《东吴大学史料选辑（历程）》，苏州大学出版社，2010，第 225 页。

东吴大学校董会设会长1人,副会长1人,书记2人,会计1人,校董会会长必须为中国人。1928年,改组后的东吴大学校董会正式成立,校董共15人:江长川(董事长,中国江苏)、葛赉恩(副董事长,美国)、沈体兰(书记,中国江苏)、鲍乃德(书记,美国)、胡贻谷(会计,中国江苏),董事钮惕生(中国江苏)、蒋保厘(中国福建)、李登辉(中国福建)、安迪生(美国)、江贵云(中国江苏)、徐可升(中国江苏)、尤敦信(中国江苏)、巴克蒙(美国)、麦玲雪(美国)、步惠廉(美国)。① 其中,董事长为中国人,中国校董9人,美国校董6人。《章程》规定校长、西顾问、创办人来华代表为"额外会员","有发言权无表决权"。1929年,东吴大学校董会进一步改组,校董有:监理公会西教士安迪生、葛赉恩、霍约翰,本校同学沈体兰、江长川、胡贻谷、周承恩、尤敦信、黄仁霖,以及李登辉、鲍乃德、钮永建(曾任广州国民政府中央政治会议秘书长,北伐军总参议,时任南京国民政府秘书长)、朱经农(先后任南京国民党政府教育部普通教育司司长、教育部常务次长)、贝祖贻(时任上海分行经理及总行外汇部主任)、殷罗德。② 其中,江长川为董事长。较之1928年校董构成,1929年校董会中国校董增至10人,美国校董为5人,董事长为中国人,中国校董人数占东吴大学校董会人数的三分之二。

辅仁大学于1929年7月改组校董会,从"富有教育经验而赞助本会创办大学者"和"中国公教各教育团体之领袖"中聘请董事。新的校董会由张继、马相伯、傅增湘、陆征祥、陈垣、沈兼士、刘复、英千里、奥图尔、刚恒毅等27人组成,张继任董事长,陈垣任校长,奥图尔不再担任校长而改任校务长。③ 改组后的辅仁大学校董会,中国董事占22人,远远超出了南京政府《私立学校规程》要求中国人不得少于三分之二的要求。1931年,辅仁大学获得立案。

即便是在立案态度上最为强硬的圣约翰大学,校长卜舫济也将校董会和中国官员校董作为学校发展的保护人。1928年,圣约翰校董会成立,国民政府财政部长、圣约翰大学校友宋子文,外交官王正廷作为圣公会江苏教区代表,正式成为圣约翰校董。由圣公会江苏教区议会、创办者会(即美国托事部)、同学会和大学评议会四方推选代表组成。校董名额分配如下:圣公会江苏教区议会选派3人;同学会选派3人;大学评议会选派2人;美国

---

① 王国平编:《博习天赐庄——东吴大学》,河北教育出版社,2003,第91页。
② 《1929年校董会》,王国平、张菊兰、钱万里、张燕等编:《东吴大学史料选辑(历程)》,苏州大学出版社,2010,第242页。
③ 《私立北平辅仁大学校董会董事名单(1929年7月)》,辅仁大学档案,案卷号:5。转引自王炳照主编:《中国教育史专题研究》,北京师范大学出版社,2009,第385页。

托事部指派 5 人(包括当然董事 2 人:校长卜舫济、会计华克)。首届校董会共 14 人,其中中国校董 9 人,在数量上占据绝对优势。圣约翰早期学生、著名实业家刘鸿生被推选为校董会主席,校长和司库为当然委员。作为当然董事的圣约翰校长、会计,可以参加校董会,但没有表决权。(表 4-2)

表 4-2　私立圣约翰大学校董名单(1928—1929 年)

校　董	来　源	任职年度	备　注
陈宗良	圣公会江苏教区议会选出	十七年至二十年	
王正廷	圣公会江苏教区议会选出	十七年至十九年	
吴清泰	圣公会江苏教区议会选出	十八年至二十一年	
刘鸿生	同学会选出	十七年至二十年	校董会主席
余日章	同学会选出	十七年至十九年	
宋子文	同学会选出	十八年至二十一年	
罗道纳	大学评议会选出	十八年至二十年	
赵修鸿	大学评议会选出	十八年至十九年	
李克乐	创办者会(托事部)指派	十七年至二十年	
客克私	创办者会(托事部)指派	十七年至十九年	
韩忭明	创办者会(托事部)指派	十八年至二十一年	
钱新之	校董会推举	十七年至十九年	
卜舫济	校长,当然董事		无表决权
华　克	会计,当然董事		无表决权

资料来源:《圣约翰大学简章(十八年至十九年度)》,1928,第 1 页。馆藏地:上海图书馆。

值得关注的是,此次调整中,虽然《私立学校规程》规定"现任主管教育行政机关及其直接上级教育行政机关人员,不得兼任校董",且在改组后的校董会中亦符合此项规定,然而身居政府要职的中国校董乃至董事长大有人在,这也成为这一时期校董会制度的鲜明特色。许多教会大学邀请在任或卸任的政府官员加入校董会,甚至担任董事长,目的是为大学发展获取更多的社会资源和政治资源。比如,齐鲁大学邀请孔祥熙担任董事长,东吴大学邀请钮永建(曾任广州国民政府中央政治会议秘书长,北伐军总参议,时任南京国民政府秘书长)、朱经农(先后任南京国民党政府教育部普通教育司司长、教育部常务次长)担任校董。燕京大学邀请孔祥熙任校董会主席,颜惠庆(曾任北洋政府总理)先后任校董会副主席、主席。在 1929 年 12 月的圣约翰大学五十周年庆典上,财政部长宋子文、实业部长孔祥熙等南京政府高官悉数出席,校友宋子文被圣约翰大学授予法学博士学位。在圣约翰的历史上,身为圣约翰校友兼校董的宋子文多次帮助母校。1937年抗战爆发,日军进入上海,严重影响到圣约翰大学的日常教学,宋子文曾出面进行协调与维系。

教会大学"在华校董会"成员结构的转变,不仅体现在中国董事比例的大幅增加,还表现在学校教员世俗比例的增加。以燕京大学为例,早期的华人教员全部为基督徒,且数量很少,多数为西方教员。然而到了1928年,燕大教员中基督徒的比例下降到65%,1930年下降到53%。[1] 同时,西方教员与教会的关系也发生了改变。1928年,在28位全职西方教员中,由西方教会直接任命的教员仅占半数,其余14人并非由西方教会任命,而在此之前,西方教员几乎全部由西方教会指派。西方教会在教员任命权上的改变,尤其是司徒雷登开始更加重视燕大教员的学术能力,这让许多西方教会人士开始担心燕大的办学宗旨是否发生改变,是否还能坚守宗教教育的最初目标。

燕大校董会的"中国化"转向还体现在逐渐摆脱了中西教员在晋升和待遇上不平等的状况。燕大校董会在向南京国民政府立案改组之前,西方教员的待遇一直高于华人教员,职称晋升政策上也更加倾向于西方教员。华人教员的薪水按照大学毕业生工资等级计算,从讲师级别开始评聘。与此形成强烈反差的是,西方教员的一直享有高薪待遇。直到1930年,燕大华人青年教员组成的特别教师委员会呼吁学校为所有教员实行统一的工资标准,并在次年得到了纽约托事部的批准,中西教员的晋升标准也从此开始统一。[2]

燕大校董会的改组还呈现出经费来源的"世俗化"转向。早期的燕大经费来源以西方教会为主,没有来自世俗社会的捐款。1928年以后,随着燕大校董会的"中国化"转向,学校经费来源也发生了变化,以1936—1937年度预算为例,总计21.5万美元,仅有14%来自教会,55%来自美国洛克菲勒基金会、霍尔地产公司等私人基金会捐款,10%来自中国政府

---

①　Statistical Report of Christian Colleges and Universities in China(Shanghai), no.26(1928) and no.28(1930).转引自[美]菲利普·韦斯特:《燕京大学与中西关系:1916—1952》,北京师范大学出版社,2019,第185页。

②　Minute, Board of Managers, March 1, 1930, AP:BM; Memo on salary schedules for university appointed Western faculty, November5, 1929, AC:HSG; Garside to Stuart, May28, 1931, AC:JLS. 转引自[美]菲利普·韦斯特:《燕京大学与中西关系:1916—1952》,北京师范大学出版社,2019,第188页。

捐款和私人捐款。[①] 教会捐赠的比例下跌趋势十分明显，世俗捐赠成为燕大经费的主要来源。

四、名实不一的权力调整：在中国校长与外国校务长之间

根据南京国民政府《私立学校规程》之规定，教会大学校长必须为中国人，若有特殊情形，得另聘请外国人为顾问。在此之前，外国教会主办的教会大学，其校长均由"西方托事部"指派外国传教士担任。而在此次改组之后，教会大学校长均改由中国人担任。吊诡之处在于，中国籍校长更多的是名义上的一校之长，而并非意味着拥有真正意义上的治校实权。燕京大学、金陵大学治校权力的调整很能说明问题。

由于南京国民政府规定教会大学校长必须是中国人，燕京大学在权衡之下，设立了校长和校务长两个职位。校长由校董会任命，总管燕京校务，并且为燕京大学总会议、校务会议、校务执行委员会、其他正式会议的当然主席。校务长由校董会选择，经燕大纽约托事部同意后，由校长任命。校务长是校董会当然成员，其主要职责是协助校长管理校务，制定财政计划，执行校董会、设立者会的方针政策，并且在校长不在之时代行校长职权。[②] 据此，改组后的燕大校董会，选举副校长吴雷川为校长，司徒雷登改任校务长。这成为燕京大学不同于其他教会大学的行政特征。

燕京大学在向南京国民政府申请立案时，拟定中英文两个章程版本，英文版章程仅仅将教师任命权赋予燕大校董会（Board of Managers），中文版章程中的校董会权力显然更大，拥有学校章程的修改权和通过权、学校行政官员任命权、年度预算终审权等权力。[③] 事实上，英文版燕大章程被认为是学校校政工作的指导手册，而中文版燕大章程仅作为向南京国民政府立案的需要，并未付诸燕大治校的实践活动，燕大校董会并未成为实际上的治校权力中心。同时，在中英文两版章程中，对"校长"一词也存在用词和理解上的差异。在燕大英文版章程中，吴雷川担任的角色并非"president"，而是"chancellor"，英文语境中是"校监"，在中文版章程中则被译作"校长"。用词上的不同，体现出纽约托事部以及中西教员对于治校权力归属的分歧。

---

① Dwight Edwards, Yenching University, 105；Minute, Board of Trustees, July6, 1918, AP：BT；Minute，Board of Trustees, February 17, 1936, AP：BT. 转引自[美]菲利普·韦斯特：《燕京大学与中西关系：1916—1952》，北京师范大学出版社，2019，第175页。

② ［美］艾德敷：《燕京大学》，珠海出版社，2005，第165页。

③ ［美］菲利普·韦斯特：《燕京大学与中西关系：1916—1952》，北京师范大学出版社，2019，第174页。

在中文版章程中，司徒雷登身为校务长，权力低于校长，而在英文版章程中二者权力的重要性恰恰相反。在纽约托事部和司徒雷登看来，燕大依然应当由西方教会掌控，而在华人校长吴雷川看来，中文版章程理所应当是燕大的立法基础。

　　燕京大学同时设立中国校长和外籍校务长，其初衷仅仅是应付南京教育部的立案要求，而这种独特的两元制做法，也直接影响着两者职权分工的暧昧与模糊。① 根据《私立燕京大学组织大纲》(1930 年 6 月)对行政组织的规定，校长由董事会聘任，"总辖校务，并对外一切关系，代表全校负责；校长出席董事会讨论校务；校长为大学总会议、校务会议、行政执行委员会会议、各种正式大会当然主席；校长得选派本校教授一人，兼任校长办公室秘书长，掌理机要文件，及对内外接洽事项"②。同时规定，校务长"由董事会得设立者同意推选，由校长聘任之；校务长协助校长管理校务，校长如不在校，得代行其职权；校务长为董事会当然会员；校务长筹划本校财政，对本校之设立者及本校董事会负责"③。校长可以出席董事会并讨论校务，却并非董事会成员，也无权表决；而校务长是董事会"当然会员"，有权参与表决，并在日常校务中"协助校长管理校务"。

> 　　燕京大学的中文规章是吴雷川手订，校长一职对中国政府和燕京大学北京董事负责。司徒雷登的职位在立案后改称校务长，对燕京大学纽约托事部负责。燕京大学另有英文规章，是向美国纽约州教育局立案的。这样的两元制，和当时的东西文化交流一样……吴雷川急于要把燕大变为一个中国人的学校，但是只要燕大必得向美国托事部伸手要钱，此时就难办到。④

　　这一点，在司徒雷说服纽约托事部向南京国民政府立案时就已明确，司徒雷登要求纽约托事部将行政权赋予校务委员会，由其本人担任校务长，并对托事部说，托事部向"在华校董会"和校务委员会让渡决定权，更多的只是表面象征意义，而非实质，纽约托事部依然对学校拥有绝对控

---

① 陈远：《燕京大学 1919—1952》，浙江大学出版社，2013，第 74 页。
② 《私立燕京大学组织大纲(1930 年 6 月)》，张玮瑛、王百强、钱辛波主编：《燕京大学史稿1919—1952》，人民中国出版社，2000，第 1381 页。
③ 《私立燕京大学组织大纲(1930 年 6 月)》，张玮瑛、王百强、钱辛波主编：《燕京大学史稿1919—1952》，人民中国出版社，2000，第 1382 页。
④ 韩迪厚：《司徒雷登略传》，《学府纪闻·私立燕京大学》，第 112 页。原载于香港《南北极月刊》1976 年 6、7、8 月号。

制权。

在实际运作过程中,由于校务长司徒雷登在燕大的长期影响力,及其与纽约托事部的友好关系,而校长吴雷川不谙外语、在董事会里难以与董事们进行语言沟通,以及西方大学管理模式的现实状况,两人之间产生了较大反差,这又使得在中英文章程中矛盾的权力关系在实践的发酵中愈加明显地有利于校务长司徒雷登,而不是校长吴雷川。此后,燕大的实际治校权掌握在校务长司徒雷登手中。

金陵大学校长作为"创建者委员会的官方代表"①,是学校最高行政人员,向基金托管会负责;在学校各项事务中代表校方,对学校财产和事务进行监督;向校董会建议教学、行政人员的人选,比如向董事会提名科长、校长秘书人选,并有权委任学校的学监、房屋场地总管;作为学校各教员会的当然成员,出席并主持各教员会;在理由充足并与校顾问委员会商议的情况下,有权暂令学校行政人员停职,并向校董会做处理报告;与副校长、司库、各学院院长商议制定学校的年度收支预算,并经学校基金托管会审批后上报董事会;向董事会进行年度工作汇报。②

然而,与燕京大学的实际情况如出一辙,金陵大学校长虽然改由中国人陈裕光担任,但"名义上中国人当了校长,实权,尤其是经济大权,依然掌握在美国教会手中。我这个中国校长,几乎很少过问"③。金陵大学学校基金由创建者委员会保管,学校预算亦由创建者委员会指派的法定会计稽核,西方教会通过创建者委员会掌握了金陵大学的实权,尤其是经济权和人事权。同时,在规定校长的"创建者委员会的官方代表"身份的同时,还专门增加了一个职位,即校长的外籍助理。外籍助理由校董会任命,主要负责协助校长"处理有关外籍教职员的事宜或在校长希望的情况下,处理与创建者委员会有关的其他事宜"④。金陵大学校董会与创建者委员会的协议书称,校董会章程须经过创设人会批准方能生效,金陵大学财产由创设人会租借给校董会使用,而校董会则必须按照创设人会的意图办理学校,否则创设人会有权取消租借协议。虽然董事会经过改组,实现了董事"中国化",然

---

①　《金陵大学校董会与创建者委员会协议书(初稿)》,《南大百年实录》编辑组编:《南大百年实录·金陵大学史料选》,南京大学出版社,2002,第139页。

②　《金陵大学总章程》,《南大百年实录》编辑组编:《南大百年实录·金陵大学史料选》,南京大学出版社,2002,第139—141页。

③　陈裕光:《回忆金陵大学》,金陵大学南京校友会编:《金陵大学建校一百周年纪念册》,南京大学出版社,1988,第14页。

④　《金陵大学校董会与创建者委员会协议书(初稿)》,《南大百年实录》编辑组编:《南大百年实录·金陵大学史料选》,南京大学出版社,2002,第139页。

而，教会大学的实际治校权，依然通过外国传教士而掌握在西方教会手中，此时的金陵大学校董会依然没有摆脱作为西方托事部的中国经理人角色。

在应对中国政府要求立案的情形下，教会大学的"西方托事部"和"在华校董会"内部经历了多次争论与反复，但最终按照中国政府的政策要求作了形式上的调整，其中包括董事及校长的"中国化"。然而，校长的"去董事化"，以及校务长的实权在握，是"在华校董会"改组后的重要特征，即在形式上满足了向中国政府立案的标准，而在权力实践上依然是一种敷衍。"西方托事部"更愿意将一手创办的教会大学的治校权交付给自己人，而不是掣肘于中国政治文化的中国人。真正的大学治校权，依然更多地掌握在由外国教会所指派的校务长及外国传教士手中。这也正是许多教会大学中国校长"去董事化"的真正原因。

第三节　全面抗战前后教会大学双层董事会：第三次立案之争与制度转向

全面抗战前后，由于战争给"西方托事部"与"在华校董会"的沟通造成了不畅，教会大学双层董事会基于现实工作需要开始调整制度。各教会大学从"西方托事部"各自为政的管理状态开始转向联合管理，筹划并组建"中国基督教大学联合董事会"，加强校际沟通与合作，以便更加有效地适应新的形势。1940年，汪伪政府在日军的扶持下成立。12月8日，日军进入上海租界，不久便发布命令控制上海租界秩序，要求所有学校必须正常开课。然而，南京国民政府则明确反对各学校在上海继续开办。国内的"在华校董会"除了面临特殊的战争环境，还将面临更为复杂的政治氛围，这迫使校董会不得不作出相应的改变。1941年12月7日，日本偷袭珍珠港，太平洋战争全面爆发，各教会学校先后宣布停办，并逐渐向内地迁移。同时，教会大学"在华校董会"纷纷开始在内地重新选举董事会成员，组建"非常时期校董会"以维持学校在内地的发展。有些教会大学的"在华校董会"甚至出现了两个小组、两地办公的情况。

一、西方托事部：从分散走向联合

中国教会大学合作的设想最早可以追溯到1920年，合作计划的提出者是金陵大学托事部成员诺思。1921年，美国教会联席会议采纳了中华基督教教育会关于"尽快推动在中国安排一次基督教教育调查"的建议，决定组建中国教育调查团，由美国差会和洛克菲勒基金会出资，北美外国传教大会顾问委员会主席巴顿担任调查团团长。1921—1922 年，以巴顿博士领衔的中国教育调查团对中国 30 多个城镇进行了为期 4 个月的实地考察。在详细考察中国教会大学发展状况之后，中国教育调查团提交了《中国基督教教育事业》调查报告，针对中国基督教教育提出了"更加有效率，更加基督化，更加中国化"的改革建议。在调查报告中，巴顿提出，教会学校已经失去了作为唯一提供新式教育的地位，因此需要各教会联合办学以提高教会教育的影响力，并在管理机构方面建议成立教会大学联合董事会（或联合托事部），为教会大学的共同利益服务。各教会大学北美托事部在纽约成立了中国共和大学中心办公室（Central Office of Chinese Union Universities），教会大学托事部合作由此拉开序幕，合作内容包括在华教会大学总体规划，日常行政、财政、师资等日常事务处理，联合筹款与设备运购，等等。① 1925年，为应对教会大学在华办学所遭遇的办学资金不足的状况，有效推进教会大学联合筹款工作，中国基督教高等教育协作与筹款常设委员会②在纽约正式成立，主要负责对中国基督教大学发展的通盘计划（correlated program）以及在此基础上的教育筹款。③ 然而，1929 年的西方经济大萧条打断了这一合作计划的进程。但是，在中国公立大学逐渐崛起并对教会大学构成竞争压力的境况下，各教会大学托事部经过多年的合作，积累了工作经验，也强化并达成了在华教会大学必须走向联合的共识，为教会大学的进一步联合做好了铺垫。

1932 年，中国基督教大学校董联合会④（下文简称"校董联合会"）成立。校董联合会的出现，既非偶然，亦非突然，它是中国教会大学长期联合与合作的产物。它实则为教会大学的西方托事部之间组成的联合机构，代表着12 个美国教会、2 个加拿大教会、7 个英国教会行使职权⑤。1932 年 10 月，中国 10 所教会大学（之江、福建协和、燕京、齐鲁、金陵、岭南、华中、东吴、华西协和、金陵女子）的托事部代表在纽约开会，宣布成立校董联合会。校董

---

① Minutes of Meeting of Supervisory Committee of the China Union Universities Central Office (Feb.20，1924)，RG11－080－2152.
② 后更名为中国基督教大学委员会，英文全称为 Committee for Christian Colleges in China。
③ 刘家峰、刘天路：《抗日战争时期的基督教大学》，福建教育出版社，2003，第 192—194 页。
④ 中国基督教大学校董联合会，英文全称为 Associated Boards of Christian Colleges in China，简称 ABCCC。
⑤ 肖会平：《合作与共进：基督教高等教育合作组织对华活动研究（1922—1951）》，山东教育出版社，2009，第 165 页。

联合会最初只有上述 10 所教会大学,后来,华南女子文理学院(1935)、沪江大学(1937)、圣约翰大学(1944)先后加入。校董联合会宣称其宗旨为"以合作的方式,促进中国基督教高等教育的利益",并"为取得更大的教育效率,为维持和加强成员学校的基督教性质和基督教影响,进行合作和联合工作"。校董联合会下设执行委员会、宣传和筹款委员会、基督教性质及基督教运动关系委员会、财政委员会、教职员和课程委员会、审计委员会。① 校董联合会的具体工作包括事务管理、发展规划、联合筹款、宗教信仰维持等方面。

校董联合会的成立,在教会大学的联合与合作工作上迈出了实质性的一步,实现了教会大学"西方托事部"之间的有效联合与实质性合作。抗战期间,南京国民政府将大量经费投入到军事战争中,减少了教育经费的投入,教会大学来自中国本土的资金投入大幅减少。据统计,在全面抗战爆发前的 1936 至 1937 年间,教会大学来自中国的经费投入比例为 53%,而自1937 年始,这一比例猛降至 33%—37%。(表 4-3)教会大学面临着办学资金严重不足的困境,而急剧恶化的通货膨胀更是给教会大学捉襟见肘的办学窘境雪上加霜。为此,校董联合会在美国成立了全国紧急委员会,着手在华教会大学的战时筹款事宜,为战时教会大学提供了至关重要的资金援助。(表 4-4)

表 4-3 中国基督教大学来自中国资源收入占总收入比例

年 度	1936—1937	1937—1938	1938—1939	1939—1940	1940—1941
收入比	53%	37%	缺	33%	34%

资料来源:刘家峰、刘天路:《抗日战争时期的基督教大学》,福建教育出版社,2003,第 198 页。

表 4-4 抗战期间校董联合会筹集经费情况(单位:美元)

年 度	1937—1938	1938—1939	1939—1940	1940—1941	1941—1942	1942—1943	1943—1944	1944—1945
常规经费	830 941	820 736	794 793	763 475	753 830	780 000	780 000	800 000
紧急经费	303 150	270 040	240 156	256 012	455 629	660 990	838 926	763 585
其他经费	130 680	77 381	109 821	75 423	19 101	4 599		

资料来源:刘家峰、刘天路:《抗日战争时期的基督教大学》,福建教育出版社,2003,第 204 页。

抗战期间,受战争、政治方面等因素影响,许多教会大学外籍教员流失

---

① 刘家峰、刘天路:《抗日战争时期的基督教大学》,福建教育出版社,2003,第 195—196 页。

情况严重。为此,校董联合会致力于在海外招募外籍教师,为在华教会大学补充师资。1938—1941 年间,校董联合会先后招募了 120 对夫妇和 67 位单身传教士,最后有 78 对夫妇和 57 位单身传教士通过校董联合会派入中国,进入各教会大学服务,在一定程度上缓解了教会大学师资缺乏的压力。校董联合会还对教会大学教职员进修进行资助。根据校董联合会财经委员会的计划,每个大学托事部每年选派 2—3 名优秀教员赴美进修学习。在抗战期间,校董联合会平均每年拨付 3 000 美元,先后资助多名教会大学教员赴美进修。校董联合会还专门成立教职员研究基金,用于资助教会大学的中国教员出国留学,在 1939—1945 年期间,先后资助了 48 名中国教职员出国留学。(表 4 - 5)

表 4 - 5　抗战期间校董联合会中国教职员研究基金项目资助情况

年　　度	1939—1940	1940—1941	1941—1942	1942—1943	1943—1944	1944—1945
资助人数	7	7	9	7	12	6
奖学金/美元	2 500	3 500	3 500	3 500	5 000	5 000

资料来源:Committee on Faculty Scholarships 1940—1947, UBCHEA, RG11 - 082 - 2175; Committee on Faculty Scholarships 1947—1951, UBCHEA, RG11 - 091 - 2256.

　　然而,校董联合会也存在着组织结构上的缺陷。校董联合会作为各个教会大学"西方托事部"在美国的联合体,是各校托事部作为独立法人的联合,其结构因具有松散性特征而不具备一个独立机构的完整有效的组织体系,因而也就难以对联合体内的成员产生有效的约束和管理,亦无法构成一个独立组织内部应有的权利义务关系。因此,校董联合会实则是一个具有顾问性质的联合会[1],可以向各教会大学提出发展建议,却无力保障这些建议的有效执行。基于抗战时期教会大学所面临的生存困境,加强和改进西方托事部的联合方式势在必行,在华教会大学的合作需要一个更为有效的联合组织。联合董事会正是在这样的情况下应运而生。然而,校董联合会并未因联合董事会的出现而取消,而是经历了职能转变和重心转移,继续发挥作用。

　　1936 年,燕京大学最早提出了建立联合董事会的建议。1939 年在香港召开的中国教会大学校长会议也特别强调,在华教会大学的发展迫切需要一个更加强大的联合组织。此外,哈佛燕京社作为长期向在华教会大学进行经济资助的重要团体,也主张各教会大学的西方托事部进行合

──────────

[1]　刘家峰、刘天路:《抗日战争时期的基督教大学》,福建教育出版社,2003,第 205 页。

并。自 1938 年 12 月开始,校董联合会经过多次会议讨论,最终认为有必要建立一个联合董事会,简化和整合现有各教会大学托事部各自为政的松散管理模式,进而将各校托事部真正合并形成一个真正紧密有效的托事部。在这个整合形成的联合董事会里,各教会代表均占托事部董事人数以及执行委员会人数的 2/3。1941 年底,大多数差会、有关团体和托事部对该联合计划表示原则性同意。1945 年 6 月,燕京大学、金陵大学、金陵女子大学、福建协和大学、华南女子文理学院、华西协和大学等 6 个在纽约州大学评议会注册的在华教会大学的托事部首先达成合并协议,并获得纽约评议会批准。1945 年 9 月,中国基督教大学联合董事会①(下文简称"联合董事会")正式成立,通过了联合董事会章程。

较之作为法人联合体的校董联合会,联合董事会是一个具有独立法人资格的组织机构,下设托事会,由 20 名差会代表和 10 名增选代表组成,行使执行委员会职责。联合董事会设有 5 个常设委员会,即任命和行政委员会,基督教性质、教职员和课程委员会,投资和财政委员会,教育方针和预算委员会,筹款委员会。联合董事会的主要职责涉及资金、宗教、人事、课程等领域,具体包括为在华教会大学宣传、募集、管理和分配办学资金及战后重建资金,维护教会大学的宗教活动和宗教品格,负责选聘外籍教师,以及对课程设置进行政策指导等。在最早加入联合董事会的 6 个教会大学之后,又有齐鲁大学、圣约翰大学、华中大学、东吴大学、之江大学先后加入联合董事会。直至 1950 年,除了沪江大学、岭南大学两校之外,中国先后共有 11 所教会大学的"西方托事部"加入了联合董事会。

联合董事会的主要工作体现在招募西方教员和提供资金方面。在提供资金方面,联合董事会于战后恢复了研究基金项目,向在华教会大学拨款 35 万美金,用于中国教师赴国外深造。1945—1951 年间,联合董事会通过设立研究基金项目,先后资助了 60 名中国教职员出国深造。该项目用于教职员的奖学金呈历年递增的发展趋势,并一直持续至 1952 年院系调整之前。1945—1946 年度奖学金计 4 910 美元,1948—1949 年度达 76 846 美元,资助总额为战后历年最高。从人均资助额度来看,1945—1946 年度为 701 美元/人,1948—1949 年度达 5 911.2 美元/人,1950—1951 年度增至 6 271 美元/人,人均资助额度达历年最高。(表 4 - 6)全面抗战是造成美国

---

① 中国基督教大学联合董事会,英文全称 United Board for Christian Colleges in China,简称 UBCCC。后来发展为亚洲基督教高等教育联合董事会,简称亚联董,英文名称 the United Board for Christian Higher Education in Asia,英文缩写 UBCHEA,原始档案存于耶鲁大学神学院图书馆。

的联合董事会对中国教会大学资助较少的重要影响因素,而补助经费的递增趋势实则极大地受到二战后通货膨胀的影响。在中华人民共和国成立之初,由于政局的变化和教育政策的调整,教会大内部师资也发生了变化。应在华教会大学请求,联合董事会于 1949—1950 年间选派 10 名相关专业教员来华。

不论是早期的校董联合会(ABCCC),还是后来的联合董事会(UBCCC),作为教会大学"西方托事部"的联合组织,均延续着前两次权力调整的路径,维持其"大学基金会"的主要职能。

表 4-6　战后中国教职员研究基金项目资助情况

年　　度	1945—1946	1946—1947	1947—1948	1948—1949	1949—1950	1950—1951
资助人数	7	9	14	13	10	7
奖学金/美元	4 910	6 550	46 035	76 846	24 777	43 897

资料来源:Committee on Christian Character, Staff and Curriculum 1948—1951, UBCHEA, RG11 - 091 - 2255; Committee on Faculty Scholarships 1947—1951, UBCHEA, RG11 - 082 - 2175,RG11 - 091 - 2256.

二、立案再争论:圣约翰的一场校内讨论

根据南京国民政府的立案规定,校董会必须先行申请并获得立案,该校方能随后申请立案。因此,关于圣约翰大学立案的讨论,便直接关涉圣约翰大学校董会的立案与否。数次论争之焦点:第一,治校权在中国政府还是在美国教会? 第二,如何面对学校的经费困境,是否应该求助中国政府? 第三,宗教精神能否为继? 第四,学生及校友的利益如何保障?

长期以来,圣约翰大学在立案问题上的最大阻碍是美国圣公会上海教区主教郭斐蔚和差会部执行干事伍德,而郭斐蔚的继任者、上海教区新任主教罗伯德(Roberts)在这一点上则更为保守和强硬。上海教区向来秉持美国政教分离的宗旨,认为向政府立案会妨碍圣约翰大学的宗教自由和学术自由,从而导致学校走向世俗化道路。[①] 1938 年 3 月 8 日,圣约翰校长卜舫济在与美国教会的信件中表达了向中国政府立案的想法,并已按照中国政府的要求重新拟定圣约翰章程。卜舫济认为,鉴于当下的政治局面,在"必须明确圣约翰大学是一个美国学校"的前提下,由创办人委员会(即纽约托

---

① 徐以骅:《中国基督教教育史论》,广西师范大学出版社,2010,第 133 页。

事部)任命一名美国校长,不如由校董会选出一名中国校长。① 然而,纽约托事部以及美国圣公会上海教区主教郭斐蔚在圣约翰新章程获得同意之后,却被继任者罗伯德主教否定,再次表示反对向中国政府立案。卜舫济认为罗伯德主教言行不一,并揣测罗伯德主教是否忘记了自己曾签字同意一事。② 这一猜测却在罗伯特主教9月15日给卜舫济的信函中被否定。罗伯特不同意卜舫济关于圣约翰大学"将来的展望和计划",即"渐渐地中国的大学毕业生能维持办理这所大学",甚至认为卜舫济的这一设想将改变圣约翰大学的前途,"毕业生是混杂的,基督徒和非基督徒都有……我们不应该使在中国的教会成为这所大学的继承人和管理人。"③美国圣公会罗伯德主教始终坚持由教会办理学校,并不认同卜舫济将圣约翰最终交给中国人办理的观点,因此对于圣约翰向中国政府立案事宜持坚决反对的态度。

不仅如此,在华外国传教士也多持有这一观点。他们认为,抗战初期的中国政府疲于应战,对于未立案的教会学校难有实际性的限制举措。1939年2月7日,江苏教育局发布通知,禁止中国境内一切外国人开办大中小学。扬州某外国传教士在给罗伯德主教的信件中,也表达了"不必理会"的观点:

> 这种做法当然不是新见的了。我们的中国人认为这仅仅是对上面的压力的让步。既然是不带来什么评论就产生,我们就不必格外关心。不过,无论如何,这不是是否能与任何城市或任何教会中的个人商量的问题。洗礼教徒和中国内地教会学校仍开着,注册额很大,这表明了"公众"的态度。④

写信人对于中国政府要求教会大学立案一事不以为意,认为战争形势下的新政策并不会对教会学校的实际生存状况产生什么影响。也许在他看来,新政策会像北洋政府时期的政策一样,一纸空文罢了。因此,持有这一观点的外国传教士们往往是基于对特殊时期政策效力的否定性认知而得出

---

① 《卜舫济给 John Wood 的信件(1938 年 3 月 8 日)》,上海市档案馆,圣约翰大学档案,Q243—1—298。

② 《卜舫济给 wood 的私信(1938 年 3 月 22 日)》,上海市档案馆,圣约翰大学档案,Q243—1—298。

③ 《美国差会罗伯德主教(W. P. Roberts)致函卜舫济(1938 年 9 月 15 日)》,上海市档案馆,圣约翰大学档案,Q243—1—298。

④ 《扬州某外国人给罗伯德主教的信(1939 年 2 月 13 日)》,上海市档案馆,圣约翰大学档案,Q243—1—298。

结论的。

　　汪伪政府成立之后，中日双方的教育部咨询委员会向立法院提出，"要求建立一个五人委员会，以与在新的通知下的教育发展取得联系，并讨论和他们（指当局）会晤的方式"。① 福斯特向罗伯德主教表示：

　　　　这些规章和前统治下（指国民党）的规章没有什么两样，只是规定外国人不得与任何小学发生联系，因为政府认为这些地方是发展公民性的正统的场所。很明显，在这些学校里，宗教讲授已是不可能的了。我认为，我们有足够强硬的理由，因为我们的学院没有立案，其他的学校则立案了，我们可以拿出最强硬的挡箭牌来，即政治上的完全中立。②

　　美国圣公会及其外国传教士对于向汪伪政府立案持有反对态度，他们更希望圣约翰大学能够在中国的这场政治斗争中保持"完全中立"的姿态，以最大限度地使得圣约翰免于陷入政治纷争的漩涡。

　　与美国圣公会和部分在华传教士拒不立案的坚决态度相反，圣约翰师生及校友呼吁校方尽快立案。1938 年，圣约翰大学华人副校长沈嗣良曾在一份备忘录中声称：

　　　　圣约翰在过去不仅是差会在华的教育中心，也是差会的中心。差会与本校联系密切，并对本校严加控制。这种局面是相当可以理解的，但今后继续这一政策将会给差会和学校双方都造成损害。③

　　显然，沈嗣良在圣约翰大学立案问题上，有着极为现实的考量，认为随着国内形势以及教育立法的不断变化，必将对圣约翰的未来发生不利影响，因此在是否立案的问题上应当有所调整。

　　圣约翰学生会及校友会也对立案持赞成态度，希望母校尽快立案，并纷纷通过《申报》等纸媒扩大舆论。上海约翰同学会年会发表声明，一致主张促进母校立案。1937 年 3 月 14 日，圣约翰大学中学学生会、文理学院、土木

①　《福斯特给罗伯德主教的信件摘要（汪伪政府期间）》，上海市档案馆，圣约翰大学档案，
　　Q243—1—298。
②　《福斯特给罗伯德主教的信件摘要（汪伪政府期间）》，上海市档案馆，圣约翰大学档案，
　　Q243—1—298。
③　《沈嗣良备忘录（1938 年 1 月 10 日）》，上海市档案馆，圣约翰大学档案，Q243—827 。

工程学院、医学院及中学部全体同学也在《申报》联合署名呼吁母校立案，并在文中陈述向中国政府立案的"六大理由"：其一，因学校未立案，"凡政府或其他机关所举办之各种职业、考试，约翰学生，皆不得参加，因以增加失业之恐惧。医学院之毕业生，且不能领得医师执照，是以在全国境内，除租界外，无从执行医生职务"。其二，已在政府机关供职的校友，"非减薪即予停职"。其三，圣约翰学生不许参加国家主办的公费留学考试，而欲自费留学只能申请"游历执照"。其四，母校经费困难，需要向政府申请补助。其五，校友近年减少对母校的赞助。其六，已立案的教会学校，与国立大学待遇同等，且并未因立案而丧失宗教教育。① 学生会与校友会将更多的关注点投射在圣约翰学生的就业和留学等切身问题上。因母校未立案而给圣约翰校友带来的职业歧视，以及给在校学生带来的就业焦虑和留学困难等，诸多情况均使得他们无法再坐视自身利益遭遇侵蚀。

圣约翰是否向中国政府立案，美国圣公会、校长、校内师生、校友等多方产生了较大分歧，圣约翰校务会议试图讨论解决这一分歧。大约1941年前后，在圣约翰大学内部的一次会议上，16位教授代表就是否向中国政府立案进行了激烈的讨论。② 包括所有中国教授以及绝大多数外国教授在内的与会者对立案持赞成态度，少数外国教授则持反对态度。与会者支持立案的主要观点有：

第一，应当尊重中国的法律规定立案，扩大社会影响。目前教会及圣约翰的目标与中华民国的目标并不一致，这违反了中华民国的规定。我们在中国办学，应当遵守中国政府的规定。Chen Yen Cho、武德等人持有该观点。教务长 Ely 指出，在现有的政策条件下，医学院单独立案十分困难，为了医学院的立案与发展，圣约翰大学有必要申请立案。③ C. C. Cheng 先生指出，"如果我校要想繁荣，就必须立案。说在政府和社会上都渐渐的在反对我们。很快没有人愿意上约大读书的时期将来到。到那时，约大的悠久而光荣的历史就完蛋了"④。F. W. Gill 教授进一步认为，"政府承认约大，

---

① 《圣约翰大学学生请校董会向政府立案，陈述六大理由》，《申报》，1937年3月14日，第16版。

② 依据如下档案整理：《约大教授们对约大立案发表自己的意见汇录》，上海市档案馆，圣约翰大学档案，Q243—1—298。根据上海档案馆圣约翰大学档案的原始记载，参加讨论的教授有 Chen Yen Cho、C. C. Cheng、S. F. Chiang、Ely（教务长）、F. W. Gill、黄嘉德、玛丽、卜舫济夫人、罗伯德、Sullivan、M. H. Throop、武德、Y. C. Zung 等。

③ 《约大教授们对约大立案发表自己的意见汇录》（教务长 Ely），上海市档案馆，圣约翰大学档案，Q243—1—298。

④ 《约大教授们对约大立案发表自己的意见汇录》（C. C. Cheng 先生），上海市档案馆，圣约翰大学档案，Q243—1—298。

会使约大的影响更扩大"①。

第二,可以改变圣约翰毕业生的就业尴尬。由于没有立案,圣约翰的学生面临着严重的就业难题,无法在政界和社会上进行工作,约翰毕业生的前途大受影响。S. F. Chiang、教务长 Ely、F. W. Gill、黄嘉德教授、玛丽、卜舫济夫人、武德、Y. C. Zung 等绝大多数与会者均持有这一观点。目前,医学院的毕业生无法行医,化学院的学生不能去政府的研究所和卫生局,圣约翰毕业生面临着政策歧视下"没资格"的就业歧视②。教务长 Ely 指出,"约大目前面临着医学院学生的严重威胁,使得约大渴望立案"③。S. F. Chiang 教授说,"约大未立案,医学院的毕业生无法行医,而医学院也只得关门。立案是唯一的解决办法"④。武德说,"我们的毕业生没法参加职业考试,在政府医院并不能当住院医生,提升时只能提升到一定程度"⑤。Y. C. Zung 指出:

> 我们应该替学生们的出路着想,我是为我的化学系同学讲话,目前他们只能在很可怜的企业单位的实验室内工作,其他学校毕业生可以要求到政府的研究所,中央化学研究所,国立或地方公共卫生局,或类似的实验室去工作,但我们不行。我们的毕业生没办法申请研究补贴费。⑥

黄嘉德教授认为,圣约翰如果立案,"在获得政府职位,参加国家考试,校园方面,留学方面,我校校友、毕业生将享有与其他立案学校同等的权利"⑦。

第三,可以改善圣约翰大学的生源与校际合作困境。由于没有立案,许

---

① 《约大教授们对约大立案发表自己的意见汇录》(F. W. Gill 教授),上海市档案馆,圣约翰大学档案,Q243—1—298。

② 《约大教授们对约大立案发表自己的意见汇录》,上海市档案馆,圣约翰大学档案,Q243—1—298。

③ 《约大教授们对约大立案发表自己的意见汇录》(教务长 Ely),上海市档案馆,圣约翰大学档案,Q243—1—298。

④ 《约大教授们对约大立案发表自己的意见汇录》(S. F. Chiang 教授),上海市档案馆,圣约翰大学档案,Q243—1—298。

⑤ 《约大教授们对约大立案发表自己的意见汇录》(武德先生),上海市档案馆,圣约翰大学档案,Q243—1—298。

⑥ 《约大教授们对约大立案发表自己的意见汇录》(Y. C. Zung 先生),上海市档案馆,圣约翰大学档案,Q243—1—298。

⑦ 《约大教授们对约大立案发表自己的意见汇录》(黄嘉德教授),上海市档案馆,圣约翰大学档案,Q243—1—298。

多家长和学生放弃选择圣约翰大学而改投其他大学,圣约翰生源严重萎缩,质量下降。如果立案,生源会增加,圣约翰也可以充分挑选生源。[①] 卜舫济夫人指出,圣约翰"三四年级学生数目减少了许多,高级班里的学生愈来愈少,特别是教育系的",显然,圣约翰在这场制度变革中没有被公正对待,而"持有公认的地位对约大来说非常重要"。[②] 基于圣约翰迟迟没有向中国政府立案而导致的校际合作问题,武德指出,"我们的学生没能调到其他学校去,我们不能和其他已立案的教会学校合作"。[③] 向中国政府立案,可以改善与其他教会大学的合作局面。

第四,可以获得中国政府的财政与政策支持。目前,美国圣公会对圣约翰的财政支持越来越少,而中国政府不会对未立案的学校进行财政支持。如果立案,圣约翰不仅会获得中国政府的财政支持,还将在办学政策等方面获得支持。C. C. Cheng、玛丽、武德、F. W. Gill、卜舫济夫人、教务长 Ely 等与会者就此发表了观点。C. C. Cheng 指出,"约大现在正需要财政上的帮助。如果立案,从校友、朋友那里就可以较容易地得到帮助,也许政府会给我们资金"[④]。武德说:

> 我们不能呼吁更多的资金,中国人不能捐钱给一个非公认的学校。既然美国来的钱愈来愈少,美国给教会的钱也愈来愈少,因此除非从中国那里获得许多钱,否则约大面临着关门的危险。除非约大不再是一个法律破坏者,否则约大的寿命是可数的了。这从约大的悠久历史来说是非常遗憾的事。[⑤]

卜舫济夫人指出,"美国教会来的财政支持很少,约大被政府承认,有助于向公众呼吁财政支持"[⑥]。教务长 Ely 直呼,"扩大来自中国方面支持的必

---

① 《约大教授们对约大立案发表自己的意见汇录》(黄嘉德教授),上海市档案馆,圣约翰大学档案,Q243—1—298。
② 《约大教授们对约大立案发表自己的意见汇录》(卜舫济夫人),上海市档案馆,圣约翰大学档案,Q243—1—298。
③ 《约大教授们对约大立案发表自己的意见汇录》(武德先生),上海市档案馆,圣约翰大学档案,Q243—1—298。
④ 《约大教授们对约大立案发表自己的意见汇录》(C. C. Cheng 先生),上海市档案馆,圣约翰大学档案,Q243—1—298。
⑤ 《约大教授们对约大立案发表自己的意见汇录》(武德先生),上海市档案馆,圣约翰大学档案,Q243—1—298。
⑥ 《约大教授们对约大立案发表自己的意见汇录》(卜舫济夫人),上海市档案馆,圣约翰大学档案,Q243—1—298。

要性和因没有立案而得不到这种支持,使得约大想立案"①。Sullivan 教授说,"要想永久地办约大,就必须立案。目前的时机非常有利——在目前中国历史紧要关头,中国政府对我们一定将比过去更慷慨"②。

第五,可以保卫教会的办学原则。S. F. Chiang 教授指出:

> 我们的原则不仅是传播基督教,而且要把一个国家变成一个基督教国。在过去的年月中,约大培养了许多杰出的领导人,他们参加国家的建设。在人民中间,基督教已成为最有权势的宗教。我们应当通过立案,使约大与政府产生更密切的合作,这将有效地保卫教义。③

在 S. F. Chiang 教授看来,向中国政府立案,不仅不会对美国圣公会的宗教教育宗旨造成损坏,反而会借助于已经从政的圣约翰校友的力量而获得更多的支持,圣约翰也可以通过与政府的合作进一步影响中国,进而捍卫美国圣公会的基督教教育的宗旨。在这一点上,立案与维持教义并不矛盾,甚至可以统一。F. W. Gill 教授认为,"立案不会降低基督教的影响,政府的整个倾向是趋于更高一级的道德标准。由于他们了解约大的情况,就不会来吹毛求疵"④。C. C. Cheng 直言,"从朋友处了解,许多立案的教会学校和不立案时一模一样,既然立案后没有什么影响,为什么不立案?"⑤从 C. C. Cheng 的言谈中可以看出,在其他教会学校人士看来,向中国政府立案并未对教会学校发生破坏教义的实质性影响,立案是一种明智的选择。

以上诸多观点主要考虑到圣约翰大学在华办学政策环境的变化,以及由此给学校发展、学生生源与就业等方面可能或已经带来的不利影响,向中国政府立案,这种局面将会发生逆转。

反对立案的有罗伯德教授和 M. H. Throop 教授,反对的主要理由在于

---

① 《约大教授们对约大立案发表自己的意见汇录》(教务长 Ely),上海市档案馆,圣约翰大学档案,Q243—1—298。
② 《约大教授们对约大立案发表自己的意见汇录》(Sullivan 教授),上海市档案馆,圣约翰大学档案,Q243—1—298。
③ 《约大教授们对约大立案发表自己的意见汇录》(S. F. Chiang 教授),上海市档案馆,圣约翰大学档案,Q243—1—298。
④ 《约大教授们对约大立案发表自己的意见汇录》(F. W. Gill 教授),上海市档案馆,圣约翰大学档案,Q243—1—298。
⑤ 《约大教授们对约大立案发表自己的意见汇录》(C. C. Cheng 先生),上海市档案馆,圣约翰大学档案,Q243—1—298。

立案后将难以坚持教会大学的宗教精神、财产权力和教育水平。罗伯德坚持教会大学的宗教权力和财产权力:

> 我不喜欢放弃宗教训导的权利,我认为一个私立学校在这个问题上应有选择的自由。但是法律上所改变,故还是接受的好,因为这不是一个非常重要的问题,如果立案的条件是令人能接受的话。我们目前反对政府,并没错,因为这是个原则问题。教会愿意承担其后果,治外法权是愈来愈少了。从中国方面来的对约大的支持将愈来愈多。既然许多中国人主张立案,我想还是再度考虑一下好,但再度考虑并不是说必需接受。我想政府应该估计教会不立案态度的原则。①

显然,罗伯德坚持中国政府的立案条件是对教会的宗教权力和财产权力的干涉,尤其是对"宗教训导"权利的干涉,更是对教会教育曾经享有的"治外法权"的干涉,这是美国圣公会难以接受的。

M.H.Throop 教授的态度则更为强烈:

> 我认为校董会不应该向教会请求答应去立案,因为立案后,将根本地改变约大的精神、生活及教育水平,是对约大 20 年来一个辛辣的讽刺。我认为使约大成为中国之冠的是教学的彻底性,严格而合理的纪律,运用英语的精密,高一级的道德与社交水平,人道主义与自由的宗教气氛,以及国际协作。立案将使我们独特的地方消失,我们将仅仅成为全国教育系统里的一个细胞,好比一个有才华的人,去充当一个机器里的小螺丝钉。我情愿眼看把约大发展成为一个国际的学校。我们可以为外交和国际贸易来训练青年人。②

显然,M.H.Throop 坚持宗教权力应当是圣约翰大学的办学原则,"严格而合理的纪律"、人道主义、宗教气氛、国际协作等使得圣约翰大学享有声誉,并不能因中国政府教育政策的调整而发生改变,甚至舍弃这些办学原

---

① 《约大教授们对约大立案发表自己的意见汇录》(罗伯德教授),上海市档案馆,圣约翰大学档案,Q243—1—298。

② 《约大教授们对约大立案发表自己的意见汇录》(M.H.Throop 教授),上海市档案馆,圣约翰大学档案,Q243—1—298。

则。M. H. Throop 认为圣约翰大学应当是一个国际化的学校而并非具有某国国籍的学校,因此更无须向中国政府立案。

这一次校内讨论并没有产生实质性的结果,圣约翰并没有在此期间作出向中国政府立案的决定和申请。其关键还在于,以罗伯特主教为代表的美国教会方面持有强硬的反对态度,阻碍了圣约翰立案的脚步。而以圣约翰 M. H. Throop 教授等人为代表的观点,即美国教会对于圣约翰的教育主权与宗教坚持,也正是美国圣公会及其上海教区当局真正的心思所在。

三、在华校董会:从教会转向政府

由于战时的特殊性,加之与"西方托事部"沟通不畅,以及教会大学战后重建的需要,教会大学的维持和发展对中国政府的财政与政策依赖明显增强,同时,官员校董数量显著增加,教会大学校董会的"政府性"特征得到了极大的强化。国民政府对教会大学的财政投入力度加大。抗战结束后,教会大学面临回迁和重建工作。中国基督教教会大学联合会募集捐款 90 亿元,国民政府专门拨款 60 亿元,用于支持教会大学的恢复重建。

太平洋战争爆发后,东吴大学校董会作出学校内迁的决定,任命校董沈体兰为代理校长,由沈体兰、潘慎明、盛振组成内迁筹备委员会。同时,由于东吴大学原校董会在"散在苏沪一带,东南沦陷以后,既未能正常行使职权,亦不克全体转来后方,只得暂告解散,而在陪都另行组织战时校董会,以应需要"[1]。"由设立人代表中华卫理公会执行部征得设立人同意就现留后方之原任校董四人外,另推十一人组织非常时期校董会"[2],以应对战争时期之非常局面。1942 年 10 月,东吴大学非常时期校董会在重庆成立,校董实际人数 15 人,国民政府行政院副院长孔祥熙任该校董事长。其中,设立人代表 5 人,而具有政府官员背景的校董有 7 人,包括行政院副院长孔祥熙,国民参政会参政员江一平、陈霆锐,司法院院长居正,四川省政府主席张群,立法院委员罗运炎,前财政部与公司总经理董承道。[3] 官员校董人数超过了设立人代表的数量。(表 4 - 7)

---

① 《非常时期之两校校董会》,王国平、张菊兰、钱万里、张燕等编:《东吴大学史料选辑(历程)》,苏州大学出版社,2010,第 281 页。

② 《东吴大学校董一览表》,王国平、张菊兰、钱万里、张燕等编:《东吴大学史料选辑(历程)》,苏州大学出版社,2010,第 265 页。

③ 《东吴大学校董一览表》,王国平、张菊兰、钱万里、张燕等编:《东吴大学史料选辑(历程)》,苏州大学出版社,2010,第 265 页。

表 4-7　非常时期(1942)东吴大学校董会一览表

姓　名	校董会任职	籍　贯	经历与校关系
孔祥熙	董事长	山西	行政院副院长,原任校董
江一平	中文书记	浙江	国民参政会参政员,同学
锐　璞	英文书记	美国	卫理公会司库,设立人代表
贝祖贻	司库	江苏	中国银行总经理,同学,原任校董
居　正	董事	湖北	司法院院长
张　群	董事	四川	四川省政府主席
陈文渊	董事	福建	卫理公会华西区会督,设立人代表
罗运炎	董事	江西	立法院委员
力宣德	董事	美国	卫理公会华南区会督,设立人代表,原任校董
高　阳	董事	江苏	国立广西大学校长,同学,原任校董
陈霆锐	董事	江苏	国民参政会参政员,同学
董承道	董事	浙江	前财政部与公司总经理,同学
黄仁霖	董事	江苏	新运总会总干事,同学
骆爱华	董事	美国	曲江青年会总干事,设立人代表,校本部委员
伍学宗	董事	广东	曲江循道医院医师,设立人代表,校本部委员

资料来源:《东吴大学校董一览表》,王国平、张菊兰、钱万里、张燕等编:《东吴大学史料选辑(历程)》,苏州大学出版社,2010,第 265 页。

　　1947 年,金陵大学校董会进行了改组,上海银行创办人、总经理陈光甫担任董事长,教育部次长、金陵大学校友杭立武担任副董事长,二人还分别担任金陵大学校董会财政执行委员会正、副主席。此外,杭立武、乔启明、马保之、戚寿南等当选校董会校友代表。

　　燕京大学校董会在抗战前后有一个显著变化,即在中国籍董事中有许多为国民政府政要,如财政部部长、曾担任燕大校长的孔祥熙,前任外交部部长、驻美大使颜惠庆,实业部副部长周诒春,立法院院长孙科,这些官员董事在燕京大学的国内筹款方面提供了许多帮助。1934—1937 年间,燕大从国民政府教育部获得每年 6 万人民币的教育拨款,从庚子赔款中获得每年1.5 万人民币的经费资助。在珍珠港事件之后,燕大西迁办学,在成都成立临时校董会。战争期间,身为燕大校董的孔祥熙积极促成燕大复校和发展。

　　圣约翰大学第三次立案申请是在抗战结束后的 1945 年,距离第二次立案申请已经八年。然而,第三次立案申请也并非一帆风顺,自 1945 年 9 月圣约翰大学提交立案申请到 1947 年 10 月南京国民政府批准立案,第三次立案过程长达两年。1946 年 11 月,根据国民政府立案规则,圣约翰大学校董会先行申请立案。圣约翰大学向教育部呈送了《修正校董会章程》《修正校董会立案事项表》,最终于 1946 年 11 月 28 日得以在南京国民政府立案。

根据 1946 年 11 月的《私立圣约翰大学校董会章程(修正本)》的规定,圣约翰校董人选分布为:设立人指派三人;江苏教区议会选举四人;同学协会选举四人;校务会选举二人;由上列四项当选人之全体同意,推聘社会知名之士二人;校长得列席本会,但无表决权。[①] 据此章程产生的 1946 年圣约翰大学校董会,校董由设立人指派 4 人、江苏教区议会选举 4 人、同学协会选举 4 人、校务会选举 2 人、社会知名人士 2 人共同组成。[②] 与之前一样,校长列席校董会,但无表决权。立案之后,颜惠庆任董事长,校董共有 15人,其中中国董事 12 人,美国董事 3 人,中国人在校董会中占据绝对优势,这一比例也远远高于 1928 年的校董会中外人士比例。与以往董事长由创办者代表或校长担任不同,时任董事长由民国前外交总长、国务总理全权大使颜惠庆担任[③]。同时,具有政府官员背景的校董还有前财政部长宋子文、财政部专项事业管理局局长刘鸿生、实业部次长赵晋卿等。(表 4 - 8,表 4 - 9)

表 4 - 8 私立圣约翰大学董事会人员构成(1946—1951)

年 度	董事会主席	董事会成员
1946	颜惠庆	宋子文、刘鸿生、黄宣平、张福星、欧伟国、张嘉甫、吴清泰、赵晋卿、严谔声、蔡正华、杨宽麟、毕敬士、都孟高、德爱濂
1948	颜惠庆	宋子文、刘鸿生、黄宣平、张福星、欧伟国、张嘉甫、吴清泰、赵晋卿、蔡正华、吉尔生、罗培德、卜其吉、胡祖荫、罗道纳
1949	颜惠庆	朱有渔、吴清泰、罗培德、张嘉甫、张福星、徐逸民、刁敏谦、罗道纳、荣毅仁、罗孝舒、胡祖荫、刘念义、罗郁铭、CHARLES P. GILSON、蔡和璋、经叔平、刘鸿生、董春芳

---

① 《私立圣约翰大学校董会章程(修正本)(民国三十五年十一月)》,中国第二历史档案馆,教育部档案,五(2)—687。

② 《私立圣约翰大学校董会章程(修正本)(民国三十五年十一月)》,中国第二历史档案馆,教育部档案,五(2)—687。

③ 《私立圣约翰大学为遵令修正校董会章程及立案事项表送呈教育部文(中华民国三十五年十一月二十八日)》,中国第二历史档案馆,教育部档案,五(2)—687。

续　表

年　度	董事会主席	董事会成员
1951	荣毅仁	刁敏谦、吴清泰、徐逸民、张福星、罗郁铭、经叔平、刘念义、张嘉甫、胡祖荫、蔡和璋、董春芳、刘鸿生、欧伟国、罗孝舒

　　资料来源：《私立圣约翰大学为遵令修正校董会章程及立案事项表送呈教育部文（中华民国三十五年十一月二十八日）》，中国第二历史档案馆，教育部档案，五(2)—687。徐以骅主编：《上海圣约翰大学（1879—1952）》，上海人民出版社，2009，第422页。《上海私立圣约翰大学新校董会成员（1949年9月12日）》，上海市档案馆，圣约翰大学档案，Q243—1—436。《私立圣约翰大学校董会名单（1951年1月改选）》，上海市档案馆，圣约翰大学档案，Q243—1—436。

表4-9　私立圣约翰大学董事简介（1946年）

校　董	年　龄	籍　贯	职　业	经　历	担任职务
颜惠庆	70	上海	商	前外交总长，国务总理全权大使等	董事长
宋子文	53	广东	行政院院长	前财政部部长等	校董
刘鸿生	58	浙江	善后救济总署执行长兼上海分署长	财政部专项事业管理局局长，招商局董事长等	校董
黄宣平	36	上海	中国通惠公司北极公司总经理	大学士，美国通用汽车公司工程师	校董
张福星	43	厦门	本校医学院眼科教授，上海同仁医院眼外科主任兼院长	医学博士，医学硕士，上海盲童学校校董	校董
欧伟国	46	广东	太古公司副总经理	前先施公司董事，上海银行、广东银行经理，合益公司总经理	校董
张嘉甫	65	浙江	列丰行总经理	文学士，本校教授，益智中学教员	校董
吴清泰	65	上海	扬子电气公司顾问	历办教育交通河工等事业	校董
赵晋卿	63	上海	商	前上海总商会主席，实业部次长，沪江、东吴、大同、光华、大夏校董	校董
严谔声	48	浙江	上海市商会秘书长	前国立上海商科大学行政委员兼教授，新闻报编辑，立报总经理	校董
蔡正华	52	浙江	上海市商会秘书长	文学士，文学硕士，供职本校二十九年	校董

校　董	年　龄	籍　贯	职　业	经　历	担任职务
杨宽麟	55	江苏	本校工学院院长	文学士,土木工程硕士,历办南北各地工程事务	校董
吉尔生	47	美国	美国圣公会会计	商	校董
都孟高	60	美国	本校英文系教授	文学士,神学博士,供职本校三十九年	校董
德爱濂	53	美国	本校数学系教授	文学士,文学硕士,在美任教职八年,供职本校二十五年	校董

资料来源:《私立圣约翰大学为遵令修正校董会章程及立案事项表送呈教育部文》,(中华民国三十五年十一月二十八日),中国第二历史档案馆,教育部档案:五(2)—687。

战时与复校时期,教会大学在校董人选上开始倾向于邀请国民政府政要加入校董会,有些学校的校董会主席便是民国政要,官员校董数量也有所增加。从官员校董的职业分布来看,这些官员主要来自财政部、教育部、实业部、外交部、立法院、司法院、行政院等职能部门,与教会大学的发展关系较为密切。尤其是财政部,更是为教会大学获得更多的财政拨款创造了便利条件。其他职能部门亦有助于教会大学获得相关的政策扶持。在与教会大学"西方托事部"的联系受阻之时,这些官员校董及相关政府部门对教会大学的支持显得十分重要。

小　结

中国近代史上,教会大学双层董事会随着学校管理需要应运而生,并随着近代中国的政局动荡而先后发生了三次制度转向。首先是20世纪20年代北洋政府时期,治校权开始由"西方托事部"转向"在华校董会","在华校董会"的"经理人"角色开始发生转变;其次是20世纪30年代南京国民政府初期,校董成员开始由西方人士为主转向中方人士为主;再次是20世纪40年代全面抗战之后,治校权由西方教会转向中国政府,西方教会开始逐渐失去教会大学治校权的主导地位。

教会大学双层董事会的三次制度转向,反映出多重利益角色之间的权力博弈。首先,是"在华校董会"与"西方托事部"之间的权力博弈,尤其突出地体现为大学校长与代表教会当局利益的"西方托事部"之间的权力协商。

这一权力博弈发生于西方教会内部，目的是更好地管理教会大学。其次，中西校董之间的权力博弈，主要体现为中国政府为收回教育主权而多次调整教育政策，以及由此出现的董事"中国化"转向，同时以西方教会当局及中国地方教区主教为代表的"强硬派"对中国政府的抵制或敷衍，典型表现是通过将中国校长"去董事化"进而架空校长权力，从而将实际治校权掌握在外籍校务长手中。再次，中国政府与西方教会之间的权力博弈，贯穿于三次制度转向的始终，并成为主导校董会权力调整的重要因素。在战争这一特殊的历史背景下，"在华校董会"最终发生了由西方教会向中国政府的制度转向。

从晚清政府失去教育主权与消极排斥，到北洋政府在社会舆论下的主动吸纳，再到南京国民政府对教育主权的强势态度，教会大学在管理体制上逐步发生变化。随着立案政策与推行力度强化，教会大学在办学上也随之发生着与中国政府立案要求一致的变化。首先，在课程设置上，宗教类课程改为选修课，不再是必修课，学校亦不得在课内作宗教宣传。其次，宗教仪式不再是强制行为，改为自愿行为，学校不得强迫学生参加宗教仪式。[1] 以上两点，即便是多次立案未果的圣约翰大学，也不例外。再次，立案的教会大学得到了中国政府更多的政策与经费支持。尤其是在战乱年代，通过政府要员担任校董，教会大学在财政经费支持上获得更多便利。最后，中国政府的教育行政权力通过教育立法的形式得以在教会大学中逐步渗透。中国政府通过相关政策在大学招生、学位认定、学生就业、出国考试、校际合作等方面引导家长和学生选择立案的教会大学。因此，对于教会大学而言，选择立案有利于改善本校的办学困境。教会大学双层董事会的制度转向贯穿于教会大学向中国政府立案的过程，其实质是中国政府对教育主权逐步回收的艰难历程，也是中国政府将教会教育纳入中国教育体制的过程。

---

[1] 《修正私立学校规程》，《教育部公报》，1933 年第 5 卷第 41—42 期。

第五章　国立与私立之间：国民政府时期
　　　　　私立大学董事会制度的权力让渡

　　在北洋政府通过教育立法推进"教育自治"，放宽办学门槛，以及社会各界教育救国理念等因素的共同影响下，高等院校数量大幅增加。1917 年，全国仅有私立大学 7 所。1922 年新学制的颁定，引发了专科学校的升格运动。1924 年，全国高等院校猛增至 125 所。及至 1925 年，经北洋政府教育部批准立案的私立大学达 13 所，经教育部同意试办的私立大学有 14 所，未经批准而创办的私立大学则更多。在这被称为"民国大学热"时期，大学数量的飞速增长却并未意味着大学教学质量和大学治理机制的同步提升。恰恰相反，由北洋政府时期大学办学门槛较宽，管理放任，许多私立大学实际上并不具备严格意义上的办学资质。同时，过于迅猛的大学发展速度却让原本就起步较晚、并不成熟的大学治理机制更加心力交瘁。可以说，北洋政府留下的，是一片勃勃生机之中却乱象丛生的教育图景。据国联教育考察团《中国教育之改进》称，"大学发达之速度，超过其组织，无稳定基础之大学，遂相继以起，因而高等教育所必要之经费及合格教师之供给，均感不足"①。该报告直指北洋政府时期私立大学普遍存在的经费、师资等诸多问题，而组织管理问题亦十分突出。

　　1927 年起，南京国民政府颁布了私立学校及私立学校董事会的系列条例，对私立学校董事会的构成、性质、校董资质、职权、运作规则等方面都作出了更为严格而具体的立法规范。与此同时，还通过制定学校立案、业绩考核、招生政策、留学奖励、毕业生就业政策等相关辅助法规，对私立大学董事会的立案与改组形成了系统的立法制约。整体而言，南京国民政府出台的系列教育法规，体现出国家教育行政机关对中国教育尤其是私立学校教育进行全面规范与掌控的姿态。

---

　　①　国联教育考察团：《中国教育之改进》，国立编译馆译，1932，第 159 页。

第一节　国立化前后的私立大学董事会

国人自办的私立大学中,有一部分学校走向了国立化道路。这类私立大学董事会在国立化前后的变化各有差异,甚至有着迥乎不同的发展轨迹。在董事人选构成的变化上,一致突出表现为大幅增加政府要员的比例。在董事会职权上,以复旦大学为代表的私立大学,继续将董事会职权限定在原有的资金募集范畴内,不涉教学与学术范畴;而以厦门大学为代表的私立大学,则将董事会职权扩大到教学与学术范畴,董事会也成为厦大最高权力机关。出现迥然不同的变化轨迹,与各个私立大学的内部治理结构有着很大的关联。

一、治校理想与经费困局

厦大两次风潮所暴露出的厦大董事会及校内组织管理问题,引起了厦大教授们的关注。在厦大第二次风潮之后的 1929 年,厦大教育科教授邱大年、杜佐周、朱君毅、周岸登等,向校长林文庆提出了改组厦大评议会、组建教授会的建议。

在当时几乎所有学校董事会均具有相当规模之时,罕见的厦大三人董事会不禁引起了社会的疑惑。陈嘉庚于 1935 年向社会各界募集经费并改组董事会之时,曾就"厦大前未多举董事之原因"作出如下解释:

> (甲)不拘各界,若有忠诚维护或赞助厦大之人,厦大甚愿推举为董事;(乙)如经费是向社会捐募,当然要推举多数董事组织董事部,如此回之募捐是也,为以上原因,故前时未便多举,而与普通学校一样,且厦门政局屡有变动,得彼失此,尤当审慎。至资本家方面,畏厦大如蛇蝎,谁敢参加,其他挂空名无裨事实,更非厦大所宜。最当注意者,恐董事中受人嘱托,屡介绍教员或学生,职员及其他等等。若不接受,则恐发生恶感;如接受,则最高学府机关,权限不明,贻误非轻。①

根据陈嘉庚的言论,至少可以管窥当时私立大学董事会中普遍存在之

---

① 陈嘉庚:《厦大前未多举董事之原因》,原载《南洋商报》(1935 年 3 月 7 日),杨进发:《战前的陈嘉庚言论史料与分析》,新加坡南洋学会,1980,第 48—49 页。

种种乱象:资本家不愿投资;董事只挂名不做事;社会通过董事安插关系,破坏学校正常的管理秩序;等等。这些乱象成为陈嘉庚限制厦大董事人数的重要考量。陈嘉庚十分反感有名无实的挂名校董干扰校政,他心中的理想董事是"忠诚维护或赞助厦大"者,既愿意出资赞助厦大教育,又真诚地愿意帮助厦大发展。

　　根据《厦门大学大纲》(1921 年 3 月)规定,在"永久校董"和"当然校董"之外,董事人数的上限达 15 人,捐助厦大经费达 5 万元或对厦大有特别成绩者,由董事会推为"名誉校董"。① 但是在厦大建校初的十年间,厦大一直维持着三人董事会的规模,并未增加新的董事。然而,凡事均有利弊,陈嘉庚自认努力为厦大排除了外部多重力量之干扰,却未料在厦大内部治理的权力分配上有失考量,造成了厦大内部治理权力的高度集中。

　　由于厦大为陈嘉庚全资投入,仅从办学所有权上看,陈嘉庚显然更希望厦大沿着自己的教育理想逐步发展,而不希望因地方政治、其他资本的涉入,进而干涉厦大校政,甚至左右他本人对于办理厦大的教育理想。然而,在陈嘉庚南洋经营出现困局导致厦大经费拮据难以靠一己之力为继之时,陈嘉庚不得不屈服于资本的力量,开始寻求外援。1929 年,世界经济危机爆发,橡胶及橡胶制品价格大幅下跌,陈嘉庚的南洋橡胶生意受到重创,不得不接受汇丰等多家银行贷款,对公司进行改组,新组建的公司董事会减少了对厦大的经费投入,这是引起厦大财政危机的重要原因。但此时的经费虽然减少,却尚可维持厦大基本运转。拓展融资渠道成为厦大的重要任务。1931 至 1933 年间,在校董陈嘉庚、曾江水、林文庆的捐赠之外,厦大还得到了叶玉堆、李光前、黄奕柱,以及新加坡群进公司、中华文化教育基金会等方面的资助,陈嘉庚甚至卖掉自己已经转到儿子名下的别墅,充作厦大办学经费。1932 年,在林文庆等人的努力下,厦大获得福建省政府委员、教育厅厅长、原厦大教务长郑贞文的支持,获得每月 5 000 元的专项补助经费,但由于受到战争影响而时断时续。此外,中央政府虽于 1930 年批准向厦大拨付补助经费,却由于诸种原因时而暂停,"未能照拨",即便拨付也是大打折扣,并非足额拨付。1933 年,厦大经费收入不足 25 万元,经费支出却近 32 万元,"不敷甚巨"。②

　　然而,厦大办学经费拮据的状况并没有随着时间的推移得到缓解,反而

---

① 《厦门大学大纲(1921 年 3 月)》,《中华教育界》,1921 年第 10 卷第 10 期。

② 《本校经费(1933)》,黄宗实、郑文贞选编:《厦大校史资料(1921—1937)》第一辑,厦门大学出版社,1987,第 332 页。

由于陈嘉庚公司的经营问题而雪上加霜。1934 年,陈嘉庚公司宣布收盘。据 1934 年 4 月 3 日《申报》中《厦大经费近况》一文,陈嘉庚的南洋树胶业发展甚不景气,不得不"歇业清理",厦大经费预算也因此不得不"一缩再缩,每月约需二万余元。"①陈嘉庚本人依然通过向李光前、陈六使、李俊承等南洋侨商募集资金 16 万元,用以支持厦大办学再加上厦大学费收入。同时,校长林文庆利用与政府官员的关系,积极争取中央政府的财政支持。1934 年,林文庆一行赴宁,向新任行政院长汪精卫、财政部长宋子文、教育部长王世杰、实业部长孔祥熙、国民党中央执行委员孙科等国民党要员请求对厦大予以资助。厦大每月收入主要依靠陈嘉庚总公司资助 6 000 元、中央政府(宋子文任财政总长期间)补助 5 000 元、福建省政府补助 5 000。然而,随着政府官员的任职调整,厦大来自政府的财政拨款也在减少,尤其是 1933 年宋子文辞去财政部部长一职后,厦大从中央政府获得的经费资助随即发生变化。"近中央自宋子文卸财长后,现每月只得半数,月二千五百元,故学费收入如少即不敷。"②

在陈嘉庚公司经营陷入困境之时,厦大也因此陷入经费困局,中央政府、省政府、南洋侨商,以及中华教育文化基金会、中英庚款董事会,都给予厦大以不同程度的经费支持。然时局动荡,国库支绌,缺少稳定的财政拨付制度,使得私立厦大难以如国立大学一般获得政府相对稳定的财政支持。厦大依然面临办学经费拮据的困境,需要拓展融资渠道。这也是促使厦大董事会于 1935 年开始改组和大幅增加校董的重要原因。

二、董事身份:多元化与政党化转向

20 世纪 30 年代,私立厦门大学、私立复旦大学先后进行了董事会改组,改组后的董事会结构均发生了明显的变化。

厦门大学校董依然设有四种:名誉校董、永久校董、当然校董、校董。董事会由后三者组成,名誉校董并非董事会成员,也不参加董事会会议。自1935 年起,厦大董事会结构改变了自 1921 年以来一直维持的三人董事会的结构,增加了名誉校董和校董若干,董事会规模维持在 15 人左右。1935—1936 年间,名誉校董 7 人,永久校董 1 人,当然校董 1 人,校董 5 人。1936—1937 年间,名誉校董 7 人,永久校董 1 人,当然校董 1 人,校董 7 人。(表5 - 1)

---

① 《厦大经费近况　陈嘉庚月尚汇六千元》,《申报》,1934 年 4 月 3 日。
② 《厦大经费近况　陈嘉庚月尚汇六千元》,《申报》,1934 年 4 月 3 日。

表 5-1　厦门大学董事会名单

年　度	1921—1932	1933—1934	1935—1936	1936—1937
人　数	3	4	14	16
名誉校董	无	曾江水	汪兆铭、孙科、宋子文、王世杰、孔祥熙、黄奕住、曾江水	汪兆铭、孙科、宋子文、王世杰、孔祥熙、黄奕住、曾江水
永久校董 (创办人)	陈嘉庚	陈嘉庚	陈嘉庚	陈嘉庚
当然校董 (校　长)	林文庆	林文庆	林文庆	林文庆
校　董	陈敬贤	陈敬贤	陈延谦、李俊承、黄廷元、黄柏权、洪朝焕	陈延谦、李俊承、黄廷元、黄柏权、洪朝焕、黄鸿翔、林鼎礼

资料来源:黄宗实、郑文贞选编:《厦大校史资料(1921—1937)》第一辑,厦门大学出版社,1987,第 54—55 页。

1927 年,复旦大学董事会的组织方式有所变动,一部分校董由校长聘请,一部分由复旦同学会推选。改组后的校董有钱新之、于右任、邵力子、张廷灏、王正廷、江一平、周越然、金国宝、赵晋卿等,名誉校董有唐绍仪、陈嘉庚、王宠惠、郭辅庭、简玉阶、黄奕柱、夏敬观、劳敬修、梁炳农。1933 年,复旦大学重订董事会规程。规定董事会由 15 人组成,校长为当然董事。1934 年,修订董事会人数为 21 人,除校长之外,同学校董 10 人,其他校董 10 人。董事长为钱新之,校董有李登辉、于右任、邵力子、朱仲华、周越然、金国宝、张廷灏、江一平、余井塘、程天放、方椒伯、王正廷、孙科、陈立夫、张道藩、吴铁城、赵晋卿、王伯元、杜月笙、郭仲良等。①(表 5-2)

表 5-2　复旦大学部分董事任职情况(1934 年)

姓　名	学校职务	主要履历
钱新之	董事长	国民政府财政部次长,国民参议员、交通银行董事长
李登辉	当然董事	复旦大学校长
于右任	董事	国民政府审计院院长、监察院院长
邵力子	董事	震旦学院校友。国民党中央宣传部部长,国民参政会、宪法促进委员会秘书长

---

① 复旦大学校史编写组:《复旦大学志(1905—1949)》第一卷,复旦大学出版社,1985,第 205—206 页。

姓　　名	学校职务	主要履历
朱仲华	董事	复旦大学校友。浙江绍兴稽山中学董事长,成章小学、培德小学等校校董
周越然	董事	藏书家。商务印书馆函授学社副社长
金国宝	董事	复旦大学校友。南京特别市政府财政局局长、中央银行经济研究专员、上海交通银行副经理、中央银行会计长
张廷灏	董事	复旦大学校友
江一平	董事	复旦大学校友。著名律师
余井塘	董事	复旦大学校友。国民政府教育部常务次长,国民党中央组织部副部长
程天放	董事	复旦大学校友。中央宣传部副部长,中央政校教育长,国防最高委员会常务委员
方椒伯	董事	上海总商会副会长
王正廷	董事	外交官,"中国奥运之父"。曾任南京国民政府外交部部长、驻美大使
孙　科	董事	南京政府行政院院长、立法院院长、国民政府副主席
陈立夫	董事	国民党秘书长、国民党中央组织部部长、国民政府土地委员会主任委员、教育部长、立法院副院长
张道藩	董事	国民党中央组织部秘书,中央组织部副部长,内政部常务次长,教育部常务次长,中央宣传部部长
吴铁城	董事	最高国防委员,国民政府立法院副院长,行政院副院长,外交部部长
赵晋卿	董事	上海总商会执行委员会主席委员,南京国民政府工商部商业司司长,工商部驻沪办事处处长,实业部常务次长
王伯元	董事	"金子大王",中国垦业银行总经理
杜月笙	董事	上海滩黑帮帮主,商业大亨,上海闻人

　　私立大学董事会结构改组体现出两个明显的特征:多元化与政党化。首先,董事结构呈现出多元特征,主要体现为董事会成员的身份结构比改组前更加丰富。厦门大学在董事会改组前,董事仅有创办人及其亲属、校长三人,成员结构较为单一,校长由创办人指定。而在改组后,董事会成员增加到 15 人,成员结构也发生重要变化,新增董事中不仅有捐资人,还有政府要员、文化名流、社会闻人。复旦大学董事会改组后共有 21 名董事,除了校长之外,20 名董事基本分为三类:政界要人、社会名人、商界名流。其次,政府要员受邀加入董事会,突出体现在"名誉校董"中增加了多位国民党政府要

员。比如，厦大名誉校董增加了汪精卫、孙科、宋子文、孔祥熙等，复旦名誉校董增加了余井塘、程天放、孙科、陈立夫、张道藩、吴铁城等，其中，复旦 21 人董事会里，政界要人甚至达 12 人之多，占董事半数以上。

　　私立大学董事会的改组，多元化、政党化的校董结构，客观上为学校获取了更多的经费帮助和社会支持。私立大学的发展，由于缺少政府的直接支持，因此更多地从多元化的社会力量中寻求帮助。这种帮助包括政策上之通融，经济上之赞助，安全上之仰仗。因此，许多私立大学为求得生存发展，都通过董事会大做文章，拉拢官员，以期获得政策之通融与便利；结交名流，以期增加学校办学声望；联络商贾，以期募得充裕的办学经费；仰仗闻人，以期维护学校稳定和师生安全。但凡可以为私立大学发展提供重要帮助之人，校方都极力结交，并许以校董头衔。1934，厦大校长林文庆凭借早年的交情，向汪精卫（行政院院长）、宋子文（财政部部长）、王世杰（教育部部长）、孔祥熙（实业部部长）、孙科（国民党中央执行委员）等南京国民政府国民党官员求助经费，并获得行政院批准，自 1934 年秋开始，由教育部每年补助厦大 9 万元，平均每月 7 500 元，此次南京国民政府对厦大的经费支持为两年前的 3 倍。[①] 1935 年 5 月，厦大重组董事会，聘请汪精卫、宋子文、王世杰、孔祥熙、孙科为名誉校董，厦大的办学经费有了保障。私立大学董事会成员的多元化，尤其是"政党化"趋向，为私立大学带来了运作上的诸多便利，通过各方校董的努力，的确为学校发展获得了更好的资源与支持。

三、退出权力中心

　　经过改组的私立大学董事会，在职权变迁上表现出不同的发展路径。《复旦大学校董会规程》（1933 年 2 月 24 日重订）对董事会的组织、职权、任期和运行均作出规定。根据复旦校董会规程的规定，复旦大学校董会职权如下：① 计划及扶助本校之进行；② 筹划经费；③ 保管财产；④ 监察财产；⑤ 审核预算及决算；⑥ 聘任本校校长；⑦ 决议本校校务会议所不能解决之各种事项。[②] 据此，复旦校董会的主要职权依旧为经费筹措与管理、聘任校长。在经费筹划方面，校董会还专门特设了"优待生"经费，用以资助在校成绩优秀的贫困生，其中，校董唐少川资助文科、商科优待生各 1 名，校董聂云

---

① 洪永宏编：《厦门大学校史（1921—1949）》第一卷，厦门大学出版社，1990，第 119—120 页。
② 《复旦大学校董会规程》，复旦大学校史编写组编：《复旦大学志（1905—1949）》第一卷，复旦大学出版社，1985，第 210 页。

台、钱新之资助商科优待生各 1 名。① 复旦大学董事会的职权在改组前后几无变化,被规定在资金筹划与监管、聘任校长范围内,董事会相当于一个创办人、投资人等的顾问机构。

复旦大学除了设立董事会之外,还设有行政院、校务会议两个职能机关。根据《修正复旦大学行政院章程草案》(1926 年 12 月)第四条之规定,复旦大学行政院主要职权有:① 协同校长决定教育方针及规划行政事宜;② 议决各科处及其他各种机关之增设废止及变更;③ 议决关于经济之建议;④ 审查及建议每学期总预算及总决算,各科处之预决算及该委员会之费用,交由董事会核定之;⑤ 议决临时费用在三百元以上者;⑥ 议决教职员十人以上即学生团体之建议;⑦ 解决所属各机关所不能解决之问题;⑧ 审查每学期各机关之工作;⑨ 公布每年财政状况;⑩ 议决及修改本大学章程,但校董会章程及教员全体大会章程不在此内;⑪ 通过所属各机关之章程。根据《复旦大学校务会议规程》(1929 年 9 月 24 日)第三条之规定,复旦大学校务会议主要审议范围有:① 大学预科;② 各学院各学系及其他各种机关之增设、废止或更改;③ 大学课程;④ 大学内部各种规则;⑤ 关于学生实验事项;⑥ 关于学生训育事项;⑦ 校长交议事项;⑧ 教职员五人以上及学生团体之建议。② 此外,《修正复旦大学行政院章程草案》(1926 年 12 月)第六条、《复旦大学校务会议规程》(1929 年 9 月 24 日)第五条均规定,若有不能解决之问题,由校长召集教职员大会予以解决。而关于学校经济方面,则由校长提交董事会解决。③ 据此可知,董事会章程中所说“决议本校校务会议所不能解决之各种事项”④,依然是学校财务问题。复旦董事会的主要职权被限定在财务范围之内,复旦行政院实则为学校最高权力机关,“管理学校一切行政事务”,其职权范围涵盖了学校方针、系科及机构废立、行政决策、行政审查等等。

与复旦大学董事会在改组前后职权保持一致的情况不同,厦门大学董事会职权发生了两次重大调整。第一次权力调整发生在 1933—1934 年间,主要表现为董事会职权的扩大化。根据《厦门大学组织大纲》(1933)中,对

---

① 《复旦大学章程(1920 年重订)》,复旦大学校史编写组编:《复旦大学志(1905—1949)》第一卷,复旦大学出版社,1985,第 126 页。
② 《复旦大学校务会议规程》,复旦大学校史编写组编:《复旦大学志(1905—1949)》第一卷,复旦大学出版社,1985,第 216 页。
③ 《修正复旦大学行政院章程草案》《复旦大学校务会议规程》,复旦大学校史编写组编:《复旦大学志(1905—1949)》第一卷,复旦大学出版社,1985,第 214、216 页。
④ 《修正复旦大学行政院章程草案》,复旦大学校史编写组编:《复旦大学志(1905—1949)》第一卷,复旦大学出版社,1985,第 213 页。

董事会职权作了界定，主要职权有九：① 筹划本大学经费；② 管理本大学基金捐款及产业；③ 聘请本大学校长；④ 通过本大学预算；⑤ 审查本大学决算；⑥ 议决本大学各学院、各学系与各机关之设立、废止或变更；⑦ 议决本大学各学院、各学系讲座之设立；⑧ 审定本大学重要之规程；⑨ 授予学位。[1] 由此看出，厦大董事会职权并不局限于经费管理的范畴，而是涵盖了厦大的系科变更、讲座计划、学位授予等教学与学术领域，成为名副其实的厦大最高权力机关。

在厦大董事会之下，设有两会，即校务会议和行政会议，校长为两会主席。校务会议由校长、大学秘书、各学院院长、各系主任、各学院教授代表、军事教官代表、事务处主任、注册部主任等组成，校长为校务会议主席。厦大校务会议其主要对如下八项内容进行审议：① 本大学预算；② 本大学学院、学系之设立及废止；③ 本大学课程；④ 本大学各种规程；⑤ 关于学生试验事项；⑥ 关于学生训育事项；⑦ 关于建筑设备事项；⑧ 校长交议事项。行政会议下设财务、建筑、编译、图书、训育、入学审查、毕业成绩审查、职业介绍、奖学金审查、周刊等各种专门委员会。[2] 由此看来，厦大校务会议实为校内最为关键的议事机构，也是教授治校的体现。然而，厦大董事会作为创办人与投资人的代表，是校内最高权力机关，地位在两会之上，校务会议的审议内容须报董事会决议后方可有效。

1935 年，厦大董事会权力再次发生起伏。1935 年 9 月的《私立厦门大学校董会章程》，将厦大董事会的职权范畴进行缩减，取消了 1933 年所规定的院系与机关之设立、废止或变更的议决权，院系讲座之设立权，大学规程之审定权，大学学位之授予权等四项学术与教学权力，将厦大校董会的职权重新调整定位为厦大筹资与咨询机构。

厦门大学校董会的职权在多次调整后出现起伏与反复：校董会权力首次调整，突破了原有的资金筹划与监管、聘任校长之范畴，进而包罗了教学与学术权力；校董会权力二次调整，职权范畴重新回归，学术与教学权力被取消。厦大校董会权力定位反复的特殊性，与 1933 年的厦大组织结构权力的制度设计缺陷有关。1933 年的《厦门大学组织大纲》赋予校董会以院系设立权、讲座设立权、规程审定权、学位授予权。与此同时，又赋予校务会议以院系设立之审议权。虽然"审议权"与"议决权"并不相同，但在具体执行

---

① 《厦门大学组织大纲(1933)》，黄宗实、郑文贞选编：《厦大校史资料(1921—1937)》第一辑，厦门大学出版社，1987，第 49 页。

② 《厦门大学组织大纲(1933)》，黄宗实、郑文贞选编：《厦大校史资料(1921—1937)》第一辑，厦门大学出版社，1987，第 51—52 页。

中权力交叉与学术矛盾无法避免，也极易造成厦大校董会对大学教授学术与教学权力的左右和干涉。两年后，厦大对校董会职权界定的调整，在制度设计上规避了校董会干预校内学术与教学事务之可能。

四、国立化：动议与权力让渡

私立大学国立化主要出现在抗战之后，其初衷是出于改变办学资金拮据的困境，厦大、复旦、南开均不例外。厦大的国立化动议发生于 1936 年，并于 1937 年 7 月 1 日实现国立化。复旦的国立化动议先后出现三次，自 1938 年起，历时三年，最终于 1942 年 1 月 1 日改为国立。在私立大学国立化动议的过程中，办学者论争的焦点是办学经费来源问题，以及国立化之后的办学自主权问题。

早在 1936 年，厦大学生即向陈嘉庚提出将厦大收归国办的呼吁。鉴于厦大"经济日趋支绌，环境日益恶劣"，"为打破该校前途之艰难，发起收归国办运动。"[1]厦大学生不仅致电教育部，且推举代表赴南京请求教育部将厦大收为国办。1937 年，包括上海、南京、厦门等全国多地校友，也请求将厦大收为国办。校友认为，自 1929 年以来，厦大行政经费多由中央及地方政府补贴，在实际上已属公立。据《申报》载，厦大"受教育部补助，每年均十万以上，属私立大学补助费之首位"，同时福建省政府年补助费也达六万元。[2]此外，校友指出，厦大为全国难得之商办大学，陈嘉庚公司业务萧条，难以为继厦大发展，政府应当"成其素志，加意扶植"。[3]

陈嘉庚关于国立化的动议出现在 1937 年。陈嘉庚这样描述他对厦大国立化的动念，"民廿六年春，余念厦集二校虽可维持现状，然无进展希望，而诸项添置亦付缺如，未免误及青年。若政府肯接受厦大，余得专力维持集美，岂不两俱有益，此乃出于万不得已之下策，乃修书闽省主席及南京教育部长告以自愿无条件将厦门大学改为国立。"[4]1936 年 5 月 17 日，陈嘉庚致函福建省政府主席及南京教育部部长，表达了厦大国立的愿望：

> 窃弟自创办厦大后，来洋已十有四年之久，为俗务纠缠，无福可得回梓视察厦集二校，虽梦寐思乡，寝食不忘，迄成泡影，而念虑

---

① 《厦大经费近况　陈嘉庚月尚汇六千元》，《申报》，1934 年 4 月 3 日。
② 《厦大改国立将实现》，《申报》，1937 年 7 月 1 日。
③ 《厦大校友请求母校归为国办》，《申报》，1937 年 5 月 27 日。
④ 《厦大献与政府》(1946)，黄宗实、郑文贞选编：《厦大校史资料(1921—1937)》第一辑，厦门大学出版社，1987，第 340 页。

之切，尤以厦大为最。又不幸弟自十年来，在洋事业如江河日下，千余万元资产荡尽无遗，迫至昨年敝公司收盘后，对厦大经费乏力维持，不得不请求政府帮助，免至停闭关门，然后再作后图也。厦大为福建省最高独一无二之学府，建立于厦门地方，论省界不免有稍偏于南区，若合浙江、广东沿海区域而言，则堪称为最中心地位。况研究海洋生物，已经全国各大学考虑公认，推全国沿海最相当之地点。又若大而言之，合南洋祖国，则更为中心之中心矣……以厦大如此重要而限于经济不能发展，弟千思万想，别无他策，唯有请政府收办。弟愿无条件将厦大产业奉送，不拘省立或国立均可，所有董权一概取消，如何之处，千祈示复。①

　　陈嘉庚关于厦大国立化的动念，实则是在其南洋树胶业经营萧条、中央财政补助减少、福建省政府的"停止补助之议"，以及厦大学生发起的国办运动之内外压力共同作用下的结果。只要厦大可以获得经费继续办学，对于厦大国立或省立，身为校主和董事长的陈嘉庚表示均可接受，并表示国立或省立之后，取消董事会和董事的权力，厦大改由政府负责管理。

　　虽然厦大师生对国立化表现出积极的姿态，但国立化的进程却并非一蹴而就。南京教育部最初并未给予厦大明确的回复，教育部长王世杰复函陈嘉庚，甚至一度流露出困难和缓议之意：

　　　　厦大问题，本部迭与闽省府往返电商，对于大函所提办法，原拟中央二十五年度通过预算后决定。中央现所通过之预算，关于厦大补助费微有增益，然改为国立则仍难办到；闽省库素称支绌，改为省办，亦有困难；厦大由政府派员接办一节，自应暂从缓议。部省补助费当仍照给也。②

　　福建省主席陈仪亦致函陈嘉庚"惟厦大如果由政府接办，事先应为种种之准备，非一蹴可几。故在厦大未归政府接办之前，本年度仍旧维持，以免影响学业。"③厦大国立化进程由此暂缓。

　　1937 年 5 月，林文庆赴宁与教育部长王世杰再次磋商厦大国立化事

---

① 洪永宏编：《厦门大学校史(1921—1949)》第一卷，厦门大学出版社，1990，第151—152页。
② 洪永宏编：《厦门大学校史(1921—1949)》第一卷，厦门大学出版社，1990，第152页。
③ 洪永宏编：《厦门大学校史(1921—1949)》第一卷，厦门大学出版社，1990，第152页。

宜,并将商讨的结果电告校主陈嘉庚,"教部即拟国立,废校董会,褒奖创办人。若私立,停止补助,今后由兄筹费。"① 如果厦大国立,学校归属教育部管理,由教育部出资,作为创办人代表和具有筹资功能的董事会将不复存在。而如果厦大维持私立,政府将停止向厦大拨发补助。办学经费、办学归属依然是决定国立与否的核心问题。校长林文庆依然想在维持私立上作文章,即"若教部能继续补助,磋商维持私立"。陈嘉庚则认为国立化对厦大的发展更为有利,"教部如决收归国立,俾厦大有扩展希望,请同意赞成,勿计较私立,如或不然,仍许补助,私立亦可。"② 随着厦大师生及校友的极力呼吁,以及《申报》的社会宣传,1937 年 6 月,教育部最终决定改厦大为国立,取消厦大董事会,设置咨询委员会为永久机关,原校董陈嘉庚与林文庆为终身当然委员,议定嘉庚讲座与奖学金之分配,可对校务提出建议。1937年 7 月 1 日,厦大正式改为国立,教育部任命萨本栋为国立厦大校长,厦大年经常费完全列入政府预算,其中部拨年经常费 29 万元,省拨年经常费 6 万元。③ 国立后的厦大,其办学经费由主要由中央政府支持、福建省政府协助支持。

复旦大学曾经历过三次国立化动议,其国立化进程可谓一波三折。第一次国立化动议出现在 1938 年。政局动荡,复旦大学迁往重庆北碚区,这一时期学校经济陷入窘境。虽然国民政府教育部、四川省政府给予了复旦大学一定的战时补助,但仍旧捉襟见肘。1938 年 4 月,吴南轩向校长李登辉提出了国立化的想法,并提出以保存校名和董事会为国立化的前提。④但李登辉存有疑虑,"私立改国立,原来学校名称、学校行政能否一贯继续,校董会组织以及现在学校编制能否保存不变,他若政治影响,易长纠纷,是否可以免去。过去国立学校,如浙大、暨大等,屡经变迁,于学校进行,阻碍至多,此问题辉意可静观大夏进行如何,再加考虑。因我校除经济急于请求援助外,其他并不亟谋改变也。"⑤ 李登辉认为,国立化将必然涉及复旦内部组织的改变,不应以亟需经济援助而仓促行事。

时隔一年,1939 年 3 月,吴南轩与重庆校董于右任、孙科、叶楚伧、邵力子、程天放、余井塘、康心之等,以学校收入锐减、困难万状、"舍国立别无生

① 洪永宏编:《厦门大学校史(1921—1949)》第一卷,厦门大学出版社,1990,第 153 页。
② 洪永宏编:《厦门大学校史(1921—1949)》第一卷,厦门大学出版社,1990,第 153 页。
③ 《厦大改国立办移交》,《申报》,1937 年 7 月 22 日。
④ 《吴南轩、金问洙致李登辉函》(1938 年 4 月 22 日),复旦大学档案馆选编:《抗战时期复旦大学校史史料选编》,复旦大学出版社,2008,第 66 页。
⑤ 《李登辉致吴南轩、金通尹函》(1938 年 5 月 2 日),复旦大学档案馆选编:《抗战时期复旦大学校史史料选编》,复旦大学出版社,2008,第 67 页。

路"为由，第二次向李登辉提出国立化动议。[①] 李登辉等沪校校董依然对国立化表示质疑："改组后经费如何保障，校董会是否存在、沪校如何维持？"[②] 后经沪校校董决议后，电知渝校，渝校经费困难，可改国立，沪校维持私立。[③] 渝校于右任等认为，"国立后经费列入国家预算，自有保障。校董会名义无存在必要……沪校不必冠国立名义"。[④] 国立化的二次动议，沪、渝两校频繁通电磋商，先后持续了四个月。1939 年 7 月，复旦以获得教育部每年 15 万的补助费而将国立化动议也暂时搁置。

　　1941 年 9 月，吴南轩等召开复旦在渝董事会，并通过在渝董事会决议，"呈请教育部改为国立复旦大学。俟部方决定后，再电留沪校董征求同意。如留沪校董表示异议时，再行集会讨论"[⑤]。最终，国民政府行政院于 1941 年 11 月批准复旦大学改为国立，复旦大学遂于 1942 年 1 月 1 日正式改为国立复旦大学，吴南轩任校长，复旦的经费预算列入国家预算。根据国立大学条例的规定，复旦不再设董事会。复旦改为国立，受到了复旦同学会及多方校友的大力称赞，并对母校在经费宽裕的情境下的发展寄予希望。复旦国立化的第一年，教育部拨年度经常费 120 万元（列入国家预算），允准复旦大学的请求，追加临时费、历年清偿债务及建置费 130 万元，并先拨付40 万。[⑥]

　　董事会作为私立大学校内最高权力机关，是重要的筹款机构、决策机构和治理机构。董事会是创立者和赞助者之代表，私立大学的所有权归属于董事会。私立大学的创立者作为其主要投资人，相当程度上掌握着大学话语权。只要私立大学创立者对该校的筹资行为一直持续，私立大学的所有权便为创立者所有。只有当大学创立者对于私立大学无力维系时，权力让渡才有可能发生。厦大董事会向政府让渡治校权，"所有董权一概取消"，也

---

① 《于右任等：致李登辉电》（1939 年 3 月 17 日），复旦大学校史编写组编：《复旦大学志（1905—1949）》第一卷，复旦大学出版社，1985，第 175 页。

② 《李登辉等：复于右任等电》（1939 年 3 月 21 日），复旦大学校史编写组编：《复旦大学志（1905—1949）》第一卷，复旦大学出版社，1985，第 176 页。

③ 《李登辉致钱永铭电文》（1939 年 4 月 1 日）、《在沪校董函渝校电文》（1939 年 4 月 6 日），复旦大学档案馆选编：《抗战时期复旦大学校史史料选编》，复旦大学出版社，2008，第 69—70 页。

④ 《于右任等：复李登辉等电》（1939 年 3 月 25 日），复旦大学校史编写组编：《复旦大学志（1905—1949）》第一卷，复旦大学出版社，1985，第 176 页。

⑤ 《母校改归国立之校史文献》，复旦大学校史编写组编：《复旦大学志（1905—1949）》第一卷，复旦大学出版社，1985，第 177 页。

⑥ 《教育部呈送私立复旦大学改为国立办法并请清偿历年债务及建置费审查会记录（抄件）》（1942 年 6 月 6 日），复旦大学档案馆选编：《抗战时期复旦大学校史史料选编》，复旦大学出版社，2008，第 78—79 页。

正是因此。复旦一波三折的国立化进程,沪、渝两校讨论的焦点,其实质突出体现在治校权的让渡与否。校长李登辉多次表示,私立大学国立化的重要转变,将是董事会对治校权的丧失。尤其是在国立化之后,按照国民政府的规定,作为校董发表意见、表达权力的董事会将不能续存,取而代之的将是大学评议会。私立校董这一身份将不复存在,在法律意义上亦不再拥有对校内决策和发展的权力表达。

第二节 "外行决策型"治校模式:私立厦大董事会的困局及改组

厦大两次风潮暴露出厦大董事会及校内权力结构问题。厦大治校权高度集中,学校重大决策往往由身为"当然校董"的校长一人决断,无须经过评议会讨论。此外,在国内大学普遍设立教授会以议定大学教务事宜的情形下,厦大的教务、课程等事宜仅由教务处负责,却一直未能设立专门的教授会。二次风潮之后的1929年,厦大教育科邱大年、杜佐周等教授向校长林文庆提出了改组评议会、组建教授会的建议,以期实现合理的校内权力结构安排。

1927—1929年间,南京国民政府先后颁布《私立大学及专门学校立案条例》《私立学校条例》《私立学校校董会条例》《私立学校规程》《私立学校董事会设立规程》等一系列文件,规定私立大学设立者为"当然校董",若设立者人数过多,则互推1—3人为当然校董;董事会规模不得超过15人,且"至少有四分之一之校董,以曾经研究教育或办理教育者充任";厘清董事会、校长的权力界限,校长负责校政,董事会主要负有学校经费筹划、预决算、财物保管与监察等职责,无权过问校政。①

厦大经费于1933年已然入不敷出②,1934年因陈嘉庚公司"歇业清理"更是雪上加霜。林文庆不得不求助于汪精卫、宋子文、王世杰、孔祥熙、孙科等南京政要,1934年秋开始,教育部每年补助厦大9万元。1935年5月,厦大重组董事会,增加南京政要及投资人为名誉校董,厦大经费开始有了多元保障。这也成为厦大董事会改组的重要原因。

在风潮迭起、政策调整、经费困境等多重背景之下,厦大董事会文本也

---

① 《修正私立学校规程(1933)》,《教育部公报》,1933年第5卷第41—42期。

② 《本校经费(1933)》,黄宗实、郑文贞选编:《厦大校史资料(1921—1937)》第一辑,厦门大学出版社,1987,第332页。

先后经历了四个版本:1921 年《厦门大学大纲》、1927 年申请立案文本、1933年《厦门大学组织大纲》、1935 年《私立厦门大学校董会章程》。厦大董事会经历两度改组和权力更迭,然而通过考察发现,不仅厦大董事会文本游离于南京政府政策文本之外,而且厦大治校实践也游离于厦大董事会文本之外。

一、困局之下的制度转向

厦大董事会的改组,呈现出从商人独资办学到依靠政府、学界等多重力量参与和保障的制度转向。这一转向,虽为南京国民政府多项新政和教育立法的直接产物,却更充分地呈现出商办私立大学因办学力量局限进而重组资源、因多方力量加入进而共同治校之必然。

近代商人独立办学存在某种与生俱来的局限性,即将学校的生存完全系于所办公司的经营状况。陈嘉庚公司经营收入的绝大部分都投入到了厦大和集美学村,而厦集两校的经费几乎靠陈嘉庚公司维系。早在 1926 年,陈嘉庚公司出现了经济危机和大量拖欠银行债务的困局,1929 年起更是出现严重的资金周转问题和巨额赤字,公司被迫改组为有限公司,直至 1934年宣布歇业。即便艰难如此,陈嘉庚依旧不顾公司内部的强烈反对,坚持每年向厦集两校提供经费,1926 至 1934 年间共向厦集两校提供经费 335 万元,年度拨付额度逐年递减:1926 年 90 万;1927 年 70 万;1928 年 60 万;1929—1931 年 100 万(年均 25 万);1931 年 8 月至 1934 年 2 月(计 31 个月)15 万(年均约 5 万)。[①] 在陈嘉庚公司入不敷出时,厦集两校随即发生了财政危机的"连锁反应"。陈嘉庚生活极其简朴,甚至将自己的薪水按月寄给集美学校,还批评女婿李光前:"我赚钱是为了办教育,你赚钱却为发财。"[②]然而,仅靠投资办学者教育救国的满腔执念和道义责任,往往是独臂难当。由于办学资金链过于单一,缺少多元力量的扶持和平衡,使得商人独资学校的生存能力较之其他学校而言,较为脆弱,一旦遇到资金困局,难有周旋与缓冲余地。

我国传统中缺少单纯的民间捐资或捐赠传统,也是私立大学的一大困局。厦大筹办初期,陈嘉庚和林文庆向南洋富侨筹款办学,然三次募捐均告失败。陈嘉庚感慨:

> 不但希望向富侨募捐数十百万元为基金归于失败,而仅此十

---

① 杨进发:《华侨传奇人物陈嘉庚》,陈嘉庚纪念馆,2013,第 59 页。
② 杨进发:《华侨传奇人物陈嘉庚》,陈嘉庚纪念馆,2013,第 60 页。

万八万元或四五万元建图书馆尚困难如此。可怪者我国人传统习惯，生平艰难辛苦多为子孙计，若夫血脉已绝，尚复代人吝啬，一毛不拔。既不为社会计，亦不为自身名誉计，真其愚不可及。①

不仅闽籍侨商如此袖手，粤籍侨商更是囿于省界畛域之见而成旁观之状，陈嘉庚一度对厦大筹款事宜"灰心无望"。② 厦大多次筹款失败说明，中国传统社会中并未形成社会捐赠的理念。中国传统中也曾有义庄、义学等捐赠行为，但往往局限于家族内部，服务于家族成员，受到家族族长、族规的约束，并且存在地域局限。深受传统家族制度和家族观念的影响，人们的捐赠行为很少在家族之外发生。即便在厦大出现资金困局之时捐资厦大的名誉校董曾江水，也与陈嘉庚有着亲家的亲缘关系。同时，民国社会还远未形成较为成熟和深受信赖的社会捐赠体系，难以形成对民间捐赠行为的有效保护。因此，单纯依靠民众力量自发捐资办学，在当时难度很大，至于办学资金的稳定性和持续性，更是无从谈起。

相比之下，官商盛宣怀、绅商张謇也创办了一批近代公司和学校。虽是商人办学，但不论是其公司还是学校，均与政府、学界保持着极为紧密且特殊的联系，从而保证公司和学校相对稳定的发展。身为李鸿章的重要幕僚，盛宣怀所主持的一批"官督商办"公司均受李鸿章的权势和政策庇佑，并垄断了晚清轮船、电报等国家重要经济命脉。盛宣怀所创办的北洋大学堂和南洋公学，其办学资金主要来自清政府和他所主持的公司。南洋公学总理基本由政府官员担任，交通大学董事也基本由政府官员、学界名流共同担任。南开、复旦等非商办学校，更是广泛争取多元力量合作办学。依靠政府、学界等多重力量共同参与大学治理，成为民国教育实践的普遍选择。随着厦大董事会的改组和政、学、商等多重力量的加入，厦大董事会开始发生从"外行决策"到"多方商议"的制度转向。

二、两度改组与权力起伏

1933 年，著名侨商曾江水因向厦大捐助资金 15 万而被聘厦大为"名誉校董"，这也是厦大校史上首位"名誉校董"，校董人数由此增至 4 人。1935年，校董结构发生重大调整，新增汪精卫等 5 位政要、黄奕住等 2 位侨商为

---

① 《厦大第三次募捐无效》，王增炳、陈毅明、林鹤龄编：《陈嘉庚教育文集》，福建教育出版社，1989，第 25 页。

② 《募捐理想之失败》，王增炳、陈毅明、林鹤龄编：《陈嘉庚教育文集》，福建教育出版社，1989，第 25 页。

"名誉校董"，以及 5 位商、学界人士为校董①，"永久校董"陈嘉庚兼任董事会主席，校长林文庆继续担任"当然校董"。（表 5 - 3,5 - 4）

表 5 - 3　厦门大学董事名单（1921—1937）

年　度	1921—1932	1933—1934	1935—1936②	1936—1937③
人数	3	4	14	14
名誉校董	无	曾江水	汪兆铭、孙科、宋子文、王世杰、孔祥熙、黄奕住、曾江水	汪兆铭、孙科、宋子文、王世杰、孔祥熙、黄奕住、曾江水
永久校董（创办人）	陈嘉庚	陈嘉庚	陈嘉庚（董事会主席）	陈嘉庚（董事会主席）
当然校董（校　长）	林文庆	林文庆	林文庆	林文庆
校董	陈敬贤	陈敬贤	陈延谦、李俊承、黄廷元、黄伯权、洪朝焕	陈延谦、黄伯权、洪朝焕、黄鸿翔、林鼎礼

表 5 - 4　厦门大学董事社会角色分析表

校董类别	姓　名	身份类别	社会任职
名誉校董	汪精卫	政	南京政府行政院院长
	孙　科	政	国民党中央执行委员
	宋子文	政	南京政府财政部部长
	王世杰	政	南京政府教育部部长
	孔祥熙	政	南京政府实业部部长
	黄奕住	商	福建省泉州市人，印尼糖王，著名爱国华侨企业家和社会活动家
	曾江水	商	祖籍福建厦门，树胶商人，马六甲首富，马六甲中华商会会长
永久校董	陈嘉庚	商	福建同安人，厦门大学校主、董事会主席

---

① 《厦门大学董事会》，黄宗实、郑文贞选编：《厦大校史资料（1921—1937）》第一辑，厦门大学出版社，1987，第 54—55 页。

② 《厦门大学董事会》，黄宗实、郑文贞选编：《厦大校史资料（1921—1937）》第一辑，厦门大学出版社，1987，第 54—55 页。

③ 《私立厦门大学校董会第二次会议记录》，福建省档案馆编：《福建华侨档案史料》下，档案出版社，1990，第 1378 页。

续　表

校董类别	姓　名	身份类别	社会任职
当然校董	林文庆	商	祖籍福建海澄，著名华侨企业家，新马"树胶之父"。厦门大学校长
校董	陈延谦	商	福建厦门人，新加坡商人，中华总商会董事
	李俊承	商	福建永春县人，马来亚商人，新加坡中华总商会会长
	黄廷元	商	福建厦门人，厦门淘化食品罐头公司创始人之一。曾任厦门军政府民团部长、福建省交通司路政科长、省府高等顾问和省议会会员、厦门总商会董事
	黄伯权	商	厦门中国银行行长，厦门大学协进会主席
	洪朝焕	商	厦门华侨银行行长，厦门大学协进会会计
	黄鸿翔	学	台湾嘉义人，毕业于日本东京法政大学，厦门大学教授
	林鼎礼	商	祖籍台湾。闽台富商林尔嘉之子，毕业于剑桥大学经济科。曾任厦门同文书院院长、上海中南银行常务董事①

　　厦门大学董事会成员结构改组体现出从商人董事到董事多元化的特征。首先，校董身份的多元化。厦门大学在董事会改组前，校董仅有创办人及其亲友等三位商业精英，成员结构单一。改组之后，校董结构由单一的商人校董，改为包括投资人、政要、银行行长、教授代表等组成的多元校董。其次，董事会功能的多元化。改组之前，厦大董事会是投资与决策机构。改组之后，由于增加了政要等身份，又多了一层政策保护的功能。名誉校董并不参与董事会议议决校政，参与议事的校董实则为 9 人，其中教授仅 1 人，闽籍商业精英达 8 人且依然是厦大议事校董的绝对主导。此外，虽然南京政府规定"当然校董"由私立大学"设立者"担任，但是厦大"当然校董"依然由校长而非其"设立者"陈嘉庚担任，厦大"设立者"被称为"永久校董"，担任"董事会主席"。据此文本，以及考察厦大治校实践可知，身为"董事会主席"和"设立者"的陈嘉庚，从未参加过董事会会议。身为"当然董事"的厦大校长，其地位和权力非同一般，远远高于一般私立大学校长，在相当程度上可以代表"董事会主席"，全权代行董事会权力，做出校政决策。

　　厦大董事会职权定位上，《厦门大学大纲》(1921)规定董事会职权包括

---

① 陈娟英：《板桥林家与闽台诗人林尔嘉》，海风出版社，2011，第 11 页。注：中南银行，是中国近代史上华侨回国投资创办的最大银行，创办人为华侨黄奕住等。

筹划经费、保管基金、聘请校长、审定预算、审查决算①，校长掌握人事任免权。根据文本的制度安排，在厦大学校组织系统中，董事会并非校务管理机构，评议会为厦大"议事机关"，下设行政会议、各委员会、教务处、总务处、会计处、编译处等行政机构。申请立案文本（1927）增加了董事会监察大学财务、处理其他财务事项、选任副校长的职权。

《厦门大学组织大纲》（1933）又增加了董事会议决各学院、各学系与各机关之设立、废止或变更，议决各学院、各学系讲座之设立，审定大学重要规程，授予学位等职能。② 厦大在扩张董事会权力的同时，取消评议会，改设校务会议。校务会议负责审议大学预算、学院与学系之设立及废止、大学课程、大学各种规程、学生试验事项、学生训育事项、建筑设备事项，以及校长交议事项，为校政议事机关。③ 董事会作为创办人与投资人之代表，是校内最高权力机关，校务会议的审议内容须报董事会决议后方可生效。《厦门大学组织大纲》显著扩张了董事会的职权范畴，使其不再局限于经费管理的范畴，而是涵盖了系科变更、讲座计划、学位授予等教学与学术领域，掌握着经费、学术、教学在内的治校权，成为名副其实的校政决策中心。

由林文庆草拟并经董事会会议通过的《私立厦门大学校董会章程》（1935），取消了董事会关于院系与机关之设立、废止或变更的议决权，院系讲座之设立权，大学规程之审定权，大学学位之授予权等四项学术与教学权力。董事会重新定位为筹资与咨询机构。此外，在《厦门大学组织大纲》（1933）的基础上补充了董事会议事细则，规范了董事会会议程序。

厦大董事会文本权力的起伏，与厦大组织结构的设计缺陷有关。《厦门大学大纲》（1921）仅对董事会作出职权规定和会议规则，却并未对评议会的职权范畴和议事规则作出明确规定，因而在实践中难以具体执行，这也是造成厦大董事会和校长权力叠加和过度集中的制度原因。厦大评议会缺少执行规则的情形一直持续到1930年，被校务会议所取代。《厦门大学组织大纲》（1933）赋予董事会以院系设立权、讲座设立权、规程审定权、学位授予权，同时赋予校务会议以院系设立之审议权，却依然没有明确校务会议的运行规则，容易引起权力交叉，造成董事会左右学术与教学权力的局面。两年后，厦大董事会职权的文本回归，在制度设计上规避了董事会干预校内学术

---

① 《厦门大学大纲（1921年3月）》，《中华教育界》，1921年第10卷第10期。
② 《厦门大学组织大纲（1933）》，黄宗实、郑文贞选编：《厦大校史资料（1921—1937）》第一辑，厦门大学出版社，1987，第49页。
③ 《厦门大学组织大纲（1933）》，黄宗实、郑文贞选编：《厦大校史资料（1921—1937）》第一辑，厦门大学出版社，1987，第51—52页。

与教学事务之可能。

改组之后的 1935 至 1937 年间,厦大召集了校史上仅有的两次董事会会议。1935 年 9 月,厦大召开第一次董事会议,出席者有:校董黄伯权、洪朝焕、陈延谦(洪朝焕代)、林文庆、陈嘉庚(孙国栋代)、黄建中(教育部代表、南京教育部高等司长)、郑贞文(福建省教育厅厅长)、詹汝嘉(秘书)。林文庆任董事会临时主席。李俊承、黄廷元 2 人缺席。会议议题包括:一、讨论并修正通过由林文庆草拟的《私立厦门大学校董会章程》;二、讨论并通过增加两位校董的提议;三、选举陈嘉庚为董事会主席;四、议决林文庆提请的预算案;五、议决林文庆提请的宽筹大学经费案。①

1936 年 4 月,厦大召开第二次董事会议,出席者有:校董洪朝焕、黄鸿翔、林文庆、李俊承(洪朝焕代)、黄廷元(黄鸿翔代)、陈泮藻(教育部代表、参事)、郑贞文、詹汝嘉。林文庆任董事会临时主席。黄伯权、陈延谦、林鼎礼 3 人缺席。主要议题包括:一、学校补助费情况汇报;二、林文庆报告请辞校长职务;三、讨论系科调整,课程调整与合并;四、在实验费、办公费、招生、学生助教等方面裁减经费,教职员酌量捐薪;五、重新改编预算;六、校董改选等事项。会议议决对系科进行调整,将教育学院归并文学院,教育心理学系归并教育系归属文学院,将中国文学系与外国语文学系并为文学系,理学院算学系、物理学系并为数理学系。② 议题涉及学术、教学、财政预算与分配等各种事项。

出席两次董事会会议者有当然校董、校董、教育部代表、福建省教育厅厅长、董事会秘书。陈嘉庚为厦大"设立者""永久校董"和"董事会主席",未出席董事会会议,而是由"当然校董"林文庆兼任董事会临时主席,并代行董事会主席之职。这表明,董事会(主席)与校长权力叠加的情形依然维系。

第一次董事会议议题包括大学筹资、规程审定之范畴,但第二次董事会议议题却并未遵照第一次董事会议议决的《私立厦门大学校董会章程》(1935)对董事会权力的文本约束,依然延续着《厦门大学组织大纲》(1933)所赋予的极大权力,涉及大学系科与课程的调整等明显在文本定位上已属校务会议权力范畴的议题。显然,《私立厦门大学校董会章程》并未有效付诸实施,董事会依旧是厦大名副其实的校政最高决策中心。

---

① 《私立厦门大学校董会第一次会议记录》,福建省档案馆编:《福建华侨档案史料》下,档案出版社,1990,第 1373 页。

② 《私立厦门大学校董会第二次会议记录》,福建省档案馆编:《福建华侨档案史料》下,档案出版社,1990,第 1376—1378 页。

三、外行决策:难被主流认同的董事会治校模式

在民国私立大学多由政要、学者、商人等共同参与的"投资保护型"董事会模式较为普及的背景下,在蔡元培等人极力倡导以学者精英群体担纲的评议会治校模式的背景下,私立厦大由商业精英担纲的"外行决策型"董事会治校模式,在董事身份、权力定位、组织结构等方面与其他私立大学以及教会大学的董事会模式相比,显得与众不同。

首先,董事身份不同。与厦大董事几为商业精英不同,一般私立大学多由社会文化名流召集创办,董事多由社会政、学、商等各界名流组成。复旦公学筹办之初,马相伯邀集严复、张謇、熊希龄、曾少卿、萨镇冰、袁希涛等社会名流为校董①,1920 年,复旦大学董事分为名誉董事、评议董事和顾问董事,王宠惠任董事长,孙中山、蔡元培、陈其美、于右任、曹成父、虞和甫等任董事。②　私立南开大学 1919 年校董有严修、范源濂等,1920 年又有严智怡、孙子文、李金藻、蒋梦麟、王秉喆、陶孟和、刘芸生等文化名流加入校董,1932年校董有丁文江、王秉喆、卞俶成、李晋、胡适、陶孟和、颜惠庆、严智怡等③,历届董事会成员皆为政、学、商界名流④。大夏首任董事有王伯群、吴稚晖、汪精卫、张君劢、叶楚伧、邵力子、邓萃英、欧元怀、王毓祥、傅式说等⑤,之后何应钦、马君武、孙科、居正、孔祥熙、王正廷、杜月笙、张公权、杨杏佛、钱新之、胡文虎等官僚政客、资本家、上海闻人均担任过大夏董事。⑥　教会大学多由美国差会在华创办,董事多由美国差会直接委派代表担任。以上私立大学董事会中虽不乏党政官员、民族资本家,但一般仅为名誉董事,学者精英始终占据主导。大夏大学董事会由政要、商人、闻人组成,在投资之外,亦有保护功能。复旦大学也多有官员、商人等入董,但往往是挂名董事而非校

---

① 《复旦大学百年纪事》编纂委员会编:《复旦大学百年纪事(1905—2005)》,复旦大学出版社,2005,第 4 页。

② 《复旦之卷土重来》,《民立报》,1913 年 1 月 17 日。

③ 《南开大学创办人、校董及教职员一览表(1936 年)》,王文俊等选编:《南开大学校史资料选》,南开大学出版社,1989,第 50 页。

④ 严修,清末翰林院编修、贵州学政、学部左侍郎,北方学界耆宿。严智怡,字慈约,严修之子,河北省实业厅厅长。孙子文,水产学校校长,天津红十字分会理事长。李金藻,直隶省学务处视察,直隶巡按使公署教育科主任,大营门中学校长,教育部编审员,天津市教育局局长,河北省政府委员兼教育厅厅长。王瀓明,直隶省议会副议长。卞俶成,天津农商银行襄理,天津中央银行经理,天津"八大家"之一。李晋,字组绅,河南六河沟煤矿董事长。

⑤ 王守文:《王伯群创办大夏大学始末》,中国人民政治协商会议黔西南州委员会文史资料研究委员会编:《黔西南州文史资料选编》第五辑,1985,第 150—152 页。

⑥ 《本大学校董题名》,《大夏周报(五周年纪念特刊)》,1929 年 6 月 1 日。

政评议董事。与此不同,私立厦大乃至侨商办学的共同特征是,由教育界之外的商人担纲董事会,而缺少政、学两界的参与。这一特征与南方侨商公司普遍缺少官方势力支持有关。厦大校主、校长皆为商界精英,董事一度完全由商界精英担任,即便在改组之后,商界精英依然在议事董事数量上占据绝对主导。可以说,厦大董事会是一种较为典型的由商界精英担纲的"外行"治理模式。

其次,权力定位不同。厦集两校董事会是校政决策型董事会,而南开、大夏、复旦等校董事会往往定位为投资保护型董事会,往往是为了确保教育投资,寻求政策保护,提高大学声誉。南开大学董事会负有聘任校长、募集资金、议决预算及审查决算等职责①,在章程规定之外还负责为学校提供政策与安全庇护,并不涉校政②,在此之外的"发给学生毕业证书并授予学位"之权,也在维系了九年(1923—1932)之后被撤销。南开大学校政由评议会负责,职权有评议校政方针、规划校内组织、支配经费、评议校内一切建议案及重要事件等实质性决策权③,是实际上的治校权力中心。因此,私立南开大学实行的是"评议会治校模式"。大夏大学董事会主要职权为"筹集大学基金及选举正副校长等"④,最高议事机关及行政机关则是校务会议。复旦大学董事会职权更为单一,1927 年改组之后仅负责解决学校经费问题,校政由行政院统辖(1929 年更名为校务会议)。⑤ 此外,教会大学"西方托事部—在华校董会"双层董事会经过了三次复杂的权力调整,定位为"治理型"董事会,"西方托事部"负责募集资金,掌握财政、人事权,制定发展规划,审批校长年度报告等,"在华校董会"负责具体校政。与此不同,厦大董事会掌握着全校的财政、学术、教学、行政等核心事务,是真正意义上的权力中心和决策中心。不论是改组前的三人董事会,还是改组后的九人董事会,不论是

---

① 《南开大学章程(1932 年)》,梁吉生主编:《南开大学章程规则汇编(1919—1949)》,南开大学出版社,2014,第 129 页。

② 张伯苓对校董会的职权定位经历了一个变化过程。早在 1916 年,张伯苓曾拟增聘南开中学校董以分担校长之责。待及 1921 年,《天津南开学校大学部章程·董事会章程》规定,南开董事会职权包括聘任校长、议决预算、审查决算、通过学校章程等。1923 年,《南开大学现行组织章程》规定,南开大学董事会职权补充了筹募经费、发放毕业证书及授予学位,并在随后的 1926 年、1929 年的《南开大学章程》中得以延续。1932 年、1935 年修订的《南开大学章程》删去了董事会"发放毕业证书及授予学位"之职。资料来源:梁吉生主编:《南开大学章程规则汇编(1919—1949)》,南开大学出版社,2014。

③ 《南开大学章程(1932 年)》,梁吉生主编:《南开大学章程规则汇编(1919—1949)》,南开大学出版社,2014,第 129—130 页。

④ 王毓祥、傅式说:《十年来之大夏大学》,《大夏周报》,1934 年 11 月 3 日。

⑤ 《复旦大学百年志》编纂委员会编:《复旦大学百年志(1905—2005)》上卷,复旦大学出版社,2005,第 37 页。

否召集会议，不论制度文本如何变动，厦大董事会作为权力中心和决策中心的地位并未改变。可以说，厦大实行的是"董事会治校模式"，在商人投资和政治保护的基本功能之外，厦大董事会是典型的"决策型"董事会。

再次，组织结构不同。国人自办的国立大学，以及其他私立大学，其校内组织往往同时设有董事会、评议会、教授会、行政会议等，分别负有资金与学校筹划、议事、教学、行政的治校功能，各司其职。而在私立厦大的校内权力体系中，未设教授会以负责教务，评议会等又被校长和董事会架空，从而导致了治校权的高度集中。此外，同为异地办学，教会大学双层董事会模式是应对主办方与校方两地相隔的一种制度安排，并发挥切实的治理功能。① 厦大董事会虽是新加坡华侨异地办学，但并未如教会大学一般设立双层董事会进行隔空管理，而是在厦门本地设立董事会进行直接管理，新加坡当地并未设立相应的管理机构。这种制度设计在校主与董事会之间缺少中间环节，加之校内权力设计的失衡，容易导致"决策型"董事会以及"集权式"校长。因此，无论从校内各个机构的权力安排上，抑或从董事会自身的制度设计上，厦大董事会制度都是显得那么"特立独行"。

地域文化差异，往往导致处于不同地域的家族公司形成独特的地域特征。北方家族公司往往由具有地方影响力的官僚家族创办，具有强大的官方背景，也往往能够从官方得到更多的资源、支持和便利，公司运作多受官方势力主导。"官绅从商""政商一体"是北方家族公司的重要特征。相比而言，南方家族公司一般由商业家族投资创办，公司运作由商业势力主导，少有官方势力支持或介入。福建侨办家族公司均由当地华侨家族投资创办，而华侨家族多为早期在南洋创业、白手起家的商业家族，既无官方背景，更无官方介入。近代的新马华人社会，只存在"商""工"两个阶层，"商"阶层享有较高的社会地位，"工"阶层以及文化人都是"商"阶层和殖民当局的雇员，经商赚钱成为新马华人改善自身社会地位的唯一途径。② 因此，通过商业资本博取社会地位，成为新马华人社会的晋升常态。这一背景下出现了由商业势力而非政治势力主导的华侨家族公司（及分公司），陈嘉庚公司便是其中具有代表性的典型个案。

陈嘉庚对学校管理也有着自己的理解。陈嘉庚认为，福建教育不振的重要原因在于地方政治的腐败。尽量减少政治干扰成为陈嘉庚办学的

---

① 任小燕：《晚清和民国时期教会大学"双层董事会"的制度转向》，《高等教育研究》，2016 年第 10 期。

② 王赓武：《序》，颜清湟：《新马华人社会史》，中国华侨出版公司，1991，第 1 页。

一个考量。

> 如同安县立小学校，学生一百余名，十余年未有毕业生，其原因为权操县长，由彼委一绅士任校长，教员学生全由该绅招来，若更动新县长，则别委他派绅士为校长，全校更动，教员学生均散去……十余年间县长更动许多次，而该校逐次随之改组，故未有一班毕业。学制改革初期，以县立小学为模范领导全县，乃自身如斯腐化，不但无毕业生可升师范中学，且影响全县小学校成绩，其贻误可胜言耶。①

我国传统观念对"董事"的理解，也是造成这一现象的观念史因素。滥觞于清乾隆年间的书院"董事制度"，一直以来形成了"内行治校"的传统，外部捐资人并无治校权。与西方不同，我国关于"董事"的表述，最早出现于传统书院这一教育领域，而非诸如商号、票号等商业领域。清代传统书院董事制度对"董事"与"经理"不加区分，书院董事由地方士绅担任，往往总揽选聘山长、募集资金、经费管理、资产管理，以及教学管理、教务辅助、书院祭祀、推荐生源等日常事务，是实际上的院务管理者和"经理人"。这一特征在书院改制后的清末新式学堂和一些民国学校如私立厦门大学、私立集美学校中得以体现。②

在近代引入西方公司董事会制度之初，由于我国传统商业领域没有"董事"之称，造成"董事"和"经理"从概念到职权分工上的混同。公司创办者大权独揽、负责决策经营，西方式公司董事会等委托代理制度形同虚设。经营决策依靠创办者个人素质而非制度约束，是一种普遍现象。③ 中国近代企业家习惯于掌握资本和管理权，董事长与总经理往往由一人担任。④ 这在陈嘉庚公司大陆各分行中均有体现，即"经理"等同于"董事"，"总理"等同于"董事长"。与此相类，私立厦门大学、集美学校的董事长存在着相类的情形，校董一度掌握着最高治校权。甚至在陈嘉庚倡办南洋华校之时，将南洋华校的"总理"也称之为"董事长"。⑤

---

① 《县立小学校之腐化》，王增炳、陈毅明、林鹤龄编：《陈嘉庚教育文集》，福建教育出版社，1989，第 10 页。
② 任小燕：《清代传统书院董事制度及其流变的历史考察》，《教育学报》，2016 年第 6 期。
③ 张忠民：《艰难的变迁——近代中国公司制度研究》，上海社会科学院出版社，2002，第 412 页。
④ 白吉尔：《中国资产阶级的黄金时代》，上海人民出版社，1994，第 192 页。
⑤ 《倡办南洋华校》，王增炳、陈毅明、林鹤龄编：《陈嘉庚教育文集》，福建教育出版社，1989，第 9 页。

　　两种制度的差异，还可以从文化史上得到解释。厦集董事会之所以与南开、复旦、大夏等校董事会存在制度上的根本差异，是由不同的制度渊源所致。厦集董事会制度直接翻版了家族公司管理模式，而南开等校董事会制度直接或间接地学习了美国。两种完全不同的制度渊源，事实上孕育自两种迥然不同的文化传统。西方董事会制度（含美国校董会制度），产生于西方中世纪的基督教文化，其文化或制度内核是代议制民主，合议与共管是其精髓。① 陈嘉庚家族公司管理模式及其影响下的厦集两校董事会制度，产生于中国儒家传统文化，其文化或制度内核是家长集权制，精英主导与决策是其精髓。完全不同的文化土壤，决定了两种制度的不同特质，这从校主或校长的文化取向上可窥一斑。厦大校主陈嘉庚、校长林文庆崇尚传统儒家文化，不仅在新加坡创办多所学校传播儒家文化，而且在厦大举行祭孔仪式，可谓儒家文化的坚定信徒。与此不同，南开校长张伯苓不仅早在1908年首次访美考察教育之后便受洗为基督徒，加入基督教青年会，此后多次赴美考察和学习教育。赴美期间，张伯苓、严修还曾专门造访美国洛克菲勒基金会，南开因此在1923—1934年间获得该基金会持续性的经费支持。张伯苓不仅在宗教信仰上皈依基督教，认为基督教信仰有助于激发爱国心，而且在南开管理理念上借鉴美国的民主、法治的治校理念，在南开学校治理上有着清晰的美国文化的烙印。

　　翻版家族公司管理模式的"决策型"董事会制度，存在治校理念、方式和结果上的诸多局限。家族公司管理实行家长制，注重树立领袖权威，缺少民主协商。而翻版家族公司管理模式的厦集两校体现出一种家长制而非民主制、人治而非法治的治校方式，存在校长集权、忽视民主参与和制度建设、忽略教育规律的做法，决策过程难免偏颇、武断和失察。与之相对，张伯苓尤其反对当时中国传统的家长式治校，认为这是中国教育的"大毛病"。② 张伯苓在学习美式治校理念的同时，对南开进行多次管理体制改革，召开管理改革会议，议定南开以"校务公开、责任分担、师生合作"为管理方针，倡导师生民主参与、共同治校，为此设立"师生校务研究会"为南开师生参议校政的平台。③ 南开的管理成绩也因此得到了教育部的肯定，认为其"校内管理得

---

① 邓峰：《董事会制度的起源、演进与中国的学习》，《中国社会科学》，2011年第1期。
② 梁吉生：《允公允能　日新月异——南开大学校长张伯苓》，山东教育出版社，2003，第271页。
③ 《香山会议报告（摘要）》，王文俊等编：《张伯苓教育言论选集》，南开大学出版社，1984，第81—82页。

法"并予以嘉奖。① 复旦校长李登辉也力行民主治校,发动师生共同管理学校,甚至对于校务会议不能解决的问题,通过由校长召集全校教职员工大会讨论决定。② 从厦大出走的师生在上海另立大厦大学,自创办之初便不设董事会而改行委员制,虽经多次反复③,但其治校模式已然迥异于厦大。这也从侧面体现出,厦集董事会制度并未得到更多的社会认可。

崇信儒家传统的治校理念,过度集中的决策权力,不太关注或不太重视校内师生的意见,这在相当程度上挫伤了师生的积极性,加深了校内的地缘派系、文理派系以及新旧文化阵营之间的矛盾,致使厦大管理团队变动频繁。由此造成的难以调和的矛盾,导致鲁迅、林语堂、顾颉刚等一批著名教授纷纷离开,欧元怀、王毓祥、傅式说等三百余名师生出走上海。这使得厦大一度元气大伤,且在舆论上长期处于不利之境。

陈嘉庚家族公司管理模式难以适应公司近代化的发展需要,以及规模日益扩张的集团事务,而直接进行制度翻版的厦集董事会也在治校实践中显得"力不从心"。在加强董事决策和校长权威之时,却忽视了制度规范和民主决策,忽略了教育自身的规律。与外行决策相对,学校应采用内行治理,以传播知识和育人为终极目标,遵循教育自身的发展规律,而不是受效率和效益所支配的经济规律。与家长集权相对,学校应注重民主参与和共同协商。与"人治"相对,学校应注重法治建设和制度践行,制度文本不应只是一种摆设。遵循教育规律,实施内行治校、民主决策、法治建设,理应成为学校治理的题中之义。

民国时期,随着民族工商业的发展壮大,民族资本家因投资大学教育而成为校董的情形较为普遍。然而,从政府到民间,从校内到校外,中国社会依然无法认可商人这一教育"外行"成为大学管理者,享有治校权。甚至连商人担任挂名校董的行为,都频繁引发校内师生的抵触与抗议。时人在钦佩陈嘉庚捐资兴学之举的同时,也认为"陈氏为一纯粹的中国格式商人,不知学校组织法,致各种祸根全伏于此",陈嘉庚只能是厦大的"财团法人",而不应干涉或专断厦大校政。④ 陈独秀更是一度撰文贬斥陈嘉庚为"不知教育为何物"的"市侩",厦大教职员皆为陈的"雇用人",并称汪精卫、杜威"都

---

① 梁吉生:《允公允能 日新月异——南开大学校长张伯苓》,山东教育出版社,2003,第269页。

② 《复旦大学百年志》编纂委员会编:《复旦大学百年志(1905—2005)》上卷,复旦大学出版社,2005,第37页。

③ 大厦大学自1924年成立以来,学校行政制度变更多次,首为委员制,后改为校长制,1927年复改回委员制,1928年依据南京国民政府教育行政委员会通令,复为校长制。

④ 《厦门大学第二次学潮之爆发》,《教育杂志》,1927,第19卷第2期。

曾说这校将来必糟"。① 将家族公司管理模式进行跨领域直接翻版,或许是陈嘉庚在学校管理上的无心之举,但在中国近代教育管理史上可谓特立独行。然而,厦大实践的由商界精英担纲的"决策型"董事会治校模式似乎难以获得民国社会的普遍认同。

第三节　改组或取缔:其他私立大学董事会的情形

北洋政府期间,由于教育立法缺少系统性、规范性,甚至在立法条款上关于大学董事会的立法身份问题含混不清,加之北洋政府教育立法在很大程度上难以产生实际上的法律约束力,故而导致许多私立大学也就难以在办学实践中严格执行相关立法条款。由于缺少严谨的制度规范和有效的立法约束,在南京国民政府开始整顿高等教育之时,许多私立大学仍未设立董事会,或者董事会制度在职权定位上差异过大,缺少对董事会权力与董事资质等方面的制度规范,尤其为了投资和政治保护的需要而忽略对董事的专业能力提出要求,造成了私立大学董事会运作缺少制度性规范,甚至徒有其名而不作为等治理问题。诸多私立大学董事会的制度化问题逐渐暴露,成为国家教育立法不得不面对的问题。

南京国民政府颁布的系列教育立法,对私立大学董事会制度规范更加规范和明确,法律体系更加成熟、系统和严谨,主要体现在明确了董事会作为学校"设立者之代表"的立法身份;对董事资质的专业性与实践性开始重视;明确限定了董事会的规模不得超过十五人,从立法上对以往董事会规模不一的情形进行了规范;明确界定了董事会权力范畴,将董事会职权限定为校长选聘权、财务权,不得干预校政。董事会在立法上被定位为学校筹划机构和基金会,而非校政决策机构。在立案程序上,国家教育立法也作出了明确规定,私立大学必须设有董事会,并且董事会的设立需要经过教育行政机关核准,董事会立案之后一个月内,该私立大学才能向教育行政机关申请立案。因此,董事会立案与否成为私立大学立案的前提和基础。此外,虽然董事会是学校的法定代表者以及学校筹划机构,但私立大学的校务状况需要按法定程序向中央教育行政机关报备,并接受教育行政机关监督。

依照南京国民政府教育立法的规定,如果私立大学申请立案,则必须设立董事会,同时董事会必须符合国家教育立法的法定条件并获得教育行政

---

① 陈独秀:《厦门大学学生也有今日》,《向导》,1924 年第 68 期。

机关审批。因此，为了获得南京国民政府教育立法认可，获取立案的合法身份，各私立大学必须遵守国家教育立法的规则改组董事会。私立大学如果没有董事会，还需成立合法的董事会并获立案。只有董事会的规模、校董身份、职权范畴等各方面均符合教育部的立案规定，方可正式立案。因此，这些私立大学开始遵照南京国民政府的规定对学校规程和董事会章程进行了制定或修订，作出了符合要求的改变。除了南开大学、厦门大学等私立大学先后完成了国立化之外，许多私立大学依然维持私立的性质，此外还出现了一批新办或重建的私立大学先后向教育部申请立案。对于申请立案的私立大学，教育部派出部员对学校基金、课程、教授聘任、学生人数等诸方面进行实地视察，视察合格后方予立案。

一、教育界人士担纲：董事会规模及人选

自晚清民初以来，私立大学大量增加，发展迅速。随之而来的是私立大学发展所面临的经费保障、政策支持、社会资源、安全保障等诸多方面的需求和困境。因此，私立大学办学的实际需要直接影响着董事会的成员结构，由政治官员、商界翘楚、著名学者、社会名流等多元化身份组成的"投资保护型"董事会，成为民国私立大学董事会的普遍样态。

1929年，南京国民政府教育部批准私立大夏大学董事会正式立案。大夏大学董事会由26位董事组成，董事有：王伯群、王省三、王一亭、王毓祥、吴稚晖、吴蕴斋、任稷生、汪精卫、邵力子、何敬之、胡孟嘉、马君武、徐新六、徐寄顾、陈光甫、张君劢、张公权、黄绍雄、黄溯初、杨杏佛、傅式说、叶楚伧、虞洽卿、赵晋卿、钱新之、欧元怀，董事长为王伯群。[①] 从社会身份看，以学者名流为主，党政要员、商界精英人数相当。需要说明的是，这些学者名流中许多具有党政背景，如王伯群、吴稚晖、马君武、黄溯初、杨杏佛、邵力子等，皆同时为党政要员。此后，吴铁城（上海市市长）、孙科（立法院院长）、居正（司法院院长）、孔祥熙（财政部部长）、何应钦（军政部部长）、叶楚伧（立法院副院长、江苏省政府主席）、王正廷（外交部部长）、杨永泰（湖北省政府主席）等党政要员也受邀成为大夏大学校董。中法大学董事会成立于1931年，为该校创立者中法大学协会的法定代表，该协会中法人士31人共同担任校董，其中法籍董事有法国驻华公使韦尔敏等8人，中国董事有蔡元培、李石曾、王宠惠、孔祥熙、吴稚晖、张静江、熊希龄等23人，董事主要身份构成为党政要员和学界名流。广州市私立珠海大学董事会共13人，其中中央

委员 5 人,教育部科长 1 人,教育界人士(教授或校长)7 人[1],教育界人士在数量上已占据明显优势。

上海市私立人文大学是这一时期的新组建的大学,成立于 1932 年。成立之初,该校董事会组织规程便严格遵照南京国民政府的立案要求进行。该校设董事 11 人,有周昌寿、王兆荣、范寿康、李毓田、程演生、蔡宝年、孙碧依、杨子南、蔡松甫、裘宗尧、蔡孟方,董事长为周昌寿。从社会身份来看,前 7 人为业界学者,其中王兆荣 1 人为国民政府立法委员,其余杨子南等 4 人为公司或银行经理。

部分私立大学存在以业界团体为主导的情况存在。上文述及的私立厦门大学董事会便是由侨商精英团体主导。私立中法大学的董事身份虽然呈现出多元化特征,但其背后的学校创办者实则是中法大学协会,中法大学董事皆由该协会成员担任。故而作为中法大学法人代表的董事会,实则是由中法大学协会主导。除了私立中法大学之外,由业界团体创办并主导的董事会模式,上海私立大同大学也是与众不同的一例。

私立大同大学在 1928 年以前并未设立董事会,而是由立达学社行使治校权。立达学社创办于 1911 年,由清华学堂教员胡敦复、朱香晚、平海澜、顾珊臣、吴在渊、张季源、顾养吾、郁少华、周润初、华绾言、赵师曾等 11 人发起创办,至 1937 年增至 26 人。根据南京国民政府教育立法规定,私立大学立案必须设立董事会。立达学社召开会议,决定成立大同大学董事会,并由立达学社推举董事 15 到 21 人,其中立达学社社员占董事总数之一半。大同大学董事改选、董事会组织大纲修订等事宜,均在立达学社主导之下进行。1928 年 7 月,大同大学董事会正式成立。董事会共 16 人组成,其中立达学社成员 8 人,马相伯担任董事长,赵晋卿、叶上之、曹梁厦担任常务董事。除立达学社 8 名董事之外,还有马相伯、吴稚晖、蔡元培、杨杏佛、赵晋卿、张澹如、徐新六、谈荔孙等 8 名董事。就成员结构来看,大同大学董事会半数成员由教育界、政界、金融界名人以及立达学社社员构成,而立达学社社员不仅在数量上占据了绝对主导,且由于其他董事不常与会,立达学社社员在董事会会议决策中亦起到了决定性作用。

二、权力的归属：在设立者与董事会之间

依据南京国民政府的立法规范,私立大学董事会为学校"设立者之代表",其职权包括学校财政权(经费筹划、预决算审核、财务保管与监察等)、

---

① 《广州市私立珠海大学董事会名单》,中国第二历史档案馆,教育部档案,五—2261。

校长聘任或改选权,董事会被定位为学校筹划机构和基金会,而非校政决策机构。上海大同大学 1928 年董事会组织大纲规定,大同大学董事会为"大同大学设立者立达学社之代表,负责经营大同大学之全责",立达学社社长为当然校董,其余校董由当然校董推举、立达学社聘任。[1] 立达学社作为大同大学的法定创办者,拥有对对大同大学及其董事会的话语权。上海市私立人文大学董事会职权包括:校长之选聘与解聘;校务进行计划之审核;经费之筹划;预算及决算之审核;基金之保管;财务之监察。[2] 大同大学、中法大学、广州市私立珠海大学等私立大学皆对董事会职权作出此类规定。

作为上海大同大学的设立者,立达学社负担了该校的筹款事宜。据立达学社吴在渊回忆,"大同经费,向持不募捐款,不敢官中津贴之旨。故全恃立达之补助。立达则仰给于社员。创办大同时,骤需巨款,不得不有筹划之方,此大同之命脉",大同社员"皆有量力服务之职","在外兼事或不服校务"的社员须捐助量纳金,遇有特别事故而社员无力再捐特纳金时,则"有力之社员借金与社中,由社员出债务,利息长年一分,是曰内债"。[3] 在 1912 至 1918 年间,立达学社承担了大同大学年均 29.45% 的经费来源,年均学费来源占 68.69%,立达学社对大同大学 1914 年第四期经费资助甚至达到了大同大学经费总收入的 53.38%。[4] 大同大学来自立达学社的经费几乎占据了该校学费之外的所有资金来源。

立达学社的捐款主要来自社员的社费,据该社 1912 年立达学社简章的规定,社员社金包括:① 始纳金,拾元。② 常纳金,月半元。③ 量纳金,各计职业所入(除带营利性质者悉在计算之列)分百一、什一两种规定纳之。月入百元以上者,以十之三为百一金母数,十之七为什一金母数;月入百元以下三十元以上者,以三十元为百一金母数,余数为什一金母数;月入三十元以下者,概作百一金母数。④ 特纳金,无定数。[5] 其中,特纳金是立达学社社金最主要的收入来源。在董事会成立之前,大同大学的经费结构主要是以立达学社社费、大同大学学费两项构成,也就是说,私立大同大学一直

---

① 《大同大学校董会组织大纲(1928 年 7 月 1 日校董会通过)》,王仁中等编:《爱国办学的范例:立达学社与大同大学、附中一院史料实录》,上海古籍出版社,2002,第 207 页。

② 《上海市私立人文大学董事会组织规程(1932)》,中国第二历史档案馆,教育部档案,五—2269。

③ 吴在渊:《大同大学创办记(1925 年 3 月 27 日)》,王仁中等编:《爱国办学的范例:立达学社与大同大学、附中一院史料实录》,上海古籍出版社,2002,第 100—101 页。

④ 吴在渊:《大同大学创办记(1925 年 3 月 27 日)》,王仁中等编:《爱国办学的范例:立达学社与大同大学、附中一院史料实录》,上海古籍出版社,2002,第 116—125 页。

⑤ 吴在渊:《大同大学创办记(1925 年 3 月 27 日)》,王仁中等编:《爱国办学的范例:立达学社与大同大学、附中一院史料实录》,上海古籍出版社,2002,第 96 页。

由立达学社社费一方赞助。与全国国立大学和私立大学相比，大同大学年经费毕竟远低于国立大学，也低于其他私立大学。据中华民国第五次教育统计数据，1916 年大同大学（时称大同学院）岁入 2.312 9 万元，而国立北京大学岁入 45.6 万元，北洋大学岁入 21.54 万元，私立中国大学岁入 2.22 万元，私立复旦公学岁入 4.8 万元。[①] 据民国教育部第一次教育年鉴统计，大同大学岁入 13.101 7 万元，复旦大学岁入 19.647 6 万元，厦门大学岁入 25.252 万元，光华大学岁入 27.844 6 万元，南开大学岁入 35.536 6 万元，大夏大学岁入 42.44 万元，中法大学岁入 68.089 4 万元，大同大学年收入远低于其他私立大学。[②] 大同大学创办早期的 1912—1915 年间，立达学社对其经费投入较高，而自 1916 年起，立达的经费投入比开始减少。大同大学因经费来源问题一度负债达 14 万元。[③] 1928 年，在大同大学向南京国民政府申请立案时，教育部亦认为该校资金太少，有必要筹措办学资金。[④] 而在大同大学董事会成立之后，原来单一的经费来源发生了变化。至 20 世纪 30 年代，大同大学的经费来源一般由政府拨款、社会捐助、租息、学生学费等多种来源构成。学校经费来源结构变化的背后，实则也是大同大学董事会社会筹资功能的重要体现。

利用社会多方渠道进行办学筹资，也是多数私立大学董事会的共同特征，有效缓解了私立大学经费来源单一或者经费不足的困境。在众多私立大学中，中法大学的经费来源是较为特殊的一个。中法大学董事会作为该校创办者中法大学协会的法定代表，该校经费来源在校董会成立前后也发生了变化。在 1930 年董事会成立之前，中法大学经费先后主要来自政府（广东政府、北平政府、法国政府）以及中法教育基金会，而在董事会成立之后，学校经费主要来源于中法教育基金会的法国庚子赔款。

私立大学董事会的成立和改组，不仅带来了学校经费来源的变化，更重要的是带来了学校治理权力的调整。大同大学董事会成立后，大同校长的人选和任命方式发生了改变。在董事会成立之前，立达学社不仅负担着创办者的经费募集职责，还有很多社员本身就担任大同大学的教师。此外，大同大学的办学与发展规划，也由立达学社负责。因此，立达学社实则承担了

---

① 《全国大学统计表（1915 年 8 月至 1916 年 7 月）》，潘懋元、刘海峰编：《中国近代教育史资料汇编·高等教育》，上海教育出版社，1993，第 458 页。

② 蒋致远主编：《中华民国教育年鉴》第一次第二册丙编教育概况，（台北）宗青图书出版公司，1991，第 87—110 页。

③ 《大同大学简史》，王仁中等编：《爱国办学的范例：立达学社与大同大学、附中一院史料实录》，上海古籍出版社，2002，第 173 页。

④ 《金陵大同复旦国专立案核准》，《申报》，1928 年 9 月 22 日。

私立大同大学的创办者和投资者的角色。大同校长由立达学社社长胡敦复兼任,校长人选也由立达学社指定。而在董事会成立之后,大同校长由董事会任命,校长不能同时为立达学社社长。根据1928年《立达学社社章》规定,立达学社负有监督及补助学校之进行、聘任校董、稽查校产之责①。从立法意义上说,立达学社为大同大学的设立者,而大同大学董事会为其法定的"设立者代表",在立达学社的办学宗旨和具体监督之下行使治校权。事实上,立达学社与董事会是一种"表里共生"关系,董事会是应对国家立法的需要,而立达学社才是大同大学权力结构的核心。②

私立大学董事会的制度转向,从办学经费上有效缓解"一元化"董事会结构经费来源单一的弊端,然而并非意味着董事会治校权从设立者到董事会发生实质性转移。事实上,私立大学设立者尤其是业界精英团体,通过支配作为学校"设立者代表"的董事会,依然对私立大学具有决定性话语权和影响力。

小　结

南京国民政府时期是近代大学董事会的持续改组与制度规范时期。在这场持续改组过程中,公立大学董事会最终被取缔,教会大学、私立大学的董事会被多次勒令改组和重新立案。许多私立大学都出现了较之以往更为激烈的内部论争,并在权力转移、制度架构、办学策略等方面发生了重要改变。从立法规范上看,私立大学校董会在这一时期得到了有效的制度规范。

由于政治、战争、经济危机等局势的困扰,更多的私立大学开始寻求政府的庇护,中国政府在校董会中的姿态逐步增强。主要表现在,一是政府要员开始加入私立大学校董会,并发挥作用。很多情况下,政府要员加入董事会,成为私立大学顺利立案和获取政府支持的"保护伞"。二是政府在政策支持和物资投入方面展现出重要的作用,尤其是加大对私立大学的资金投入,通过党政官员董事的这层关系,私立大学更容易获得政府在财政方面的有力支持。

私立大学董事身份呈现出"多元化"转向。董事往往由创办者及其代

---

① 《立达学社社章(十七年二月)》,上海市档案馆,大同大学档案,Q241—1—2—5。
② 蒋宝麟:《学人社团、校董会与近代中国私立大学的治理机制——以上海大同大学为中心(1912—1949)》,《华中师范大学学报(人文社会科学版)》,2015年第1期。

表、社会团体、学者名流、商界名流、党政官员等多元化角色共同担任，并成为私立大学董事会的普遍特征。董事结构的"多元化"不仅体现出大学董事会民主治理的制度性特征，还为学校发展提供了相较于"一元化"状态下更为稳定的经费支持，在很大程度上缓解了因经费来源单一而造成的学校发展困境。私立厦门大学"外行决策型"董事会因翻版家族公司管理模式而体现出商人担纲、家长主义等家族公司管理制度特性。私立大学与政治保持相当之界限，在厦大商人担纲的外行董事会制度中表现尤为突出。厦大董事会模式难以被民国舆论主流所认同，家族公司管理模式在教育领域的不适应性，最终导致其转向"多元化"的制度构成。

　　私立大学董事会权力发生了调整或重新定位。经过权力的反复与调适，董事会最终定位于私立大学的筹资与顾问机构。部分私立大学董事会发生了二次权力让渡，最终由于学校"国立化"而将治校权让渡给南京国民政府。多数私立大学则是按照南京国民政府的立案要求，对董事会进行改组或重建。私立大学创办者决定着学校的办学宗旨、校长任命、监督管理，并通过其"法定代表者"董事会行使治校权，这一权力归属并未因董事会的改组或创办而发生实质性改变。

第六章　结　语

　　1949 年 9 月 29 日,中国人民政治协商会议第一届全体会议通过了《中国人民政治协商会议共同纲领》。《共同纲领》规定,"中华人民共和国的文化教育为新民主主义的、民族的、科学的、大众的文化教育。人民政府的文化教育工作,应以提高人民文化水平,培养国家建设人才,肃清封建的、买办的、法西斯主义的思想,发展为人民服务的思想为主要任务",并强调"取消帝国主义国家在中国的一切特权"。① 1950 年 6 月,中央人民政府教育部召开第一次全国高等教育会议,通过了《关于高等学校领导关系的决定》《高等学校暂行规程》《私立高等学校管理暂行办法》等一系列关于大学改革的教育立法,旨在明确社会主义制度下大学教育的性质与任务,加强中央政府对大学的领导权。

　　《关于高等学校领导关系的决定》规定"中央人民政府教育部对全国高等学校②(军事学校除外)均负有领导的责任","凡中央教育部所颁布的关于全国高等教育方针、政策与制度,高等学校法规,关于教育原则方面的指示,以及对于高等学校的设置变更或停办,大学校长、专门学院院长及专科学校校长的任免,教师学生的待遇,经费开支的标准等决定,全国高等学校均应执行",大学行政区人民政府或军政委员会教育部负有依据中央统一方针政策领导本区高等学校的责任。③ 该决定明确了教育部以及各大行政区人民政府、军政委员会对大学的领导权。《私立高等学校管理暂行办法》规定了私立高等学校的任务、行政组织规范,学校行政权、财务权、财产权须由中国人掌管;学校必须向政府登记注册;大学实行校长负责制,校长对学校的教学研究、行政、人事负有全部责任;校长由董事会任命后经大行政区人

---

① 《中国人民政治协商会议共同纲领》,教育资料丛刊社编:《当前教育建设的方针》,人民教育出版社,1952,第 1—2 页。

② 此处所指的高等学校,不仅包括大学,还包括学院。

③ 《关于高等学校领导关系的决定》,钟英编:《新民主主义的文化与教育》,新潮书店,1951,第 236—237 页。

民政府或军政委员会教育部批准；大学不得将宗教课程列为必修课，不得强制学生参加宗教活动。在新政权的教育立法规范之下，民国教育立法时期形成的教会大学、私立大学所有权、治理权均将受到影响，大学董事会制度也随之发生重大改变。

第一节　制度的尾声

《华东区私立高等学校校董会组织暂行纲要》(1949)对教会大学和私立大学董事会做出了规定：(一)董事会由热心民主主义教育事业或办理教育事业有经验人士组成之，但现职主管教育机关人员不得充任。(二)董事会以七至十七人组成之，并互推主席一人，总理会务，必要时得设副主席一至二人，或常务校董若干人襄助主席办理会务。(三)董事会职权包括：1. 办理学校立案手续。2. 任免校(院)长及副校(院)长。3. 筹划经费，保管资产与审核预决算。4. 制定校(院)务方针，审查核准校(院)长的工作总结报告。(四)董事会主席、副主席及董事会所选任之校(院)长、副校(院)长以及掌握学校行政权、财政权、财产所有权之全部或一部者，如教务长、总务长、系主任等均应为中国人。[①]

圣约翰大学于1950年重订董事会章程，规定如下：(一)关于财务者：甲、负责筹画全校经费。乙、通过每年度全校预算案并指派查账员检查账目。丙、执管全校所有资产及一切设备。丁、处理其他财务事项。(二)关于行政者：聘任校长及副校长，呈报主管教育行政机关认可。[②] 圣约翰大学董事会职权与1946年的董事会章程并无区别。

圣约翰大学董事会由江苏教区议会、同学协会、校务委员会推举代表为主要董事，并由以上董事推选社会人士共同组成。董事会共15人，其中江苏教区议会选举5人，同学协会选举6人，校务委员会选举教授2人，社会人士2人。圣约翰校长依然不是董事会成员，虽可列席董事会，但无表决权。[③] 与1946年的董事会相比，圣约翰大学董事会构成的明显变化主要体

① 《华东区私立高等学校校董会组织暂行纲要》，上海市档案馆，圣约翰大学档案，Q243—1—436。

② 《私立圣约翰大学校董会章程(1950年9月)》，上海市档案馆，圣约翰大学档案，Q243—1—435。

③ 《私立圣约翰大学校董会章程(1950年9月)》，上海市档案馆，圣约翰大学档案，Q243—1—435。

现在：第一，董事会不再有"设立人代表"，大学所有权发生转移。原来的"设立人代表"的3个名额分别分配给江苏教区议会代表1人、同学协会代表2人。"设立人代表"从董事会中消失，表明圣约翰大学所有权的转移，圣约翰大学与创办人——美国圣公会的隶属关系发生分离，其所有权不再属于美国圣公会。第二，校董完全"中国化"。圣约翰大学校董均由中国人担任，这是董事会"完全中国化"的典型表现。第三，校董的职业构成发生变化，商人担纲董事会。公司经理等商业人士达10人之多，占董事会成员的2/3。董事长、校董基本为商人，而没有政府官员、职业牧师等其他职业。校董这种单一的职业特点，是中国政府对董事会作出了新的职权定位的表现。第四，校董在政治取向上与中央政府保持一致。在政府下发的校董履历表上，增加了"政治信仰"栏，而圣约翰大学新任校董几乎都填写了"民主"或"民主主义"。此外，曾有国民政府任职履历的官员，均不再担任董事长和董事，圣约翰新任董事长由红色民族资本家荣毅仁担任。（表6-1,6-2）

表6-1 私立圣约翰大学校董会名单(1950—1951)

年　度	1950	1951
董事长	欧伟国（代理董事长）	荣毅仁（董事长）、刁敏谦（副董事长）
秘书	吴清泰	吴清泰
会计	徐逸民	徐逸民
董事	张嘉甫、张福星、刁敏谦、荣毅仁、罗孝舒、胡祖荫、刘念义、罗郁铭	常务董事：张福星、罗郁铭、经叔平　董　事：刘念义、张嘉甫、胡祖荫、蔡和璋、董春芳、刘鸿生、欧伟国、罗孝舒

资料来源：圣约翰大学：《私立圣约翰大学规程》，1950；《私立圣约翰大学校董会名单(1951年1月改选)》，上海市档案馆，圣约翰大学档案，Q243—1—436。

表6-2 私立圣约翰大学校董会名单(1951)

姓　名	年　龄	籍　贯	董事会职务	职　业
荣毅仁	35	江苏无锡	董事长	中新、茂新、合丰、天元等事务管理及经理
刁敏谦	62	广东	副董事长	本校教授
吴清泰	69	上海	秘书	密丰绒线厂
徐逸民	60	广东中山	会计	医师，本校教授
张福星	48	福建厦门	常务董事	同仁医院院长
罗郁铭	56	福建福州	常务董事	浙江兴业银行经理
经叔平	33	浙江上虞	常务董事	中国华明烟公司

姓 名	年 龄	籍 贯	董事会职务	职 业
刘念义	41	浙江定海	董事	大中华火柴公司总经理
张嘉甫	69	浙江	董事	商
胡祖荫	43	浙江杭州	董事	广学会总干事
蔡和璋	54	浙江鄞县	董事	木商
董春芳	46	江苏吴县	董事	统益纺织有限公司总经理
刘鸿生	64	浙江定海	董事	章华毛绒纺织公司总经理
欧伟国	51	广东中山	董事	商
罗孝舒	28	福建福州	董事	联合国国际难民组织远东局

资料来源:《私立圣约翰大学校董会名单(1951年1月改选)》,上海市档案馆,圣约翰大学档案,Q243—1—436。

金陵大学董事会的地位和职权也发生了变化。根据《金陵大学行政组织大纲(草案)》(1950)相关规定,金陵大学董事会由如下职权:"办理学校立案手续;任免校长;筹划经费,保管资产与审核预决算;制定校务方针,审查与批准校长的工作报告。"[1]金陵大学还设置了校务委员会(简称校委会),作为校内最高权力机构,主持全校校务。金陵大学校委会由19位委员组成:校长1人,教授会代表9人,讲师助教会代表3人,职员会代表3人,学生会代表3人。校委会委员人选通过民主选举的方式产生。校长为校委会的当然委员和主席。金陵大学校委会的主要职权如下:"审查各系及各教研组的教学计划、研究计划及工作报告;通过预算和决算;通过各种重要制度及规章;议决有关学生重大奖惩事项;议决全校重大兴革事项。"[2]校委会章程需要送交教育主管机关核准,而据1950年《金陵大学校务委员会暂行章程》的规定,董事会仅在章程核准后进行备案,意味着此时的董事会已经不再拥有实际的校务控制权。

金陵大学董事会由美以美会、长老会、中华基督教会、浸礼会四个教会推举代表为主要校董事,另外还有代表校友会的校董,以及特邀校董等人选组成。董事共23人,包括中国董事18人,外国董事5人。其中,美以美会代表4人,长老会代表5人,中华基督教会代表5人,浸礼会代表2人,校友

---

① 《金陵大学行政组织大纲(草案)》(1950年11月),《南大百年实录》编辑组编:《南大百年实录·金陵大学史料选》,南京大学出版社,2002,第152页。

② 《金陵大学行政组织大纲(草案)》(1950年11月),《南大百年实录》编辑组编:《南大百年实录·金陵大学史料选》,南京大学出版社,2002,第153页。

会代表1人,特邀校董1人。就职业领域而言,金陵大学董事会以大学教授、校长等教育工作者,以及宗教工作者为主,达到18人,此外有银行经理5人,上海银行创办人、总经理陈光甫任金陵大学董事长。金陵大学校长不再是董事会成员,其职权包括:代表全校;领导全校一切教学、研究及行政事宜;领导全校教师、学生、职员、工警的政治学习;任免教师、职员、工警,包括聘任教务长与副教务长、总务长、各院院长、图书馆馆长与副馆长、各系主任、文化研究所所长;批准校务委员会的决议,设副校长一人协助校长执行职务。[1]

由于对于新生政权的戒备,圣约翰大学校内的美国传教士开始撤离中国。1950年,教会主教罗培德将美国圣公会上海教区的资产移交中国教会,让出对圣约翰大学的经费和资产的管理权。虽然圣约翰大学依然接受美国托事部的经费资助,但是美国托事部已经开始将圣约翰大学的所有权逐步让渡给中国。这意味着圣约翰大学原有的"西方托事部—在华校董会"的双层治理模式开始发生重要的结构性转向,双层治理结构开始瓦解,中国教会大学董事会仅保留"在华校董会",而在第二次制度转向后实现"基金会化"的"西方托事部"开始向中国政府让渡其作为"设立人代表"的学校所有权。自此,作为"设立人代表"的"西方托事部"从教会大学双层董事会制度结构中隐退,教会大学董事会由此转变为仅有"在华校董会"的单层董事会,校董代表中亦不再有"设立人代表"。教会大学双层董事会结构的瓦解,以及单层董事会结构的确立,实质上是教会大学所有权与治校权实现完全"中国化"的制度体现。

1950年6月,朝鲜战争爆发,直接影响了中美两国政府的政治关系。1950年12月26日,随着美国政府冻结中国在美所有资产,并宣布在没有特别许可的情况下,任何组织向中国汇款均属于非法行为。中国政府也做出明确回应,宣布冻结美国在华资产,这也导致了中国政府对美国在华教会大学发生了政策转变。1950年12月29日,中国政府颁布《中央人民政府政务院关于处理接受美国津贴的文化教育救济机关及宗教团体的方针的决定》,提出"接受美国津贴之文化教育医疗机关,应分别情况或由政府予以接办改为国家事业,或由私人团体继续经营改为中国人民完全自办之事业"[2]。

---

[1] 《金陵大学行政组织大纲(草案)》(1950年11月),《南大百年实录》编辑组编:《南大百年实录·金陵大学史料选》,南京大学出版社,2002,第152—153页。

[2] 郭沫若:《关于处理接受美国津贴的文化教育救济机关及宗教团体的方针的报告》,中共中央文献研究室编:《建国以来重要文献选编》第一册,中央文献出版社,1992,第514—515页。

由于教会大学的办学经费主要源自美国托事部,美国政府的这一决策直接影响到教会大学的经费投入。1951年1月11日,教育部颁布《教育部关于处理接受美国津贴的教会学校及其他教育机关的指示》,针对各校接受美国津贴的不同情况拟定了教会学校的处理方案,着手接管教会大学,一部分教会大学如金陵大学、金陵女子文理学院、华南女子文理学院、华中大学、华西协和大学、燕京大学等校改为公立。燕京大学的纽约托事部为此特地申请特别许可,允许向在中国的燕京大学汇款,但未能获批。燕京大学因办学资金缺乏而面临着关门的危机。随着新政权对燕京大学影响的不断增强,燕大的权力转向了中国政府和教育部,美国教会及纽约托事部、校务委员会的权力结构已经失去了原有的作用。① 1951年1月,燕京大学决定学校改为公立。圣约翰大学按照要求向政府登记,并由此成为首个向华东教育部登记注册的教会大学。1951年3月,金陵大学校长陈裕光向董事会提出辞呈,董事会准予辞职。1951年9月,金陵大学改为公立,董事会取消。此外,沪江大学、东吴大学、圣约翰大学、之江大学、齐鲁大学、岭南大学等校则继续维持私立。② 随后,东吴大学等校向华东军政委员会教育部专门登记处登记,与美国教会的联系从此割断,并不再接受美国教会的资助。教会大学的"在华校董会"与"西方托事部"的联系被彻底切断,从而宣告了运转了大半个世纪的"西方托事部—在华校董会"的教会大学双层董事会治理模式的终结。

1952年,全国进行院系调整,教会大学、私立大学各院系被重新组合拆并,分别划归到不同的公立大学,教会大学、私立大学原有建制均不复存在。至此,大学董事会制度最终从近现代中国教育史中落下帷幕,直至改革开放。

第二节　立法进程:历史制度主义的视角

自十九世纪下半叶始,学校董事会制度开始在新式学堂、传统书院以及教会书院中零星出现:官办新式学堂如上海广方言馆于1863年设董事③,

---

① [美]菲利普·韦斯特:《燕京大学与中西关系:1916—1952》,北京师范大学出版社,2019,第320—321页。

② 中央教育科学研究所编:《中华人民共和国教育大事记(1949—1982)》,教育科学出版社,1984,第35页。

③ 熊月之:《记上海广方言馆的沿革与规制》,高时良编:《中国近代教育史资料汇编·洋务运动时期教育》,上海教育出版社,1992,第217页。

中西合办新式学堂如上海格致书院于 1874 年设董事会①,官督商办新式学堂如北京通艺学堂于 1897 年设董事会②;传统书院如陕西味经书院于 1895 年设董事③;教会书院如岭南学校,在 1886 年建校后便在纽约组建董事会④。晚清时期学校董事会制度在各校章程等制度文本中得以体现,并因权力架构、功能定位等方面的不同而初现多元制度样态。

国家教育立法往往滞后于学校董事会制度实践本身。晚清时期,学校董事会制度作为一种新生制度形态,源于教育实践发展的客观需求,产生于民间自发性制度试验,由于数量较少,并未受到国家教育立法的关注。在 20 世纪 20 年代以前,北洋政府关于私立大学教育立法中均未提及董事会制度,此时的董事会制度依然缺少教育立法的认可而处于法外之地。民初以降,在文化观念、教育经费、教育权力、民族主义等诸多因素的共同作用下,国家教育立法经过不断调适与转向,使得董事会制度逐步从民间试验走进国家立法。20 世纪 20 年代,北洋政府出台《国立大学校条例》《外人捐资设立学校请求认可办法》等教育立法,标志着董事会制度正式进入国家教育立法,获得立法认可,却未能获得"设立者代表"的立法身份。这一时期,董事会制度在大学、专科学校、职业学校、中小学等各级各类学校中普遍出现,大学董事会制度架构及权力安排尤为复杂,权力冲突尤为显著。广州、南京国民政府时期颁布《私立学校规程》《私立学校校董会条例》等教育法规,首次对董事会的立法身份、校董资质、董事会规模、权力定位、立案程序、国家监管权等方面作出了明确的法律规范,并试图通过国家教育立法实现董事会合法化、中国化、基金会化的治校权力转向。

一、从实践到理念

历史制度主义认为,一种制度的历史变迁受到制度实践、社会经济、政治环境、理念认知等多重因素的共同作用。晚清民国时期大学董事会制度的立法进程也不例外,其制度来源及其教育实践的多元化、政府教育经费的严重短缺、国家政治环境的激烈动荡,使得原本处于"边缘生存"的大学董事

---

① 《格致书院董事会记录(清光绪元年)》,陈谷嘉、邓洪波主编:《中国书院史资料》下册,浙江教育出版社,1998,第 2130—2131 页。

② 《通艺学堂章程(清光绪二十三年)》,汤志钧、陈祖恩编:《中国近代教育史资料汇编·戊戌时期教育》,上海教育出版社,1993,第 149—150 页。

③ 《味经创设实务斋章程(清光绪二十一年)》,朱有瓛主编:《中国近代学制史料》第一辑下册,华东师范大学出版社,1986,第 374 页。

④ 《简又文岭南大学之创始时期》,朱有瓛、高时良主编:《中国近代学制史料》第四辑,华东师范大学出版社,1993,第 522 页。

会制度日益凸显其教育实践的重要性,以及权力博弈的冲突性。同时,理念认知影响着制度选择的方向、模式和结果,①而新的理念的输入则促使制度被重新审视,②并成为教育立法变革的重要推动力,董事会制度因此被政府和学界重新解读,并借国家政治权力进入教育立法。

晚清民初的学校董事会制度在教育实践中普及程度、作用影响,是限制其进入国家教育立法的实践因素。清末民初,随着民间书院的发展,一些私立学校、教会学校开始自发构建董事会制度,发挥着筹集资本、管理学校的重要功能,初步形成了董事会制度的早期形态。早期的私立学校董事会制度深受清末传统书院董事制度的影响,重校务管理、轻社会沟通,重政治权力、轻学校权力。教会学校形成了隔空管理的"西方托事部—在华校董会"的双层董事会,具有独特的宗教属性。1920年代,国立东南大学效法美国世俗大学董事会制度,创建了东南大学董事会,以东南社会力量为主导,并拥有治校权。整体而言,董事会制度具有多重制度之源,有对于历史传统要素的继承,也有基于不同于传统旧制度的变异,还有来自异质文化的制度吸收和变革性试验。此时的董事会制度依然处于民间自发性试验阶段,亦不占中国本土教育的主导,故而未能在全国范围内发生普遍影响。20世纪20年代,随着更多社会力量通过董事会参与学校治理,董事会筹资等功能逐渐凸显,日益显示出举足轻重的作用,其治校功能、权力归属也因与民国政府监管发生冲突而日益受到国家教育立法的关注。

国家军阀战争导致了财政经费匮乏,教育经费难以维持,成为董事会制度进入国家教育立法的经济契机。在教育资金出现严重缺口的情况下,北洋政府倡导民间实施"教育自治",在一定程度上为私立学校董事会制度的发展创造了政策条件。与此同时,国立东南大学为筹资办学,致力于联络东南社会,效仿美国私立学校董事会制度的"外行治理"模式成立董事会,由于短期内筹资和办学效果显著,一度成为国立大学办学之典范。沿着"教育自治"的思维路径,北洋政府于1924年颁布《国立大学校条例》,试图在全国的国立大学以及私立大学普及董事会制度,借此解决国家教育经费短缺的困境。

国家政治环境的剧烈动荡,是加速董事会制度进入教育立法的政治因素。教会学校董事会制度的立法调整,起因于20世纪20年代北洋政府外

---

① 刘圣中:《历史制度主义——制度变迁的比较历史研究》,上海人民出版社,2010,第169页。
② 何俊志:《结构、历史与行为——历史制度主义的分析范式》,《外国社会科学》,2002年第5期。

交失利引发的民族主义浪潮。1922 年,"非基督教运动"呼吁教育独立于宗教,引发了社会关于教会学校治校权归属的激烈论争。1924 年,"收回教育权运动"矛头直指教会学校,指责其治校权归属"西方托事部"而非中国政府、任命外国校长而非中国校长,呼吁中国政府收回教育主权,教会学校必须向中国政府注册,接受中国政府监督。1924 年 10 月,全国教育联合会通过决议,中国教育应为国家服务,不应受制于外国,不应从属于宗教,要求国内所有学校立即注册,并对未及时向政府注册的学校的学生实行不同待遇等等。中华教育改进社积极回应,于 1925 年 2 月出版《中华教育界》"收回教育权运动"专号为之鼓呼。同年发生的"五卅运动"更是点燃了中国社会积蓄已久的民族主义情绪,反对教会学校运动频发,甚至出现教会学校师生出走自立新校的现象。如火如荼的民族主义运动和收回教育权运动,催生了北洋政府《认可办法》的出台,在国家教育立法层面回应了因政治环境剧烈变动而提出的制度呼求。

民国社会对大学董事会制度理念认知的不断变化,成为影响该制度是否进入立法以及以何种样态进入国家教育立法的理念因素。这一过程中,任何理念的社会力量只有被有力的政治组织采用并扩散到社会机体时才能得到产生和增强,而权力主体的理念在相当程度上影响着制度选择的方向、模式和结果。① 民初提倡"教育自治"仅将民间办学重点放在筹资二字,远未涉及管理制度构建,董事会制度并未进入国家教育立法。20 世纪 20 年代,北洋政府首次将董事会制度纳入国家教育立法,对董事会职权做了初步规定,但未能明确董事会性质、法律地位、董事资质,在立法层面造成了董事会制度的权力冲突。随着近代学习美国思潮的兴起,以学术自治、外行治理为特征的美国世俗大学董事会制度通过郭秉文、陶行知等留美学者的引介和实践逐渐为中国学界和社会所熟知,并迅速成为影响中国近代大学董事会制度的重要理念因素,在董事会制度的立法进程中发挥了举足轻重的作用。同时,理念认知是多元和冲突的,董事会制度进入国家教育立法,引发了教育界的激烈讨论,梁启超、梅汝璈、罗隆基、黄炎培、庄泽宣、常导之、汪震等从当时董事会制度尤其是国立大学(如清华学校、东南大学等)董事会制度的合理性、必要性、有效性、权力博弈、制度存废,以及外国大学董事会制度的情形等话题展开激烈论争,出现了否定主义、理想主义、客观主义等

---

① 刘圣中:《历史制度主义——制度变迁的比较历史研究》,上海人民出版社,2010,第 169—170 页。

不同观点,①并提出了各自的制度设计主张,最终影响了北洋政府作出取缔国立大学董事会的决定。在此基础上,南京国民政府借鉴美国世俗大学董事会制度,通过教育立法明确了董事会制度在公立学校与私立学校之间的区分、中国立法与西方立法之间的差异、教会管理与世俗管理之间的不同、学者治校与商人参与之间的限度,重新界定了董事会的法律地位、职权范畴、校董资质、立案规则等,教育立法日渐规范化、体系化。

二、路径依赖与断裂平衡

历史制度主义认为,制度变迁大体可分为制度生成和制度转变,具有"路径依赖"(path dependency)和"断裂平衡"(punctuated equilibrium)的特征。路径依赖,是指制度的生成并非突然出现,而是基于历史传统的延续或继承。作为历史制度主义最为重要的理论范式,路径依赖强调历史进程中的某种制度、结构、社会力量等因素对制度型构的影响,尤其强调历史要素对制度变迁的重大依赖作用。断裂平衡,指制度变迁的过程呈现出短暂而失序的制度危机,形成多种不同于旧制度的变异性制度试验,并在制度进化与调整中渐趋稳定与平衡。同时,权力的变化导致制度变迁。不同制度精英所代表的权力主体,由于对正义和适当性的追求而在制度变迁的权力博弈中发挥着关键作用,并促使了制度的合法性建构。② 晚清民国时期大学董事会制度在立法的生成与变迁中遵循着历史制度主义的路径依赖、断裂平衡原则,逐渐完成了制度转型,并在政治权力主体的不断推进中渐趋稳定与同构。

晚清民国时期大学董事会制度在生成过程中表现出对已有制度的路径依赖,并在很大程度上显现出对国家教育立法的排异性。董事会制度早期实践存在不同的制度生成路径:路径之一,沿袭清代传统书院董事制度。这种校董会模式由官府控制,士绅管理,董事被定位为校务管理者,缺乏治理理念,排斥商人校董。这一制度基因在近代大学董事会制度中得以沿袭。③路径之二,复制西方教会管理模式。西方教会在华办理的教会大学多遵循着西方教会管理模式,④由此形成了双层董事会治理模式,并长期形成了西

---

① 任小燕:《大学治理视域下对民国大学董事会制度研究的两次高峰》,《教育与教学研究》,2015 年第 3 期。

② 刘圣中:《历史制度主义——制度变迁的比较历史研究》,上海人民出版社,2010,第 126—131 页。

③ 任小燕:《清代传统书院董事制度及其流变的历史考察》,《教育学报》,2016 年第 12 期。

④ 任小燕:《试论民国时期大学董事会制度的多重来源》,《河北师范大学学报(教育科学版)》,2019 年第 5 期。

方教会主导下的权力格局。① 路径之三,移植美国世俗学校董事会尤其是私立学校董事会模式。主要体现在国人自办的国立、私立大学中,形成了由校内学者和校外力量共同参与的外行治理模式,是社会多元力量民主参与大学自治的一种制度尝试。② 路径之四,翻版近代家族公司管理模式。主要表现在以厦门大学、集美学校为代表的由商人投资并具体管理的私立学校。作为学校所有者和治校者的华侨商业精英往往深受中国儒家精英主义、传统家族主义的影响,形成了由侨商精英群体主导的"外行决策型"董事会治校模式。③ "路径依赖"现象在历时长久的传统理念、权力强势的学校所有者面前表现更为突出,这造成了不同来源、不同模式的董事会制度在实践中难以完全遵循国家教育立法整齐划一的制度规范,而是在相当程度上沿袭着原有的多元制度形态。

晚清民国时期大学董事会制度的立法进程呈现出"断裂平衡"的特征,并在进化博弈过程中表现出制度危机、进化稳定两个阶段。制度危机阶段,制度的发展相对短暂而失序,在现有制度之外出现形态不一的试验性制度;进化稳定阶段,各种试验性制度形态在外部力量冲击与关键节点选择中走向渐趋稳定的制度形态。④ 在 20 世纪 20 年代进入国家教育立法之前,董事会制度已经在私立、教会学校普遍出现,个别国立学校也开始出现董事会制度的尝试,可谓民国社会在国家缺少教育立法规范情形下的一场自发性民间制度试验。由于办学主体、办学经费、办学理念的差异,董事会制度形成了"外行治理型""校政决策型""投资保护型"等不同的制度形态,很大程度上造成了学校的所有权、治校权等权力失序的局面,由此出现了董事会的制度危机。在这一背景下,北洋政府开始将董事会制度纳入国家教育立法,以期通过规范董事会制度达到收回教育主权、促进"教育自治"的目的。然而,大学的迅速发展所导致的大学组织问题加深了这一制度危机,北洋政府未能有效解决教育主权、学校治理问题。随后,南京国民政府借助日趋稳定的政治权力,持续不断地对董事会制度进行立法强化,逐步实现了从制度危机到相对稳定的转向。其中,因教育财政匮乏而提倡"教育自治",因民族主义而导致"收回教育权运动",因董事会制度实践冲突而引发学术论争,以及国家政

① 任小燕:《晚清和民国时期教会大学"双层董事会"的制度转向》,《高等教育研究》,2016 年第 10 期。

② 任小燕:《"自治"抑或"他治"? ——民国时期公立大学校董会制度性质的历史考察》,《南京师大学报(社会科学版)》,2015 年第 5 期。

③ 任小燕:《民国时期私立厦门大学校董会的构成、困局及改组》,《北京教育学院学报》,2019 年第 1 期。

④ [日]青木昌彦:《比较制度分析》,上海远东出版社,2001,第 247 页。

权的强势与统一,成为影响和推进董事会制度趋向平衡与稳定的关键节点。

三、所有权与治校权之离合

晚清民国时期,大学董事会制度经历了从清末民初的法外生存与制度失序,到北洋政府时期的进入立法与权力规范,再到南京国民政府时期的立法强化与权力转向三个阶段。大学董事制度进入国家教育立法,在获得民国政府承认的合法性地位的同时,也受到国家教育立法的制度规约,民国政府由此开始致力于对长期处于法外之地的董事会的权力博弈。

不同的制度生成路径形成不同的董事会制度模式,其差异的实质便是学校治校权之归属,以及由此决定的大学董事会权力定位。由于国立、私立大学董事会的权力归属与功能定位存在较大差异,学校所有权、治校权往往很难一致。在教育立法层面,国立学校所有权与治校权归属民国政府,而在制度实践层面,所有权归于民国政府,治校权却往往归于多元力量主导或博弈的董事会。民国初年,私立大学董事会并未获得"法定代表者"的立法身份,即未能获得教育立法认可的学校所有权。这一立法遗留问题直到南京国民政府时期才得以解决,大学董事会自此取代了学校"设立者"而成为私立学校的"法定代表者",掌握学校所有权和治校权。在后来的教育实践中,私立学校往往因经费、资源问题而依赖民国政府,使得政府在治校权上的话语权力得以增长。

大学董事会制度的立法进程还体现出中西教育立法在教会学校双层董事会治校权归属上的差异,进而展现出国家政权对于教育主权的宣示与博弈。在西方教育立法中,"西方托事部"作为教会学校"设立者代表",拥有学校所有权,并长期控制治校权,"在华校董会"一度只是"西方托事部"的决策执行者。此时的教会大学双层董事会制度在教育主权、教育宗旨、教育理念等方面与中国政府相冲突。中国政府通过多次教育立法强化教育主权,逐步明确了"设立者代表"为"在华校董会",将教会学校治校权由西方教会控制的"西方托事部"转移到中国人控制的"在华校董会",在立法层面逐步实现了教会学校所有权与治校权相分离。在中国教育立法的规约之下,教会大学双层董事会制度结构在 20 世纪 20 年代开始出现权力转向,到南京国民政府时期普遍发生改变。

伴随着教会大学双层董事会制度的结构调整,其校内的权力结构也开始发生变化,最为典型者如燕京大学、金陵大学,中国政府认可的中国校长权力遭遇架空,而外国教会指派的外籍校务长权力则得以加强和扩张,并成为治校权力的实际掌控者。这表明实际治校权游离于"在华校董会"之外,而外籍校务长则成为双层董事会之外的一种特殊权力主体。

不论国立、私立抑或教会学校的董事会制度，在教育立法与教育实践过程中均不同程度地呈现出所有权与治校权相分离的制度特征。其中，国立学校的所有权与治校权从分离趋向统一，而私立、教会学校的所有权与治校权则是从统一趋向分离。看似走向完全相悖的两种权力变迁路向，实则体现出内在共同的变迁理路，即教育权力从民间转向政府、从域外转向本土。晚清民国时期董事会制度立法进程的背后，实质是政府、学校、社会、教会等多元办学群体展开的一场教育权力博弈，并在学校所有权与治校权的离合之中，最终完成了董事会权力的合法性转向。

第三节　利益、权力与制度变迁

我国大学董事会制度最早出现于教会大学，随后在私立大学、国立大学先后出现。教会大学董事会制度存续时期最长，若以1890年汇文大学设立董事会为设立之始，至建国初期的1951年教会大学董事会被废止，教会大学董事会制度在近代史上存续超过一个甲子，伴随着中国近代教会大学的变迁史。私立大学董事会制度存续时间短于教会大学，长于国立大学，若以1905年中国公学董事会为创立之端，至抗战后期的1942年前后部分私立大学实现国立化，再到1952年私立大学被拆分并入公立大学，私立大学董事会制度存续时间近五十载。国立大学董事会制度存续时间最短，若以1920年国立东南大学董事会为生发之始，至1925年北洋政府教育部下令撤销为探索之终，国立大学董事会制度仅存续了短短六年，终是昙花一现。而在国立大学董事会中，清华董事会因其隶属外交部、受美国大使馆掣肘之特殊情形，自1917年成立至1928年被废止，也仅存续了十二年。

从晚清到民国，大学董事会制度大略分为清代传统书院董事会制度之滥觞期、晚清大学董事会制度之初创期、民初北洋大学董事会制度之形成期、国民政府大学董事会制度之调整期等几个历史阶段，经历了从酝酿草创到制度完备、从民间自发到政府管控的变迁史。在这一变迁历程中，大学董事会的历史地位日益凸显，并一度成为民国时期重要的大学治理机构。在中国的大学治理制度史上，大学董事会与先后出现的评议会、校务委员会，以及中华人民共和国成立以来党委领导下的校长负责制等治理模式相比，具有迥乎不同的制度特征。这一特征主要体现在大学董事会制度是一种社会多元主体参与大学治理的制度模式，大学董事会代表着多元化的利益群体,不同的利益相关者在大学董事会之中扮演着各自利益群体所需要的角色,代表着各自利益群体的吁求。而这些利益群体之博弈,都必然会在大学董事会的内部结构、职权特征、权力地位等方面得到充分彰显。

一、利益相关者与权力博弈

大学董事会作为利益相关者之代表,代表着大学创办者、所有者和校内群体的利益。民国大学董事会的利益相关者,大体分为校外、校内两类。校外利益相关者有国家政府、地方政府、西方教会、私人或社会团体等,作为大学创办者和所有者,其办学宗旨往往深刻地影响着甚至决定着大学的教育理念和组织制度。校内利益相关者有教授群体、学生群体等,通过校内评议会、教授会、自治会等相关制度体系争取自身教育权利,甚至在制度之外谋求教育权利的改善。晚清民国大学董事会首先作为大学的办学筹划机构而出现,为学校最高权力机关。大学的隶属关系决定着大学决策权的归属,创办者掌握着大学决策权,决定着董事会在大学内部的权力地位。

教会大学由外国教会创办,其大学董事会代表着西方教会的利益,遵行西方教会的基督教教育宗旨。因此,外国教会作为其创办人,掌握着教会大学的所有权,不仅向教会大学提供办学资金,还提供教学师资。在教会大学双层董事会中,"西方托事部"长期以来作为创办人——外国教会的代表,享有教会大学最高话语权和决策权。在教会大学双层董事会制度前两次制度转向中,治校权发生了某种意义上的转向,"在华校董会"开始取得了制度文本和一定程度上的话语权,但最高决策权依然属于"西方托事部",直至在教会大学双层董事会第三次制度转向中完成了"单层化"和"中国化"的转型,教会大学的所有权与决策权才由西方教会转向中国政府。

私立大学由私人或社会团体创办,其大学董事会代表着创办者的利益,遵循创办者的办学宗旨和教育理念。私立大学董事会作为私立大学的经济保障,理论上享有最高决策权,在制度文本的设计上被定位为全校最高权力机关。然而,由于传统理念、制度设计等各种原因,多数情况下,私立大学校董处于各自游离的状态,董事会往往仅维持着筹资功能和社会保护功能,而鲜有在召开常规性董事会会议、讨论大学要务进而发挥最高权力机关治理功能等,在办学实践上已然将治校权委托于私立大学校长及校务会议。与此不同,在有些社会团体尤其是学术团体创办的私立大学中,董事会作为学术团体代表,掌握着私立大学的治校权。总体而言,虽然在制度实践中未能有效遵循制度规范,但在私立大学所有权与治校权方面,董事会作为"设立者代表",校长作为"当然校董",依然决定和掌握着私立大学的教育宗旨和办学方向，这一情形并未因党政官员的加入而发生实质性变化。

国立大学董事会出现在建校之后的北洋财政困难时期。出现时间的先后，也体现出了国立大学董事会在职权定位上的不同。国立大学隶属于中央政府相关部门，其所有者或创办者为中央政府，如清华学校曾隶属于外交部，东南大学、北京师范大学隶属于教育部，交通大学隶属于交通部，因此这些国立大学在权力归属上分别归于外交部、教育部、交通部。政府部门作为国立大学的创办者或所有者，在法律上享有对国立大学的所有权、监督权和治校权。国立大学在办学宗旨、校务校政等方面均听命于上级主管部门。因此，就法定意义而言，政府部门是国立大学的官方投资者，而国立大学董事会有着与生俱来的身份尴尬——虽为民间筹资机构，却并非国立大学的所有者，并不掌握国立大学的话语权。在制度设计上，作为所有者和创办者的政府部门与作为民间投资者的董事会不可避免地发生权力冲突，并由此显现出政府、政党、社团等不同利益代表者之间的治校权力博弈。于是，国立大学董事会作为特定历史时期出现的一种特殊制度现象，在其成员角色和制度设计上频频更迭，显得局促不安。

在民国大学董事会这一利益角逐场域之中，政府、政党、教会、民间力量（如商业精英、社会团体）、大学教授等利益相关者无疑是其中权力博弈的主体，并随着政治时局、军事战争、国家立法的变迁，以及彼此间的力量消长而在董事会制度结构中呈现出不同程度的权力更迭。

中央政府是国家教育主权的利益代表者。对国家政府而言，大学的办学宗旨应当符合国家统治、维护国家利益的需要。政府对于教育的控制力受制于政府自身的实力，并在相当程度上与大学的办学自由形成此消彼长的互动关系。晚清政府介于内政困局和外交失语，心力交瘁，无心应对外国教会在华办理的教会学校。同时，晚清时期的教会学校由于规模小、级别低，虽然在新政之后得以发展，但毕竟作为新生事物并不强势，并未引起清廷的足够重视。北洋时期，节节败退的外交谈判以及民族矛盾的空前激化，让北洋政府和教会学校同时站在了民族主义的风口浪尖，北洋政府虽然有心通过收回教育主权以平息民族情绪，但外强中干的政府势力和军阀割据的动荡时局，最终换来的却是教会当局对北洋政令的不屑一顾，虽令难从。即便如此，北洋政府"收回教育权"的政令，毕竟是中央政府在中国近代史上第一次向西方教会释放出宣示教育主权的明确信号。北洋政府还通过在国立大学设立董事会，不仅试图利用董事会集资解决教育经费问题，更通过指派当然校董和官方校董、指派校长、干预董事会决策等途径，以图更好地控制国立大学。南京国民政府通过有效的国家立法干预校长人选、控制董事长人选、增加中国校董和官方校董、缩减董事会功能、分解大学决策权力等方式,不同程度地实现了对教会大学、私立大学、国立大学及其董事会的控制。自晚清到民国,中央政府权力从晚清时期无心博弈的角色搁置,到北洋时期有心无力的角色徘徊,再到南京政府姿态强硬的角色控制,从分散到集权,从无心到有力,呈现出逐步强化的权力变迁路径。

国外教会是宗教权力的利益代表者。在民国教会大学中,"西方托事部"作为国外教会的全权代表,向国外教会负责,维护教会大学进行基督教传播的办学宗旨,负责教会大学资金、人事、课程设置等事务。晚清时期,早期教会学校向国外申请注册立案之后,由于办学规模、管理需要等实际情况,仅设有"西方托事部",通过指派校长,对教会学校实施遥控管理,此时还没有设置"在华校董会"。经过清末教会学校的整合与升格,教会大学纷纷成立,多个教会学校的整合随之带来了各个教会之间学校管理和利益平衡问题,而早期形成的隔空管理模式已经无法应对这一变化,"西方托事部—在华校董会"的双层董事会治理模式应运而生。"在华校董会"作为"西方托事部"的经理人,受其委托负责在华教会大学的具体事务。校长、董事长以及在华校董会财务会计等重要人事任命,均由"西方托事部"指派人选担任,校长每年须向"西方托事部"提交年度工作报告,具体汇报学校人事、课程、教学、财务、发展规划等全面情况。清末至北洋时期,作为教会利益代表者的"西方托事部",正是通过对"在华校董会"的人事安排,尤其是校长、董事长、财务会计的指派,实现对教会大学的治校权。南京国民政府时期,面对教育主权收拢、国立大学的竞争威胁,国外教会也开始走上了维护教会教育权的逐步联合之路。从 1932 年各教会大学"西方托事部"的联合机构——中国基督教大学校董联合会(ABCCC),到 1945 年更为有效的升级版联合组织——中国基督教大学联合董事会(UBCCC),进一步加强了各教会大学"西方托事部"之间的有效联合,以便更为有效地应对教会大学的治理问题。同时,在这一制度转向过程中,教会大学的治校权也随之逐步发生着从西方教会到中国政府的权力迁移。

民间力量是中国社会某阶层对于教育权力的利益代表者。在民间力量中,主要是捐资助学的商界精英,以及社会团体。清末以降,中国民族资本主义得到长足发展,随之而起的是商人力量的崛起。许纪霖认为,城市资产阶级在逐步掌握了经济和金融的权力之后,其社会权威却并未由此得以提升。如何借助经济权力获得合法的文化权威,并进而通过文化权威掌握社会权力,成为城市资产阶级开始关注的问题。传统中国长期以来的重农抑商政策,造成了商人阶层难以享有社会地位和文化权威。明代以降,出现了江南绅商合流的趋势,商人阶层"通过买官获得功名,在文化上附庸风雅,并参与地方的各种公共事务,通过各种努力,将自身的经济权力转化为文化的象征资本"。① 晚清时期的绅商、民国时期的新型城市资产阶级都非常注重通过教育投资为自己的文化象征资本增加话语的砝码。对于晚清民国的大学而言,这些商界精英对于文化权力的渴望,通过或入资大学,或出资办学,并由此进入大学董事会担任校董的方式,逐步为自己获取文化资本,社会身份,甚至通过校董身份参与大学治理。上海金融界名流纷纷入资大夏、光华等私立大学,以及东南大学等国立大学,并担任校董,都在不同程度上体现出商界精英对于文化权力的追逐。然而,由于长期形成的"士农工商"四民传统文化观念的影响,单一身份的商界精英对文化权力虽有吁求,地位亦有所改观,但整体话语权依然远逊于政治、文化、教育精英,难以获得民国社会的普遍认同。

大学教授群体是自身教育独立、大学自治、学术自由的代表者和维护者。理想中的大学,当是传授知识、批判知识、探索学问之场,需要有相对独立于政治与社会之外的自由学术空间。过多的外部干预将使大学在更大程度上依附于政府、社会等外部力量,从而导致大学自治性、学术独立性的失守与沦丧。大学董事会制度作为一种外部力量参与大学治理之制度设计,在北洋时期的大学中引发了大学教授的颇多争议和制度抵抗。国立大学董事会制度作为一种官方统一的制度安排,在结构设计中安放了大量的不谙教育、沽名钓誉、委身派系斗争的党政官员,以及捐资助学的商界人士。官员校董在董事会的各项决策中掺杂了过多的政治和派系因素,而商界人士入董也让大学治理成分变得更为复杂。崇尚学术的大学教授群体普遍对外行董事会制度有所拒斥。北京大学等许多国立大学教授群体集体抵制董事会制度,小心呵护气候已成的评议会制度和教授治校模式。清华大学董事会官员校董的权力消退和董事会的制度转型,亦更多得益于清华教授群体与学生群体多次权力诉求和权力博弈。

二、制度来源、类型与观念史

制度的多重来源决定了制度模式的多重样态和多元特征。近代大学董事会制度先后出现了传统模式、教会模式、美校模式和公司模式,形成了多重制度样态。交织着政权、教会、社团、学者、商人等不同办学主体的治校权

---

① 许纪霖:《近代上海"权力的文化网络"中的文化精英(1900—1937)》,《复旦学报(社会科学版)》,2012年第6期。

力博弈,以及包括传统董事观念在内的不同理念的交锋,在世界经济大萧条、国内战争等因素的影响下,近代大学董事会制度经历了多次制度调整。

不同的办学主体不仅直接影响了对董事会制度模式的选择,更是决定了董事会的权力归属,而这也是引发不同办学主体关于治校权力的坚持、争取或博弈的根本原因。教会大学多由西方教会创办,作为办学主体的教会选择了既适合学校办学又能够全面控制的"教会模式"——双层董事会。私立厦门大学由侨商精英创办,作为办学主体的侨商精英确立了自己熟稔并利于掌管的大学董事会的"公司模式"——商人决策型董事会。私立南开等校由留美学者和社会各界名流共同创办,作为具有留美经历的学界名流确立了具有较强民主治理和社会沟通功能的美校模式——外行治理型董事会。国立东南大学由中央政府创办、东南社会共同建设,在引进美校模式的同时,又深受其国立性质之左右。

随着中央政府对立案规范和教育权力的逐渐强化,民国大学董事会发生了制度转向。教会大学双层董事会先后发生过三次制度转向,即北洋政府时期大学治理权由"西方托事部"转向"在华校董会",南京国民政府初期治理权由西方人士为主转向中方人士为主,全面抗战前后治理权由西方教会转向中国政府。① 在这场与中国政府的治校权力博弈中,西方教会的治校权力不断遭遇削弱,直至建国初期完全被排除在中国教育体系之外。一些国立、私立大学董事会虽然效仿了美校模式,吸纳社会力量共同治校,但基于中国国情,董事以政界、学界等传统社会认可的名流为主,商人、军阀依然受到传统董事观念影响而遭到排斥或鄙视。"投资非治理"的传统理念依然存在,投资者的办学投资行为往往是短期性的而非持续性的,一些私立大学将董事会仅仅当作募集资金的工具,往往忽略了大学治理功能。翻版自近代公司管理制度的大学董事会制度较为罕见,在传统观念以及模仿美制的影响之下,难以获得民国社会的普遍认可。陈嘉庚家族公司为确保对厦大的主导权而表现出管理权与所有权合一,并在南京政府要求改组之下依然保持着家族公司的管理特征。然而,由于家族公司模式之厦大董事会的办学资金来源过于单一,厦大发展完全受制于公司经营状况,当陈嘉庚公司受到世界经济危机巨大冲击而限于停滞之际,厦大经费便难以为继,国立化成为必然选择。

教会大学"西方托事部—在华董事会"的双层董事会制度明确定位了董

① 任小燕:《晚清和民国时期教会大学"双层董事会"的制度转向》,《高等教育研究》,2016 年第 10 期。

事会功能涵盖筹集资金、社会沟通、人事任命、方针制定、经费管理等方面。在基本的筹资等功能之外,教会大学董事会担负着重要的社会沟通功能,尤其是与西方差会、中国政府、地方社会等多元化的社会沟通。私立、国立大学董事会制度受到传统文化的影响与制约,大学董事会的功能定位与教会大学董事会存在着诸多差异。在政府与学校关于大学董事会制度文本构建方面,规划了筹集资金、经费管理、校长聘请等功能,然而在私立大学董事会制度实践中,筹集资金依然成为大学创建之后董事会最为重要甚至是唯一得以有效体现的功能,在学校内部治理中难以协调校内机构和平衡权力,在学校外部治理中往往因依附或求助于社会团体、党政势力而备受掣肘。国立大学董事会制度的治理问题更加突出,除了校内权力交叉矛盾重重之外,过度受制于政府权力而无法在校外治理中发挥理论上的作用。由于缺少董事会职权明确的制度规约,加之对政府的制度性依赖,国立大学董事会的社会沟通功能定位表现出消极保护性有余,而积极建设性不足。因此,虽然国立大学董事会一度成为校内最高权力机构,却如昙花一现,难以持久。

大学内部权力结构的安排,也影响着大学董事会的功能和定位。对比教会大学、私立大学和国立大学三者内部的权力结构安排,可以解释为何在三类大学中,大学董事会发挥了不同的功能,出现了不同的命运轨迹。在教会大学内部,双层董事会和评议会的权力设计可谓各安其位。双层董事会作为最高决策机构,主要功能定位在资金的筹划与监管,宏观的治理与总体决策;评议会功能定位为校内学术与教学决策。虽然双层董事会拥有最高决策权,但并不干预校内学术与教学事务。因此,教会大学评议会在校内学术与教学事务上,与双层董事会的权力不会产生激烈的冲突。在私立大学与国立大学内部,董事会与评议会的权力设计与运作出现了较为激烈冲突和矛盾。私立大学与国立大学评议会的权力设计,是模仿美国大学关于评议会制度而进行的权力设计,主管学术与教学事务。问题在于,关于董事会的制度设计或制度实践,却存在着不同于美国大学董事会的权力安排。私立大学与国立大学的董事会,责权运作规范如南开者有之,形同虚设者有之,过度干预者亦有之。有些曾经一度成为校内掌管学术、教学、行政的权力中心,校内重要事务由董事会或个别董事决策和掌控。这种董事会权力过度集中的现象,与校内评议会发生了权力冲突,从而破坏了校内权力结构的平衡,进而造成大学内部治理结构混乱不清,甚至在一定程度上造成教师离职、学生学潮等极端情形。随着国家立法对大学董事会制度的调适或废止,私立大学与国立大学的内部权力结构得以重新调整。

从观念史而言,不同民族、不同历史传统语境下形成的词语,往往具有难以对应的文化内涵。虽然在传统中国已经出现了董事、董事会的词汇,然而近代翻译者在翻译外国的董事会制度时,选择使用了汉语词汇中的董事、董事会,也许是由于两者之间在外部融资等方面存在着功能上的诸多相似之处,却未必意味着两者具有对等的文化内涵。作为投资者而加入董事会的校外人士,往往将投资行为等同于教育救国和慈善捐助,或者是一种社会名誉和利益博取的途径。前者往往满足于一次性投资或捐赠,而鲜有持续性的教育使命感。后者往往专注于将投资教育作为一种利益交换,即通过捐款获得社会名誉或者入学资格等利益,而鲜有作为校董的责任和义务,更不在意自身对于大学治理权力的获得与否。因此,私立大学校董往往呈现出投资行为碍于人情、偶一为之、难以持续,校董人选更替频繁、多校兼任,校董内部关系松散、不问校政等情况。这一点,通过众多国人自办大学(包括公立、私立)董事会会议的举办和出席情况便可略知一二。校董频繁缺席董事会会议,董事会会议随意荒废不开,诸多情形已成为民国时期许多私立大学的一种普遍现象。外行校董们并不关心大学的治理状况和权力运作。不仅校外人士多无此概念,即便是校内人士,亦多无此概念。校内人士对于外行董事会参与大学事务,十分反感乃至极端抗拒,认为外行董事往往带有政治势力、党派势力等复杂的政治或社会背景,而这些将是对大学独立与学术自由的外部干涉,应予以坚决抵制。说到底,人们并未把董事会看作一种有效沟通大学与社会,且能够维持大学可持续发展的大学治理机构。

晚清民国公司董事会制度出现于晚清时期官督商办式的中国公司里,虽然是对西方公司董事会制度的效仿,然而在本土政治传统的渗透之下,发生了本土化改变。近代公司董事会制度,其法人地位虽然在公司法中得到逐步明确,包括股东会、董事会、经理人、监察人的权力制衡机制也在制度设计中得到体现,然而在实际的公司治理实践中,公司领导以及董事长均由官方委派官员担任,公司领导层的人事由官方任免。从晚清的官督商办,到南京国民政府时期公司国有化,官僚化色彩在近代公司董事会制度中呈现出日益强化的趋势。因此,在公司董事会运作过程中,存在着明显的职权不清、过度政治干预、程序紊乱等情形,独立法人地位仅仅停留在法律层面,权力制衡机制也仅仅停留在理念层面,人们对于公司董事会制度的理解,也并非一种公司治理机制,而是一种筹资机制。由于近代公司董事会制度确立较早,且十分普及,因此其制度设计与运作情况较为充分地展现出晚清以降的中国社会关于"董事会"概念的理解。而这一被特定历史背景所规约和形塑的关于公司董事会的观念史,也因其社会普及性而被当时社会各个领域所了解、接纳或模仿,并在教育领域也形成了相当程度上的观念史辐射。晚清民国公司董事会制度的职权规范不清、政治过度干预、治理功能薄弱等情形,在大学董事会制度中也有不同程度的体现,反映出不同领域的董事会制度在晚清民国场域中的共生样态。

三、比较视域下的制度审视

教会大学董事会制度复制了西方教会的管理模式,并进行了因地制宜的改造。教会大学董事会成员结构、权力划分、治理模式,皆体现出明显的教会管理特征,其运作在相当程度上并不受制于中国本土政治和传统文化。与之不同的是,国人办理的国立大学、私立大学董事会制度虽然深受美国大学董事会制度的影响,却在更大程度上受制于中国本土政治和传统文化,并在观念史上明显受到清乾隆以降书院董事制度及其"董事"概念的影响,因此在治理结构及其功能上,国立大学、私立大学董事会显现出更多的本土传统文化制约性。

一种制度的发生与演变,有着自身的成长逻辑。作为一种大学治理制度,大学董事会制度也有着从产生、发展到成熟的自身发展逻辑。在制度成长的不同历史阶段,大学董事会制度也呈现出不同的阶段性特征。美国大学董事会制度发生于美国殖民地时期的 17 世纪中期,而晚清民国大学董事会制度滥觞于 18 世纪中后期、初创于 19 世纪中期,远远晚于美国大学董事会制度的形成史。因此,从制度形成史的角度分析,虽然同处于 20 世纪上半叶,美、中两国的大学董事会制度却存在着严重的阶段性错位。美国大学董事会制度从殖民地时期的初创阶段,到建国初期的发展阶段,再到 19 世纪中后期至 20 世纪初期的成熟阶段,经历了教会、政府、工商界等多元外部势力之间的权力博弈。殖民地时期,学院董事会制度虽然建立,但由于学院的弱小和依附性,在校长人选、董事人选、立法、教学、财务等诸多方面均过度受制于教会和政府,呈现出明显的"他治"而非"自治"的特征。建国初期,学院董事会制度延续了教会、政府等外部势力共同治理的模式,但开始通过特许状争取到较大的学院自治权。尤其是学院法人地位的确立,使得学院和政府形成了一种契约关系,政府不能在特许状权力范围之外干预学院事务,学院的自治权在很大程度上得以保障。与此同时,一些学院在与教会势力的长期斗争中赢得了独立于教会的自治权,教会势力从董事会中日渐萎缩。19 世纪中后期至 20 世纪初,美国大学董事会制度逐步形成了以外行治理、多元资助、行业自治为特征的大学治理模式,董事会中的世俗人士开始超过教会人士,工商界、校友会等角色开始在大学董事会中发挥着举足轻重的作用,美国大学董事会担当起大学与社会、政府之间的沟通角色。

在美国大学董事会制度历经三个世纪的历史沧桑,在漫长的时间打磨和权力博弈中开始呈现出日益成熟、多元、自治的面貌之时,晚清民国大学董事会制度才刚刚蹒跚起步,整整晚于美国近两个世纪。晚清民国大学董事会制度的变迁从草创到发展,从法外到立法,从失序到规范,整个历程充满了制度变革和权力博弈,而这一错综复杂的艰难变迁仅从 19 世纪中后期到 20 世纪上半叶就匆匆落幕,历时仅八十余载。时间之短暂,改组之仓促,博弈之激烈,局势之动荡,文化之冲突,大学董事会制度的发展历程之艰难可想而知。与历经三百年沧桑变迁的美国大学董事会制度相比,晚清民国大学董事会制度仅可谓花事匆匆,从出现到消亡,都显得过于激荡和匆忙。

教育制度的改革和发展从来都不是独立于时代之外的乌托邦。任何一种制度的生成,都离不开其所处的时代。可以说,正是时代及其制度环境孕育并造就了一种制度。大学治理制度亦然,特定的时代特征必然在大学治理制度上打下深刻的时代烙印。随着时代的变迁,同一种大学治理制度也必然随之发生合乎时代变迁的演变。同时,一种大学治理制度的形成也离不开特定的制度环境,包括政治、经济、文化、法治等等。不同的制度环境孕育出不同的大学治理制度,同一种大学治理制度也呈现出不同的文化特质。晚清民国大学董事会制度与美国大学董事会制度分别孕育自不同的制度环境,这些制度环境对大学董事会制度也发生着不同的影响。

美国大学董事会制度产生于殖民地时期,是美国不同于其他任何国家的大学治理制度,其核心特征是相对独立于政府的大学自治,以及外行人士多元参与的大学治理。美国大学董事会制度的生成,得益于对各个领域内多种制度的吸纳与糅合,这其中包括英国大学的学术法人制度、加尔文教义中的关于外行管理教会的理念、英国信托与董事会制度,并由此形成了以学术法人为基础的外行董事会自治模式①。同时,美国的联邦分权制度也为美国大学董事会制度的出现提供了政治基础。

美国大学董事会制度经过长期的治理实践和权力博弈,拥有相对坚实而成熟的法律基础,联邦宪法、州立法、特许状等都为该制度提供了法治保障。1791 年的联邦宪法规定,"凡本宪法所未规定又非各州所禁止的事权,皆归属各州的人民"。由于联邦宪法并未对高等教育做出明确的规定,因此从法律上说,教育管理权限归于州政府和大学。同时,美国在法律上也对大学董事会的法人组织性质进行了明确规定和有效保护。美国大学董事会制度还得益于自英国传入殖民地的"法人制度"。法人(corpora)的概念最早

---

① 和震:《美国大学自治制度的形成与发展》,北京师范大学出版社,2008,第 11 页。

见于罗马法，对"法人"的创立规定了条件：第一，所建立的法人至少应当包括三个成员；第二，法人的活动应由占多数的成员投票决定；第三，法人的外部关系归属于一个头领或代理人负责；第四，法人的债权和债务应归于整个团体而不是它的成员；第五，法人的财产作为一个整体被保持。① 中世纪教会引入法人概念，便于教皇进对教会进行管理。现代意义上的法人和大学法人形成于英国普通法的基础上，英国王室运用法人制度管理商业团体、慈善团体和大学，在16世纪得到普遍运用。法人制度被殖民者带入美国后，在美国得到了继承和发展，并运用到大学治理之中，哈佛大学由此成为美国历史上第一个学术法人。殖民地时期的美国学院直接移植了英国大学的学术法人制度，为学院取得了独立的法律地位，从而最大限度地确保了学院能够独立于包括政府和捐赠者在内的诸多外部权威干预的可能。美国的法人制度，为学院和政府等外部权威因素之间划分了界限，为保护学院最大限度的自治和政府最小程度的干预提供了合法的制度安排。② 校外势力即便存在干预校内行政和学术事务的现象，但并非直接干预，而是通过法律法规实施干预。而通过法治渠道干预大学自治，在很大程度上增加了干预的难度，换言之，这也正是较为成熟的法治环境对董事会制度的一种有效保障。

在宗教生态方面，英国殖民者给美国殖民地带来了加尔文教义的外行管理教会的制度理念，促成了董事会作为外行管理大学的基本治理制度。在欧洲宗教改革运动史上，基督教的加尔文教派突破了由教会人士全权管理教会的传统，开创了一种新的教会管理模式，即通过教会以外的世俗人士参与教会管理，这一管理模式同样被运用在教会大学治理中。

教育机构是对本国政治结构的复制。美国政治生态的核心是政治民主和权力分立。自殖民地时期开始，殖民地政府和乡镇均相对独立于宗主国和教会，殖民地、乡镇的行政和法律机构均由居民选举产生，所做决议也通过民主方式讨论和表决。虽然这种民主和自治的方式遭遇了作为宗主国英国的控制和干预，但事实证明并未奏效。由此，美国逐步形成了地方自治的原则，并为以后的共和政体奠定了政治基础。美国的联邦分权制度为大学自治提供了政治制度支撑，政府作为外部势力对大学的干预被限定在公共领域范围内，比如保障教育质量、教育公平、师生权利等等，而被止步于大学自治。美国历史上多届政府曾有设立国立大学的设想，这一设想拥有大量

---

① Duryea, Edwin D. The Academic Corporation：A History of College and University Governing Boards. New York：Falmer Press.2000.12. 转引自和震：《美国大学自治制度的形成与发展》，北京师范大学出版社，2008，第28页。

② 和震：《美国大学自治制度的形成与发展》，北京师范大学出版社，2008，第63—64页。

的官方支持者,也有许多反对者。反对者中不乏政府官员和大学校长,他们认为设立国立大学的直接后果是导致中央政府对高等教育的直接干预,进而侵犯大学自治和学术自由。美国国立大学设想一直未能实现,究其原因,美国较为松散的联邦制在很大程度上决定了难以形成一个全国性的国立大学。

正如美国大学董事会制度的生成于其所处的制度生态,以及对各个领域内多种制度的吸纳与糅合,我国大学董事会制度的生成也孕育自中国本土的政治集权、官师合一的制度生态,以及清代书院、近代公司传统而强势的官办文化。许美德说,"在中国的传统中既没有自治权之说,也不存在学术自由的思想。"①当教育制度舶来品遭遇根深蒂固的传统文化,将不可避免地出现异质化生存。民主监督机制和社会合作机制是校董会有效运作不可或缺的制度环境。"一切有权力的人都容易滥用权力……要防止滥用权力,就必须以权力约束权力。"②晚清民国大学董事会制度深受传统文化和社会环境的影响,缺少与之相适应的政治制度、立法体系和社会合作环境的保障。自古而来,中国高等教育都遵循着一种自上而下的发展道路,传统文化中"学在官府、官师合一、政教合一"的典型教育特质,对民国时期的大学治理必然有着潜移默化的影响,乃至存有渗入骨髓的脉续。教育自主权往往与政治权力存在着此消彼长的关系:当政府实力强大之时,民间教育自主权处于弱势;当政府实力衰微甚至政权动荡之际,民间教育自主权则尤为繁盛。这一情形在民国时期国立大学董事会制度史上表现尤为突出。国立大学董事会制度之所以出现在北洋政府时期,与北洋军阀政府的内部分裂和权力式微有着必然的联系,可以说北洋军阀时期的动荡时局为教育界争取教育自主权客观上提供了较好的历史时机。南京国民政府加强了对大学教育的控制,具有一定的民主参与和教育自治性质的大学董事会制度逐渐失去了生存的空间。

即便是在政局动荡的北洋时期,大学董事会依然遭遇了政府的强势干预,甚至卷入政党斗争与政潮更迭之中。"大学自治的范围和程度取决于政府的性质。"③北洋政府时期,北洋军阀内部派系纷争,战争频仍。军阀治下,政局混乱,各个政治势力为了维持和壮大自身势力,都在极力争取权力和社会资源,包括教育资源。五四运动以来,作为重要的思想、文化、话语乃

① [加]许美德:《中国大学1895—1995:一个文化冲突的世纪》,教育科学出版社,2000,第26页。
② [法]孟德斯鸠:《论法的精神》,商务印书馆,1978,第154页。
③ [瑞典]胡森等:《简明国际教育百科全书·教育管理》,教育科学出版社,1992,第299页。

至人才重镇的大学，便成为各方政治势力获取教育权力和教育资源，尤其是公立大学的治校权。交通大学董事会之反复与变故，便是北洋军阀政府内部的直奉派系、交通部内新旧派系之间复杂争斗的折射。1921年，交通大学董事会刚刚成立，次年则被交通部勒令取消。正如交大校长叶恭绰所著《交通救国论》的观点，交通乃国家之要害事业，交通大学关系着民国交通事业之发展。交通事业及其学校教育，显然也是军阀政治争夺的重点。同时，交通大学的办学经费均由交通部直拨，或指定交通机关拨发。① 因此，交通大学与交通部的关系，无论从事业隶属上还是经济关联上，都比其他公立大学更为紧要和密切，北洋政府和交通部显然不愿将关系交通事业之大计的交通大学的办学权下放。因此，北洋政府交通部因内部派系争斗而频换总长之时，交通大学原有的董事会已经成为一种"隔阂"和威胁而严重影响到新晋派系对交通部和交通大学的掌控权力，遭遇"取缔"，以及后来复设后的权力"缩水"，便不足怪。北洋政府时期，清华学堂、东南大学、交通大学等国立大学，无一例外地受到军阀政局下政潮动荡之干扰，军阀内部、政府内部之派系斗争，通过董事会对国立大学的校政造成了严重干预。

制度"抑制着人际交往中可能出现的任意行为和机会主义行为。制度为一个共同体所共有，并总是依靠着某种惩罚而得以贯彻。没有惩罚的制度是无用的"②。如果缺少了外部制度保障，许多看似完美的制度设计，在实践中均难以起到应有的作用和效果，最终沦为水中之月，镜中之花。民国公立大学董事会制度经常处于制度环境中的孤立无援之境。政治上的中央集权制度和军阀派系博弈，使得民国公立大学董事会在各方面均受到北洋政府及其派系斗争之掣肘，而缺乏一种有效的社会制衡与法律保障机制，从而必然给民国公立大学董事会制度烙上深刻的权力博弈的印记。

五四以降，民主观念虽然得到了有力的传播，却仅仅停留在思想意识上，成为人们振臂高呼的理想。然而在现实中，中国传统的人治观念依然影响至深，民主思想难以落实到制度层面，更难以有效实施。与国内高度张扬民主观念的思想热潮恰恰相反，身处大洋彼岸的西方人士更加冷静地关注着新生的民国政权，思考着民主共和观念是否能在新生的民国真正走进人们的灵魂深处。正如当时的英国评论家吉尔伯特·基思·切斯特顿

---

① 《南洋大学之根本问题（1926年12月）》，《交通大学校史》撰写组编：《交通大学校史资料选编（第一卷）：1896—1927》，西安交通大学出版社，1986，第442页。

② ［德］柯武刚、史漫飞：《制度经济学：社会秩序与公共政策》，商务印书馆，2000，第32页。

(Gilbert Keith Chesterton)所说,真正的改变,应该从灵魂开始。[①] 也正如切斯特顿所担忧的那样,在中国军阀凭借武力建立了共和政府之后,"我只怀疑,中国人是否真正了解共和的思想与制度"。[②] 而当大家只顾建立共和政府,却不培养共和观念,那便不是真正的共和制度,也就意味着民主共和观念并未被国人从灵魂深处真正地理解和接纳。

同时,由于缺少法治传统和法治观念,民国时期的大学董事会制度在运作过程中缺少法律制度的有效约束,这一点在国人自办大学的董事会制度中表现尤为突出。清华大学董事会的"暗箱操作",东南大学董事会缺少校内民主化参与的决策制定,交通大学董事会一年之内立而复撤、撤而复立、最终取缔,以及当大学董事会出现各种问题和纠葛之时,解决方法往往并非有理有序的法治渠道,而是通过民间抗议的方式诉诸学潮,或者政府干预造成政潮等极端他途。常态化的法治环境没有形成,就无法通过法治手段对董事会运作进行有效的法治监督,而缺少外部制度保障的民国大学董事会制度也必然显现其生存之境的尴尬与无奈。此外,教育立法一度未能明确大学董事会所代表的大学"设立者"的法定身份,也就无法形成有效的法律保护和责权概念。这一立法缺陷随着南京国民政府时期教育立法体系的逐步成熟而发生较为明显的改变。

---

① 《传教士与中国(1912年3月30日)》,[英]G.K.切斯特顿:《改变就是进步?——切斯特顿随笔》,东方出版中心,2010,第76页。
② 《传教士与中国(1912年3月30日)》,[英]G.K.切斯特顿:《改变就是进步?——切斯特顿随笔》,东方出版中心,2010,第77页。

参考文献

一、档案史料

中国第二历史档案馆:教育部档案。

中国第二历史档案馆:私立金陵大学档案。

中国第二历史档案馆:私立金陵女子文理学院档案。

南京大学档案馆:国立中央大学档案。

上海市档案馆:圣约翰大学档案。

上海交通大学档案馆:交通大学档案。

厦门市私立集美学校委员会:集美学校档案。

亚洲基督教高等教育联合董事会(the United Board for Christian Higher Education in Asia)档案(https://web.library.yale.edu/divinity/digital-collections/ubchea)。

中国第二历史档案馆编:《中华民国史档案资料汇编》第三辑,南京:江苏古籍出版社,2000。

中国第二历史档案馆编:《中华民国史档案资料汇编》第四辑,南京:江苏古籍出版社,1986。

中国第二历史档案馆编:《中华民国史档案资料汇编》第五辑第一编教育,南京:江苏古籍出版社,1994。

中国第二历史档案馆编:《中华民国史档案资料汇编》第五辑第二编教育,南京:江苏古籍出版社,1997。

中国第二历史档案馆编:《中华民国史档案资料汇编》第五辑第三编教育,南京:江苏古籍出版社,2000。

朱有瓛、高时良主编:《中国近代学制史料》第一辑上册,上海:华东师范大学出版社,1983。

朱有瓛、高时良主编:《中国近代学制史料》第一辑下册,上海:华东师范大学出版社,1986。

朱有瓛、高时良主编:《中国近代学制史料》第二辑上册,上海:华东师范大学出版社,1987。

朱有瓛、高时良主编:《中国近代学制史料》第二辑下册,上海:华东师范大学出版社,1989。

朱有瓛、高时良主编:《中国近代学制史料》第三辑上册,上海:华东师范大学出版社,1990。

朱有瓛、高时良主编:《中国近代学制史料》第三辑下册,上海:华东师范大学出版社,1992。

朱有瓛、高时良主编:《中国近代学制史料》第四辑,上海:华东师范大学出版社,1993。

［日］多贺秋五郎编:《近代中国教育史资料·民国编》(上中下),台北:文海出版社,1976。

陈元晖主编:《中国近代教育史资料汇编》,上海:上海教育出版社,2007。

宋恩荣、章咸主编:《中华民国教育法规选编:1912—1949》,南京:江苏教育出版社,1990。

高等教育部办公厅编:《高等教育文献法令汇编(1949—1952)》,北京:人民出版社,1957。

中央教育科学研究所编:《中华人民共和国教育大事记:1949—1982》,北京:教育科学出版社,1984。

何东昌编:《中华人民共和国重要教育文献:1949—1997》,海口:海南出版社,1998。

中国社会科学院世界宗教研究所编:《中华归主:中国基督教事业统计(1901—1920)》.北京:中国社会科学出版社,1985。

李楚材辑:《帝国主义侵华教育史资料——教会教育》,北京:教育科学出版社,1987。

陈学恂主编:《中国近代教育史教学参考资料》,北京:人民教育出版社,1986—1988。

陈谷嘉、邓洪波主编:《中国书院史资料》,杭州:浙江教育出版社,1998。

邓洪波主编:《中国书院学规集成》,上海:中西书局,2011。

邓洪波编:《中国书院章程》,长沙:湖南大学出版社,2000。

《圣约翰大学一览》,上海市图书馆。

《圣约翰大学简章(十八年至十九年度)》,1928。

《圣约翰大学自编校史稿》,《档案与史学》,1997(1)。

《私立圣约翰大学规程》,1950。

陈明章编：《学府记闻·私立燕京大学》,台北：南京出版有限公司,1982。

陈明章编：《学府记闻·私立中国公学》,台北：南京出版有限公司,1982。

王国平、张菊兰、钱万里、张燕等编：《东吴大学史料选辑（历程）》,苏州：苏州大学出版社,2010。

南京大学高教研究所编：《金陵大学史料集》,南京：南京大学出版社,1989。

南大百年实录编辑组编：《南大百年实录》上、中卷,南京：南京大学出版社,2002。

清华大学校史研究室编：《清华大学史料选编》第一、二卷,北京：清华大学出版社,1991。

交通大学校史编写组编：《交通大学校史资料选编》第一、二卷,西安：西安交通大学出版社,1986。

黄宗实、郑文贞选编：《厦大校史资料》第一、二辑,厦门：厦门大学出版社,1987—1988。

郑文贞、肖学信选编：《厦门大学党史资料》第一辑,厦门：厦门大学出版社,1987。

福建省档案馆编：《福建华侨档案史料》,北京：档案出版社,1990。

集美学校二十周年纪念刊编辑部编：《集美学校二十周年纪念刊》,集美印务公司,1933。

王文俊等选编：《南开大学校史资料选（1919—1949）》,天津：南开大学出版社,1989。

梁吉生主编：《南开大学章程规则汇编（1919—1949）》,天津：南开大学出版社,2014。

复旦大学档案馆编：《抗战时期复旦大学校史史料选编》,上海：复旦大学出版社,2008。

娄岙菲主编：《大夏大学编年事辑》,上海：华东师范大学出版社,2014。

中法大学史料编写组编：《中法大学史料》,北京：北京理工大学出版社,1995。

顾家熊、聂宝璋编：《中国近代航运史资料》,上海：上海人民出版社,1983。

上海市档案馆编：《旧中国的股份制（1868—1949）》,北京：中国档案出版社,1996。

中国银行总行、中国第二历史档案馆编:《中国银行行史资料汇编》上编
(一),北京:档案出版社,1991。

二、近代报刊

《政府公报》《大学院公报》《教育部公报》《教育杂志》《教育周报》《新教
育》《教育丛刊》《明日之教育》《努力周报》《民国日报》《京报》《申报》《东方杂
志》《教育与人生》《晨报》《晨报副刊》《清华周刊》《国立清华大学校刊》《北京
师大周刊》《东南论衡》《燕京新闻》《燕大周刊》《厦大周刊》《厦大校刊》《大夏
周报》《银行周报》

三、著作

李剑农:《中国近百年政治史》,北京:商务印书馆,2011。

[美]费正清编,杨品泉等译:《剑桥中华民国史:1912—1949》,北京:中
国社会科学出版社,1994。

[美]费正清编,中国社会科学院历史研究编译室译:《剑桥中国晚清史:
1800—1911》,北京:中国社会科学出版社,1985。

[德]马克思·韦伯著,冯克利译:《学术与政治》,北京:生活·读书·新
知三联书店,2013。

[美]丹尼斯·朗著,陆震纶、郑明哲译:《权力论》,北京:中国社会科学
出版社,2001。

[德]马克思·韦伯著,于晓、陈维纲等译:《新教伦理与资本主义精神》,
北京:生活·读书·新知三联书店,1987。

[德]柯武刚、史漫飞著,韩朝华译:《制度经济学:社会秩序与公共政
策》,北京:商务印书馆,2000。

[日]青木昌彦著,周黎安译:《比较制度分析》,上海:上海远东出版
社,2001。

刘圣中:《历史制度主义:制度变迁的比较历史研究》,上海:上海人民出
版社,2010。

何俊志:《结构、历史与行为:历史制度主义对政治科学的重构》,上海:
复旦大学出版社,2004。

[美]西达·斯考切波编,封积文等译:《历史社会学的视野与方法》,上
海:上海人民出版社,2007。

[美]亨利·A.吉鲁著,朱红文译:《教师作为知识分子:迈向批判教育

学》,北京:教育科学出版社,2008。

[法]雅克·勒戈夫著,张弘译:《中世纪的知识分子》,北京:商务印书馆,1999。

费孝通,吴晗等:《皇权与绅权》,北京:生活·读书·新知三联书店,2013。

张仲礼:《中国绅士研究》,上海:上海人民出版社,2008。

张仲礼:《中国绅士的收入》,上海:上海社会科学院出版社,2001。

张仲礼主编:《近代上海城市研究》,上海:上海人民出版社,1990。

王亚南:《中国经济原论》,上海:生活书店,1947。

严亚明:《晚清企业制度思想与实践的历史考察》,北京:人民出版社,2007。

杨在军:《晚清公司与公司治理》,北京:商务印书馆,2006。

李玉:《北洋政府时期企业制度结构史论》,北京:社会科学文献出版社,2007。

豆建民:《中国公司制思想研究:1842—1996》,上海:上海财经大学出版社,1999。

杨勇:《近代中国公司治理:思想演变与制度变迁》,上海:上海人民出版社,2007。

张忠民:《艰难的变迁:近代中国公司制度研究》,上海:上海社会科学院出版社,2002。

杜恂诚:《金融制度变迁史的中外比较》,上海:上海社会科学院出版社,2004。

杜恂诚:《中国传统伦理与近代资本主义》,上海:上海社会科学院出版社,1993。

虞宝棠:《国民政府与国民经济》,上海:华东师范大学出版社,1998。

刘克祥、陈争平:《中国近代经济史简编》,杭州:浙江人民出版社,1999。

邓峰:《董事会制度的起源、演进与中国的学习》,《中国社会科学》,2011(1)。

[法]白吉尔著,张富强、许世芬译:《中国资产阶级的黄金时代》,上海:上海人民出版社,1994。

[澳]颜清湟:《海外华人的社会变革与商业成长》,厦门:厦门大学出版社,2005。

[澳]颜清湟:《东南亚华人之研究》,香港:香港社会科学出版社,2008。

[澳]颜清湟:《从历史角度看海外华人社会变革》,新加坡:新加坡青年

书局,2007。

[澳]颜清湟著,粟明鲜等译:《新马华人社会史》,北京:中国华侨出版公司,1991。

[新]林孝胜:《新加坡华社与华商》,新加坡:新加坡亚洲研究学会,1995。

高时良:《中国教会学校史》,长沙:湖南教育出版社,1994。

徐以骅:《中国基督教教育史论》,桂林:广西师范大学出版社,2010。

[美]杰西·格·卢茨著,曾钜生译:《中国教会大学史(1850—1950)》,杭州:浙江教育出版社,1988。

顾长声:《传教士与近代中国》,上海:上海人民出版社,1991。

章开沅:《文化传播与教会大学》,武汉:湖北教育出版社,1996。

王忠欣:《基督教与中国近现代教育》,武汉:湖北教育出版社,2000。

刘家峰、刘天路:《抗日战争时期的基督教大学》,福州:福建教育出版社,2003。

肖会平:《合作与共进:基督教高等教育合作组织对华活动研究(1922—1951)》,济南:山东教育出版社,2009。

[美]芳卫廉著,刘家峰译:《基督教高等教育在变革中的中国:1880—1950》,珠海:珠海出版社,2005。

[美]贲玛丽著,王东波译:《圣约翰大学》,珠海:珠海出版社,2005。

[美]海波士著,王立诚译:《沪江大学》,珠海:珠海出版社,2005。

[美]艾德敷著,刘天路译:《燕京大学》,珠海:珠海出版社,2005。

[美]吴小新著,张晓明译:《北京辅仁大学:天主教本笃会时期的个案研究》,珠海:珠海出版社,2005。

[美]文乃史著,王国平、杨木武译:《东吴大学》,珠海:珠海出版社,1999。

[美]郭查理著,陶飞亚、鲁娜译:《齐鲁大学》,珠海:珠海出版社,1999。

[美]队克勋著,刘家峰译:《之江大学》,珠海:珠海出版社,1999。

[美]德本康夫人、蔡路得著,杨天宏译:《金陵女子大学》,珠海:珠海出版社,1999。

徐以骅主编:《上海圣约翰大学(1879—1952)》,上海:上海人民出版社,2009。

熊月之、周武主编:《圣约翰大学史》,上海:上海人民出版社,2007。

张宪文主编:《金陵大学史》,南京:南京大学出版社,2002。

金陵大学南京校友会编:《金陵大学建校一百周年纪念册》,南京:南京大学出版社,1988。

张玮瑛、王百强、钱辛波主编:《燕京大学史稿》,北京:人民中国出版社,1999。

陈远:《燕京大学:1919—1952》,杭州:浙江人民出版社,2013。

王国平:《东吴大学简史》,苏州:苏州大学出版社,2009。

王国平编:《博习天赐庄——东吴大学》,石家庄:河北教育出版社,2003。

孙邦华编:《会友贝勒府——辅仁大学》,石家庄:河北教育出版社,2003。

王立诚:《美国文化渗透与近代中国教育:沪江大学的历史》,上海:复旦大学出版社,2001。

清华大学校史编写组编:《清华大学校史稿》,北京:中华书局,1981。

苏云峰:《从清华学堂到清华大学(1911—1929)》,北京:生活·读书·新知三联书店,2001。

苏云峰:《从清华学堂到清华大学(1928—1937)》,北京:生活·读书·新知三联书店,2001。

王德滋主编:《南京大学百年史》,南京:南京大学出版社,2002。

朱斐主编:《东南大学史》,南京:东南大学出版社,1994。

许小青:《政局与学府:从东南大学到中央大学(1919—1937)》,北京:中国社会科学出版社,2009。

张雪蓉:《美国影响与中国大学变革(1915—1927)——以国立东南大学为研究中心》,北京:华龄出版社,2006。

盛懿、孙萍、欧七斤编:《三个世纪的跨越:从南洋公学到上海交通大学》,上海:上海交通大学出版社,2006。

北京师范大学校史编写组编:《北京师范大学校史(1902—1982)》,北京:北京师范大学出版社,1984。

洪永宏编:《厦门大学校史》第一卷,厦门:厦门大学出版社,1990。

南开大学校史编写组编:《南开大学校史(1919—1949)》,天津:南开大学出版社,1989。

《南开校史研究》编委会编:《南开校史研究丛书》第一辑,天津:天津教育出版社,2011。

复旦大学校史编写组编:《复旦大学志》第一卷,上海:复旦大学出版社,1985。

《复旦大学百年志》编纂委员会编:《复旦大学百年志(1905—2005)》,上海:复旦大学出版社,2005。

《复旦大学百年纪事》编纂委员会编:《复旦大学百年纪事(1905—2005)》,上海:复旦大学出版社,2005。

夏东元编:《郑观应集》,上海:上海人民出版社,1982。

熊希龄著,林增平、周秋光编:《熊希龄集》,长沙:湖南人民出版社,1985。

吴宓著,吴学昭整理注释:《吴宓日记》,北京:生活·读书·新知三联书店,1998。

胡适著,曹伯言整理:《胡适日记全编》,合肥:安徽教育出版社,2001。

鲁迅:《鲁迅全集》,北京:人民文学出版社,2005。

胡适:《胡适文集》,北京:人民文学出版社,1998。

史静寰:《狄考文与司徒雷登》,珠海:珠海出版社,1999。

罗义贤:《司徒雷登与燕京大学》,贵阳:贵州人民出版社,2005。

[美]司徒雷登著,杜智颖译:《原来他乡是故乡:司徒雷登回忆录》,南京:江苏人民出版社,2014。

[美]菲利普·韦斯特著,程龙译:《燕京大学与中西关系(1916—1952)》,北京:北京师范大学出版社,2019。

石建国:《卜舫济传记》,北京:社会科学文献出版社,2011。

陈嘉庚:《陈嘉庚言论集》再版,1949。

陈嘉庚:《南侨回忆录》,上海:上海三联书店,2014。

[澳]杨进发:《战前的陈嘉庚言论史料与分析》,新加坡南洋学会,1980。

王增炳、陈毅明、林鹤龄编:《陈嘉庚教育文集》,福州:福建教育出版社,1989。

张亚群:《自强不息　止于至善:厦门大学校长林文庆》,济南:山东教育出版社,2012。

冒荣:《至平至善　鸿声东南:东南大学校长郭秉文》,济南:山东教育出版社,2004。

梁吉生:《允公允能　日新月异——南开大学校长张伯苓》,济南:山东教育出版社,2003。

王文俊等编:《张伯苓教育言论选集》,天津:南开大学出版社,1984。

龚克主编:《张伯苓全集》,天津:南开大学出版社,2015。

桑兵:《晚清民国的学人与学术》,北京:中华书局,2008。

常导之:《增订教育行政大纲》,福州:福建教育出版社,2011。

夏承枫:《现代教育行政》,南京:中华书局,1932。

孟宪承:《大学教育》,北京:商务印书馆,1934。

常导之:《各国教育制度》,南京:中华书局,1936。

熊贤君:《中国教育行政史》,武汉:华中理工大学出版社,1996。

黄仁贤:《中国教育管理史》,福州:福建人民出版社,2003。

李国钧主编:《中国书院史》,长沙:湖南教育出版社,1994。

邓洪波:《中国书院史》(增订版),武汉:武汉大学出版社,2012。

陈谷嘉、邓洪波主编:《中国书院制度研究》,杭州:浙江教育出版社,1997。

白新良:《中国古代书院发展史》,天津:天津大学出版社,1995。

朱汉民、邓洪波、高峰煜:《长江流域的书院》,武汉:湖北教育出版社,2004。

[加]许美德著,许洁英主译:《中国大学 1895—1995:一个文化冲突的世纪》,北京:教育科学出版社,2000。

苏云峰:《中国新教育的萌芽与成长(1860—1928)》,北京:北京大学出版社,2007。

王炳照主编:《中国教育史专题研究》,北京:北京师范大学出版社,2009。

熊月之:《西学东渐与晚清社会》,上海:上海人民出版社,1994。

田正平:《留学生与中国教育近代化》,广州:广东教育出版社,1996。

何晓夏、史静寰:《教会学校与中国教育近代化》,广州:广东教育出版社,1996。

刘正伟:《督抚与士绅:江苏教育近代化研究》,石家庄:河北教育出版社,2001。

王运来:《江苏高等教育的早期现代化》,北京:人民出版社,2001。

葛夫平:《中法教育合作事业研究(1912—1949)》,上海:上海书店出版社,2011。

金以林:《近代中国大学研究:1895—1949》,北京:中央文献出版社,2000。

宋秋蓉:《近代中国私立大学研究》,天津:天津人民出版社,2003。

宋秋蓉:《近代中国私立大学发展史》,西安:陕西人民教育出版社,2006。

[美]亚伯拉罕·弗莱克斯纳著,徐辉、陈晓菲译:《现代大学论:英美德大学研究》,杭州:浙江教育出版社,2001。

[美]约翰·亨利·纽曼著,徐辉、顾建新、何曙荣译:《大学的理想》,杭

州:浙江教育出版社,2001。

[美]亚瑟・M.科恩、卡丽・B.基斯克著,梁燕玲译:《美国高等教育的历程》,北京:教育科学出版社,2012。

[美]劳伦斯・A.克雷明著,周玉军等译:《美国教育史:殖民地时期的历程(1607—1783)》,北京:北京师范大学出版社,2003。

[美]劳伦斯・A.克雷明著,洪成文等译:《美国教育史:建国初期的历程(1783—1876)》,北京:北京师范大学出版社,2003。

[美]劳伦斯・A.克雷明著,朱旭东等译:《美国教育史:城市化历程(1876—1980)》,北京:北京师范大学出版社,2003。

[美]丹尼尔・布尔斯廷著,中国对外翻译出版公司译:《美国人:开拓历程》,北京:生活・读书・新知三联书店,1993。

[法]爱弥尔・涂尔干著,李康译:《教育思想的演进》,上海:上海人民出版社,2003。

[美]亚伯拉罕・弗莱克斯纳著,徐辉,陈晓菲译:《现代大学论:美英德大学研究》,杭州:浙江教育出版社,2001。

陈学飞:《美国高等教育发展史》,成都:四川大学出版社,1989。

王国均:《美国高等教育学术自由传统的演进》,上海:学林出版社,2008。

[美]罗纳德・G.埃伦伯格主编,张婷姝、沈文钦、杨晓芳译:《美国的大学治理》,北京:北京大学出版社,2010。

[加]约翰・范德格拉夫等编著,王承绪等译:《学术权力:七国高等教育管理体制比较》,杭州:浙江教育出版社,2001。

[美]罗伯特・伯恩鲍姆著,别敦荣主译:《大学运行模式:大学组织与领导的控制系统》,北京:中国海洋大学出版社,2003。

和震:《美国大学自治制度的形成与发展》,北京:北京师范大学出版社,2008。

王绽蕊:《美国高校董事会制度:结构、功能与效率研究》,北京:高等教育出版社,2010。

欧阳光华:《董事、校长与教授:美国大学治理结构研究》,北京:高等教育出版社,2011。

田正平、商丽浩:《中国高等教育百年史论——制度变迁、财政动作与教师流动》,北京:人民教育出版社,2006。

胡建华:《现代中国大学制度的原点:50 年代初期的大学改革》,南京:南京师范大学出版社,2001。

胡建华等:《大学制度改革论》,南京:南京师范大学出版社,2006。

张斌贤、李子江主编:《大学:自由、自治与控制》,北京:北京师范大学出版社,2005。

刘虹:《控制与自治:美国政府与大学关系研究》,上海:复旦大学出版社,2012。

商丽浩:《政府与社会——近代公共教育经费配置研究》,石家庄:河北教育出版社,2001。

张正峰:《权力的表达:中国近代大学教授权力制度研究》,福州:福建教育出版社,2007。

周光礼:《学术自由与社会干预:大学学术自由的制度分析》,武汉:华中科技大学出版社,2003。

四、论文

崔高鹏:《董事会权力变迁与密歇根大学转型研究》,北京师范大学博士论文,2011。

邓洪波:《古代书院的董事会制度》,《大学教育科学》,2011(4)。

张世清:《西北书院制度略论》,《兰州大学学报》社科版,2003(1)。

田正平、刘保兄:《消极应对与主动调适——圣约翰大学与燕京大学发展方针之比较》,《高等教育研究》,2006(4)。

熊贤君:《1949 年前中国私立学校的董事会组织管理体制》,《教育研究与实验》,1998(3)。

周志刚:《20 世纪二三十年代私立中学校董会论述》,《教育评论》,2010(5)。

湛中乐:《对中国大学引入董事会制度的反思》,《陕西师范大学学报》社科版,2011(5)。

姜文:《范源廉与北京师范大学》,《教育学报》2012(3)。

许纪霖:《近代上海城市"权力的文化网络"中的文化精英》,《复旦学报》社科版,2012(6)。

胡建华:《两种大学自治模式的若干比较》,《全球教育展望》,2002(12)。

许小青:《论东南大学的国立化进程及其困境(1919—1927)》,《高等教育研究》,2006(2)。

李剑萍:《百年来中国的大学自治与社会干预》,《河北师范大学学报》教育科学版,2005(1)。

蒋宝麟:《学人社团、校董会与近代中国私立大学的治理机制——以上海大同大学为中心（1912—1949）》,《华中师范大学学报（人文社会科学版）》,2015(1)。

严海建:《从私立到党化:1930 年前后中国公学的易长与改组》,《史林》,2018(6)。

牛力:《江苏省教育会与东南大学权力格局的兴替(1914—1927)》,《史林》,2019(2)。

徐雪英:《治理模式变迁与教会大学发展——以之江大学为例》,《社会科学战线》,2011(9)。

施扣柱:《近年中国大陆的近代私立学校研究述评》,《史林》,2013(4)。

刘宝存:《美国私立高等学校的董事会制度评析》,《比较教育研究》,2000(5)。

王保星:《历史制度主义与我国教育政策史研究的方法论思考》,《河南大学学报（社科版）》,2017(1)。

后　记

　　自 2016 年博士学位论文答辩至今，光阴在不觉间缓缓流淌，阳光又在树林里轻轻刻下几道岁月的年轮。于我而言，历时八载的晚清民国大学董事会制度研究，却是一场充满着奢侈的精神饕餮、艰辛的考验、严谨的训练、温馨与陪伴的学术穿越之旅。

　　这是一场精神上的饕餮之旅。在晚清民国历史人物和历史事件的导引下，我尝试着穿过时光隧道的层层迷雾，回到过去，贪婪而固执地停留在历史的某处，近距离地观察那些我十分好奇，并迫切想去感受、想去了解的历史现场：上海梵皇渡，立案之后的圣约翰第一次迎来了红色资本家董事长荣毅仁；南京北极阁，面对东南大学董事会大势已去，郭秉文选择黯然离开；厦门大学集美楼，鲁迅正在窗前给许广平写信，表达对校长林文庆治校的不满，对厦大国学院的失望；依旧梵皇渡，圣约翰校长卜舫济向中国政府立案的态度正在遭遇上海教区主教的抨击，十六位教授代表就立案问题再一次展开了一场无疾而终的讨论；北平燕园，司徒雷登正在试图说服纽约托事部接受他的立案策略；面对气候渐成的西洋教会学校，保守的清廷学部正在孤注一掷地发出微弱的抵制，而袁世凯、张之洞、张元济等人已经开始筹议建立近代新式学堂；上海租界，英国传教士傅兰雅正在和中国绅士徐寿发起捐建格致书院的倡议；山东登州，西洋传教士狄考文正忙着筹建一所教会小学；李鸿章府邸，晚清权臣李鸿章正在和幕僚们筹建轮船公司，模仿西方建制设计中国近代史上第一个公司董事会；紫禁城里，充满着轶事传奇的乾隆皇帝正下旨规范书院院长和生员的选择……

　　这是一场充满考验的穿越之旅。每一个场景，我都想努力看清那些似曾相识的面孔，悉数那些耳熟能详的名字；每一次停留，我都试图屏住呼吸，静心感受历史的脉动。可是，我的每一次试图，总有些许力不从心。历史就在身边，却又难以捉摸；面孔就在眼前，却又飘忽不定；故事触手可及，却又迷雾重重……而陪我穿越时空的行囊，又是那么羞涩难当，难解其困。在许多饕餮的历史大片不停地在我眼前重叠交替之时，我却不得不带着各种疑虑与困惑,迫不及待地穿越到当下,寻找解开历史疑云的学术密码。

　　这是一场需要随时补充行囊的穿越之旅。教育史博士课堂内外,在我的博士生导师胡金平教授的悉心指导下,我认真研习了中国古代教育史专题、中国近代教育史专题、中国古代教育思想史专题、中国近代教育思想史专题、历史社会学专题等课程,逐渐对近代大学制度史产生兴趣,确定了以南师校史上出现的重要的大学制度改革且在中国近代史上产生重要影响的大学董事会制度作为研究方向。教育社会学的课堂上,在吴康宁教授诲人不倦与循循善诱下,我学习了社会学的理论知识,拓宽了自己的理论视野。教育学原理和教育哲学的课堂上,在张乐天教授、冯建军教授的教导下,我研习了教育学的基础理论,为后期研究打下了教育学基础。学位论文开题会之后,在胡建华教授多次耐心指点下,我将研究题眼聚焦于大学治理。写作之初,传记作家王一心老师以其醇熟的写作功底,和我分享了多年的史料检索经验,为我顺利展开史料收集工作提供了帮助。开题和预答辩前后,周采教授、张新平教授、程晋宽教授、张蓉教授以及南京邮电大学张雪蓉教授,为我提出了许多中肯的修改意见。毕业论文答辩会上,华东师范大学杜成宪教授、王伦信教授,以及北京师范大学于述胜教授、南京大学李刚教授都给予我很大的帮助和指导,使我获益匪浅。

　　两周一次的教育史沙龙是教育史师生的精神乐园,杨镇陵、王晓慧、季瑾、刘齐、金国、冯强、李倩雯、马洪正、郭强、王燕红、郭航、董柏林等教育史同窗好友经常在沙龙上分享读书心得和研究进展,也会因观点分歧争辩得面红耳赤。正是这激烈的讨论,不断增进着我们的学术友谊,促进着我们的学术成长,成为我们共同拥有的美好时光和学术记忆。烦冗的工作之余,是我弥足珍贵的学习时光,家人和同事给予了极大的支持、理解与包容,使我得以安心地在史海拾贝,静心地休整,为了下一次穿越。

　　有些时候,让我从奢华的历史大片中突然折返的,或许是华夏馆外掠过的一阵燕雀的啁啾,田南楼下飘来的一缕梧桐花的幽香;或许是收发室童师傅一声高亮的吆喝,小伙伴们的一场开怀大笑,好友见面时的信马由缰;又或许是电话线另一端传来父母的嘘寒问暖,董老师驱车前来“慰问”的脚步……是的,与穿越同时发生的,还有温馨与陪伴。

　　我享受这奇妙的穿越,我感动这休整的时刻。

　　带上补充好的行囊,温馨与陪伴,我将继续出发。

2016 年 4 月 24 日　草拟于燕子矶

2021 年 10 月 21 日　修订于随园